普通高等教育土木与交通类"十二五"规划教材

QICHE WENHUA

汽车文化

主编 ◎ 方晓汾　罗方赞

中国水利水电出版社
www.waterpub.com.cn

内 容 提 要

本书为车辆工程学科本科生、专科生系列教材之一。本书采用项目式教学方式编写,全书共分七个项目,认识汽车、美国汽车文化、德国汽车文化、日韩汽车文化、中国汽车文化、新能源汽车、汽车未来与科技等。每一项目内容都根据汽车这类工业产品实际特点,从历史演变、现状、未来发展维度出发,总结汽车文化在各个方面的影响,并分析了汽车美学、汽车文化在社会进步的推动作用。

本书可作为汽车技术服务与营销、汽车检测与维修技术、车辆工程、机械工程、机电工程、管理工程等专业的本科及专科教材,也可供从事汽车服务工程的广大工程技术人员与管理人员阅读。

图书在版编目(CIP)数据

汽车文化 / 方晓汾,罗方赞主编. -- 北京：中国水利水电出版社,2012.9(2015.2重印)
 普通高等教育土木与交通类"十二五"规划教材
 ISBN 978-7-5084-9876-8

Ⅰ.①汽… Ⅱ.①方… ②罗… Ⅲ.①汽车－文化－高等学校－教材 Ⅳ.①U46-05

中国版本图书馆CIP数据核字(2012)第220184号

书　　名	普通高等教育土木与交通类"十二五"规划教材 汽车文化
作　　者	主编　方晓汾　罗方赞
出版发行	中国水利水电出版社 (北京市海淀区玉渊潭南路1号D座　100038) 网址：www.waterpub.com.cn E-mail: sales@waterpub.com.cn 电话：(010) 68367658 (发行部)
经　　售	北京科水图书销售中心 (零售) 电话：(010) 88383994、63202643、68545874 全国各地新华书店和相关出版物销售网点
排　　版	北京时代澄宇科技有限公司
印　　刷	北京嘉恒彩色印刷有限责任公司
规　　格	184mm×260mm　16开本　18.25印张　433千字
版　　次	2012年9月第1版　2015年2月第2次印刷
印　　数	3001—5000册
定　　价	48.00元

凡购买我社图书,如有缺页、倒页、脱页的,本社发行部负责调换

版权所有·侵权必究

本书编委会

主　编　方晓汾　罗方赞
副主编　徐建亮　张　勇　万海波
编　委（按笔画顺序）
　　　　　王国明　许　静　李慧清　杨　帆　苗蓬勃
　　　　　蒋秀龙　Anthony Yeong

前　　言

　　遵循现代人文教育与工程教育相结合，秉承"寓学于乐，寓乐于心"，从科技的学习过程中去体会"开放式人文"，陶冶心性，培养情操。

　　每个国家设计生产的汽车都代表着本民族的时代文化特征，同时也烙有消融其他民族文化的印记，汽车甚至还有政治文化的内涵。为什么我们会觉得美国车气派、意大利车浪漫、德国车严谨、日本车精明、英国车高贵。

　　许多西方发达国家从幼儿园、学校，到进入社会等各个阶段，都按照年龄段进行"汽车教育"。汽车文化教育的重要性在于增强全民的现代交通意识、培养汽车类的专业人才。汽车文化教育具有长期性、基础性、全民性及专业性的特点。

　　本书根据教育部《关于加强高职高专教育人材培养工作意见》和《面向21世纪教育振兴行动计划》等文件精神，按照高职教育的培养模式和基本特点，以培养高技术应用型专门人材为出发点，以适应社会需要为目标。汽车文化教程的任务安排：衢州职业技术学院方晓汾（负责项目一、项目四编写与整体构思），衢州职业技术学院罗方赞（负责项目二、项目三编写与整体协调），衢州职业技术学院徐建亮（负责项目六、项目七编写），浙江水利水电学校万海波（负责项目五的编写与校审），衢州职业技术学院杨帆（负责项目一、项目二、项目三的校审），东北石油大学张勇（项目四的校审），杭州职业技术学院苗蓬勃（项目五的校审），江西农业大学许静（项目六的校审），重庆工业职业技术学院王国明（项目七的校审），Anthony Yeong博士（项目化教学模式的指导）。

　　同时感谢参与工作的上海大众汽车有限公司蒋秀龙工程师，泛亚汽车技术中心有限公司李慧清工程师，杭州汇点网络科技有限公司裘美丽总经理，浙江大学CIMS实验室，杭州肖恩科技有限公司谢晶晶女士，中国美术学院李禹羲女士等。

　　本书由方晓汾、罗方赞任主编，徐建亮、万海波、张勇为副主编，衢州职业技术学院杨帆为主审。由于编者水平有限，经验不足，加之编写时间仓促，书中难免存在不当或错误之处，恳请读者批评指正（Email：schonetek@hotmail.com）。

方晓汾　于衢江畔
2012年6月

目　　录

前言
项目一　认识汽车 ··· 1
　任务一　汽车总体构成 ·· 3
　　活动一　汽车基本结构 ·· 5
　　活动二　发动机 ··· 8
　　活动三　车轮的发展 ··· 12
　任务二　汽车的常见车标 ··· 18
　　活动一　国产汽车车标及其内涵 ··· 19
　　活动二　非国产汽车车标及其内涵 ·· 20
　任务三　汽车设计 ··· 22
　　活动一　奔驰 Boxfish 设计 ·· 22
　　活动二　汽车设计流程 ·· 25
　　活动三　汽车设计大师们 ··· 30
　　活动四　意大利汽车设计 ··· 37
　　活动五　中国汽车设计企业 ·· 40
　任务四　汽车制造 ··· 44
　任务五　汽车美学 ··· 50
项目二　美国汽车文化 ·· 56
　任务一　美国汽车工业的发展 ··· 56
　任务二　通用汽车 ··· 61
　　活动一　通用汽车的发展历程 ··· 61
　　活动二　雪佛兰（Chevrolet）汽车 ·· 63
　　活动三　别克（Buick）汽车 ·· 66
　　活动四　凯迪拉克（Cadillac）汽车 ·· 71
　　活动五　GMC 汽车 ·· 73
　任务三　福特汽车 ··· 78
　任务四　克莱斯勒汽车 ·· 86
　任务五　美国本土文化特点 ·· 89
　　活动一　美国企业文化 ·· 89
　　活动二　美国汽车文化演变 ·· 91
　任务六　汽车文化衍生经济（一）·· 93

  活动一 汽车广告 ··· 93
  活动二 汽车车展 ··· 94
  活动三 汽车模特 ··· 98

项目三 德国汽车文化 ·· 100
任务一 德国汽车工业的发展与格局 ··· 100
任务二 大众汽车 ··· 104
  活动一 大众汽车发展历程 ··· 104
  活动二 奥迪汽车品牌 ··· 106
  活动三 大众汽车在中国 ··· 108
任务三 宝马汽车 ··· 112
  活动一 宝马汽车发展历程 ··· 112
  活动二 宝马 Mini Cooper ··· 114
  活动三 宝马汽车在中国 ··· 116
任务四 奔驰汽车 ··· 116
  活动一 奔驰汽车发展历程 ··· 116
  活动二 奔驰汽车在中国 ··· 121
任务五 德国本土文化特点 ··· 121
任务六 汽车文化衍生经济（二）·· 123
  活动一 汽车旅馆 ·· 123
  活动二 宝马广告 ·· 123
  活动三 汽车节目秀 ·· 126
  思考题 ·· 127

项目四 日韩汽车文化 ·· 128
任务一 日韩汽车工业的发展 ··· 128
任务二 日韩著名汽车企业 ··· 130
  活动一 丰田汽车 ·· 130
  活动二 本田汽车 ·· 132
  活动三 韩国现代 ·· 134
  活动四 日韩其他汽车企业 ··· 136
任务三 日韩本土文化特点 ··· 140
任务四 汽车文化衍生经济（三）·· 143
  活动一 汽车竞赛 ·· 143
  活动二 汽车杂志 ·· 149
  活动三 汽车电影 ·· 152

项目五 中国汽车文化 ·· 156
任务一 中国汽车工业的发展 ··· 156
任务二 中国著名汽车企业 ··· 168

活动一　一汽集团···168
　　活动二　东风汽车···170
　　活动三　长安汽车···171
　　活动四　上海汽车集团··173
　　活动五　广州汽车集团··174
　　活动六　江淮汽车···174
　　活动七　吉利汽车···175
　　活动八　比亚迪汽车··176
　　活动九　中国其他主要品牌汽车··176
　任务三　中国特色汽车文化··177
　　活动一　中国汽车文化元素··178
　　活动二　中国汽车设计文化··179
　　活动三　中国汽车文化对经济影响··180
　　活动四　汽车的消费文化···181
　任务四　汽车文化衍生经济（四）···182
　　活动一　汽车游戏···182
　　活动二　汽车音乐···183
　　活动三　汽车文化节··184
　　活动四　汽车俱乐部··185

项目六　新能源汽车···188
　任务一　汽车污染···188
　任务二　混合动力汽车···189
　　活动一　混合动力汽车发展历史··190
　　活动二　混合动力汽车工作方式··191
　　活动三　混合动力汽车标准··194
　任务三　纯电动汽车··196
　　活动一　纯电动汽车发展历史···196
　　活动二　纯电动汽车核心技术···197
　任务四　氢能汽车···199
　　活动一　氢能可行性··199
　　活动二　氢能汽车产业前景··201
　任务五　太阳能汽车··202
　任务六　生物燃料汽车···205
　　活动一　生物柴油汽车··205
　　活动二　乙醇汽车···207
　　活动三　天然气汽车··208
　任务七　中国式发展的机遇··209
　　活动一　非插电式混合动力汽车··210

活动二　纯电动汽车……………………………………………………… 210
　　活动三　发展纯电动汽车存在的误区…………………………………… 211
　　活动四　发展纯电动汽车挑战…………………………………………… 212

项目七　汽车未来与科技……………………………………………………… 214
　任务一　发动机新技术……………………………………………………… 214
　　活动一　缸内直喷分层燃烧……………………………………………… 214
　　活动二　可变配气正时…………………………………………………… 216
　　活动三　可变气门配气相位和气门升程………………………………… 217
　　活动四　连续可变气门正时……………………………………………… 219
　任务二　车联网……………………………………………………………… 220
　　活动一　认识车联网……………………………………………………… 220
　　活动二　车联网实现的条件……………………………………………… 220
　　活动三　车联网发展存在的问题………………………………………… 221
　　活动四　车联网未来的发展……………………………………………… 222
　任务三　智能汽车…………………………………………………………… 223
　　活动一　汽车系统软件…………………………………………………… 224
　　活动二　无线 3G 技术…………………………………………………… 224
　　活动三　智能车辆技术…………………………………………………… 225
　　活动四　智能化的未来…………………………………………………… 225
　任务四　畅想未来汽车世界………………………………………………… 226
　　活动一　未来汽车发展（A－Z）………………………………………… 226
　　活动二　未来汽车概念设计……………………………………………… 244
　　活动三　未来汽车文明…………………………………………………… 246

附录……………………………………………………………………………………
　附录一　汽车发展年鉴……………………………………………………… 248
　附录二　2012F1 赛程表……………………………………………………… 254
　附录三　F1 车队冠军榜……………………………………………………… 258
　附录四　汽车设计软件 Alias Automotive………………………………… 260
　附录五　节能与新能源汽车产业发展规划………………………………… 262
　附录六　法国汽车工业……………………………………………………… 268
　附录七　英国汽车工业……………………………………………………… 271
　附录八　印度汽车工业……………………………………………………… 275
　附录九　俄罗斯汽车工业…………………………………………………… 278
　附录十　巴西汽车工业……………………………………………………… 280

参考文献……………………………………………………………………… 282

项目一 认 识 汽 车

项目目标：
(1)认识文化对社会环境的作用。
(2)认识汽车这类工业产品带来的科技文化与文明。
(3)掌握汽车总体构成,发动机、车轮的发展演变。
(4)掌握汽车常见车标及代表的含义与文化。
(5)掌握汽车造型设计的一般流程。
(6)掌握汽车制造的一般流程。
(7)欣赏汽车与汽车所体现的美学。

汽车(Automobile、Motor、Vehicle、Car等)作为一种交通运输工具,是我们身边熟悉的工业产品。目前,随着我国国民经济的飞速发展与人民生活水平的迅速提高,越来越多的人拥有一辆属于自己的汽车,汽车从此走入了平常百姓家,并逐渐成为人们日常生活的一部分。为了更好地了解我们生活中的这个"成员",更好地享受它给我们每一个人带来的便捷、文化、文明,我们需要更多地了解汽车以及汽车的美。

文化是指人类在社会历史发展过程中所创造的物质财富和精神财富的总称。汽车文化是在汽车发明和发展中所创造的物质财富和精神财富的积累,也是人们在制造和使用汽车的实践活动中,形成的行为方式、习俗、法规、价值观念等构成了汽车文化。它包括技术文化、车史文化、造型文化、名人文化、名车文化、车标文化、赛车文化等。

没有文化的商业没有前途,没有文化的商人缺少品位,没有文化的商品则不会有市场。有汽车就有车迷,典雅庄重的收藏名车、精美的汽车模型、别致的汽车匙扣、亮丽的汽车服饰、惹眼的汽车杂志,还有汽车打火机、T恤衫等汽车礼品,都是车迷们的最爱。于是,汽车就有了文化。

汽车凝聚着100多年来人类物质文明及精神文明的成果,科技和艺术在汽车上得以和谐统一,积淀成现代社会特有的文化底蕴。汽车文化就是以汽车及其产业为载体,渗透到经济社会各层面并构成互为关联的价值链,演绎人类社会一系列的行为、组织、习俗、法规、准则、观念和价值观,形成影响汽车社会和汽车文明发展进程的文化形态。

汽车文明的进步同全球化进程一样,是矛盾的统一体,是合理的悖论。如果从各国情况看,汽车产业演变是从分散走向集中,它将早期各国分散的作坊制作,集聚成少数垄断的超级汽车集团,转变为基于全球平台/架构生产的规模经济产业。如果从世界角度看,汽车工业演变又是从单极化走向多极化,它将原先由一国主宰的单一市场格局演变为美欧日三足鼎立格局,并正形成一个多极化的全球汽车市场。

广义的汽车文明主要体现于汽车产业的侧向影响及其扩散效应。汽车进入社会、进入家庭,加快和提高了社会经济活动的节奏和效率,伴随而来的汽车文化也渗入到人们社会生活的各个方面:管理的变革、公路网形成、城市化进程、汽车服务贸易及后市场、新生事物。上海世博会的上汽—通用汽车馆主题"2030,行!"就以生动的视觉艺术表现了这种文明形态。

狭义的汽车文明,则指人类实现自主—移动(Auto—Mobile)的文明。汽车已不再局限于交通工具,而是人们移动的生活空间。生活方式将继续决定汽车的内涵,具有创新意义的产品不断涌现。汽车的使用是个性权利的延伸和个人主动性的象征,汽车创造了崭新的价值观念和生活内容,整个社会的文化理念、心理素质、道德因素都因此发生巨大的变化。

汽车文明又是一把双刃剑,当发展中国家正翘首企盼它带来方便和荣耀时,在发达国家,人们已对它造成的负面影响深感困惑。与所有文化形态一样,汽车文化也有其负面性,人类以主宰者身份创造了这种文明形态,最终却可能沦为它的奴隶:城市拥挤、交通事故、资源消耗、环境污染。如果认为,100多年来的汽车文明是反映"汽车改变世界"的历史,那么未来汽车将驶入"世界改变汽车"的新技术革命时代(图1-1)。

图1-1 2010年6月深圳车展上展示的全天候运动型跑车Scirocco(尚酷)
该车拥有创新前卫的设计,超凡的动力和出色的燃油经济性,被誉为"大众汽车有史以来最具动感"的全天候运动型跑车

进入21世纪,人类社会面临能源资源和生态环境严峻挑战。在这个时代,高度成熟的汽车产品将转变为建立在新型轻质材料、新型能源基础上的消费类电子产品,以石油为依存的传统汽车产业必将成为一个以新能源为支撑的高新技术产业;21世纪的汽车发展趋势将是个性化、人性化、本土化、系列化、模块化、轻量化、小型化、电子化、信息化或智能化。

只有以科学发展观引领,正视汽车文明的正负效应,扬长避短,趋利避害,以最大限度开拓人类智慧，深入发掘人的内在需求，充分吸收、利用现代科技，同时以全新观念和长远目光来兼顾资源生态、社会环境，汽车文明才不会成为"夕阳文明"。

任务一 汽车总体构成

任务目标：
(1) 掌握汽车的基本定义与汽车基本结构。
(2) 了解汽车发展历程与科技创新。

1886年，德国工程师卡尔·本茨(Karl Friedrich Benz，1884~1929)发明的三轮机动车获得了德意志专利权(专利号：37435a)，这就是公认的世界上第一辆汽车(图1-2~图1-4)。这辆车的诞生不仅标志着"马车时代"的终结和"汽车时代"的开始，也开创了个人交通运输的新纪元。而这辆汽车配备的小型卧式单缸四冲程汽油机、电点火、化油器、水冷式散热器、转向系和管式车架在内的众多个性化技术，即使在今天看来，也足以让我们肃然起敬。

图1-2 德国工程师卡尔·本茨
发明的三轮机动车(专利号：37435a)
2006年，为纪念汽车工业诞生120周年，梅赛德斯—奔驰
在第九届北京国际汽车展览会上展示世界第一辆汽车

图1-3 德国工程师卡尔·本茨
发明的三轮机动车的发动机细节

图1-4 卡尔·本茨与世界第一本驾照

汽车自19世纪末诞生至今100多年期间,汽车工业从无到有,以惊人的速度发展,写下了人类近代文明史的重要篇章。汽车是数量最多、最普及、活动范围最广泛、运输量最大的现代化交通工具(图1-5)。

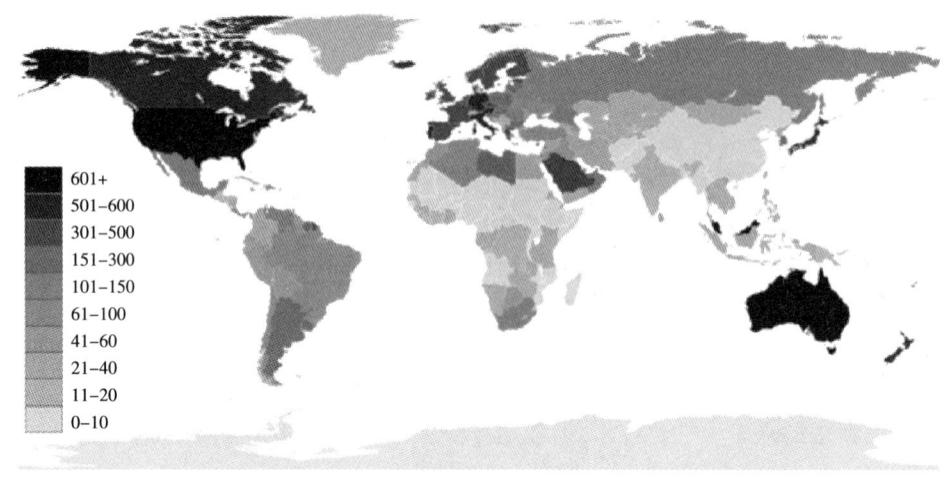

图1-5　每千人拥有汽车量(2009年4月统计,单位:辆/千人)

按照国家最新标准《汽车和挂车类型的术语和定义》(GB/T 3730.1—2001),对汽车的定义为:由动力驱动,具有四个或四个以上车轮的非轨道承载的车辆,主要用于载运人员和(或)货物、牵引载运人员和(或)货物及其他特殊用途。本术语还包括:①与电力线相联的车辆,如无轨电车;②整车整备质量超过400kg的三轮车。

美国汽车工程师学会标准SAEJ 687C中对汽车的定义是:由本身动力驱动,装有驾驶装置,能在固定轨道以外的道路或地域上运送客货或牵引车辆的车辆。汽车按总体结构分为单车和列车。单车是基本形式。常用4×2、6×4、4×4和6×6等符号表示驱动特点,前一个数字代表车轮总数(双胎并装仍算一个车轮),后一个数字表示驱动轮数。如所有车轮均为驱动轮即称为全轮驱动汽车。列车是由牵引车或单车拖带挂车或半挂车组成。汽车按用途一般可分为以下几类,即轿车、客车、载货汽车(俗称卡车)、越野汽车、牵引汽车、自卸汽车、专用汽车、半挂车和专用半挂车。

日本工业标准JISK 0101中对汽车的定义是:自身装有发动机和操纵装置,不依靠固定轨道和架线仍能在陆上行驶的车辆。

按照国家最新标准GB/T 3730.1—2001规定,汽车主要分为乘用车和商用车。

乘用车:在其设计和技术特性上主要用于载运乘客及其随身行李和(或)临时物品的汽车,包括驾驶员座位在内最多不超过9个座位。它也可牵引一辆挂车。分为普通乘用车、活顶乘用车、高级乘用车、小型乘用车、敞篷车、仓背乘用车、旅行车、多用途乘用车、短头乘用车、越野乘用车和专用乘用车等11类。

商用车:在设计和技术特性上用于运送人员和货物的汽车,并且可以牵引挂车。乘用车不包括在内。商用车分为客车、货车和半挂牵引车3类。客车细分为小型客车、城市客车、长途客车、旅游客车、铰接客车、无轨客车、越野客车和专用客车。货车细分为普通货车、多用途货车、全挂牵引车、越野货车、专用作业车和专用货车。

> **课外扩展活动**
> 1. 讨论题：汽车是什么？（6人一组，每一个同学在前一个同学的基础上添加一个合理的定语。）
> [举例]汽车是一类便捷的、充满艺术美的、与生活息息相关的、普通代步的工业产品。
> 2. 开放式论述题：汽车科技如何改变我们的生活？

活动一　汽车基本结构

汽车由发动机、底盘、车身和电器设备四部分组成（图1-6～图1-8）。

图1-6　莲花(Lotus)赛车

图1-7　雷克萨斯(Lexus)汽车

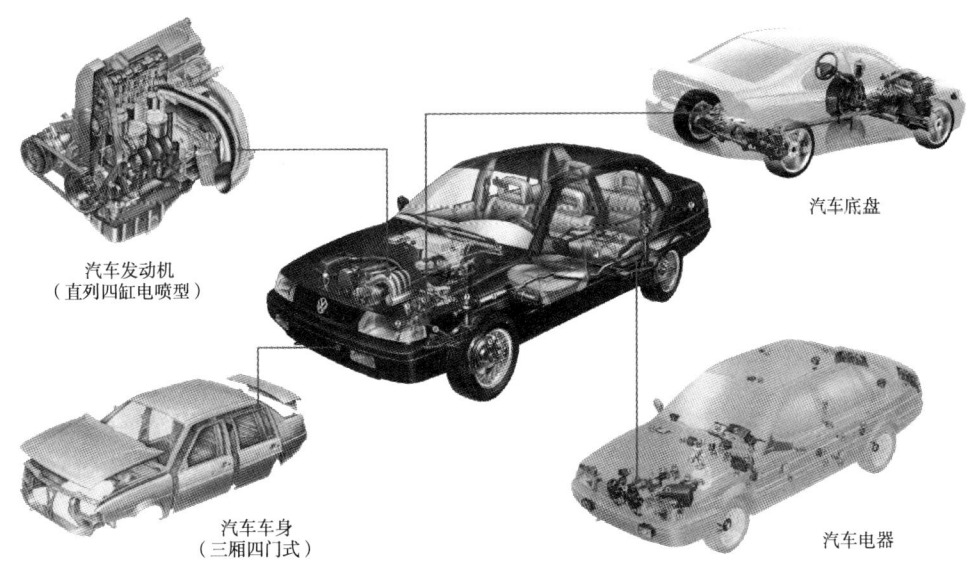

图1-8　汽车结构总体

一、发动机

发动机两大机构五大系：曲柄连杆机构、配气机构、燃料供给系、冷却系、润滑系、点火系、启动系。

(1)曲柄连杆机构。连杆、曲轴、轴瓦、飞轮、活塞、活塞环、活塞销、曲轴油封。

(2)配气机构。汽缸盖、气门室盖罩凸轮轴、气门进气歧管、排气歧管、空气过滤器、消音器、三元催化增压器、制冷器等。

(3)燃油供给系。汽油机燃油系统包括汽油箱、汽油表、汽油管、汽油滤清器、汽油泵、化油器、空气滤清器等。柴油机燃油系统包括喷油泵、喷油器和调速器等主要部件及柴油箱、输油泵、油水分离器、柴油滤清器、喷油提前器和高、低压油管等辅助装置。

(4)冷却系。一般由水箱、水泵、散热器、风扇、节温器、水温表和放水开关组成。汽车发动机采用两种冷却方式，即空气冷却和水冷却。一般汽车发动机多采用水冷却。

(5)润滑系。发动机润滑系由机油泵、集滤器、机油滤清器、油道、限压阀、机油表、感压塞及油尺等组成。

(6)点火系：火花塞、高压线、高压线圈、分电器、点火开关。

(7)启动系：启动机、蓄电池。

二、底盘

底盘作用是支撑、安装汽车发动机及其各部件总称，形成汽车的整体造型，并接受发动机的动力，使汽车产生运动，保证正常行驶。底盘由传动系、行驶系、转向系和制动系四部分组成。

1. 传动系

汽车发动机所发出的动力靠传动系传递到驱动车轮。传动系具有减速、变速、倒车、中断动力、轮间差速和轴间差速等功能，与发动机配合工作，能保证汽车在各种工况条件下的正常行驶，并具有良好的动力性和经济性。主要是由离合器、变速器、万向节、传动轴和驱动桥等组成。

(1)离合器：其作用是使发动机的动力与传动装置平稳地接合或暂时地分离，以便于驾驶员进行汽车的起步、停车和换挡等操作。

(2)变速器：由变速器壳、变速器盖、第一轴、第二轴、中间轴、倒挡轴、齿轮、轴承和操纵机构等机件构成，用于汽车变速和变输出扭矩。

2. 行驶系

由车架、车桥、悬架和车轮等部分组成。行驶系的功用是：

(1)接受传动系的动力，通过驱动轮与路面的作用产生牵引力，使汽车正常行驶。

(2)承受汽车的总重量和地面的反力。

(3)缓和不平路面对车身造成的冲击，衰减汽车行驶中的振动，保持行驶的平顺性。

(4)与转向系配合，保证汽车操纵稳定性。

3. 转向系

汽车上用来改变或恢复其行驶方向的专设机构称为汽车转向系统。转向系统的基本组成：

(1)转向操纵机构，主要由转向盘、转向轴和转向管柱等组成。

(2)转向器，将转向盘的转动变为转向摇臂的摆动或齿条轴的直线往复运动，并对转向操纵力进行放大的机构。转向器一般固定在汽车车架或车身上，转向操纵力通过转向器后一般还会改变传动方向。

(3)转向传动机构将转向器输出的力和运动传给车轮(转向节)，并使左右车轮按一定关系进行偏转的机构。

4．制动系

汽车上用以使外界(主要是路面)在汽车某些部分(主要是车轮)施加一定的力，从而对其进行一定程度的强制制动的一系列专门装置统称为制动系统。其作用是：使行驶中的汽车按照驾驶员的要求进行强制减速甚至停车；使已停驶的汽车在各种道路条件下(包括在坡道上)稳定驻车；使下坡行驶的汽车速度保持稳定。

三、车身

车身安装在底盘的车架上，用以驾驶员、旅客乘坐或装载货物。轿车、客车的车身一般是整体结构，货车车身一般是由驾驶室和货箱两部分组成。

四、电气设备

电气设备由电源和用电设备两大部分组成。电源包括蓄电池和发电机；用电设备包括发动机的启动系、汽油机的点火系和其他用电装置。

如图1-9所示为汽车组成示意图，图1-10所示为汽车总成拆分平面图。

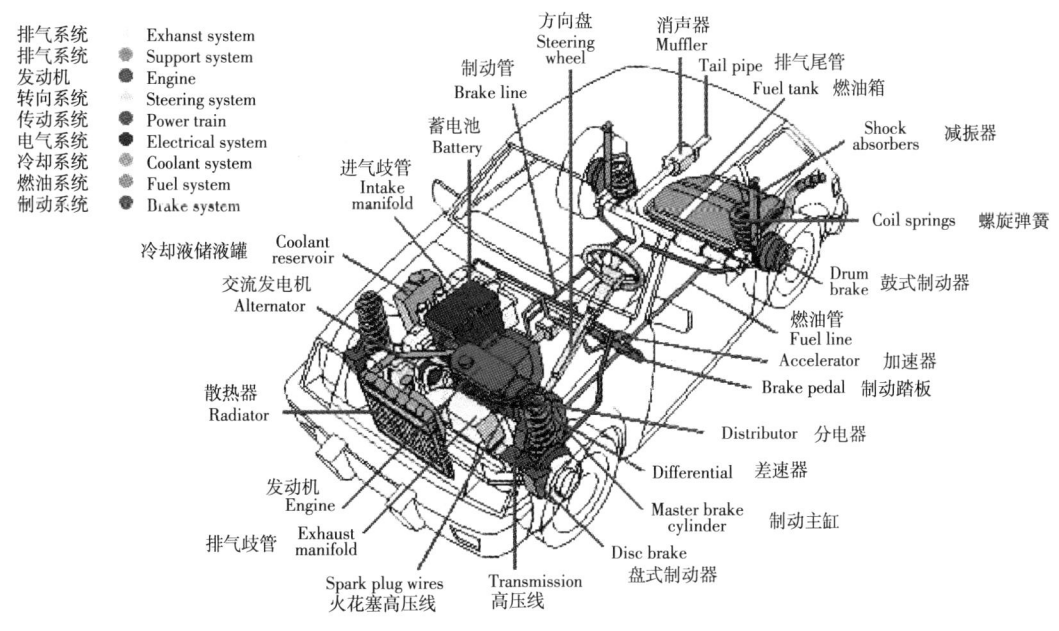

图1-9　汽车组成示意图

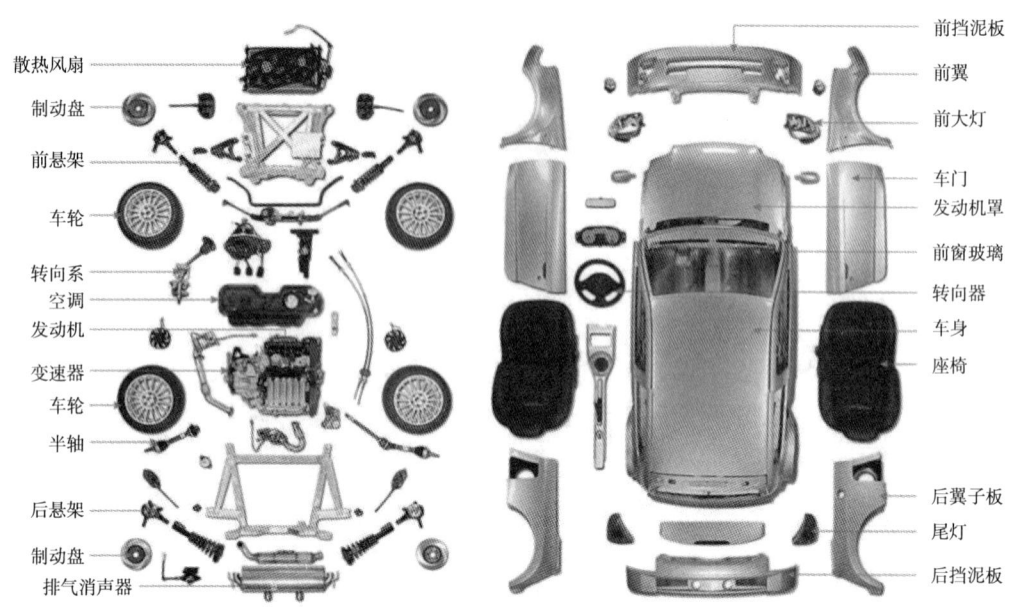

图1-10 汽车总成拆分平面图

活动二 发 动 机

一、发动机的演变历程

世界上第一台蒸汽机是由古希腊数学家亚历山大港的希罗(Hero of Alexandria)于1世纪发明的汽转球(Aeolipile),它只不过是一个玩具而已。约1679年,法国物理学家丹尼斯·巴本在观察到蒸汽逃离他的高压锅后,制造了第一台蒸汽机的工作模型。大约与此同时萨缪尔·莫兰也提出了蒸汽机的主意。1698年托马斯·塞维利、1712年托马斯·纽科门和1769年詹姆斯·瓦特制造了早期的工业蒸汽机,他们对蒸汽机的发展都做出了自己的贡献。1807年罗伯特·富尔顿第一个成功地用蒸汽机来驱动轮船。瓦特并不是蒸汽机的发明者,在他之前,早就出现了蒸汽机,即纽科门蒸汽机,但它的耗煤量大、效率低。瓦特运用科学理论,逐渐发现了这种蒸汽机的毛病所在。从1765年到1790年,他进行了一系列发明,比如分离式冷凝器、汽缸外设置绝热层、用油润滑活塞、行星式齿轮、平行运动连杆机构、离心式调速器、节气阀、压力计等等,使蒸汽机的效率提高到原来纽科门机的3倍多,最终发明出了现代意义上的蒸汽机(图1-11)。

16世纪末到17世纪后期,英国的采矿业,特别是煤矿,已发展到相当的规模,单靠人力、畜力已难以满足排除矿井地下水的要求,而现场又有丰富而廉价的煤作为燃料。现实的需要促使许多人,如英国的帕潘、塞维利、纽科门等就致力于"以火力提水"的探索和试验。

最初的真空蒸汽机被用来将矿井里的水抽出来。纽科门的蒸汽机将蒸汽引入气缸后阀门被关闭,然后冷水被撒入汽缸,蒸汽凝结时造成真空。活塞另一面的空气压力推动活塞。在矿井中连接一根深入竖井的杆来驱动一个泵。蒸汽机活塞的运动通过这根杆传到泵的活塞来将水抽到井外。

图 1-11 瓦特与他改进的蒸汽机

第一个巨大的改善是将气缸与凝结缸通过一个阀门分开。瓦特在伯明翰发明了这个改进。这个改进提高了蒸汽机的效率。下一个改进是将阀门的操作自动化。这些早期的真空蒸汽机的效率有限,但它们比较安全,因为它们的压力比较低,在物质发生损坏的情况下机器向内收缩,而不是向外爆炸。它们的效率受外部气压、气缸变形、燃烧和沸腾的效率和凝结能力的限制。理论最高效率受水在普通大气压下比较低的沸腾温度限制。使用高温高压的蒸汽为蒸汽机的效率带来了巨大的提高。但这种蒸汽机比真空蒸汽机危险得多。锅炉和机器的爆炸造成了许多大事故。安全阀在这里带来了很大的改进,在压力过高的情况下安全阀放气减压。但真正保证安全只有依靠建造、运行和维护的经验和安全规则。

塞维利制成了世界上第一台实用的蒸汽提水机,在 1698 年取得标名为"矿工之友"的英国专利。他将一个蛋形容器先充满蒸汽,然后关闭进汽阀,在容器外喷淋冷水使容器内蒸汽冷凝而形成真空。打开进水阀,矿井底的水受大气压力作用经进水管吸入容器中;关闭进水阀,重开进汽阀,靠蒸汽压力将容器中的水经排水阀压出。待容器中的水被排空而充满蒸汽时,关闭进汽阀和排水阀,重新喷水使蒸汽冷凝。如此反复循环,用两个蛋形容器交替工作,可连续排水。

塞维利的提水机依靠真空的吸力汲水,汲水深度不能超过 6m。为了从几十米深的矿井汲水,须将提水机装在矿井深处,用较高的蒸汽压力才能将水压到地面上,这在当时无疑是困难而又危险的。

纽科门及其助手卡利在 1705 年发明了大气式蒸汽机,用以驱动独立的提水泵,被称为纽科门大气式蒸汽机。这种蒸汽机先在英国,后来在欧洲大陆得到迅速推广,它的改型产品直到 19 世纪初还在制造。纽科门大气式蒸汽机的热效率很低,这主要是由于蒸汽进入汽缸时,在刚被水冷却过的汽缸壁上冷凝而损失掉大量热量,只在煤价低廉的产煤区才得到推广。

1764 年,英国的仪器修理工詹姆斯·瓦特为格拉斯哥大学修理纽科门蒸汽机模型时,注意到了这一缺点,并于 1765 年发明了设有与汽缸壁分开的凝汽器的蒸汽机,并于 1769 年取得了英国的专利。初期的瓦特蒸汽机仍用平衡杠杆和拉杆机构来驱动提水泵,为了从凝汽器中抽除凝结水和空气,瓦特装设了抽气泵。他还在汽缸外壁加装夹层,用蒸汽加热汽缸壁,以减少冷凝损失。

瓦特的创造性工作使蒸汽机迅速地发展,他使原来只能提水的机械,成为了可以普遍应用的蒸

图1-12 2011年10月10日以460万美元卖出一辆127年"高龄"的蒸汽动力老爷车

汽机,并使蒸汽机的热效率成倍提高,煤耗大大下降。因此瓦特是蒸汽机的改良者(图1-12)。

自18世纪晚期起,蒸汽机不仅在采矿业中得到广泛应用,在冶炼、纺织、机器制造等行业中也都获得迅速推广。它使英国的纺织品产量在20多年内(1766—1789年)增长了5倍,为市场提供了大量消费商品,加速了资金的积累,并对运输业提出了迫切要求。

在船舶上采用蒸汽机作为推进动力的实验始于1776年,经过不断改进,至1807年,美国的富尔顿制成了第一艘实用的明轮推进的蒸汽机船"克莱蒙"号。此后,蒸汽机在船舶上作为推进动力历百余年之久。

1800年,英国的特里维西克设计了可安装在较大车体上的高压蒸汽机。1803年,他把它用来推动在一条环形轨道上开动的机车,找来喜欢新奇玩意儿的人乘坐,向他们收费,这就是机车的雏型。英国的史蒂芬孙将机车不断改进,于1829年创造了"火箭"号蒸汽机车,该机车拖带一节载有30位乘客的车厢,时速达46km/h,引起了各国的重视,开创了铁路时代。

19世纪末,随着电力应用的兴起,蒸汽机曾一度作为电站中的主要动力机械。1900年,美国纽约曾有单机功率达5MW的蒸汽机电站。

蒸汽机的发展在20世纪初达到了顶峰。它具有恒扭矩、可变速、可逆转、运行可靠、制造和维修方便等优点,因此曾被广泛用于电站、工厂、机车和船舶等各个领域中,特别在军舰上成了当时唯一的原动机。

需要特别注意的是,许多教科书上(历史书、物理书)说瓦特是蒸汽机的发明者,这是误传。蒸汽机是英国人塞维利(Savery)于1698年、纽科门(Newcomen)于1705年各自独立发明的,用于矿井抽水,当时效率很低。1765年,瓦特在修理纽科门机的基础上,对蒸汽机做了重大改进,使冷凝器与汽缸分离,发明曲轴和齿轮传动以及离心调速器等,使蒸汽机实现了现代化,大大提高了蒸汽机的效率。瓦特的这些发明,仍使用在现代蒸汽机中,为纪念瓦特的贡献,功率的单位名称以其姓氏命名。

二、汽车发动机

发动机(Engine),又称为引擎,是一种能够把一种形式的能转化为另一种更有用的能的机器,通常是把化学能转化为机械能(把电能转化为机器能的称谓电动机)。有时它既适用于动力发生装置,也可指包括动力装置的整个机器。比如汽油发动机、航空发动机。发动机是汽车产生动力的装置。它将燃料燃烧的热能转化为机械动力,从发动机的曲轴向外输出功率,是汽车行驶所需动力的来源。现代汽车多采用往复活塞式发动机(图1-13)。

按其使用燃料不同可将发动机分为汽油发动机和柴油发动机两类。

图1-13 大众1.2TSI发动机

按工作循环的不同分类：二冲程发动机和四冲程发动机；根据冷却方式的不同：水冷式和风冷式；根据气门位置的不同：侧置和顶置；根据点火方式的不同：点燃和压燃；根据气缸数目的不同：单缸和多缸；根据发动机转速的不同：高、中、低；亦可根据是否增压、活塞运动方式、气缸排列方式不同分类。

三、发动机工作原理

如图 1-14 所示为四冲程汽油发动机工作原理图。

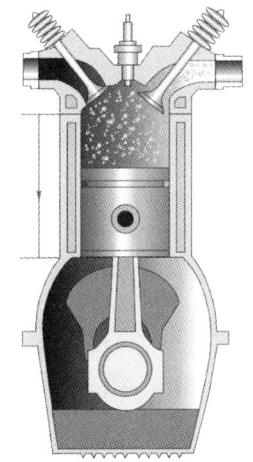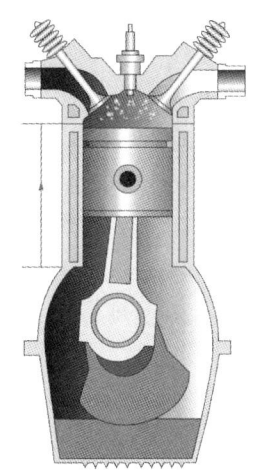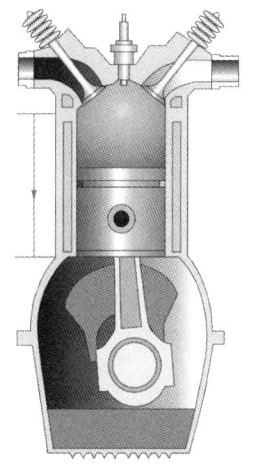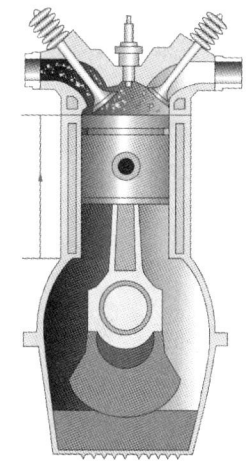

进气行程
活塞在曲轴的带动下由上止点移至下止点，此时排气门关闭，进气门开启。在活塞移动过程中，气缸容积逐渐增大，气缸内形成一定的真空度。空气和汽油的混合物通过进气门被吸入气缸，并在气缸内进一步混合形成可燃混合气

压缩行程
进气行程结束后，曲轴继续带动活塞由下止点移至上止点。这时进气门排气门均关闭。随着活塞的移动和气缸容积的不断缩小，气缸内可燃混合气体被压缩，其压力和温度同时升高

作功行程
压缩行程技术后，气缸盖上的火花塞产生电火花，将气缸内可燃混合气体点燃，火焰迅速传遍整个燃烧室，同时放出大量的热能。燃烧气体的体积急剧膨胀，压力和纬度迅速升高，在气体的压力的作用下，活塞由上止点移至下止点并通过连杆推曲轴旋转作功。这时，进排气门仍旧关闭

排气行程
排气行程开始，排气门打开，进气门仍然关闭，曲轴通过连杆带动活塞由下止点至上止点，此时膨胀后的燃烧气体在其自身剩余压力和在活塞的推动下，经排气门排除气缸之外。当活塞到达上止点时，排气行程结束，排气门关闭

图 1-14 四冲程汽油发动机工作原理

1. 进气行程

由于曲轴的旋转，活塞从上止点向下止点运动，这时排气门关闭，进气门打开。进气过程开始时，活塞位于上止点，气缸内残存有上一循环未排净的废气，因此，气缸内的压力稍高于大气压力。随着活塞下移，气缸内容积增大，压力减小，当压力低于大气压时，在气缸内产生真空吸力，空气经空气滤清器并与化油器供给的汽油混合成可燃混合气，通过进气门被吸入气缸，直至活塞向下运动到下止点。

在进气过程中，受空气滤清器、化油器、进气管道、进气门等阻力影响，进气终了时，气缸内气体压力略低于大气压，约为 75～90kPa，同时受到残余废气和高温机件加热的影响，温度达到 370～400K。实际汽油机的进气门是在活塞到达上止点之前打开，并且延迟到下止点之后关闭，以便吸入更多的可燃混合气。

2. 压缩行程

曲轴继续旋转，活塞从下止点向上止点运动，这时进气门和排气门都关闭，气缸内成为封闭容积，可燃混合气受到压缩，压力和温度不断升高，当活塞到达上止点时压缩行程结束。此时气体的压力和温度主要随压缩比的大小而定，可燃混合气压力可达 0.6～1.2MPa，温度可

达600～700K。压缩比越大,压缩终了时气缸内的压力和温度越高,则燃烧速度越快,发动机功率也越大。但压缩比太高,容易引起爆燃。所谓爆燃就是由于气体压力和温度过高,可燃混合气在没有点燃的情况下自行燃烧,且火焰以高于正常燃烧数倍的速度向外传播,造成尖锐的敲缸声。会使发动机过热,功率下降,汽油消耗量增加以及机件损坏。轻微爆燃是允许的,但强烈爆燃对发动机是很有害的,汽油机的压缩比一般为 $\varepsilon=6\sim10$。

3. 作功行程

作功行程包括燃烧过程和膨胀过程,在这一行程中,进气门和排气门仍然保持关闭。当活塞位于压缩行程接近上止点(即点火提前角)位置时,火花塞产生电火花点燃可燃混合气,可燃混合气燃烧后放出大量的热使气缸内气体温度和压力急剧升高,最高压力可达3～5MPa,最高温度可达2200～2800K,高温高压气体膨胀,推动活塞从上止点向下止点运动,通过连杆使曲轴旋转并输出机械功,除了用于维持发动机本身继续运转外,其余用于对外作功。随着活塞向下运动,气缸内容积增加,气体压力和温度降低,当活塞运动到下止点时,作功行程结束,气体压力降低到0.3～0.5MPa,气体温度降低到1300～1600K。

4. 排气行程

可燃混合气在气缸内燃烧后生成的废气必须从气缸中排出去以便进行下一个进气行程。当作功接近终了时,排气门开启,进气门仍然关闭,靠废气的压力先进行自由排气,活塞到达下止点再向上止点运动时,继续把废气强制排出到大气中去,活塞越过上止点后,排气门关闭,排气行程结束。实际汽油机的排气行程也是排气门提前打开,延迟关闭,以便排出更多的废气。由于燃烧室容积的存在,不可能将废气全部排出气缸。受排气阻力的影响,排气终止时,气体压力仍高于大气压力,约为105～115kPa,温度约为900～1200K。曲轴继续旋转,活塞从上止点向下止点运动,又开始了下一个新的循环过程。可见四行程汽油机经过进气、压缩、作功、排气四个行程完成一个工作循环,这期间活塞在上、下止点往复运动了四个行程,相应地曲轴旋转了两圈。

活动三　车轮的发展

一、车轮的起源

有关车轮的起源,曾引起不少的争论,一些专家提出过各种考古学上的论据,但始终未有定论。归纳起来,较普遍的说法有以下三种:

1. 从自然仿生得来

轮子的起源,从古至今都仿佛是个谜,较多的古籍作了仿生学的解释,如"见飞蓬转,而知为车"。认为是自然界的转动现象,启发了创造者的灵感。有的专家认为:原始人在发现了原木从山坡上滚下来的现象而后发明了轮子。

2. 受转轮工具(陶轮、纺轮)的启发而来

有些学者将注意力集中于原始人很早便掌握的制陶技术上,在制陶时,用慢轮整形修坯,用快轮产生离心力拉坯成型。人类没有发明车辆前,已使用上千年的轮子了。作为推测,在新石器时代,按当时的工具,木质和石质的轮子都难以生产,而如果把轮子做成陶质,对一个陶工来说是再简单不过的事了,他们从圆球滚动受到启发,于是用陶泥做成豆饼状的东西(因将其

压扁,可增加方向性的控制),中间留下方孔,烧成陶质,安上轴,用支架支起来,就是一幅结实、美观、实用的转轮。有了轮子,为车的发明打下了基础,最初的车可能只是陶质的玩具车,有了制造陶轮和玩具车的经验,再加上青铜工具的发明,生产木质车轮的条件开始成熟。

3. 由滚木或辊子发展而来

通常轮子的半径大于横截面,反之,我们则称其为辊子,两者虽有区别,但也有联系。有历史记载,为了修建宗教和天文建筑,古人多使用由树干做成的滚木,以移动"巨石"。这种观点一度十分流行,并以建造金字塔为证,首先石块由船从采石场运来,然后放在成排的滚木上,再从陆地上拖到建筑场地。而问题是,埃及人在沙漠上建造金字塔,不使用容易下陷的轮子,而用滚木移动巨石,自然是不无道理的。又据李约瑟在《中国古代科技史》中指出的:"矛盾在于,表示美索不达米亚辊子的最早图画是公元前8世纪的,比战车轮的图画要晚得多。"还有一点,"并未发现中国及东方古代有众人使用滚木移动重物的图画或文字记载。"

尽管轮子的起源问题,说法不一,但可以肯定的是它的发明,极大地满足了人们对于交通技术革新的需求,人们为了走得更快,行得更远,负载更大,更加舒适安全……进行了不懈的努力。今天历史上看似必然的存在。实际上都是综合了天时、地利、人和,隐含了祖先无数的创造智慧和艰辛。如图1-15所示,为中国古代的甲骨文和金文"车"字,均突出了轮的形象。

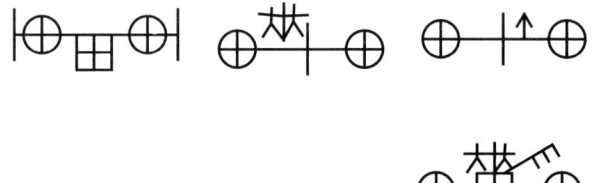

图1-15 古代"车"字

古代造车,首先要求造好轮,由于动态中负重颠簸,各部分所受的瞬间压力巨大,因此制造工艺要求十分严格。

毂是轮的核心,短毂摩擦阻力小,常用于货车,长毂运行半稳,常用于乘车。辐和牙组合制造技术也很关键,"柔辐必齐"、牙则要求外不裂,内不折,旁不鼓。

常用轮材有檀木、榆木、槐木、枣木不等,注重材质的坚柔调节、因材施艺、合理择伐。《考工记》"轮人篇"有曰:"斩三材必以其时。"演进出更多的加固措施,例如毂孔的两端装金属围、轴上等距嵌入金属块——铜,车轴和轴承的装置上采用软硬复合装置。"察车自轮始",要求车轮十分圆正和坚固,只有这样,与地面接触少,阻力小,才能快速运行。由此,轮匠还发明了严格的检验手段:

(1)用圆规检查其是否圆正。

(2)用等大的平衡圆盘测轮的平整度。

(3)用悬线测辐是否笔直。

(4)水中沉浮看各部分的均衡性。

(5)用度量衡,测量两轮大小轻重是否相等。

二、我国车轮演变历程

我国的轮车的创始肇始于新石器时代晚期,当时是一种辁车,车轮是没有轮辐的圆木或拼钉的实心木板轮。

夏初奚仲挠曲为轮,标志着辐轮的真正出现。

春秋战国时期木工技术大发展,高级车辆制造技术得到深入细致的总结,并形成规范,《考工记》出现,已能将轮的圆周作简单的等分。车轮上出现了夹辅,用以加强车轮的薄弱环节,轮轴间注入脱脂动物油润滑。

秦建立了全国性的陆路交通网和统一的交通制度,如"车同轨"(轨是两轮间的距离,规范了道路的宽窄)。

汉代车辆取得辉煌成就,设计采用模数制,有造车的工场,有专门的轮匠。发明了蝶形轮和重型组合轮。

东汉三国时期,出现了典型的独轮车。指南车和记载鼓车,具有自动离合装置,形成齿轮系统,是中国古代机械工程成熟标志。

两晋南北朝,造车数量大增,出现装有20个轮子的巨型攻城车。

五代时出现手推三轮车,用途极广。

唐宋元在车辆制造技术方面未有突出性进展,只体现出高度的精密性和一定的灵活性。

明朝出现了适于山地运输的八轮车。

清朝出现了能利用风力的扬帆独轮车及铁甲车。

如表1-1所示为中国古代历史、社会与制轮成就演变表。

表1-1　　　　　　　中国古代历史、社会与制轮成就演变表

	BC6500	BC2000	BC760	BC200	BC　AD	600	1300　1900
	原始	夏商周	春秋战国	秦汉	汉魏	隋唐宋	元明清
社会背景	原始社会生产力水平低,物质不丰富,技术单一	奴隶社会由形成到发展成熟,夏朝铜器出现,水利兴,农畜旺	由奴隶社会向封建社会过度,生铁冶炼技术发展,鲁班、铁锯出现	建立中央集权封建帝国,统一度量衡,科学技术发展	民族融合,生产发展,铜铁冶炼技术进步,青铜器过渡到铁器	封建社会走向鼎盛,生产力大提高,物质文化生活一度鼎盛	封建社会由盛转衰,民族间统治地位更迭科技渐渐落伍
制轮成就	辁——实心木板轮发明	辐轮——制车技术第一次大变革	《考工记》出现、夹辅、轴间润滑——第二次大变革	道路网、模数制、轮匠、蝶形轮	指南车、独轮车——制车技术第三次大变革	手推车、三轮车——提高精密灵活性	山地八轮车、扬帆车、铁甲车,但未有突出性进展

以下为几种典型的车轮。

1. 汉代重型组合轮(图1-16)

轮分三部分:毂、辐、牙。首先在每根辐条头上镶一木块(即称"牙"),从侧面装遮盖木块的弧形板(称"帘牙"),将两边帘牙钉好后,再在整个组合件外面包上木箍或铁箍,然后用木块等把各辐条头上的牙间隙填满,并用销钉把各部分牢固地连接在一起(较高级的有用软木为牙,外包蒲叶的,更加高级的车辆有用皮革作轮缘而其中填絮的)。

2. 蝶形轮（图1-17）

长沙西汉墓出土的官车，有精致的蝶形车轮，形式很像农民的笠，蝶形凹入侧有向外的或是向内的。在车辆颠簸时，蝶形轮会产生很强的侧面推力的抵抗力，迫使各辐条更牢固地压入车辋，对于外伸的车轮来说，还有把泥土甩清的特点，较强的轮总是倾向于保护较弱的轮。欧洲直到文艺复兴后期，才出现蝶形轮，中国比其早了1600年左右。

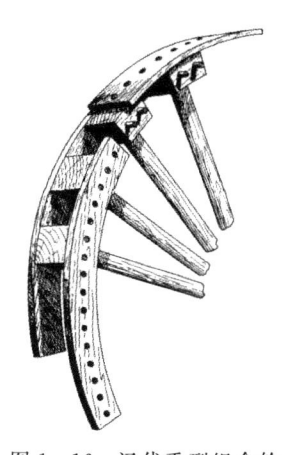
图1-16 汉代重型组合轮

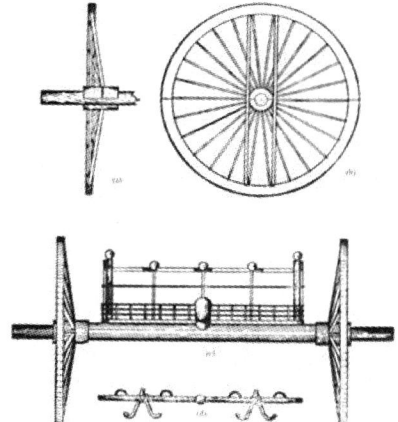
图1-17 汉代的蝶形轮

3. 独轮车（图1-18）

汉魏时期出现了典型的独轮车，车辆触地部分更少，行动轻便、灵活、用途广；清朝出现了扬帆独轮车。

图1-18 清代出现的扬帆独轮

三、外国车轮演变历程

外国的交通史也是由最初的人力搬运，牲畜驮运，发展到畜力牵引的泥撬、雪橇；滚木移动巨石。然后发明了轮车，但由于东西方文化差异，以及思维方式的不同，对于行的方式的理解也不尽相同，特别是社会历史进程差异，带来事物演变历时性与共时性分化与融合，演化规律的探索必须以历史、社会、科技的演化为线索，找出设计演化的关键点，建立中外设计比较的网络平台。

大约在距今5000年前，有轮子的车辆在两河流域出现。

公元前2500年前后，苏美尔人使用四轮战车。

古埃及图坦卡门的两轮战车使用辐轮。

文艺复兴前，欧洲出现带齿轮的防滑轮。（带辐木轮外包齿状铁皮），在16世纪，欧洲有车轴两端向下倾斜的蝶形轮，轮辐运转向下时，辐条和地面成直角，这样轮子的负荷能力和耐用寿命会增长。

英格兰公共马车为应付泥泞松软路面和大载重量,使用大实心加重轮,外包防震防滑胶皮。

1760年英国开始产业革命,动力大大改进,生产力大幅提高。自我驱动的三轮拖拉机,火车机车。蒸汽明轮船、摩托车和汽车都相继发明出来。

实心橡胶胎、金属辐条随着高压蒸汽机、内燃机经历变革。

1870年开始,电能开始广泛应用,充气轮胎被发明、普及。

1971年美国月球车,使用金属丝网车轮,全时四轮驱动,在崎岖不平的月球表面,每个轮子都配有发动机,可以转向和跨越障碍。

协和机应用了四轮转向架及高压轮胎。以应付急速的起落、振动、导向与摩擦。20世纪末,人类进入信息时代,人们对轮子的需求更加多元化,轮椅、手推车、可移动式办公桌椅都有不同形态的轮子。

材料更加多样,铝合金、玻纤韧化尼龙、树脂等科技含量更高、加工系统化、精密化。现代自行车、滑板、旱冰鞋的轮子更代表了一种新的自然清新的生活方式。

表1-2和表1-3分别为世界历史、社会、科技演变表,车轮演变及设计因素分析归纳表。

表1-2 世界历史、社会、科技演变表

1760年	1960年	1990年
自然经济时代	工业时代(商品经济时代)	后工业时代(商品经济)	信息经济时代
古代文明、文艺复兴、封建制度瓦解	蒸汽机诞生、工业设计建立、相对论、二战,科学技术迅速转化为生产力,动力问题一度成为关键	登月计划、系统论、能源危机、世界出现多级化政治、科技进步并非社会进步的唯一条件	环境,生物工程,设计信息化,智能化,重提天人合一,多元选择,和谐共生
手工化 → 机械化 → 电气化 → 电子化 → 电脑化 → 信息知识化			
少量、地域化、个体化 → 大批量、共性化、标准化 → 多品种、多用途、需求细分 → 创造新的生存方式			
原材料限制 → 技术限制 → 市场限制 → 需求限制			
人是第一生产力 → 技术是第一生产力 → 系统综合的科学方法,使知识信息成为最活跃的生产力			

表1-3 车轮演变及设计因素分析归纳表

形态	实心木板轮·非辐射辐条轮·向心辐轮·有夹辅轮·蝶形轮·金属加固轮·覆带轮·滑轮组 陶制篷车轮·大实心加重轮·齿形防滑轮·轮浆·实心橡胶轮·充气橡胶胎·凸缘机车轮
使用载体	木制牛车·三轮推车·两轮战车·四轮马车·独轮车·功城战车·炮车·水陆两栖船·蒸汽机轮船·摩托车·汽车·飞机·火车·月球车·手推车·轮椅·旱冰鞋·自行车·滑板
使用环境	平地→道路→铁轨→赛车道→飞机跑道 山路·野外·泥泞·滑坡·崎岖不平的月球表面
制造工艺	采伐·锯削·火燏→木料组装、钉合→成蝶形→上夹辅→毂、辐、牙结构安装 陶塑·铸造→外包金属加固→加齿防滑→抗震耐压处理→标准注塑成型
材料	木制轮(檀、榆、槐、枣)→铁制轮(铸铁、包铁、钢毂)→橡胶→铝合金→玻纤树脂
使用者	农工商军旅 君王权贵→百姓 征战→民用 由少到多而普及
使用目的	出行·征战·运输·游牧迁徙·皇权地位象征·迅捷·防震·防滑·安全·负重
动力	人力→畜力→风力→势力→电力→磁力→核动力→太阳能等

如图1-19所示为自行车轮子的演变,图1-20则展示了汽车的技术革命。

项目一　认识汽车

图1-19　自行车轮子的演变

(a) 自我驱动的方法：寻常的木制轮，包上一层宽宽的铁轮胎；巨大的铜蒸汽锅炉，使车子不平稳；活塞通过一个棘轮装置驱动一个前驱动轮，这台三轮拖拉机就是第一台"自我驱动"的交通工具，它无疑是发明动力新方法的标志

(b) 载重增强的方法：伴随着火车的发明，不但发明了铁轨，也发明了带凸缘的火车轮子，这样就有了防止火车高速行驶或转向时侧滑脱轨的方法

(c) 城市交通便利的方法：法国早期的标致汽车已开始运用实心橡胶轮胎、金属的辐条，但充气轮胎的发明则使汽车成为一种速度的象征，更加适应多种路况的需求

(d) 弹簧减震的方法：越野车等安装防止剧烈颠簸的弹簧减振器等；即使在高速公路上行驶的轿车也安装了平衡块，使速度、安全、舒适有机结合了起来

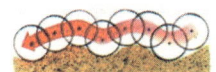

小轮容易陷入坑洼中

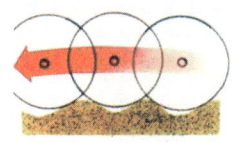

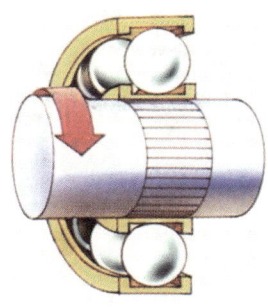

(e) 加大轮径，运行平稳的方法：结合路面平整度，总结出运行平稳的方法，在坑洼地区作业的拖拉机等交通工具，都适当增加了轮径

(f) 增强传动效率的方法：追求速度，小小轴承和滚珠使传动效率成倍地提高，滑板和旱冰鞋让人们感到仿佛轮子在脚下生出，这可谓是最贴切的腿脚的延伸方式

(g) 加齿防滑的方法：为了减速、安全，人类又发明了各式各样的防滑轮，有冰地轮胎（带金属长钉），有雪地轮胎（带金属抓地齿），有越野轮胎（带橡胶凸块）等

图1-20　汽车技术革命

任务二　汽车的常见车标

任务目标：
(1)掌握常见汽车车标设计与文化涵义。
(2)了解汽车车标如何反映出的企业品牌价值。

车标是一部车的身份证,每一种汽车都有着自己独一无二的身份证,而每一个车标都包含着其背后的真正意义。车标是汽车改装用品最常见的一种,也是最受车主欢迎的一样汽车配件。

车标代表企业品牌,当我们看到企业品牌时,我们就能想起这家企业,想起这家企业带来的产品或者是服务,甚至会想起一个民族的特点。例如:当我们看到KFC时,我们会想起肯德基,我们会想到它带来的快餐服务与人性化、轻松的美国式管理模式。车标更富有艺术内涵,它是根据现代美学观点、工业造型设计和视觉传达设计的原理,通常由专业的设计师设计,完全符合企业形象的一种标识(Logo)。

纵观世界车坛五花八门的汽车标志,它们大体可以分为四类,图形、文字、动物图腾以及立体标志。不论车标以怎样的形式出现,一个成功的汽车标志必须具备醒目、简介、易懂、易记的特性(图1-21)。

图1-21　汽车标志

活动一　国产汽车车标及其内涵

汽车标志是艺术性和象征性的统一，是质量、信誉、原则和精神展示于世的图腾，是沟通人与汽车、汽车与企业集团、企业集团与社会的最直观的中介之一。汽车标志作为一种文化介入社会，其特有的信息成为一种世界性语言和文明的象征。表1－4为国产车车标图案与寓意。

表1－4　　　　　　　　　　　国产车车标图案与寓意

车标图案	车标寓意
	中国一汽视觉识别系统的核心要素是以"1"字为视觉中心，由"汽"字构成展翅的鹰形，构成雄鹰在蔚蓝天空的视觉景象，寓意中国一汽鹰击长空，展翅翱翔
	起亚标志的整体是英文字母CAC一种艺术化变形，CAC即Chery Automobile Corporation Limited的缩写，标志中间A为一变体的"人"字，预示着公司以人为本的经营理念
	比亚迪标志在2007年已由蓝天白云的老标换成了只用三个字母和一个椭圆组成的标志了，BYD的意思是Build Your Dreams，即为成就梦想
	荣威(ROEWE)标志以红、黑、金三个主要色调构成，这是中国最经典、最具内蕴的三个色系，红色代表中国传统的热烈与喜庆，金色代表中国的富贵，黑色则象征威仪和庄重。图案下方用现代手法绘成的符号是字母"RW"的融合，是品牌名称的缩写，同时"RW"在古埃及语中亦代表狮子。图案的中间是双狮护卫着的华表
	长城汽车标志的椭圆外形代表立足世界、走向中国；烽火台形象为中国传统文化象征；剑锋箭头代表充满活力、蒸蒸日上、敢于亮剑、无坚不摧；立体"1"代表快速反应、永争第一
	吉利标志椭圆形状呈犄角之势，意喻吉利开拓、奋进、忠诚和使命感。标识中间部分为吉利首字母"G"的变体，同时又是阿拉伯数字"6"形状，"6"在中国传统文化中含有"吉祥顺利"的寓意
	海马汽车的标志是在象征太阳的圆上嵌一个抽象的鹰隼形状，寓意为"旭日东升、鲲鹏展翅"，代表了海马汽车奋发向上、矢志腾飞的企业形象

> **训练模块**

1. 选择一个你印象最深的国产车的车标,为什么印象深刻?查询相关资料,并对这个汽车的车标涵义进行解释。
2. 选择两个国产汽车车标进行比较,分别说说你的看法与理解。

活动二 非国产汽车车标及其内涵

汽车标志在当今的汽车产业中扮演着越来越为重要的角色。最早的汽车标志出现在法国。1889年法国人潘哈德和瓦莱尔取他们各自名字中的字母:P、L组成了世界上最早的汽车标志。不过随着汽车产业的不断发展,汽车标志也被赋予了新的功用,它不仅代表了不同的汽车品牌,更是浓缩了整个品牌的文化精髓,而在当今,汽车标志又有了它新的使命——品牌的潜在财富与无形资产。如表1-5所示,为非国产车车标图案与寓意。

表1-5 非国产车车标图案与寓意

车标图案	车标寓意
ASTON MARTIN	英国阿斯顿·马丁汽车标志为一只展翅飞翔的大鹏,分别注有阿斯顿、马丁英文字样。喻示该公司像大鹏一样,具有从天而降的冲刺速度和远大的志向
TOYOTA	日本丰田公司的三个椭圆的标志是从1990年初开始使用的。标志中的大椭圆代表地球,中间由两个椭圆垂直组合成一个T字,代表丰田公司。它象征丰田公司立足于未来,对未来的信心和雄心,还象征着丰田公司立足于顾客,对顾客的保证,象征着用户的心和汽车厂家的心是连在一起的,具有相互信赖感,同时喻示着丰田的高超技术和革新潜力
Mercedes	1909年6月戴姆勒公司登记了三叉星作为轿车的标志,象征着陆上、水上和空中的机械化。1916年在它的四周加上了一个圆圈,在圆的上方镶嵌了4个小星,下面有"Mercedes"(梅赛德斯)字样。"梅赛德斯"是幸福的意思,意为戴姆勒生产的汽车将为车主们带来幸福
标致	法国"标致"这尊小狮子非常别致,它那简洁、明快、刚劲的线条,象征着更为完美、更为成熟的标致汽车。这独特的造型,既突出了力量又强调了节奏,更富有时代气息("标致"的商标图案是蒙贝利亚尔创建人别儒家族的徽章)
法拉利	法拉利"跃马"的顶端,加上意大利的国徽为"天",再以"法拉利"横写字体串连成"地",最后以自己故乡蒙达那市的代表颜色——黄色,渲染全幅而组合成"天地之间、任我驰骋"的豪迈图腾

续表

车 标 图 案	车 标 寓 意
	雪佛兰商标表示了图案化了的蝴蝶领结,象征雪佛兰车的大方、气派和风度,文字(Chevrolet)是瑞士的赛车手、工程师路易斯·雪佛兰的名字
	凯迪拉克著名的花冠盾形取自安东尼(德)凯迪拉克的族徽,是典型的贵族标志,既表现了底特律城创始人的勇气和荣誉,同时也象征着其在汽车行业中的领导地位。选用"凯迪拉克"之名是为了向法国的皇家贵族、探险家、美国底特律城的创始人安东尼·门斯·凯迪拉克表示敬意
	韩国现代汽车公司的标志椭圆内的斜字母 H 是现代公司英文名 Hyundai 的首个字母,椭圆既代表汽车方向盘,又可看作地球,两者结合寓意了现代汽车遍布世界
	沃尔沃(Volvo)车标由三部分图形组成:第一部分的圆圈代表古罗马战神玛尔斯,这就是铁元素的古老化学符号——里面有一支箭的圆圈,箭头呈对角线方向指向右上角。在西方文明中,这算得上是最古老也是最普通的一个商标,它起源于罗马帝国时代,是火星、罗马战神和男性阳刚气质三个不同概念的象征,因而又体现了火星与当时用来制造大多数兵器的铁之间的最初渊源。 第二部分是对角线,在散热器上设置的从左上方向右下方倾斜的一条对角线彩带。这条彩带的设置原本出于技术上的考虑,用来将玛尔斯符号固定在格栅上,后来就逐步演变成为一个装饰性符号而成为 Volvo 轿车最为明显的标志。 第三部分是 Volvo 公司注册商标,是采用古埃及字体书写的"VOLVO"字样
	斯柯达巨大的圆环象征着斯柯达为全世界无可挑剔的产品;鸟翼象征着技术进步的产品行销全世界;向右飞行着的箭头,则象征着先进的工艺;外环中朱黑的颜色象征着斯柯达公司百余年的传统;中央铺着的绿色,则表达了斯柯达人对资源再生和环境保护的重视(捷克Mlada Boleslav 品牌,1991 年被大众汽车收购)

训练模块

1. 通过比较各国汽车车标,总结车标在设计时应注意哪些方面?一个好的车标,如何能够深深地"烙印"在客户的心里?
2. 查询各国汽车车标,跟同班同学分享它们的背景、设计与内涵。
3. 试比较图 1-22 两组汽车标志的差别与相似之处。
4. 设计一个属于自己的汽车 Logo,并说出你想赋予它的意义与内涵。

(a)

(b)

图 1-22 汽车标志比较

任务三 汽 车 设 计

任务目标:
(1) 掌握汽车设计的一般流程。
(2) 了解汽车设计大师们。
(3) 了解中国汽车设计企业概况。

汽车是当今世界发展最快、产量最多、科技含量高、普及率最高的现代交通工具之一。汽车设计是技术和艺术紧密结合,充分反映人们需求、时代技术以及社会环境的一门综合的、和谐的技术。

活动一 奔驰 Boxfish 设计

汽车设计理论用于指导汽车设计实践;而汽车设计实践经验的长期积累和汽车生产技术的发展与进步,又使汽车设计理论得到不断地发展与提高。汽车设计技术是汽车设计的方法和手段,是汽车设计实践的软件与硬件。

由于汽车是一种包罗了各种典型机械元件、零部件、各种金属与非金属,材料及各种机械加工工艺的典型的机械产品,因此其设计理论显然要以机械设计理论为基础,并考虑到其结构特点、使用条件的复杂多变以及大批量生产等情况。它涉及许多基础理论、专业基础理论及专业知识,例如:工程数学、工程力学、热力学与传热学、流体力学、空气动力学、振动理论、机械制图、机械原理、机械零件、工程材料、机械强度、电工学、工业电子学、电控与微机控制技术、液压技术、液力传动汽车理论、发动机原理、汽车构造、车身美工与造型、汽车制造工艺、汽车维修等。

汽车设计的内容包括整车总体设计、总成设计和零件设计。整车总体设计又称为汽车的总布置设计,其任务是使所设计的产品达到设计任务书所规定的整车参数和性能指标的要求,并将这些整车参数和性能指标分解为有关总成的参数和功能。

在近百年中,汽车设计技术也经历了由经验设计发展到以科学实验和技术分析为基础的设计阶段。20世纪60年代中期,在设计中引入电子计算机后又形成了计算机辅助设计(CAD,Computer Aided Design)等新方法,使设计逐步实现半自动化和自动化。

经验设计是以已有产品的经验数据为依据,运用一些带有经验常数或安全系数的经验公式进行设计计算的一种传统的设计方法。这种设计由于缺乏精确的设计数据和科学的计算方法,使所设计的产品不是过于笨重就是可靠性差。一种新车型的开发,往往要经过设计—试制—试验—改进设计—试制—试验等二次或多次循环。反复修改图纸,完善设计后才能定型,设计周期长、质量差、消耗大。随着测试技术的发展与完善,在汽车设计过程中引进新的测试技术和各种专用的试验设备,进行科学实验,从各方面对产品的结构、性能和零部件的强度、寿命进行测试;同时广泛采用近代数学物理分析方法,对产品及其总成、零部件进行全面的技术分析、研究,这样就使汽车设计发展到以科学实验和技术分析为基础的阶段。电子计算机的出现和在工程设计中的推广应用,使汽车设计技术飞跃发展,设计过程完全改观。汽车结构参数及性能参数等的优化选择与匹配,零部件的强度核算与寿命预测,产品有关方面的模拟计算或仿真分析,都在计算机上进行。这种利用计算机及其外部设备进行产品设计的方法,统称为计算机辅助设计(CAD)。如图1-23所示,用CAD设计的汽车发动机汽缸。

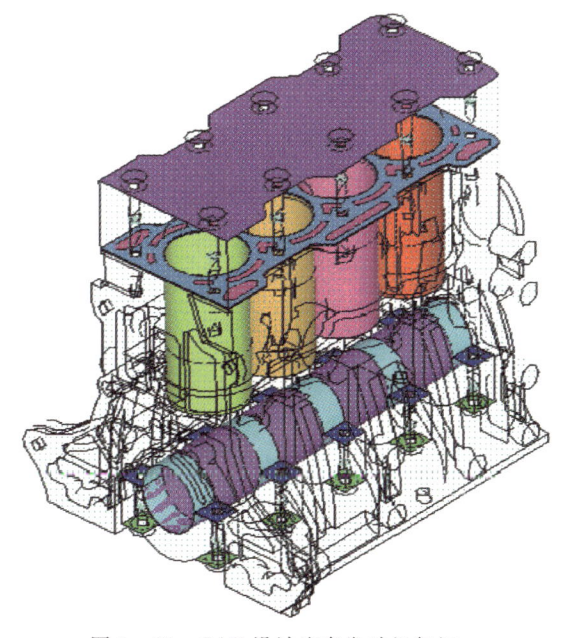

图1-23 CAD设计汽车发动机气缸

随着计算机在汽车设计中的推广应用,一些近代的数学物理方法和基础理论方面的新成就,在汽车设计中也日益得到广泛应用。现代汽车设计,除传统的方法和计算机辅助设计方法外,还引进了最优化设计、可靠性设计、有限元分析、计算机模拟计算或仿真分析、模态分析等现代设计方法与分析手段,甚至还引进了雷达防撞、卫星导航、智能化电子仪表及显示系统等高新技术。

在产品开发的整个过程中,产品先天质量决定于设计,产品在包括原材料、锻造、使用、维修等各方面的花费,即广义成本的70%是由设计阶段决定的。因此设计方案的修改尽可能地在产品开发的前期进行,使产品设计一次成功,避免在产品开发后期因改变设计而造成的巨大浪费。

案例 Boxfish（Bionic Car）设计（图 1-24）

戴姆勒·克莱斯勒旗下的奔驰公司日前发布了采用生物工程技术的概念车"Bionic Car"。在车长 4240mm 的 4 座轿车上采用了类似箱鲀的形状和骨架结构，加强了结构强度、减轻了重量，并实现了 0.19 的 Cd 值。

箱鲀的外壳覆盖着一层重量轻且强度大的六角形骨架，以保护身体免受伤害。此次通过采用箱鲀骨架的形成原理，使外部车门面板的强度比采用原来的方法时加强了 40%。整个车身通过采用这一方法，可在不降低强度和冲撞安全性的情况下将重量减轻到原来的 1/3。

除降低空气阻力和减轻重量外，还通过与最大输出功率为 103kW（140hp）的直喷柴油发动机，以及使用尿素的 SCR（选择性还原催化剂）结合起来，使燃效比同级别的同类量售车提高了 20%，NO_x（氮氧化物）也降低了 80%。按欧洲 NEDC（New European Driving Cycle）总耗油标准，燃效为 23.3km/L。

（a）"Bionic Car"

（b）箱鲀（俗称箱子鱼，Boxfish）

（c）箱鲀模型

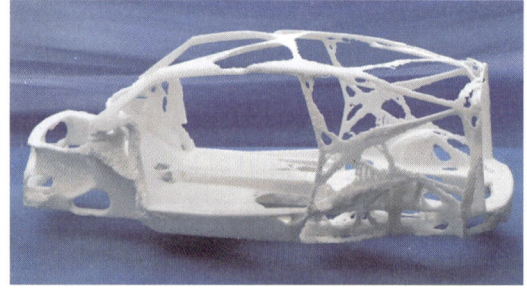
（d）采用箱鲀骨架的"Bionic Car"框架结构

（e）采用箱鲀外观的"Bionic Car"模型

图 1-24 "Bionic Car"设计构思

活动二 汽车设计流程

汽车新产品开发流程包括几个方面。

一、制订产品开发规划

在汽车产品开始技术设计之前,必须制订产品开发规划。首先,必须确定具体的车型,就是打算生产什么样的汽车。其次是进行可行性分析,根据用户需求、市场情况、技术条件、工艺分析、成本核算等,预测产品是否符合需求,是否符合生产厂家的技术和工艺能力,是否对国民经济和企业有利。第三步是拟定汽车的初步方案,通过绘制方案图和性能计算,选定汽车的技术规格和性能参数。最后一步是制定出设计任务书,写明对汽车的形式、各个主要尺寸、主要质量指标、主要性能指标以及各个总成的形式和性能等具体要求。

产品开发的前期工作,是分析各方面的影响因素,明确产品开发的目的和工作方向。否则,不经过周密调查研究与论证,盲目草率上马,轻则会造成产品先天不足,投产后问题成堆;重则造成产品不符合需求,在市场上滞销,带来重大损失。在产品开发的前期,企业为了进行各种研究与探讨,概念设计和概念车在近年来逐渐兴起。概念设计,是对下一代车型或未来汽车的总概念进行概括描述,确定汽车的基本参数、基本结构和基本性能的设计。概念设计同样需要研究产品的开发目的、技术水平、企业条件、目标成本、竞争能力等。概念设计可能只停留在图纸上和文件上的描述,称为"虚拟的"概念车;也可能制造出实体的样车供试验和研究。概念设计可能只是一种参考方案或技术储备,也有可能纳入正式的产品开发规划。所以概念设计只供产品开发参考,但也有可能成为正式产品开发规划的重成部分,成为新一代车型的初步设计。

二、初步设计

汽车初步设计的主要任务是构造汽车的形状设计,主要包括如下内容。

1. 汽车总布置设计

总布置设计(又称初步造型),是将汽车各个总成及其所装载的人员或货物安排在恰当的位置,以保证各总成运转相互协调、乘坐舒适和装卸方便。为了保证汽车各部分合理的相互关系,需要定出许多重要的控制尺寸。在这个阶段,需要绘制汽车的总布置图,绘出发动机、底盘各总成、驾驶操作场所、乘员和货物的具体位置以及边界形状;也包括零部件的运动(如前轮转向与跳动)范围校核。经过汽车总布置设计,就可确定汽车的主要尺寸和基本形状。

2. 汽车造型效果图表现

造型设计师根据总布置设计所定出的汽车尺寸和基本形状,就可勾画出汽车的具体形象。效果图又分为构思草图和彩色效果图两种。构思草图是记录造型设计师灵感的速写画(图1-25)。彩色效果图是在构思草图的基础上绘制的较正规的绘画,需要正确的比例、透视关系和表达质感。彩色效果图包括外形效果图、室内效果图和局部效果图,其作用是供选型讨论和审查。效

图1-25 某汽车设计草图

果图的表现技法多种多样：可采用铅笔、钢笔，也可采用毛笔（水彩画或水粉画）等，而目前较流行的是混合技法——用马克笔描画、喷笔喷染以及涂抹、遮挡等同时表现技法。只要效果良好，表现技法可不拘一格。

3. 制作缩小比例模型

缩小比例模型是在构架上涂敷造型泥雕塑而成。轿车缩小模型常用1:5的。比例，亦即是真车尺寸的1/5。英、美等国采用英制尺寸，模型的比例是3/8。造型泥是一种油性混合物，又称油泥，在常温下有一定硬度（比肥皂硬些），涂敷前须经烘烤。缩小比例模型是在彩色效果图的基础上更进一步表达造型构思，具有立体形象，比效果图更有真实感，要求比例严格、曲线流畅、曲面光顺。雕塑一个缩小比例汽车模型，需要从各个角度审视，反复推敲，精工细雕，因而很难在两三天内完成。

4. 召开选型讨论会

经过初步设计，绘制出一批彩色效果图和塑制出几个缩小比例模型，就可以召开选型讨论会。会议的目的是从若干个造型方案中选择出一个合适的车型方案，以便作为技术设计的依据。选型讨论会主要讨论审美问题，但也涉及结构、工艺等方面，故通常由负责人召集造型设计师、结构设计师和工艺师等参加会议。选型讨论会结束，说明选定车型的造型构思基本成熟，汽车的初步设计亦结束。

三、技术设计

技术设计包括确定汽车造型和确定汽车结构两个方面。

1. 确定汽车造型

（1）绘制胶带图。胶带图是用细窄的彩色不干胶纸带粘贴成的1:1（全尺寸）汽车整车图样，可表达零部件形状及外形曲线。胶带图的外形曲线数据取自选定的缩小比例模型，可用来审查整车外形曲线的全貌。如发现某条曲线不美观或不符合要求，可将胶带揭起重新粘贴，直到满意为止。胶带图完成后，缩小比例模型放大的曲线又经过进一步修订。

（2）绘制1:1整车外形效果图。单纯由缩小比例的绘画表达汽车的外形效果尚嫌不够，还需要绘制等大尺度（全尺寸）的彩色效果图。现代造型设计非常重视等大的尺度感。缩小比例图样和全尺寸图样的真实感是截然不同的。打个比方，雏鸡看上去很小巧可爱，若放大5倍就显得太胖太臃肿。汽车也是一样，缩小比例模型上某些圆角或曲线看上去很小巧雅致，放大5倍后就显得笨拙臃肿。因此，汽车形状的最后确定，不能从缩小比例的图样或模型直接放大，而应经过1:1效果图和1:1模型的修正，以符合等大的尺度感和审美要求。

（3）制作1:1外部模型。1:1外部模型是汽车外形定型的首要依据。根据缩小比例模型的放大数据，结合胶带图和1:1效果图的修订情况，就可以制造1:1外部模型。这个模型是在一个带有车轮的构架上涂敷造型泥而雕塑成的。由于要用数以吨计的造型泥，并雕塑得细致、平整、光顺，所以制造一个1:1外部模型的时间很长，通常需要几个星期。

（4）制作1:1内部模型。1:1内部模型用以审视汽车内部造型效果和检验汽车内部尺寸。1:1内部模型与1:1外部模型同时制作，其设计和尺寸相互配合。1:1内部模型的形状、色彩、覆盖饰物的质感和纹理都应制造得十分逼真，使人具有置身于真车室内的感觉。

（5）造型的审批。1:1外部模型、内部模型、效果图完成后，需要交付企业最高领导审批，使汽车最终定型。汽车造型设计是促进汽车销路的重要竞争手段,大公司为了击败对手会采用频繁更换车型的手段,对汽车造型设计的需求就十分迫切,并在整个汽车设计过程中占有愈来愈重要的地位。

2. 确定汽车结构

汽车造型审定后,就可以着手进行汽车结构设计。汽车的结构设计,是确定汽车整车、部件(总成)和零件的结构。也就是说,设计师需要考虑由哪些部件组合成整车,又由哪些零件组合成部件。零件是构成产品的最基本的、不可再分解的单元。毫无疑问,零件设计是产品设计的根基。零件设计时,首先要考虑这个零件在整个部件中的作用和要求;其次,为了满足这个要求,零件应选用什么材料和设计成什么形状;最后,零件如何与部件中其他零件相互配合和安装。按照零件所使用的材料,可分为金属材料和非金属材料两大类。金属材料又可分为钢铁(黑色金属)材料和有色金属材料两大类。汽车所采用的非金属材料种类繁多。钢铁是汽车上所使用的最重要的材料,占全车重量的大部分。钢铁的主要优点是强度、刚度和硬度高,耐冲击和耐高温,因而用于汽车上载荷大、高温、高速的重要零件。所谓强度高,就是这种材料可承受较大的力而不被破坏;所谓刚度高,就是这种材料可承受较大的力而变形很小。汽车的零件在工作时,有的零件承受拉力而有伸长的趋势;有的零件承受压力而有缩短的趋势;有的零件承受弯曲力矩而趋于弯曲变形;有的零件承受扭转力矩。事实上,许多汽车零件的受力比上述例子复杂得多。如汽车变速器的轴就同时承受了拉、压、弯、扭多种力。汽车零件不仅是承受静载荷,而且,由于汽车的行驶随路况变化,还要承受十分复杂的动载荷。作为设计师,必须充分考虑零件的受力情况,经过周密的计算,确保零件的强度和刚度的数值在允许的范围内。如图1-26所示为汽车连杆螺栓预紧力工况结构分析图。

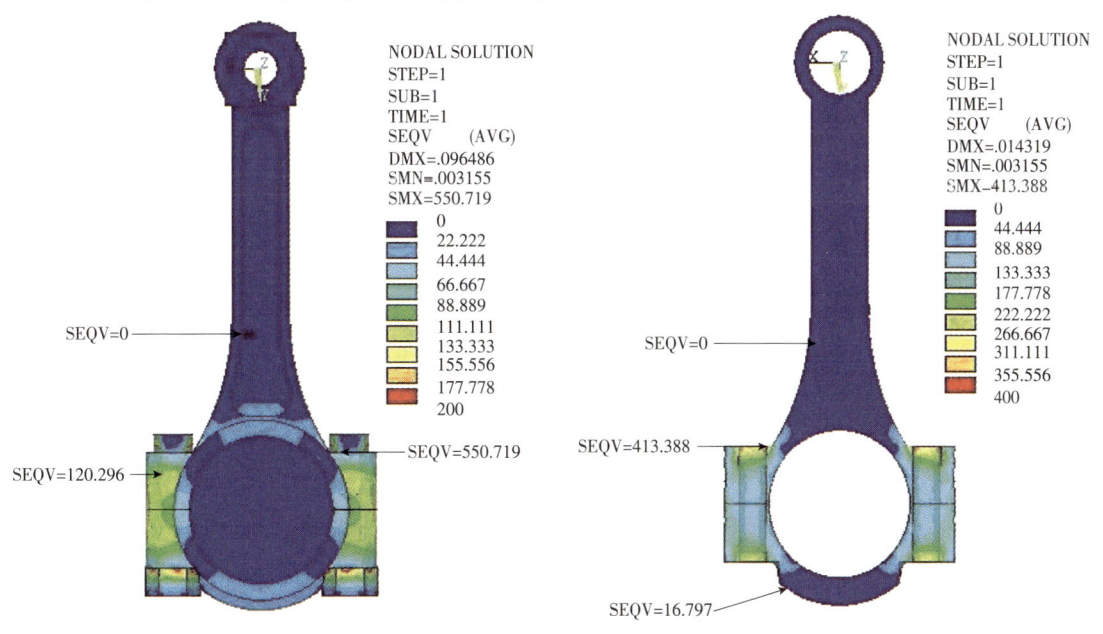

工况1全局复合应力分布云图　　　　　　工况1螺孔剖面复合应力分布云图

图1-26　汽车连杆螺栓预紧力工况结构分析

确定汽车零件的形状,也要花费设计师许多心血。例如,发动机气缸体的形状就非常复杂,需要设计气缸和水套,考虑与气缸盖、油底壳的接合,安装曲轴、进气管、排气管和各种各样的附属设备,乃至气缸体内部细长的润滑油通道……所有这些因素都应考虑周全,每个细节均不能遗漏。汽车车身零件的形状就更特别,既不是常见的平面或圆柱体,也不是简单的双曲面或抛物面,而是造型师根据审美要求而塑造的。在确定零件的形状时,还需要考虑零件的制造方法,例如零件在机床上怎样装夹定位,刀具怎样加工,半成品怎样传送、堆叠等。

设计师必须把所设计的汽车结构用图纸表达出来。图纸是设计师与企业中的工艺师、技工和其他人员交流的"工程语言"。我国颁布了 10 多项机械制图的国家标准,规定了绘制机械产品图纸的方法。在工科院校还设置专门的课程,训练学生掌握这种标准的工程语言。图纸绘制的方法,是按照投影原理并借助于几个视图、剖面或局部放大等,把产品的立体形状和内部结构详细而清晰地表达出来。图纸应按指定的比例绘制并且写出对产品的技术要求。零件图需要详细地标注出各部分的尺寸。总成图应清楚地表达零件相互装配的关系并标注出相关的装配尺寸。设计一辆汽车,需要绘制数以千计的图纸。一些复杂的图纸,图面的长度竟达 3~5m。

在设计时,设计师必须无条件地执行国家制定的有关法规和标准。对于出口的产品,还必须执行外国的标准,如 ISO(国际标准化组织)、SAE(美国汽车工程师协会)、JIS(日本工业标准)、EEC(欧洲经济共同体)、ECE(欧洲经济委员会)等标准。图纸绘制成后,需要将部件和零件按照它们所属的装配关系编成"组"及其下属的"分组"号码。每个部件、每个零件及其图纸都给定一个编号,以便于对全部图纸进行管理。如图 1-27 所示为兰博基尼 Countach 设计经典案例。

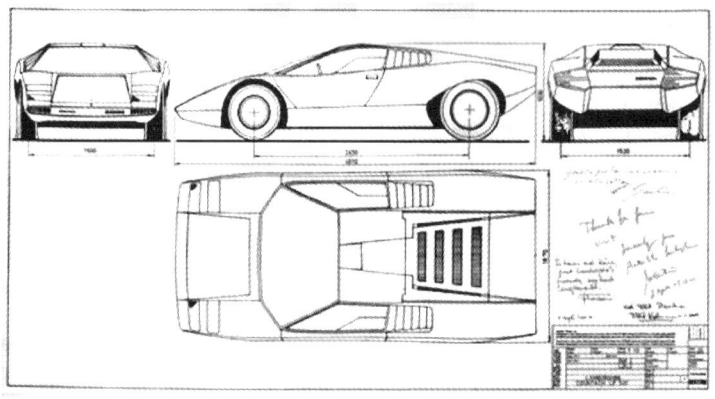

(a)简洁而精确的设计图缔造了日后Countach的完美造型

(b)兰博基尼Countach(1988~1990,25th Anniversary)

图 1-27　兰博基尼 Countach 设计经典案例

案例新车设计流程（图1-28）

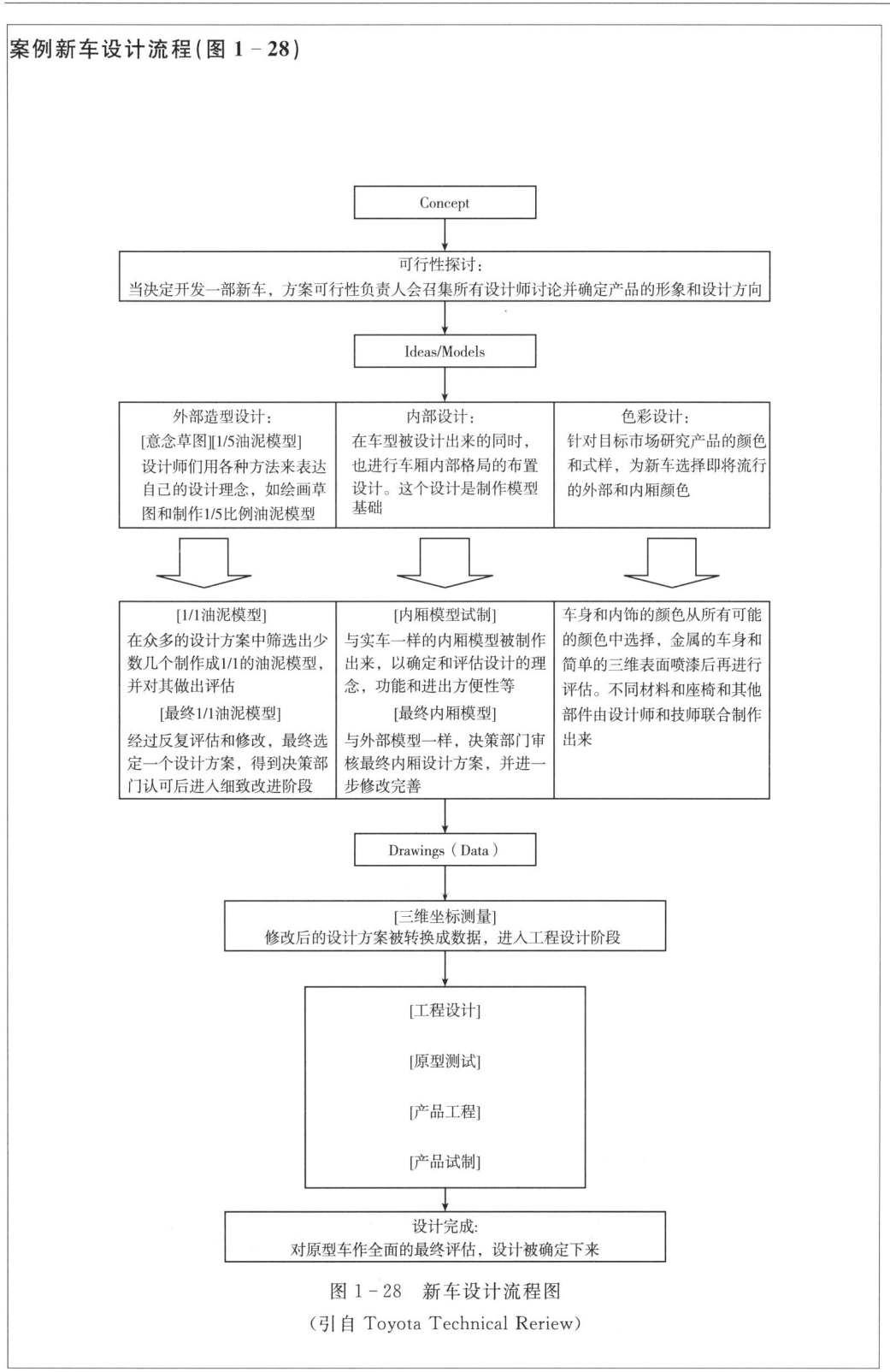

图1-28 新车设计流程图
（引自 Toyota Technical Reriew）

活动三 汽车设计大师们

一、乔治亚罗(Giorgetto Giugiaro)

在世界汽车设计领域,被评为"世纪设计大师"的乔治亚罗来自意大利,他和他的 Italdesign(意大利设计室)几乎无人不知!对于这个值得骄傲的称号,乔治亚罗是当之无愧的,不论是他设计的为数众多、遐迩闻名的名车还是他所创立的目前全球效益最好也是规模最大的汽车设计室 Italdesign(官网首页为 www.italdesign.it)来看,乔治亚罗和他的设计室已经成为汽车设计领域经典的象征。

乔治亚罗毕业于都灵美术学院,17岁进入菲亚特汽车公司工作。后来,乔治亚罗加入了有着悠久历史的博通设计室,师从吕思奥·博通。吕思奥·博通的教诲深深影响了乔治亚罗,拓展了他的创作空间,使他的天赋得以展现,同时造就了乔治亚罗惊人的想象力。这位设计大师凭借自己的努力和超人的天赋,在不断的磨砺中取得令人瞩目的成绩。在1968年,乔治亚罗和工程师曼托瓦尼创立了 Italdesign,主要给国际汽车生产商提供汽车样式、工艺和原型生产。许多世界著名车厂与之有着良好的合作关系,客户群庞大而稳定。公司的名字后来发生了改动:1987年变为 Italdesign S.p.A.(意大利设计股份公司);从1999年7月(在1999年9月进入股市之前)开始叫做 Italdesign—Giugiaro 股份公司。

20世纪六七十年代,以美国车为代表的夸张造型达到了鼎盛时期,然而,当时世界经济处于萧条时期,对汽车有直接影响的便是燃油危机。在那个时候,大家更需要一种简单、实用、有良好空气动力性的车型,于是以乔治亚罗为代表的意大利车身设计界所倡导的朴实、简练、细腻、流畅的实用风格在国际上得到了很高的评价。1974年设计的玛莎拉蒂 Medici 是当时实用风格的代表作。这款设计现在看来不见得新颖,但在当时却很有前瞻性。他的实用风格在量产的蓝旗亚 Thema 上得到极致的发展,并影响了此后十年的汽车界,乔治亚罗也借此奠定了其大师级的地位。作为"20世纪最佳设计大师",乔治亚罗设计过很多的优秀的作品,据称,世界上现有2500多款他设计的汽车在行驶着,除了一些著名的法拉利、阿尔法·罗米欧和蓝旗亚车型之外,在历史上获得卓著成功、销量均逾超数百万辆的菲亚特家庭轿车如熊猫(Panda)、乌诺(Uno)、鹏托(Punto)等都是出自这位大师之手。如图1-30所示为乔治亚罗设计的兰博基尼 Gallardo。

图1-29 乔治亚罗(1938~)

图1-30 乔治亚罗设计的兰博基尼 Gallardo

20世纪末,乔治亚罗设计的又一宠儿,贯穿着小车身、大空间理念,浑身洋溢着欧陆风情的菲亚特·派力奥横空出世。派力奥的车身设计沿袭着乔治亚罗的一贯风格,简洁明快、典雅时尚,既融入了意大利深厚的文化底蕴,又糅合了现代时尚动感的气息。派力奥的外观装饰件大量采用了目前流行的设计,大灯和尾灯均为一体化造型,特别是尾灯,其不规则的造型不仅使车后部的线条简洁优雅,更迎合了众多时尚青年希望与众不同的心理。

Italdesign 拥有完备而先进的硬件设施,公司占地面积 42 万 m^2,拥有 CAD/CAM 工作站系统 450 套,数控机床 16 台,不同吨位的冲压机 10 台,激光切割机器人 6 台,三维坐标测量仪 15 台,原型车生产线 3 条。其规模已接近普通小车厂。Italdesign 同时有着一支十分庞大的设计队伍,名气和高薪是吸引设计师的重要原因;能为这样的设计室工作是每个汽车造型师的梦想。

扩展阅读

大众收购乔治亚罗 90% 股份 包含其品牌专利

德国汽车制造商大众汽车集团 2010 年 5 月 25 日宣布:将收购意大利著名汽车设计室乔治亚罗汽车设计公司(Italdesign Giugiaro S. p. A.)的 90% 股份。最终完成交易后,乔治亚罗家族将持有工作室 10% 的股份。大众集团本次收购包括乔治亚罗汽车设计公司的品牌和专利,收购的股份由集团子公司——兰博基尼股份有限公司购买(图 1-31)。

大众汽车集团董事会主席文德恩博士(Dr. Martin Winterkorn)在都灵表示:"从今天开始,我们两家公司的战略合作伙伴关系进入了一个新纪元,乔治亚罗汽车设计公司从此成为大众汽车全球家族的永久成员。"他还称:"大众汽车集团今后将继续在车型开发方面努力,并将从乔治亚罗汽车设计公司的实力和专长中获益。乔治亚罗汽车设计公司将为集团 2018 全球发展战略做出重要贡献。"

数十年来,大众汽车集团一直与乔治亚罗汽车设计公司保持着良好的合作关系。乔治亚罗的名声不仅来自于第一代高尔夫车型(图 1-32)的设计,还来自于为第一代大众汽车帕萨特、尚酷和奥迪 80 等重要车型开发的概念车。2008 年,双方达成了全面合作的框架协议。大众汽车和乔治亚罗汽车设计公司还将就大众汽车车型等一系列正在进行的项目开展密切合作。双方新协议的实施还需获得有关部门的批准。

图 1-31 大众汽车集团牵手乔治亚罗汽车设计公司

图 1-32 乔治亚罗设计的大众汽车高尔夫 GTI

文德恩博士表示:"持有乔治亚罗汽车设计公司股份后,我们就拥有了汽车行业最负盛名、最富于传统的设计开发公司之一。它是意大利创新汽车设计的旗舰,在全球汽车行业的发展中发挥了重要作用。作为第一代高尔夫的缔造者,乔吉·乔治亚罗(Giorgetto Giugiaro)早在20世纪70年代就为大众汽车的设计奠定了新基础。"

(引自 腾讯汽车 2010年5月26日)

二、宾尼法利纳公司与奥山清行(Ken Okuyama)

宾尼法利纳(Pininfarina)是一家以设计法拉利而闻名于世的设计公司(官网首页为 www.pininfarina.it)。由 Barttista Farina 创立于 1930 年,当时只是个设计生产车身的小作坊,从 20 世纪 50 年代开始将汽车设计作为经营业务。与 Italdesign 一直由乔治亚罗全权担纲的运作方式不同,宾尼法利纳一直以设计室的形式存在,虽然领导层一直有 Pnifarina 家族成员担任,但始终采取总经理外聘制。

宾尼法利纳的强项是设计线条优美的运动车。虽然生意额没有 Italdesign 那样巨大,但以名贵跑车为主要业务性质使他们每每推出新作品都能成为潮流的指标,这一点使其在设计界确立了很高的地位。而且长期拥有法拉利和标致这样的固定客户,公司发展状态非常稳定。公司最大的优势是拥有非常出色的设计队伍,目前在新领域的探索也显示出他们对未来发展的前瞻性和主动性。如图 1-33 所示为 Pininfarina 公司设计的法拉利。

图 1-33 Pininfarina 公司设计的法拉利

奥山清行(Ken Okuyama),著名汽车设计师(图1-34),奥山清行设计事务所(Ken Okuyama Design)创始人,中央美术学院客座教授,曾任意大利宾法汽车设计公司设计总监,美国艺术中心设计学院(Art Center)交通工具设计系主任,著名的法拉利跑车 ENZO 和 RO-SA 均是他的设计作品。如图 1-35 所示为奥山清行作品,玛莎拉蒂 Birdcage。

图 1-34 奥山清行(引自 www.kenokuyama.jp)

图 1-35 奥山清行作品(玛莎拉蒂 Birdcage 75th)

宾尼法利纳公司代表设计车型罗列如下。

1. 劳斯莱斯 Hyperion(图 1-36)

宾尼法利纳延续之前以法拉利跑车为基础,融入宾尼法利纳设计美学的作法,这次他将焦点转移到拥有卓越名声的英国豪华品牌劳斯莱斯,藉由劳斯莱斯 Drophead Coupe 为基础,运用独到的亚平宁美学涵养,营造出顶级敞篷车的绝美奢华。宾尼法利纳表示,这款命名为宾尼法利纳 Hyperion 的精心设计作品,是要向历史悠久的劳斯莱斯车厂致敬。

2. 法拉利 599GTB(图 1-37)

法拉利 599GTB 是一款极富视觉冲击力的具有雕塑感的跑车,宾尼法利纳在设计的时候要表现出一种强劲的张力,与 612 相比更具攻击性。宾尼法利纳是法拉利的御用设计团队,几乎设计了全部的法拉利 599GTB Fiorano。

图 1-36 劳斯莱斯 Hyperion(希腊神话中一位巨人的名字)　　　图 1-37 法拉利 599GTB Fiorano(奥山清行作品)

3. 别克凯越(图 1-38)

别克凯越(Excelle)基于通用汽车全球平台。它的原型车是通用大宇 Lacetti,它的外形出自全球三大汽车设计公司之一、拥有 82 年设计史的意大利 Pininfarina,用亲自领衔造型设计的首席执行官自己的话来讲:就是要打造一款"融入欧洲风格"的全球车。

图 1-38 Buick Excelle 汽车外形

4. 奇瑞 A3 与 M14(图 1-39)

奇瑞 A3 以欧洲最新流行工艺风格为标杆,基于全球同步技术平台为年轻时尚消费群体量身打造而成。它采用自主研发的 ACTECO 发动机,高效节能,而优质底盘与四连杆后悬架系统保证驾乘的舒适性和操控性。同时采用大量高强度钢板梁,还搭载了 ESP 电子稳定系统,兼顾被动及主动双重安全性能。

(a)奇瑞A3　　　　　　　　　　(b)M14

图 1-39 奇瑞 A3 与 M14

图1-40 中华骏捷(Junjie)造型设计

5. 中华骏捷(图1-40)

骏捷,融汇意大利宾尼法利纳设计精髓,引领时尚的U型前脸设计,既蕴涵欧洲贵族气质,又符合中国人审美观;大气尊贵的格栅,超强立体感塑造出高品质形象;剑眉延长的前大灯俊才飞逸;黄金分割的流线车身漆面华丽无暇,风阻系统低至0.25。骏捷每一处线条都浑然天成水般流畅,为生活添注一道魅力十足的风景。

扩展阅读

未来宾尼法利纳的最大市场将在中国

宾尼法利纳(Pininfarina)公司首席执行官Pietro Angori(图1-41)近日表示:中国随时有可能会超过德国,成为该公司的最大市场。

Pietro Angori称,中国和德国各为这家意大利设计室产生了约35%的收入。意大利贡献了约20%的收入,而其他市场则生产了剩余收入。

宾尼法利纳于1996年进入中国市场,是首家与中国汽车制造商合作的西方设计室。其在中国的客户包括:江淮汽车股份有限公司、沈阳华晨金杯汽车有限公司、中国第一汽车集团公司、奇瑞汽车公司、长城汽车公司、上海汽车工业(集团)总公司和北京汽车工业控股公司。如图1-42所示为宾尼法利纳公司的Logo。

图1-41 宾尼法利纳
CEO Pietro Angori

图1-42 宾尼法利纳公司
Logo

图1-43 奇瑞瑞虎紧凑型
SUV

在轿车设计方面,一些中国汽车制造商在很大程度上要依赖宾尼法利纳。Angori在一次访谈中表示,"华晨的产品组合中有80%是我们设计的。"宾尼法利纳还帮助奇瑞设计了两款高产量车型:奇瑞A3紧凑型车和奇瑞瑞虎紧凑型SUV(图1-43)。

宾尼法利纳于2010年在上海郊区设立了一家子公司。Angori表示,为支持其在中国的业务发展,该公司计划在今后数年中显著增加子公司的员工人数。

在另一方面也反映了中国本土原创汽车设计的发展远没有中国汽车市场的发展那么迅速。国内并没有形成比较成熟的原创汽车设计环境也是一个比较大的原因。

三、博通(Bertone)

博通公司(官网首页为http://www.bertone.it/)由大名鼎鼎的汽车设计大师Nucc Bertone 创立。如图 1-44 所示为博通公司 Logo。Nucci Bertone 是汽车设计界最德高望重的人物。早在 1910 年已经在车身工厂当学徒,20 世纪 30 年代开始从事造型设计。博通的作品线条硬朗,勇于探索,具有强烈的科幻风格。Nucci Bertone 本人是出色的设计师,但他很少执笔,而是善于调动属下设计师的积极性和创造性。他尤其欣赏有天分的年轻人,并努力发掘和提拔他们,最出色的两个徒弟是乔治亚罗(ItalyDesign 公司创始人)和甘迪尼(Marcello Gandini,在后来兰博基尼设计中成就显著),这也是博通备受世人瞩目的一个重要原因。

在与宾尼法利纳竞争的过程中,博通并没有像宾尼法利纳那样在注重完美造型设计的同时很大程度上兼顾了功能和实用性,而是采用了在当今看来仍旧属于十分前卫激进的科幻般的设计理念,而功能实用等特性就被很大程度的忽略了。

虽然博通的车型设计十分的激进,但很多量产车型仍然大量的吸收了它们的设计元素,如阿尔法.罗密欧(图 1-45)的 Giulietta、Sprint 和 Giulia-GT,NSU 的 Sport、Prinz,Fiat 的 850Spider 和 X-1/9,Lancia 的 Stratos 和非常经典的兰博基尼的 Miura 和 Countach 等。

图 1-44 博通公司 Logo

图 1-45 阿尔法·罗密欧 Alfa Romeo Pandion 概念车
(2010 Geneva Motor Show)

然而,博通早期的车型设计更能给车迷留下深刻的印象。在 1947 年推出的 Fiat-Barchetta 很完美地体现了其设计风格。随后,Bertone 对汽车运动产生了浓厚的兴趣,同时希望能够以新的设计理念在一定程度上改变驾驶技术。因此,博通选择了一辆技术上十分可靠的 Fiat-500 作为原型车来改装,并专门为此车型设计了一个特殊的铝制车身,使其成为了一辆纯粹意义上的赛车,并将其命名为 Barchetta 。同时它也成为 Fiat 在 1995 年成功推出的同名车型的始祖。

Barchetta 装备的 0.5L4 缸发动机同量产车型 Fiat-500 一样,但由于使用了与挺杆配合更敏锐的凸轮轴和经过改进的汽缸盖,再加上双腔化油器后,发动机最大功率从 13 匹马力提高到了 20 匹马力,最高车速也从 87km/h 提高到了 130km/h。

博通在不断奉献出前卫设计车型的同时还着重于挖掘新的汽车设计人才,并给予他们很大的设计创作空间。后来很多著名的汽车设计大师都出自博通设计室,如后来同样成为世界三大汽车设计集团的 Giorgetto Giugiaro 和 Gandini 曾极其坦率的表示,他之所以能成为一名成功的汽车设计大师绝大部分应归功于博通的成功领导、指导和批评。

1997 年 Nucci Bertone 逝世,享年 99 岁。Nucci Bertone 去世后,博通设计室似乎失去了方向。公司近年来虽然有几款出色的概念车,但量产车业务很冷清。

扩展阅读

设计师故事：Marcello Gandini

在国内，喜爱汽车的人们对乔治亚罗耳熟能详，但对马塞罗·甘迪尼（Marcello Gandini），可能就知之甚少了（图1-46）。其实早在1965年，乔治亚罗离开博通车身制造公司，转投Ghia之后，正是甘迪尼接替了他在博通的位置。甘迪尼可以说是卢西奥·博通（Nuccio Bertone）最得意的门生，他在博通的十几年时间内所创作的出色作品，比卢西奥·博通本人还要多。甘迪尼为兰博基尼打造的几款经典跑车，更是为这个超级跑车品牌树立了不朽的声誉。

兰博基尼在当时是非常年轻的一家公司。喜爱它的朋友，对它的创建故事应该略有所闻。它的创始人费鲁吉欧·兰博基尼（Ferruccio Lamborghini）是因为对法拉利不满，怒而创立了兰博基尼公司。1963年，他们才创造了自己的第一款汽车。不过现在人们说起来，印象最深刻的兰博基尼车款应该是1966年推出的兰博基尼Miura，它才是真正对法拉利构成威胁的第一款兰博基尼，而其外形设计的操刀者正是马塞罗·甘迪尼。

兰博基尼Miura的名称来自一头西班牙斗牛。在设计这款车的过程中，甘迪尼参考了福特公司的GT40，他把Miura打造成一款体态低伸的汽车，顶篷离地距离仅1m。这款车最显眼的特征就是车门可以分别向前和向后旋开，车内仅可容纳两人，几乎没有放置行李的地方，内部设计很像飞机驾驶舱。这样的意图很明显，就是抵制实用性，而去追求道路赛车紧贴地面、高速疾驰的刺激感——它中置325hp的V12发动机也证明了这一点。当然现在我们都能看到McLaren F1了，对这样的道路赛车可能并不会激起多大的热情，但回到20世纪60年代，这却是独一无二的。兰博基尼Miura最早于1966年日内瓦车展上展示在公众面前，不久后就投入了量产。他们也不曾预见这款车会获得如此巨大的成功。就在今年的日内瓦车展上，沃尔特·德·西尔瓦（Walter De Silva）还专门设计一款Miura概念车，以此纪念Miura诞生40周年。

对于马塞罗·甘迪尼而言，传奇的兰博基尼Miura也只是他的一个开始。他对未来的憧憬将他的想象力发挥到极致。一年之后，他又为兰博基尼设计了Marzal原型车，作为略小款兰博基尼的预演。同一年，他还为阿尔法·罗密欧设计了Montreal概念车。而后来他为蓝旗亚设计的Strato、为菲亚特设计的X1/9，以及为兰博基尼设计的Countach，更是确立了他设计大师的地位。特别要说一下的是兰博基尼Countach（图1-47），它可以说是甘迪尼最具有未来色彩的设计了，直到现在都有人为它深深着迷。特别是它向上方垂直开启的剪刀式车门，几乎成了而今兰博基尼跑车的象征。

图1-46　马塞罗·甘迪尼（Marcello Gandini）

图1-47　兰博基尼Countach

1980年，甘迪尼离开了博通设计工作室，努力成为一名独立的设计顾问，继续从事汽车设计。这一阶段他所设计的最典型的量产汽车是雪铁龙BX，生产了230多万辆，是雪铁龙重新崛起的生力军。

虽然离开了博通，但甘迪尼一直都保持着对超级跑车的热爱。1989年，甘迪尼又为兰博基尼推出了自己作为独立设计师创作的第一部作品Diablo。这是一款魅力十足的汽车，只是当时兰博基尼为克莱斯勒所收购，甘迪尼的方案并不曾为美国的决策者们采纳，克莱斯勒的设计师们对这款作品进行了大刀阔斧的修改。甘迪尼一气之下将作品交给Cizeta Moroder生产，遗憾的是这家小车厂只是生产了10辆。克莱斯勒的Diablo成了经典，而甘迪尼的Cizeta Moroder几乎被人遗忘。

1991年，甘迪尼还应布加蒂之邀，为其设计新车EB110，其曲线形状也明显带着这位成功的意大利设计师早期作品的特点。90年代中期，甘迪尼又与玛莎拉蒂合作设计了Shamal，继续着他对汽车美貌以及外形的刺激力量的创造。虽然近几年来甘迪尼鲜有新作推出，不过他对超级跑车的理解以及其延续40多年的设计风格，就算在21世纪的汽车设计领域，也依然占有一席之地。如图1-48所示为兰博基尼跑车Lamborghini Roadster。

图1-48 兰博基尼跑车Lamborghini Roadster

活动四 意大利汽车设计

一提到意大利，人们的脑海里便会浮现出一连串的字眼：歌剧、时装、皮鞋、皮具、披萨饼、通心粉、意甲联赛、超级跑车……在这个如同皮靴状一样狭长的半岛国家，竟然产生了那么多闻名全球的事物，这充分反映了意大利人民不仅对生活充满了热爱，而且还具有丰富的创作灵感和激情。

意大利是世界主要工业发达国家之一，世界第6大贸易国，生产总值在世界排名第7。意大利在这方面的成功，首推他们独特的设计风格。意大利著名作家和艺术评论家乌贝托·艾科（Umberto Eco）在谈到意大利设计时不无自豪地说"如果说别的国家有一种设计理论，意大利则有一套设计哲学，或许是一套设计思想体系"。

不过，这套设计思想体系的历史并不悠久，第二次世界大战期间意大利饱尝了战争之苦，战争结束后，意大利几乎是在一片废墟上重建家园。战后初年，意大利的设计师已经显示出他们与众不同的才华，他们的创造性才能，极大地丰富了现代设计的内容。与其他国家相比，意大利设计既没有较强的商业味，也没有极重的传统味，他们的设计是传统工艺、现代思维、个人才能、自然材料、现代工艺、新材料等的综合体。他们更倾向于把现代设计作为一种艺术和文化来操作，"艺术的生产"（The Production of Art）成为意大利设计师的新口号。于是小批量和高品位成了意大利设计的优势，这体现在那些别具一格的家具、汽车、鞋等设计上。

从20世纪60年代开始引导世界设计新潮流到20世纪80年代，意大利设计师一直走在世界设计的前沿,他们在设计领域展现的创造力,使其他国家的设计师眼花缭乱,从此确立了意大利设计的世界性地位。直到今天,意大利设计几乎成为"优良设计"的代名词。

由于意大利设计师的杰出成就,意大利甚至形成了"设计引导型生产方式",使意大利的设计和生产形成了良性循环。这种生产方式既肯定了设计师的才能,也提高了整个国民的生活质量。

意大利的许多设计师出身建筑师,毕业于米兰理工学院或都灵建筑学院,这种教育机制也许更能发挥设计师的潜力,所以意大利的设计师大都多才多艺,同一个设计师既可以设计豪华典雅世界一流的法拉利跑车,也可以设计普通的意大利通心粉式样。

在众多杰出的设计门类里,作为意大利风格设计中重要组成部分,汽车造型设计更是被那些享誉世界的汽车造型设计师们演绎得炉火纯青、别具一格。

作为世界第一商品的汽车,如同名牌时装的款式一样,无论其内在品质如何,给人的第一印象均来自于它的造型,造型是否讨人喜欢是购买者很重要的选择要素,也直接关系到这款车子甚至汽车商的命运。因此,汽车的造型设计至关重要,全球各大汽车企业在汽车造型方面倾注了大量人力财力,而汽车造型工作也都是由公司的最高层直接管辖的。

汽车造型设计是根据汽车整体设计的多方面要求来塑造最理想的车身形状,其目的是吸引和打动观众,使其产生拥有的欲望。汽车造型设计是外部和内部设计的总和,它不是对汽车的简单装饰,而是运用艺术的手法科学地表现汽车的功能、材料、工艺和结构特点。它虽然是车身设计的最初步骤,但却是决定产品命运的关键。汽车的造型已成为汽车产品竞争最有力的手段之一。

汽车造型主要涉及科学和艺术两大方面。设计师需要懂得车身结构、制造工艺要求、空气动力学、人机工程学、工程材料学、机械制图学、声学和光学知识。同时,设计师更需要有高雅的艺术品位和丰富的艺术知识,如造型的视觉规律原理、绘画、雕塑、图案学、色彩学等。另外,汽车作为一种商品,设计师还要考虑成本和顾客的心理需求。设计师在精通这些知识的基础上,不断推陈出新(这是最重要的),创作更富魅力的汽车形体。

早期的意大利汽车造型设计,受到了美国设计的影响,但到了20世纪30年代,意大利人就已经开始设计具有它们自己特色的汽车了。这些汽车因为在设计中使用了有节制的、优雅的线条而不同凡响,在这一时期确立的设计特点,直到今天,仍然是意大利设计中最重要的特色。

由于意大利人不仅有着与法国人相同的浪漫和时尚的嗅觉,而且比法国人更奔放和没有禁忌。设计时排除了其他客观条件的限制,以豪放、性感、洒脱,多以性能的表现和外形吸引顾客,此种风格充分地反映出了意大利人的热情、浪漫、灵活和机敏的个性。

欧洲是世界汽车造型发展的中心,欧洲的汽车造型设计领先美日,而意大利则是汽车造型设计的圣地,这里荟萃了世界上大部分专业设计室,是全世界造型设计工作者所膜拜的神圣殿堂,世界上许多名车的车身设计往往来自意大利设计师的灵感之作。在欧洲十大畅销汽车中,就有六款是由意大利人设计的。

造就一批批世界级汽车设计师的摇篮,就是菲亚特总部所在地,意大利的都灵汽车工业园。都灵位于意大利西北部,在近一百年的工业发展史上,该地区许多行业的中小企业发展成为知名的大企业,形成意大利最发达的工业地区。今天的都灵汽车工业园区已是世界汽车工业领域中最重要的中心之一,汇集着大名鼎鼎的意大利设计 Italdesign、宾尼法利纳(Pininfarina)、博通(Bertone)等著名的汽车设计公司。当地有无数具有优良技术传统的钣金冲压工匠以及长期从事汽车设计的大小规模工作坊,可提供世界一流的设计、开发、原型车制作等服务。

当今世界许多车厂的车型都是在这里设计的,每年约有 400 辆样车在此诞生。欧洲车厂传统上将新车型的设计交给这里的设计公司进行,虽然到现在几乎所有车厂都具备了独立研发的能力,但委托设计往往是更高效的方法。美国、日本的车厂偶尔也会成为他们的客户,但数量远比不上欧洲车厂。近年韩国车厂在委托设计方面表现最为积极。

除了博通、宾尼法利纳、乔治亚罗三家世界著名的汽车设计企业之外,还有几个比较有名的设计团队。

一、Zagato(官网首页为 http://www.zagato.it/)

Zagato 设计室也称米兰交通工具设计中心,位于意大利时装之都米兰北部郊区。虽然历史久远,但作品风格却相当另类。设计室规模相当宏大,总占地 3.3 万 m^2,其中 2.3 万 m^2 为建筑面积,共分为三个部分:造型设计与机械工程(Styling&Engineering)分部、比例模型制作(Models)分部以及原型车生产(Phototypes)分部。设计室可按照客户要求,进行现代化的造型设计、模型、原型车制作的流程服务。

造型设计与机械工程(Styling&Engineering)分部:主体以车身内饰造型设计为主,肩负机械工程、结构和行驶机构设计任务(虽然客户一般只要求造型设计,但完整的服务却是其特色)。拥有庞大的设计队伍,全部设计人员由欧洲高等设计学府毕业,在世界各大车厂、研究室有 3～5 年的设计工作经验。Zagato 同时还拥有大型的 CAD—CAE 工作站。

比例模型制作(Models)分部:拥有多名资深的专业模型师,多台大型的专业模型制作数控机床,以及风洞设施和 5 台专业模型制作机器 CNC。可以制作 1/43～1/1 的精确设计模型。如图 1-49 所示,为 Zagato Milano 企业的 Logo。

原型车生产(Phototypes)分部:设计部的作品经过验证后,被制作成模型,如果客户需要进一步了解整车情况,或者是有意发展,就会在原型车生产分部生产原型车。原型车一般只制作一到两辆,使用铝或其他合成材料。

Zagato 同时还有能力为客户少量生产一些限量版本。除此以外,Zagato 在美国佛罗里达还设有设计中心,拥有 25 名来自美洲的设计工作人员。Zagato 除了汽车设计以外,业务范围还包括航空、船舶等交通工具设计,以及其他工业设计。Zagato 成立于 1930 年,是历史悠久

图 1-49　Zagato Milano 企业 Logo

的跑车世家。在意大利现有的汽车设计公司中,Zagato 是最坚守传统的一家,至今仍保持着只设计、生产特别型号汽车车身的业务传统,源自 20 世纪 50 年代的"设计工匠"性质基本上没有改变。Zagato 的作品很多,但全部都产量极小,绝大部分是为车厂设计的特别型号,再由 Zagato 负责生产。Zagato 的设计风格比较极端,设计过很多毁誉参半的汽车,而这也是它难

图 1-50 宝马 BMW 联合 Zagato 设计作品

以涉及量产车领域的原因。如图 1-50 所示，为宝马 BMW 联合 Zagato 的设计作品。

二、I.DE.A 汽车工程发展协会

I.DE.A 汽车工程发展协会与"三巨头"一样以量产车为主要业务，论营业额是目前第四大汽车设计公司，"I.DE.A"的意思是"Italian Designed Automobile"。成立于 1978 年，创始人弗朗科·曼特伽扎是该公司的所有者兼总裁，目前还属于很年轻的公司，风格方面比较平淡。领导者在选拔人才时偏向工程师而不是设计师，因而从一开始，该公司的目标就在于车的体系结构和高级工艺。早期公司只有 10 名雇员，经过稳步发展，现在在都灵市郊的蒙卡利埃里已经有 6 家运营单位，拥有汽车专家约 300 人。现在给世界各地的汽车制造商提供整套的服务，从风格设计到原型生产，并扩展到产品设计领域。该公司还是继续着以往的传统，由一个工程师担任首脑，他的名字叫巴乌罗·卡卡莫。卡卡莫正领导着 I.DE.A. Institute 国际汽车设计团队向前迈进。

三、STOLA

相比上述几家公司，STOLA 的性质比较特殊。它的主要业务是制作原型车，乃当今世界首屈一指的原型车制作专家。原型车的设计方案来自客户，公司只负责将方案实现为原型，以用于车展等场合。由于是单件制作且不用考虑生产的可行性，这些原型车从车身钣件、涂装到内饰都是精品，STOLA 的价值就在于其精湛无比的工艺。这是一个很狭窄却又不可或缺的行业。日本也有几家类似的展车承制公司，但 STOLA 的规模和水平都处于世界顶级地位。

活动五 中国汽车设计企业

中国汽车市场蓬勃发展，现已形成千万辆/年销量规模，这给汽车工程设计行业，特别是汽车产品设计行业提供了前所未有的、更为广阔的施展舞台。

一、上海同捷科技股份有限公司

上海同捷科技股份有限公司（官网首页为 www.tji.cn）是国内最大、实力最强的独立汽车设计工程公司，也是中国最早的汽车设计工程公司。公司成立于 1999 年，创业团队来自与一汽合作的哈工大汽车技术研究所，具有 20 多年的汽车设计工程经验；公司于 2002 年通过 ISO9001 质量体系认证，现已建立了一套完整的基于 4000 项主流程基础上的 2.2 万项精细设计与工程开发流程；总结整理了世界先进水平的 3.3 万多项设计工程技术标准；积累了 300 多个车型数据库，拥有 3000 多人的技术研发团队。

经过十多年的发展，同捷现已实现从产品创意设计、工程研发、样车试制、试验研究到模具设计与制造、关键零部件配套的全流程一站式交钥匙服务能力。目前，同捷的设计能力、企业规模居亚洲汽车设计工程公司之首，全球前三名；有 99 台数控加工中心的模具事业部，其规

模、设计制造能力属亚洲之首;同时具备汽车电子、发动机电子控制 EMS、电动汽车、四轮驱动、自动变速器、先进发动机、汽车底盘、汽车独立悬架和车身平台零部件的设计开发与制造能力。公司国内外整车企业用户已有 80 多家,包括一汽集团、东风汽车集团、上汽集团、北汽集团、长安集团、上海通用、三菱汽车、日产汽车、广汽丰田、海马汽车、江淮汽车、长城汽车、东风小康集团、吉利集团和力帆汽车等国内外主流汽车企业。同时为多家欧美汽车公司提供相关服务。三项主营业务的综合交钥匙服务能力具有全球领先地位,且在全球设计工程公司中是独一无二的。

目前,同捷公司总共承接了汽车整车产品研发项目 400 多个,其中含底盘平台开发的全新车型开发项目占了 150 个车型,积累了大量的研发经验。据不完全统计,2011 年由同捷参与开发的车型销量占国内汽车市场约占 20% 的份额,2011 年同捷累计参与设计在售乘用车型数量占国内自主品牌乘用车型数量的 40%,商用车占 44%。同捷被行业誉为汽车设计工程人才的黄埔军校。图 1-51 和图 1-52 分别为商务车瑞风 Refine 的三维造型设计和内饰设计。

图 1-51　商务车瑞风 Refine 三维造型设计

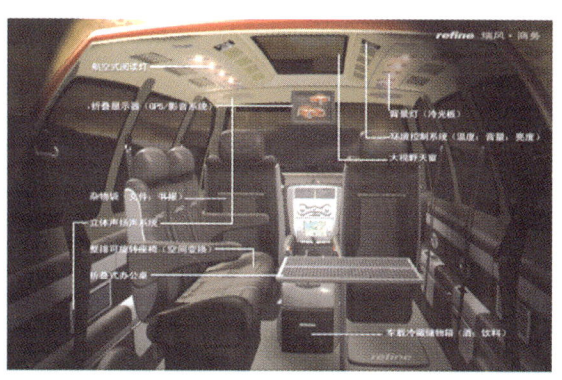

图 1-52　Refine 内饰设计

二、阿尔特(中国)汽车技术有限公司

阿尔特(官网首页为 www.iat-auto.com),是一支集综合实力与精英骨干为一体的团队。以技术、经验和创新完善着阿尔特的形象与理念。在阿尔特的使命中,自主创新理念是不可或缺的一部分,秉承着这个理念,阿尔特放眼全球,向着世界一流的汽车设计前沿昂首迈进。

阿尔特汽车技术股份有限公司,成立于 2001 年,现已发展成为国内领先的、全方位汽车设计开发与工程服务公司。服务范围包括:新能源汽车设计开发、传统整车/发动机及动力系统设计开发、产品企划、展车制造、样车试制、同步工程、模/夹具设计制造、整车及零部件试验、零部件开发与咨询等,具有深厚的行业积累和强大的技术服务能力。2010 年,阿尔特全面开展了新能源汽车相关业务,并与日本多家在电动车技术和系统生产领域具有代表性的公司成立合资公司,或构建战略联盟。

日本是全球范围研究电动车(EV)及电动车零部件技术最领先和最成熟的国家。阿尔特将以 EV 战略联盟的模式开展新能源汽车业务,与日本 EV 技术和系统生产方面具有代表性的公司构建结盟(Alliance)体制。以阿尔特为联盟中心发挥营业能力的同时,进行整体运营控制。阿尔特计划通过结盟体制,把各主机厂需要的 EV 主要零件综合起来,开发并销售相关模块。如图 1-53 所示,为电动汽车(EV)整体规格计划。

EV整体规格计划

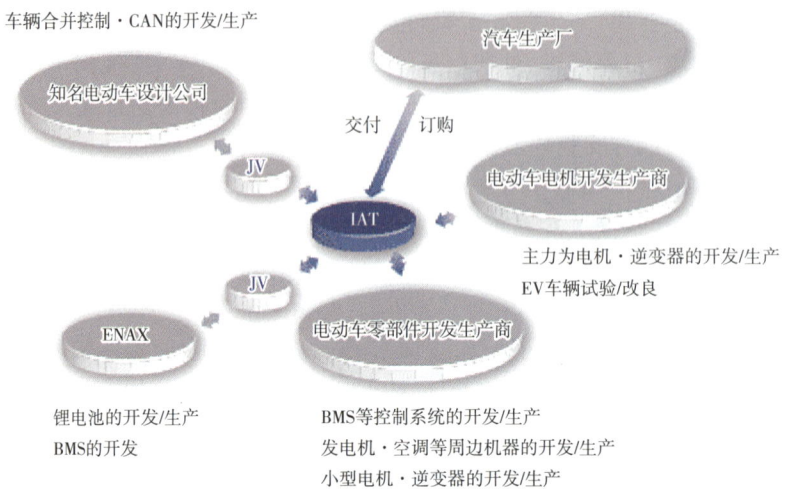

图1-53　电动汽车(EV)整体规格计划

阿尔特拥有国际化的开发团队，严密的开发程序和环环相扣的项目管理流程。如图1-54所示，为一个整车开发流程。阿尔特在设计中融入中国元素，充分体现出"中国设计"的精髓。从微面到重卡，从轿车到SUV，从跑车到中型旅行车，阿尔特先后为客户完成超过140个汽车设计项目。

图1-54　整车开发流程

三、简式国际汽车设计有限公司

简式国际汽车设计有限公司(官网首页为www.jasmin.com.cn)的核心团队成员均来自国内外著名汽车设计、研发和整车制造企业，具有25年以上几十种商用车和乘用车新车型的设计开发经验，并拥有一批经验丰富的国内知名汽车设计专家和具有创新意识的青年专业技术带头人。该公司秉持"自主创新，技术报国"的理念，形成了从汽车目标市场分析预测、产品规划、造型设计、产品工程设计、样车试制、工艺工装系统整合、供应商体系规划与同步开发、目标成本规划与控制以及生产准备到投产技术服务等全方位的汽车整车和零部件的开发能力。

简式国际汽车设计公司设有造型设计部、车身设计部、电器电控部、底盘设计部、试制试验部、产品管理部、项目管理部以及综合管理部等十个部门，可为汽车整车和零部件企业提供汽车整车新产品和部件总成新产品的系统设计开发服务。

2012(第十二届)北京国际汽车展览会于4月23日至5月2日在北京国际博览中心隆重举行。由简式公司设计研发的大运中重卡系列[图1-55(a)]、五征奥驰轻卡系列[图1-55(b)]、华泰SUV—圣达菲[图1-55(c)]、东风轻卡系列[图1-55(d)]集中亮相2012北京国际汽车展。

项目一 认识汽车

(a) 大运中重卡系列

(b) 五征奥驰轻卡系列

(c) 华泰 SUV-圣达菲

(d) 东风轻卡系列

图 1-55　2012(第十二届)北京国际汽车展览会四款车型

四、其他汽车设计公司

芜湖佳景科技有限公司官网首页为(www.kaking.cn)。
北京长城华冠汽车技术开发有限公司官网首页为(www.kaking.cn)。
苏州奥杰汽车技术有限公司官网首页为(www.ch-auto.com)。
上海龙创汽车设计有限公司官网首页为(www.launchdesign.com.cn)。
上海双杰科技有限公司(官网首页为 www.sjtc.com.cn)。
上海合科科技有限公司(官网首页为 www.cncotech.com)。

> **课外扩展活动**
> 1. 讨论题:汽车造型设计主要体现在什么地方?
> 2. 开放式论述题:我们认为汽车设计的好坏,会从哪些方面考虑?
> 3. 运用汽车设计软件 Alias automotive 或手绘一张属于自己的汽车作品。

任务四 汽 车 制 造

任务目标:
(1) 掌握汽车制造的一般流程。
(2) 了解汽车制造中生产模式发展。
(3) 了解中国汽车制造业的概况。

20 世纪是人类进入工业化社会的世纪。制造业是工业化的龙头,它影响着整个工业化的发展进程。从历史上看,汽车工业在制造业的发展中处于一种特殊的地位。这不仅是指汽车产业的规模和市场在制造业中举足轻重,也不仅是指汽车生产的需求刺激了相关技术的发展,更重要的是汽车产业在生产方式、经营管理方面的变革对制造业产生的深刻影响。回顾这一段历史,将有助于我们从经营管理的角度对现状进行反思并构思未来。

制造业曾经长时期以手工作坊方式进行。工业革命后,特别是 19 世纪中期,劳动分工和零件"互换性"的概念提出后,进入了大规模生产时期。随着物质财富的丰富,对商品的多样化需求日益突出,制造业开始向多品种小批量进军,相继提出了"柔性制造"、"精良生产"、"敏捷制造"等概念。有趣的是,这些新概念几乎都来源于汽车业。

20 世纪初,基于泰勒提出的"科学管理和时间研究"概念,福特公司在制造 T 型车时创造出影响整个世界工业的生产工艺——生产流水线,大幅度降低了生产周期和成本,同时也降低了售价,使许多人能买得起汽车,在短短几年就达到年产量 70 多万辆汽车。在 1925 年 10 月 30 日,福特公司一天造出了 9000 多辆车,创造了奇迹。从此,大量生产方式(Mass Production)的概念广为传播,而福特汽车公司也成为世界最大的企业之一。

近年来,产品的种类越来越多,一个型号的产品的生命周期越来越短,大批量生产方式越来越不能适应竞争,迫使制造业进行战略和运行模式的研究。在此期间,由日本丰田汽车公司创造和实施的"丰田生产方式"脱颖而出,丰田汽车公司开发新产品所用的时间是那些著名大型汽车厂的一半,工程设计工时的一半,现场库存只占一半,废品大大减少,而且能生产出更多更好,有各种变型的产品,备受世人瞩目。20 世纪 80 年代中期,美国麻省理工学院设立了一个"国际汽车计划",派出几十位教授到世界各地调查了十几个汽车公司,对丰田生产方式进行了总结并称之为"精良生产(Lean Production)"。精良生产与大量生产相比,一切投入都大为减少。用丰田生产方式的创始人大野耐一的话来说,丰田生产的基本思想是"减少一切不必要的活动,杜绝浪费"。

20 世纪 80 年代后期,美国意识到了必须夺回制造业的优势,才能保持美国在国际上的领先地位。1991 年里海(Lihigh)大学的亚科卡(Iacocca)研究所受美国国会委托,邀请了国防部、工业界和学术界的代表,建立了以 13 家大公司为核心,有 100 多家公司参加的联合研究组,耗资 50 万美元,分析研究了美国工业界的 400 多篇报告,提出了"敏捷制造(Agile Manufacturing)"的概念。敏捷制造描述的不是一个具体的生产过程或运行模式,它可以被看作是一种包括组织、高度熟练和学识渊博的人、先进技术三者的集成,以达到合作和创新。它允许以任何方式来高速、低耗地完成企业所需的任何调整,以求在急速变化、连续分裂的全球市场中快速反应。

事实上,从美国克莱斯勒与德国戴姆勒的合并,从法国雷诺和日本日产的携手,这种在以往看起来不可思议的企业重组,已经呈现多米诺骨牌的现象。与此同时,汽车模块化生产方式初露锋芒,技术实力雄厚的零配件生产商德尔福系统公司相继推出了座舱、接口盘制动、车门、前端、集成空气/燃油等模块,在现代汽车装配线上注入了新的概念。所有这一切都说明了全球经济的新形势下,汽车产业的改革浪潮汹涌澎湃,它给整个制造业带来了十分巨大的影响。

20 世纪初,一个泰勒工作法,成为企业管理革命的先锋。20 世纪末,企业管理的革命又在汽车业中雄起。整个世纪汽车产业的发展史,就是企业管理革命的发展史,它涉及到千千万万人的工作与生活。可以说,不管是在内涵还是在外延上,世上没有任何一个产业能像汽车工业那样给 20 世纪人类生活带来如此巨大的影响。

汽车制造企业正在从早先的大规模生产、按市场预测生产向按订单生产的敏捷制造方向发展。基于这样的理解,汽车行业企业必须在成本、质量、市场快速响应和技术管理这 4 个方面做到行业的前列,才能在激烈的市场竞争中立于不败之地。如图 1-56 所示,为适应性汽车制造企业模型。

汽车制造的一般流程如下。

1. 铸造

铸造是将熔化的金属浇灌进铸型空腔中,冷却凝固后而获得产品的生产方法。在汽车制造过程中,采用铸铁制成毛坯的零件很多,约占全车重量 10% 左右,如气缸体、变速器箱体、转向器壳体、后桥壳体、制动鼓、各种支架等。制造铸铁件通常采用砂型,砂型的原料以砂子为主,并与粘结剂、水等混合而成。砂型材料必须具有一定的粘合强度,以便被塑成所需的形状并能抵御高温铁水的冲刷而不会崩塌。为了在砂型内塑成与铸件形状相符的空腔,必须先用木材制成模型,称为木模。炽热的铁水冷却后体积会缩小,因此,木模的尺寸需要在铸件原尺寸的基础上按收缩率加大,需要切削加工的表面相应加厚。空心的铸件需要制成砂芯子和相

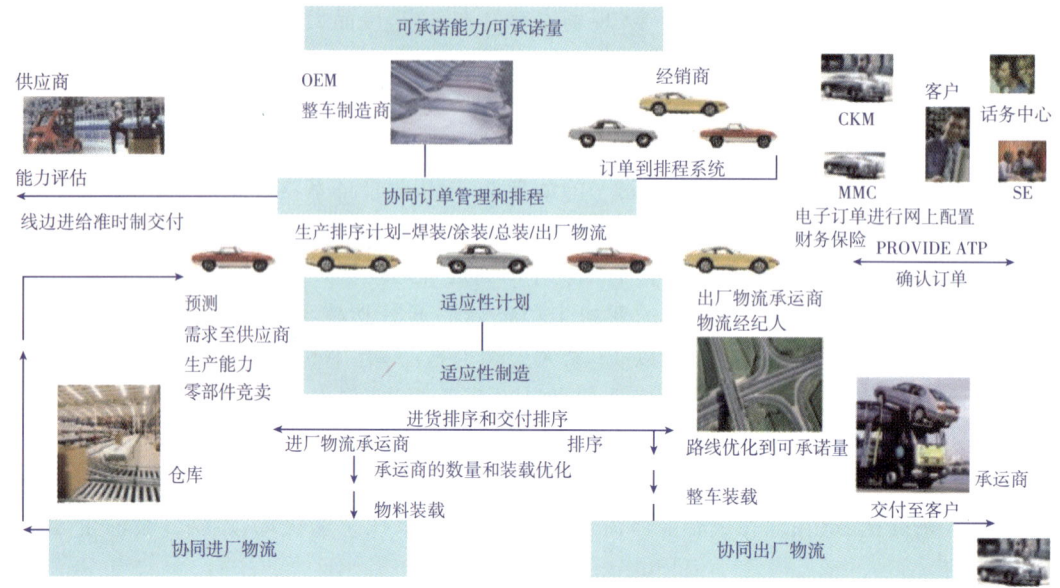

图 1-56 适应性汽车制造企业模型

应的芯子木模(芯盒)。有了木模,就可以翻制空腔砂型(铸造也称为"翻砂")。在制造砂型时,要考虑上下砂箱怎样分开才能把木模取出,还要考虑铁水从什么地方流进,怎样灌满空腔以便得到优质的铸件。砂型制成后,就可以浇注,也就是将铁水灌进砂型的空腔中。浇注时,铁水温度在 1250~1350℃,熔炼时温度更高。

2. 锻造

在汽车制造过程中,广泛地采用锻造的加工方法。锻造分为自由锻造和模型锻造。自由锻造是将金属坯料放在铁砧上承受冲击或压力而成形的加工方法(坊间称"打铁")。汽车的齿轮和轴等的毛坯就是用自由锻造的方法加工。模型锻造是将金属坯料放在锻模的模腔内,承受冲击或压力而成形的加工方法。模型锻造有点像面团在模子内被压成饼干形状的过程。与自由锻相比,模锻所制造的工件形状更复杂,尺寸更精确。汽车的模锻件的典型例子是:发动机连杆和曲轴、汽车前轴、转向节等。

3. 冷冲压

冷冲压或板料冲压是使金属板料在冲模中承受压力而被切离或成形的加工方法。日常生活用品,如铝锅、饭盒、脸盆等就是采用冷冲压的加工方法制成。例如制造饭盒,首先需要切出长方形并带有 4 个圆角的坯料(行家称为"落料"),然后用凸模将这块坯料压进凹模而成形(行家称为"拉深")。在拉深工序,平面的板料变为盒状,其 4 边向上垂直弯曲,4 个拐角的材料产生堆聚并可看到皱褶。采用冷冲压加工的汽车零件有:发动机油底壳,制动器底板,质量控制汽车车架以及大多数车身零件。这些零件一般都经过落料、冲孔、拉深、弯曲、翻边、修整等工序而成形。为了制造冷冲压零件,必须制备冲模。冲模通常分为 2 块,其中一块安装在压床上方并可上下滑动,另一块安装在压床下方并固定不动。生产时,坯料放在 2 块冲模之间,当上下模合拢时,冲压工序就完成了。冲压加工的生产率很高,并可制造形状复杂而且精度较高的零件。如表 1-6 所示,为冲压工艺信息。

表 1-6　　　　　　　　　　　　　　　　冲压工艺信息

制件名称	制件简图	冲压工艺过程
发动机盖外板		下料 拉伸 切边、冲孔 竖边 翻边 压印、冲孔 检验
顶盖		拉伸 切割 整形 反边 冲孔 冲孔 切割

4. 焊接

焊接是将两片金属局部加热或同时加热、加压而接合在一起的加工方法。我们常见工人一手拿着面罩,另一手拿着与电线相连的焊钳和焊条的焊接方法称为手工电弧焊,这是利用电弧放电产生的高温熔化焊条和焊件,使之接合。手工电弧焊在汽车制造中应用得不多。在汽车车身制造中应用最广的是点焊。点焊适于焊接薄钢板,操作时,2个电极向 2块钢板加压力使之贴合并同时使贴合点(直径为 5~6 mm 的圆形)通电流加热熔化从而牢固接合。2块车身零件焊接时,其边缘每隔 50~100 mm 焊接一个点,使 2零件形成不连续的多点连接。焊好整个轿车车身,通常需要上千个焊点。焊点的强度要求很高,每个焊点可承受 5kN 的拉力,甚至将钢板撕裂,仍不能将焊点部位分离。在修理车间常见的气焊,是用乙炔燃烧并用氧气助燃而产生高温火焰,使焊条和焊件熔化并接合的方法。还可以采用这种高温火焰将金属割开,称为气割。气焊和气割应用较灵活,但气焊的热影响区较大,使焊件产生变形和金相组织变化,性能下降。因此,气焊在汽车制造中应用极少。如图 1-57 所示,为某汽车焊接车间。

图 1-57　某汽车焊接车间

5. 金属切削加工

金属切削加工是用刀具将金属毛坯逐层切削,使工件得到所需要的形状、尺寸和表面粗糙度的加工方法。金属切削加工包括钳工和机械加工两种方法,钳工是工人用手工工具进行切削的加工方法,操作灵活方便,在装配和修理中广泛应用。机械加工是借助于机床来完成切削的,包括:车、刨、铣、钻和磨等方法。

(1)车削[图 1-58(a)]:车削是在车床上用车刀加工工件的工艺过程。车床适于切削各种旋转表面,如内、外圆柱或圆锥面,还可以车削端面。汽车的许多轴类零件以及齿轮毛坯都是在车床上加工的。

(2)刨削[图1-58(b)]:刨削是在刨床用刨刀加工工件的工艺过程。刨床适于加工水平面、垂直面、斜面和沟槽等。汽车上的气缸体和气缸盖韵乎面、变速器箱体和盖的配合平面等都是用刨床加工的。

(3)铣削[图1-58(c)]:铣削是在铣床上用铣刀加工工件的工艺过程。铣床可以加工斜面、沟槽,甚至可加工齿轮和曲面等旧铣削广泛地应用于加工各种汽车零件。汽车车身冷冲压的模具都是用铣削加工的。计算机操纵的数控铣床可以加工形状很复杂的工件,是现代化机械加工的主要机床。

(4)钻削及镗削:钻削和镗削是加工孔的主要切削方法。

(5)磨削:磨削是在磨床上用砂轮加工工件的工艺过程。磨削是一种精加工方法,可以获得高精度和粗糙度的工件,而且可以磨削硬度很高的工件。一些经过热处理后的汽车零件,均用磨床进行精加工。

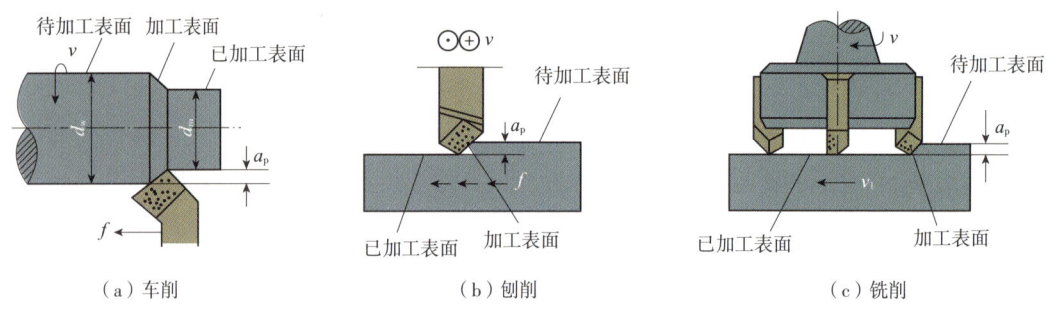

图1-58 部分机械加工方法

6. 热处理

热处理是将固态的钢重新加热、保温或冷却而改变其组织结构,以满足零件的使用要求或工艺要求的方法。加热温度的高低、保温时间的长短、冷却速度的快慢,可使钢产生不同的组织变化。铁匠将加热的钢件浸入水中快速冷却(行家称为淬火),可提高钢件的硬度,这是热处理的实例。热处理工艺包括退火、正火、淬火和回火等。退火是将钢件加热,保温一定时间,随后连同炉子一起缓慢冷却,以获得较细而均匀的组织,降低硬度,以利于切削加工。正火是将钢件加热,保温后从炉中取出,随后在空气中冷却,适于对低碳钢进行细化处理。淬火是将钢件加热,保温后在水中或在油中快速冷却,以提高硬度。回火通常是淬火的后续工序,将淬火后的钢件重新加热,保温后冷却,使组织稳定,消除脆性。有不少汽车零件,既要保留心部的韧性,又要改变表面的组织以提高硬度,就需要采用表面高频淬火或渗碳、氰化等热处理工艺。如图1-59所示,为各种零部件的热处理。

热处理是将固态的钢重新加热、保温或冷却而改变其组织结构,以满足零件的使用要求或工艺要求的方法。加热温度的高低、保温时间的长短、冷却速度的快慢,可使钢产生不同的组织变化。铁匠将加热的钢件浸入水中快速冷却(行家称为淬火),可提高钢件的硬度,这是热处理的实例。热处理工艺包括退火、正火、淬火和回火等。退火是将钢件加热,保温一定时间,随后连同炉子一起缓慢冷却,以获得较细而均匀的组织,降低硬度,以利于切削加工。正火是将

项目一 认 识 汽 车

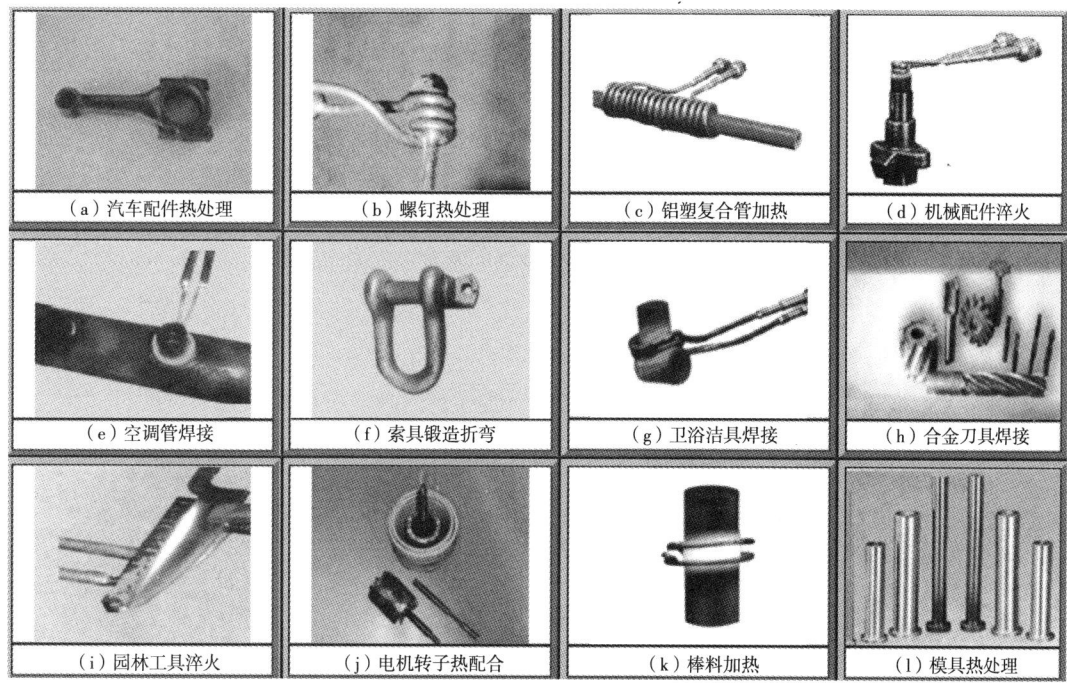

图 1-59 各种零部件的热处理

钢件加热,保温后从炉中取出,随后在空气中冷却,适于对低碳钢进行细化处理。淬火是将钢件加热,保温后在水中或在油中快速冷却,以提高硬度。回火通常是淬火的后续工序,将淬火后的钢件重新加热,保温后冷却,使组织稳定,消除脆性。有不少汽车零件,既要保留心部的韧性,又要改变表面的组织以提高硬度,就需要采用表面高频淬火或渗碳、氰化等热处理工艺。

7. 装配

装配是按一定的要求,用连接零件(螺栓、螺母、销或卡扣等)把各种零件相互连接和组合成部件,再把各种部件相互连接和组合成整车。无论是把零件组合成部件,或是把部件组合成整车,都必须满足设计图纸规定的相互配合关系,以使部件或整车达到预定的性能。例如,将变速器装配到离合器壳上时,必须使变速器输入轴的中心线与发动机曲轴的中心线对准。这种对中的方式不是在装配时由装配工人(钳工)来调节,而是由设计和加工制造来保证。如果你到汽车制造厂参观,最引人入胜的是汽车总装配线。在这条总装配线上,每隔几分钟就驶下一辆汽车。以我国一汽的解放牌货车总装配线为例。这条装配线是一条165m长的传送链,汽车随着传送链移动至各个工位并逐步装成,四周还有输送悬链把发动机总成、驾驶室总成、车轮总成等源源不断地从各个车间输送到总装配线上的相应工位。在传送链的起始位置首先放上车架(底朝天),然后将后桥总成(包括钢板弹簧和轮毂)和前桥总成(包括钢板弹簧、转向节和轮毂)安装到车架上,继而将车架翻过来以便安装转向器、贮气筒和制动管路、油箱及油管、电线以及车轮等,最后安装发动机总成(包括离合器、变速器和中央制动器),接上传动轴,再安装驾驶室和车前板制件等。至此,汽车就可以驶下装配线。

8. 汽车试验

由于汽车的使用条件复杂,汽车工业所涉及的技术领域极为广泛,致使许多理论问题研究得还不够充分,因此汽车工业特别重视试验研究。汽车的设计、制造过程始终离不开试验,无论是设计思想和理论计算、初步设计、技术设计、汽车定型还是在生产过程,都要进行大量的试验。最后,在客户购买了汽车并使用的过程中,车辆交通管理部门还要定期对车况进行测试,以确保行车安全。除了某些研究性试验外,汽车产品试验均应遵循一定的标准和规范、对试验条件、试验方法、测试仪器及其精度、结果评价等进行限定,以确保试验结果的再现性和可对比性。不同国家甚至不同厂家的试验规范可能不同,因此在查看某种产品的试验数据时,必须弄清他们试验所依据的规程或标准。如图1-60所示,为涂装工艺流程。

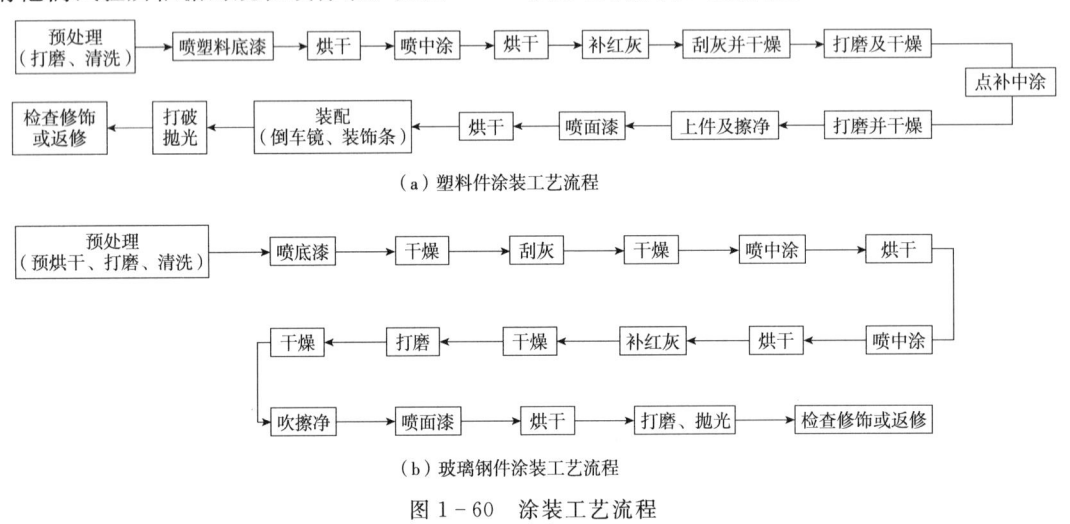

图1-60 涂装工艺流程

任务五 汽车美学

任务目标:
(1)掌握汽车造型美学概念。
(2)了解汽车设计过程如何做到科学与艺术相结合。
(3)了解汽车的时尚性。

汽车美学不仅仅是指汽车的造型美,它应该具有双重含义,即汽车一方面有突出的物质功能,另一方面有宜人的精神功能,实现技术与艺术的紧密结合,使美学融化于自然科学之中。

1. 汽车美学特点

(1)科学与艺术相结合。科学与艺术相结合就是将最新的科学技术应用于汽车的技术功能上,同时又把艺术融化于汽车造型之中,使汽车的物质功能与审美要求的精神功能完美地结合起来。因此,在科研成果的基础上,采用新技术、新工艺、新材料,使汽车具备先进的物质功能;同时把握住造型设计与美学形式在艺术规律上的共性及个性,使创造出的汽车产品符合时代审美要求。

(2)体现功能美。汽车美学不仅仅研究汽车外观美,而且研究它内在的功能美。功能美主要体现人机系统的协调性。汽车是供人使用的,从物质功能角度要求其结构合理、性能优良;从精神功能角度要求其形态新颖、色彩协调。同时还必须从使用角度要求其舒适、宜人和方便。因此,造型设计师应根据人机工程学的理论与实践,合理地选用人机系统设计的基准参数,为人们创造出舒适宜人的工作环境和操作系统,从而提高运输效率和安全性。

(3)体现时尚性。汽车产品在要求其具有使用性的前提下,还应具有强烈的时代感,要体现人们时代的审美要求。影响汽车造型时尚性的因素主要有两方面:一是科学技术发展水平。汽车造型设计是在科学技术为其提供新技术、新材料和新工艺的基础上,才能产生不断满足时尚性变化的产品;二是人们审美观的变化。人们审美观是随着生理、心理、社会环境的变化、旁系学科的影响以及人类精神文明的发展而变化。根据人们的视觉生理特征,一旦汽车的"形"、"色"、"质"不再产生悦人的效果,就会引起陈旧、单调、乏味的感觉,从而失去视觉生理平衡。因此,就要寻求新的"形"、"色"、"质",以达到新的视觉平衡,从而促进了汽车造型的演变。

(4)体现创造性。任何产品设计贵在创新,汽车也不例外。从世界上第一辆汽车诞生到现在,无论汽车性能,还是外部造型都发生了巨大的变化。第一辆汽油机汽车是沿用马车的造型,当时人们把汽车称为无马马车。随着技术的进步和汽车性能的进一步提高,汽车外形也随之不断的演变,直至今天的楔形汽车。汽车每一次变形,都是设计者美的创造,是设计者"灵感"和"想象"的体现。

(5)体现经济性。从当前的市场销售情况看,受消费者欢迎、畅销的产品都是集实用、美观、经济三者于一身的,俗称为"物美价廉",这个"美"字指的就是产品既适用又漂亮,而"廉"字指的是产品的价格要经济。因此,经济性要求产品从材料、能源和加工工艺等方面减少消耗,降低成本。特别是在汽车行业竞争相当激烈的今天,汽车的经济性尤为突出、重要。因此,只有充分考虑到经济性,汽车才能以物美价廉获得生存力和竞争力。

2. 汽车造型要素

汽车美属于人工美的范畴,它存在着客观上的美及人们主观上的美。古往今来,人们对美的认识是不同的。从个人的主观美感出发论述汽车美,无论如何是得不出结论的。正确的观点是应该排除主观上的东西,彻底追求汽车造型所具有的客观性的美、合理性的美。确定汽车造型的要素很多,而且是复杂的和相互制约的。

汽车造型的确定取决于三个方面的要求,即机械工程学、人机工程学和空气动力学。机械工程学要求汽车动力性和操纵稳定性好;人机工程学要求汽车提供给驾乘人员有足够的活动空间,舒适性好;空气动力学要求汽车行驶时空气阻力小。

(1)机械工程学要素:要使汽车具有行驶的机能,必须安装发动机、传动系、转向系、车轮、制动器等装置。要使汽车更好地行使,把这些装置安装在车体上哪个部位,是很重要的问题,绝不能随心所欲的处置。

(2)人机工程学要素:汽车内室的设计必须考虑驾驶员及乘客的舒适性和安全性,应确保驾驶员的操纵空间和乘员的乘坐空间,座椅的高度以及靠背的倾角可调;要合理设计汽车的长、宽、高尺寸,车门的位置和尺度以及开关形式等,以保证乘坐舒适、行驶方便,并尽量扩大乘员的视野;同时还要考虑上下车方便,减少振动和噪声。

(3)流体力学要素:汽车高速行驶时,气流和汽车发生相对运动,产生和车速平方成正比的启动阻力,从而影响汽车的动力性和经济性,增加燃油的消耗。因此,车身外形直接影响汽车的性能,这些问题的解决必须依靠流体力学理论。

1)马车型汽车(图1-61)。

直到 19 世纪末,汽车的零部件一直沿用马车的车身、车轮、钢板弹簧、制动器等部件,将发动机安装在座位下,就像装上了动力的马车,此时汽车的外形酷似马车。1892 年,标致汽车公司为摩洛哥王族制造的汽车就使用了自行车车轮。

2)方箱型汽车。

把汽车的发动机从座位下面移到汽车头部,为尺寸和功率较大的发动机提供了宽阔的空间,使汽车的形状变成车头和乘员舱两个方正的部分,这就是方箱型车身造型。

马车型汽车很难抵挡风雨的侵袭,美国福特汽车公司在 1915 年生产出一种新型的福特 T 型车(图 1-62),这种车的车身很像一只大箱子并装有门和窗,人们把这类车称为"箱型汽车"。

图 1-61 马车型汽车

图 1-62 福特 T 型车(1915)

早期的箱型汽车以美国的福特 T 型车最为著名,年产量达到 30 多万辆,占美国汽车总产量的 70%～80%。如图 1-63 所示,为 1929 年生产的箱形车凯迪拉克。

美国通用汽车公司的雪佛兰部看准用户多样化的要求,于 1928 年制造出在散热器罩、发动机通风口和轮罩上增加豪华装饰的汽车,从而博得了用户的欢迎。

随着生活节奏的加快,人们对车速的要求也越来越高。要想使汽车跑得快,有两条主要途径,一是增大功率,二是减小空气阻力。因此人们开始降低车的高度减小空气阻力。随着车顶高度的降低,前窗玻璃不断变窄,影响前方的视野,乘员感到十分憋闷。后来放弃了降低高度提高速度的办法,转而通过提高功率的办法来克服空气的阻力。这样一来,发动机由单缸变成四缸、六缸、八缸,而且气缸是一列排开的,因而发动机罩也随之变长。典型的例子就是意大利 1931 年生产的阿尔法·罗密欧牌汽车的外型(图 1-64)。

图 1-63 凯迪拉克车型(1929 年)

图 1-64 意大利阿尔法·罗密欧敞篷车(1925 年)

作为高速车来讲。箱型汽车是不够理想,因为它的阻力大,大大妨碍了汽车前进的速度。所以人们又开始研究一种新的车型——流线型汽车。

3）流线型汽车（图1-65）。

当汽车行驶时,从排气管排出的白烟会在汽车尾部缭绕,这就是汽车尾部产生的涡流现象。产生空气涡流需要能量,汽车尾部产生的涡流消耗的正是发动机的功率。由涡流引起的形状阻力降低了汽车行驶的速度。应用空气动力学的原理,通过风洞试验可以减小这种阻力。

1934年1月,克莱斯勒公司在纽约车展上推出了气流汽车。这辆汽车采用流线型造型,整体感强,各部分线条连贯,车头圆滑,4个翼板与车身贴合,车灯、备胎等隐入车身内,前风窗玻璃分成左右两块。

虽然气流汽车创下了多项速度纪录,但它的销售并不好,究其原因,主要是它的外形设计超越了时代的欣赏能力,看惯了方箱型汽车的人们,对这一革命性的变革一时还难以接受。不过它却开创了汽车造型的新时代,并对以后的汽车造型产生了巨大的影响。

4）三箱式汽车。

20世纪50年代,为了创造舒适、宽敞的乘坐空间,出现了三箱型车身的轿车,并由此成为当代轿车造型的主流。

1949年,福特汽车公司推出新型福特V8汽车（图1-66）。这种汽车的前翼子板和发动机罩,后翼子板和行李舱融为一体,大灯和散热器罩也形成整体,车身两侧形成一个平滑的面。

图1-65 流线型汽车

图1-66 新型福特V8汽车

乘员舱位于汽车的中部,头和尾的长度几乎相当,使汽车的侧形前后对称,明显地形成发动机舱、乘员舱和行李舱三部分,这就是现代三箱型轿车的首创,在当时称为船形或浮桥形。

5）鱼型汽车。

三箱型汽车尾部过分向后伸出,形成阶梯背,在高速时会产生较强的空气涡流。为了克服这一缺陷,人们把三箱型汽车的后窗玻璃逐渐倾斜,倾斜的极限即成为斜背式。由于斜背式汽车的背部像鱼的脊背,所以这类车称为鱼型汽车。

鱼型汽车和甲壳虫型汽车光从背部来看很相近,但仔细观察可以看出鱼型汽车的背部和地面的角度比较小,尾部较长,围绕车身的气流也比较平顺,涡流阻力也较小。鱼型汽车基本上保留了船型汽车的长处,车室宽大,视野开阔,舒适性也好。另外鱼型汽车还增大了行李舱的容积。

最初的鱼型车是美国1952年生产的别克牌小客车。1964年美国的克莱斯勒顺风牌和1965年的福特野马牌都采用了鱼型造型。自顺风牌以后世界各国逐渐主产鱼型汽车。鱼型汽车存在以下缺点：由于鱼型车后窗玻璃倾斜太甚，面积增加两倍，强度下降，产生结构上的缺陷。鱼型车还有一个潜在的重大缺点就是对横风的不稳定性。鱼型车发动机前置车身重心相对前移，一般来讲横风的风压中心和车身重心接近。但由于鱼型车的造型关系在高速时会产生一种升力使车轮附着力减小，从而抵挡不住横风的吹袭，发生偏离的危险。鱼型车的这一缺点人们想了很多办法加以克服，例如人们在鱼型车的尾部安上一只翘起的"鸭尾"以克服一部分扬力，这便是"鱼型鸭尾"式车型。如图1-67所示为采用鱼型车身设计的捷豹XJ-S。

由于鱼型车尾部过于下垂，鱼型车身的侧面形状也非常接近机翼的形状。根据风洞试验结果，和汽车静止时比，当时速为100km/h时，汽车的附着力会减少1/8，150km/h时减少1/4。在高速时车尾没有足够的下压力，导致车尾的行驶状态极不稳定，所以设计师在鱼型车身的尾部装上了鸭尾形状的尾翼，来获得高速时的下压力。因为这种造型是卡姆教授发现的，所以又被称为卡姆尾，RS(图1-68)就是这种鱼型鸭尾车身最典型的一款车型。

图1-67　捷豹XJ-S采用鱼型车身设计

图1-68　RS是典型鱼型鸭尾车身

图1-69　楔型汽车

6)楔型汽车(图1-69)。

为了从根本上解决鱼型汽车的升力问题，人们设想了种种方案，最后终于找到了一种楔型。就是将车身整体向前下方倾斜，车身后部像刀切一样平直，这种造型能有效地克服升力。1963年司蒂倍克·阿本提第一次设计了楔型小客车。

"阿本提"诞生于船型车的盛行时代，与通常的外形形成尖锐的对立，因此，未能起到引导车身外形向前发展的作用。直到1966年才被奥兹莫比尔·托罗纳多所继承。这种车型的形状如楔子，它的车身整体向前下方倾斜，车身腰线前低后高，因此后行李舱明显高于前发动机舱，而车尾平直。

汽车发展到鱼型，关于空气阻力的问题已经基本解决，楔型继承了这一成果，并有效地克服了鱼型车的升力问题，使汽车的行驶稳定性有了显著的提高。研究楔型的结构可以发现，车身前部呈尖形且向下倾斜，高速行驶时的空气流可在前轮产生向下的压力，防止前轮发飘。车身尾部如同刀切一样平直，可减小车顶以后部分的负压，防止后轮飘起。这种造型最大限度地解决了升力问题。个别车型的尾部甚至采用了"甲尾式"造型，可通过利用车顶流动的空气在鸭尾部产生向下的作用力来增大后轮的附着力。

楔型对于目前所考虑到的高速汽车,已接近于理想的造型。现代轿车基本上都朝这个方向发展。如人们最熟悉的奥迪、捷达、桑塔纳及波罗等也都属于楔型式车型。这些汽车的外形清爽利落、简洁大方,具有现代气息,给人以美的享受。

3. 汽车与民族风格

在汽车产品中,尤其是轿车最能反映民族的风格。比如,东风汽车公司的富康牌小轿车,尽管它的造型非常现代,但我们仍不难看出传统的雪铁龙轿车的痕迹。除了其公司的标志外,主要表现在车身上,其较尖的头部,较短的并略微翘起的尾部及掀背式的后门,这种楔形的车身发源于拉丁国家,包括意大利的菲亚特及西班牙的西亚特公司开发出的车型都具备典型的拉丁风格。一辆紧凑型的楔型轿车造型优雅,线条简练,精巧而灵活,极富动感,充满活力,这恰好很像拉丁民族热情、浪漫、灵活、机敏的个性。像时装一样,法国和意大利的轿车造型总是引导着潮流。像许多艺术作品一样,工业产品同样能反映民族个性,通过欣赏一部车的风格,去了解这个民族的个性是很有意义的,这种风格主要是通过汽车的造型表现的。

让我们分别从世界上几个汽车大国的汽车造型来了解他们的民族风格吧。首先看欧洲的汽车:德国车在造型上非常传统。无论是奔驰、宝马、还是大众车,造型严谨,线条挺拔而有力度,给人以坚固耐用的感觉。特别像奔驰这样的豪华车型,造型刻板而凝重,沉稳而坚实,就像德国人一样,内在、深沉、富有生命力。

英国人的性格可能与德国人更相似。而英国轿车比德国轿车更严肃、更保守,很少为迎合时尚而刻意追求造型的时髦,其造型优雅而脱俗,甚至有些怪诞。像劳斯莱斯或奥斯汀这样的车型,总是充满怀旧的情调和贵族气息,使人们自然联想到英国人特有的幽默及高傲的性格。

以瑞典汽车为代表的北欧汽车始终以其高贵的品质为人们所珍爱。一辆传统的瑞典汽车给人以朴实无华、富含棱角的印象。尽管现代瑞典汽车充满科技,但仍不失北欧人冷峻、执拗的个性。

接着,看看北美洲的汽车。在北美洲这块广阔的新大陆上奔跑的汽车总是充满虎虎生气。美国车处处显示出美国人的生活方式:宽敞舒适、设备齐全、豪华气派、车身线条会展流畅、强劲有力。一部传统的美国轿车比欧洲型轿车更长更宽。前脸是华丽的栅格,车窗周围镶有镀铬亮条,后窗也较低。

最后,看看亚洲的汽车。日本的轿车对大家来说并不陌生。虽然在造型上很难发现日本汽车的民族属性。但恰恰像日本民族善于接受外来文化,工作认真勤奋、快节奏的特性一样,日本轿车在造型上非常追求完美,几乎无可挑剔。尽管更趋于欧洲型轿车,但是随着车型设计的日趋成熟及高技术的广泛应用,日本轿车越来越显示自身的个性。像丰田卡姆利、凌志及本田阿科德系列车型都已形成自己民族的风格。

总之,根据空气动力学原理设计的现代汽车在造型上许多相似之处,但这并不意味着轿车的造型将失去个性。像其他工业产品一样,汽车的款式在不断变化,既要保持传统,又不失新意和华丽。现代人选择汽车更注重和谐的细节及其品味,而产品设计界也越来越多地将人的气质融入产品造型。一个汽车公司只有不断开发出具有自身特点的汽车,才能显示出民族的风格,产品才有生命力和竞争力。

项目二 美国汽车文化

项目目标：
(1) 掌握美国汽车工业的发展历程与科技创新。
(2) 掌握美国通用汽车集团企业文化及发展历程。
(3) 掌握美国福特汽车集团企业文化及发展历程。
(4) 掌握美国克莱斯勒汽车集团企业文化及发展历程。
(5) 掌握美国本土文化特点与科技创新环境。
(6) 掌握汽车广告、汽车模特、汽车车展等汽车文化形式。

任务一 美国汽车工业的发展

美国是世界汽车工业强国。美国的汽车工业历史悠久，产业发达，产销量很大。在历史上相当一段时期里，美国的汽车产量占全球产量的近 1/4；销售量接近全世界销量的 1/3。美国汽车工业的发展，在很大程度上，代表了世界汽车工业发展的主流。

纵观美国汽车业的历史和现状，可以找出其发展的特点和经验。

1. 实现产业化

汽车工业的产业化与福特汽车公司的创始人——亨利·福特的贡献密不可分。1908 年，福特和同事们，借鉴了前人流水生产过程和互换性的设计思想，以大批量低成本推出了作为汽车发展史上里程碑的 T 型汽车。高节拍大批量的流水线生产的 T 型车的出现，使汽车成为大众耐用消费品；同时也为汽车产品市场的拓展提供了可能。从那时开始，汽车工业才有条件发展为具有广泛的用户群体和宏大的产业规模的世界性成熟产业，成为一些国家的经济支柱，为人类现代化文明做出了贡献。

2. 鼓励消费，扩大市场

美国不仅是汽车生产大国而且是汽车消费大国。进入 20 世纪 90 年代以来，美国的汽车产量每年均在 1200 万辆左右；而汽车的销售量却在 1500 万辆以上。到 2011 年，美国的汽车保有量已达 2.85 亿辆。

美国汽车厂商一向努力拓展市场，扩大消费群体。早在 T 型车时代，福特公司就鼓励员工拥有本公司生产的轿车。美国政府努力为汽车消费创造条件，从政策上为汽车的高度普及提供了保障。在美国，燃油价格相对便宜，所以，美国的私人用车和家庭用车的排量较大。节能轿车对用户的吸引力不大。由于在 20 世纪 70 年代发生全球性石油危机，日本厂商的小型轿车才有机会打入美国市场。

美国的汽车消费历史悠久，消费起点高，层次高，汽车密度大。早在1950年，美国的汽车密度已达到250辆/千人。而西欧和日本达到这个数值分别是20世纪70年代初和1988年。

汽车消费层次高，是指美国家庭用车结构里大中型轿车的比例较大；此外家用汽车的内涵扩大，已不再只有标准的4门轿车，一些更专用化的汽车进入家庭，例如休闲娱乐用的旅行车、运动车、客货两用车、敞篷车、宿营车等。有的家庭成员用车也专门化，如主人用车、主妇用车、孩子用车。据统计，20世纪90年代，美国拥有1辆汽车的家庭占18%，两辆车的家庭占50%左右，3辆车的家庭占18.5%，4辆车的家庭占5%左右，5辆车的家庭占2.7%。市场是汽车产业发展的拉动力。只有不断拓展市场，扩大市场容量，才能带动汽车生产的发展。美国是世界上最大的汽车市场，1995年以来，美国的新车登记量每年都在1500万辆以上。

美国的汽车保有量虽然接近饱和，但仍以小幅度稳步增长。统计表明近10年来的增幅仍为2%。美国汽车市场容量巨大，效益丰厚，是世界各大汽车厂商竞相涉足的热点市场。美国市场强手如林，竞争激烈，是各家汽车厂家产品水平和营销能力的试金石。要想在美国市场立足，就要付出时间和财力的代价。

从20世纪70年代到20世纪90年代，日本厂商花了十几年的时间拥有了美国市场近1/4的份额，其历程可谓艰苦卓绝。后起的韩国汽车厂商也把美国市场作为自己的奋斗目标。1993年，韩国最大厂商现代汽车公司总裁说，"我要花两亿美元，为产品买一条通向美国市场的道路。"

企业的形象和知名度是无形的竞争力。做广告是花钱买市场。厂商为提升在市场上的形象和知名度，不惜重金投入广告。1997年，美国汽车市场的广告费投入达69亿美元之巨，同比增长18.2%。有的公司，每辆车的平均广告费高达1851美元。广告费的投入，从另一个侧面反映了美国市场的发达和巨大。

3. 经济技术素质高

美国的汽车工业经济技术素质很高。衡量一个国家汽车工业素质的经济技术指标包括：生产集中度、专业化协作水平、生产的规模经济性、人均装备率和劳动生产率5个方面。

(1) 美国汽车工业生产集中度极高。

如果不考虑日本和欧洲近年迁入的厂家，通用、福特和克莱斯勒三大公司的生产集中度达99%以上。美国的一位汽车企业家曾说，"人们可以在世界各地销售汽车，但宁愿在少数几个地方生产它。"分散不利于形成规模，规模不经济，会影响效益。

(2) 专业化程度高。

美国的汽车工业产业组织很完善。以汽车制造厂商为主体，代理商和供应商构成产业的两翼。供应商把零部件和总成导入装配线；代理商把产品导入市场。在这一协作过程中，二者分担了汽车厂商的技术和市场风险。

20世纪80年代到20世纪90年代中期，美国三大公司中，以克莱斯勒的专业化水平最高，其零部件的70%来自供应商；而通用公司外协件只占50%左右。为了追求专业化效益，通用公司于1994年6月将零部件生产剥离母体，成立德尔福汽车系统公司，作为一个独立部门。该公司已成为世界第一大汽车零部件供应商；1998年又独立挂牌上市筹资。

福特汽车公司也于1997年将其零部件生产剥离出去，组建独立的面向全球供货的零部件公司，从而提高了汽车生产的专业化程度。

(3) 规模经济。

生产规模是否经济,是汽车工业素质的重要指标。1997年对美国属于三大汽车公司的16个装配厂统计表明,其年产量均在23万~38万辆之间(见表2-1)。这个批量对轿车和轻型车均属于经济批量。

(4) 人均装备率与劳动生产率均高。

在汽车生产中,一般来说,人均装备率越高,劳动生产率也越高。据1997年的统计,美国三大汽车公司在美国本土的工厂每辆车的平均装配工时为22h,仅低于日本厂家的水平。美国三大汽车公司的人均装备率为10万美元。

4. 技术推动和可持续性发展

如果说汽车的发展由市场来拉动的话,那么技术就是其推动力。美国汽车业的科研和开发一直居世界前列。制造商的科研规模较大,水平也很高。通用汽车公司有科研和开发人员1.5万人、福特公司有1.2万人,克莱斯勒也建立了7000人的研究开发机构。

表2-1　　　　　　　　1997年美国主要装配厂的规模　　　　　　　　单位:辆

公司	工厂	年产量	公司	工厂	年产量
福特	路易斯威尔	375941	克莱斯勒	道奇城	254506
通用	洛德斯特温	371577	通用	多拉维尔	252673
通用	莫里安	294214	福特	亚特兰大	248124
克莱斯勒	圣·路易斯	280743	福特	芝加哥	247610
福特	密执安	279093	通用	詹斯威尔	241393
克莱斯勒	杰弗逊阿维	278453	通用	弗特威恩	240534
福特	维恩	277454	福特	坎萨斯城	239232
通用	春山	271471			

(1) 采用三维数字技术(图2-1)。

为了缩短产品开发周期,加快产品上市节拍,更灵活有效地响应市场需求,通用、福特和克莱斯勒三大汽车公司在产品开发手段方面都致力于把CAD/CAE/CAM联合形成系统,进行三维数字化操作。

图2-1　三维软件设计汽车

三大汽车公司都废除了陈旧计算机和落后的二维设计软件,采用3D(三维)软件平台。这种集成化的系统可提供完整详细的产品信息:从设计的描述、评价到零部件的几何形状、模拟、CAE试验数据,成本和质量分析;甚至还包括制定方案,供应和售后服务。

三大汽车公司的目标还包括用3D数字化产品制造工装、夹具,甚至优化制造系统。这种集成系统允许多个车型平台工作队共同交流和合作,信息共享,避免了多种数据和软件间的转换。该系统能从过去的程序中选取有用的"遗产数据";向工程师提供经过验证的可用零件和材料的数据及相关资料。

1)通用汽车公司。

1985年通用开始建立产品开发的计算机集成系统。创立C4系统,简化了原有的CAD/CAE/CAM系统。1992年又采用EDS公司的UG软件。到1994年,C4已成功地把26个不同的计算机系统简化为3个(CGS,UG和CATIA的一部分)。到1995年,公司决定以UG软件作为其CAD/CAE/CAM的单一系统。到1996年,UG系统已能容纳5000名设计师和工程师同时工作。

UG软件已经用于发动机和变速器及德尔福汽车系统公司零部件的生产和设计。1997年,全部实现UG的CAM功能,包括模具的CAM过程。最后推出全数字化的CAD/CAE/CAM整车。

2)福特汽车公司。

1995年以前使用的是自行开发的二维设计系统。1995年12月与SDRC公司签订合同,开始使用SDRC的Z系列软件。该软件已经是总体集成C3P(CAD/CAE/CAM)产品信息管理。1996年在3种车型上与实际生产计划中并行地采用C3P。

该系统能将样车的数量减少90%。它有6000个预订用户终端位置。除设计制造外,每年还有2万福特公司其他部门的人员,通过公司的互联网询问产品开发情况。

福特已经用3维数字化系统直接制造冲模、铸模和注塑模。已有70家为福特供货的零部件供应商参与并使用该产品开发系统。

3)克莱斯勒公司。

与福特、通用相比,克莱斯勒应用计算机集成系统开发产品更早,投资也最多。1989年以来在CATIA软件应用上的投资达10亿美元。该软件的全新开发方式已在其LH轿车开发中全面应用。

1995年,引入DMAPS(数字制造工艺系统)后,进一步把制造过程组合进CATIA网络。在产品尚处于设计中的时候,DMAPS能使相关的机械、机器人和整个制造系统进行电子化三维制造。通过使用DMAPS,设计师、工艺师和技术工人,都能实际看到微观和宏观状态下的制造过程。该公司还采用称为Ccplant的CATIA软件,实现工厂设计的三维化。

克莱斯勒用CATIA系统取得许多成绩。1997年的道奇达科塔轿车,完全采用该系统三维开发,其中包括1:1数字化模型。1998年的LH轿车及其2.7L V6发动机和带传动轴的自动变速器都是用三维技术开发的。另外,公司的管理层还从三维系统资料中的MY2000型汽车选取主题风格款式。自1993年以来,该公司所有冲模都采用三维技术开发。

CATIA是当今最具代表性的计算机汽车产品开发系统软件。专家们认为,固体表面制作是该软件的优势。但也有人认为该软件在CAE方面的分析和预示能力不够强。

(2) 汽车平台战略是美国汽车业技术进步的另一重要措施。

早在 20 世纪 70 年代,福特公司就提出"世界轿车"的概念。到 90 年代福特把底盘平台数,由 1995 年的 24 个减少到 2000 年的 16 个。

通用汽车公司汽车平台合并力度更大。则 2000 年为主的轿车平台只有伊普西龙,德塔和嘎玛平台。每个平台的汽车产量都在 100 万辆以上。

通用公司计划,伊普西龙系列轿车将成为其主导产品。从 2001～2004 年将把 5 个平台上的 8 种中型轿车和两种新车都合并到伊普西龙平台上。虽然采用同一个平台,但每个轿车又有着自己的特点。当然,在同一个基本结构上开发看上去不同的 10 个产品,确实是个不小的挑战。该平台的年产量将达 80 万辆以上。

通用用一个基平车型结构,开发多个产品,能节省几十亿美元的开发费用;同时还意味着一个工厂能生产多个产品,在同一条线上多个产品混流,提高了生产线的柔性。

通用正在为轻型货车平台换代。开发出 GMT360 和 GMT355 平台。这是中型运动车,紧凑型客货两用和其他载货车派生车型共用的"世界平台"。此外,还允许五十铃等通用在世界各地的合资合作伙伴使用这两个平台。

(3) 供应商为整车厂商承担科研开发任务。

随着现代科学技术的进步,汽车,尤其是轿车的高技术含量越来越高。据统计,与汽车舒适、安全、节能和环保性能有关的各部件总成功能,在 20 世纪 80 年代中期实现电子控制的只有 18%;而到了 90 年代中期就达到了 80%。再加上新能源新材料等,使汽车制造和使用涉更多的学科领域。

整车厂商的研发机构要涉足如此众多的学科和高技术领域并取得满意的成果,实在力不从心,甚至不可能。这就是所谓的汽车厂商遇到的技术"黑洞"。填补"黑洞"可行的办法是,材料和零部件供应商接受来自整车厂商的技术分工和开发成本的转嫁,在各自产品专业领域里攻关,在短时间内有效地解决问题,为整车厂商填补技术"黑洞"。

美国汽车厂商在实行平台战略的同时,要求供应商尽早介入产品的开发;提供集成化、模块化的部件和总成。为适应这种要求,产业组织要相应调整。把供应商梯队化,减少一级(直接供货)供应商数量。

(4) 严格的法规,先进的技术。

汽车在为人们提供方便、快捷和高效的同时,也带来了污染。为使汽车工业可持续发展。美国政府制订了世界上最严格的汽车排放标准法规。美国的马斯基法规所规定的标准是将排放污染物降到传统发动机的 1/10。现在又制订了进一步降低排放的计划,将碳氢化合物降低到现有水平的 1/10。这个目标实现后,汽车的排气已很清洁,甚至比我们平时呼吸的含有灰尘和其他颗粒物的空气还清洁。

严格的标准促进了排气净化技术的发展。目前机内净化、机外净化、代用燃料、复合动力和电动车技术都有长足的进步。

从某种意义上说,汽车的清洁和节能是对孪生姊妹。较好的燃料经济性,一般也会有较低的排放。20 世纪 90 年代末,美国政府和三大汽车公司成立了新一代汽车合作组织(PNGV)。他们的研究目标是,在保持轿车现有功能和可接受成本条件下,实现油耗 3L/100km。为此,要在动力的产生,能量的转换和贮存,电子控制,材料工艺和系统分析诸多方面,探索新概念和新技术。为从事研究,三大公司都有概念车型。

福特公司的"合作者 2010"概念车采用串联复合动力系统。后置 110L 直喷发动机驱动发电机向 4 个车轮上的电动机供电;飞轮贮能器收集发动机和制动剩余能量。流线形铝制单体车身,使该车的质量仅为现有同类车的 1/3。此外,该车在设计上也采用了一些新结构。如鳍状立式叶子板充当了扰流板;声控仪表板;飞机操纵杆式转向机;用后视摄像机替代后视镜。

运动型家用轿车"ESX"是克莱斯勒的 PNGV 项目样车。其全铝车身的质量比同类钢制车身轻 272kg。由 3 缸涡轮增压柴油机驱动 300V 大功率交流发电机,铅酸电池和后轮上的两个 75kW 电动机组成串联复合动力系统。

通用公司在其已投放市场的 EV1 电动车上,实现了 PNGV 提出的汽车重量、空气阻力、滚动阻力、电驱动效率和再生制动等目标项目的 50%。

任务二 通 用 汽 车

活动一 通用汽车的发展历程

100 多年来,通用汽车(官网首页为 www.gm.com)及其产品已触及全球数百万人的生活。它经历了 100 多年的创新和发展,从 1908 年 9 月 16 日最不被看好的开始到斯隆(Alfred Sloan)著名的"不同的钱包、不同的目标、不同的车型"战略;从收购雪佛兰、欧宝、沃克斯豪这些世界著名汽车品牌到如今重点发展新型"绿色"动力推进技术,其发展的市场已远远超出公司诞生地。

通用汽车公司(GM)成立于 1908 年 9 月 16 日(图 2-2),自从威廉·杜兰特创建了美国通用汽车公司以来,先后联合或兼并了别克、凯迪拉克、雪佛兰、奥兹莫比尔、庞帝亚克、克尔维特等公司,拥有铃木(Suzuki)、五十铃(Isuzu)和斯巴鲁(Subaru)的股份。使原来的小公司成为它的分部。从 1927 年以来一直是全世界最大的汽车公司。

图 2-2 美国通用汽车公司

其标志 GM 取自其英文名称(General Motors Corporation)的前两个单词的第一个字母。通用汽车公司各车型商标都采用了公司下属分部的标志。如图 2-3 所示,为 1928 年美国通用在中国的广告海报。

公司下属的分部达 20 多个,拥有员工 26.6 万名。通用汽车公司的全球总部位于美国密

图2-3 美国通用在中国的广告海报(1928年)

歇根州的汽车之城底特律,迄今在全球35个国家和地区建立了汽车制造业务。

通用汽车公司是美国最早实行股份制和专家集团管理的特大型企业之一。通用汽车公司生产的汽车,是美国汽车豪华、宽大、内部舒适、速度快、储备功率大等特点的经典代表。而且通用汽车公司尤其重视质量和新技术的采用。因而通用汽车公司的产品始终在用户心中享有盛誉。

通用汽车公司与菲亚特、铃木、五十铃、富士重工汽车公司结成合作伙伴关系。2008年11月,受美国金融危机影响,通用汽车欲宣布破产。

通用汽车的发展历程。

1902年,凯迪拉克问世。

1903年,别克面临挑战。

1905年,凯迪拉克推出了封闭式车身汽车。

1906年,别克开发出第一款四缸车。

1909年,欧宝在汽车领域的首次成功。

1911年,雪佛兰品牌的诞生。

1911年,Kettering发起汽车革命。

1914年,第一款V-8发动机问世。

1914年,新款雪佛兰风靡一时。

1923年,别克推出四轮刹车(图2-4)。

1927年,LaSalle确立了未来汽车的发展趋势。

1928年,凯迪拉克推出同步变速器。

1929年,镀铬饰件在凯迪拉克车型上的首次出现。

1929年,通用汽车中国公司总部成立。

1930年,凯迪拉克推出具有里程碑意义的V-16。

1933年,独立前悬挂系统成为又一个里程碑式的创新。

图2-4 别克四轮刹车(1923年)

1935年,Olympia,欧宝的里程碑车型。

1935年,第一辆Suburban问世。

1938年,世界第一辆概念车问世。

2009年之前的通用家族的品牌如图2-5所示。

图 2-5　2009 年之前的通用家族

新通用经过破产之后仍保留四大汽车品牌：雪佛兰、凯迪拉克、别克、GMC。

活动二　雪佛兰（Chevrolet）汽车

一、雪佛兰汽车简介

当第一辆雪佛兰于 1911 年在底特律市中心一个租来的车库里诞生时，雪佛兰就开始了驶往这个星球各个角落的征途。100 多年的历史，超过 2.09 亿辆轿车和卡车的销售业绩，使雪佛兰成为世界上最大的汽车品牌之一，足迹遍及全球 140 多个国家。

回望雪佛兰闪耀的百年辉煌历史，我们向金领结注目致敬，解读它在百年历史里的每一次挑战冲动，每一次美梦成真。

1911 年 11 月 3 日，身兼高级技师和机械工程师角色的优秀赛车手路易斯·雪佛兰（Louis Chevrolet）与极具远见的汽车营销大师威廉·杜兰特（William C. Durant）创立雪佛兰汽车公司。

关于雪佛兰金领结标志（图 2-6）的起源说法不一，其中得到杜兰特本人证实的版本，是灵感来源于巴黎一家旅馆的墙纸设计。自 1913 年底推出以来的几十年中，雪佛兰领结标志的着色与细节都产生过很多变化，但其基本形状从来没有改变过。2004 年，雪佛兰开始采用金色领结的形状作为全球所有在售车型的品牌标识，金领结标志与每一辆雪佛兰汽车一起，飞入寻常百姓家。

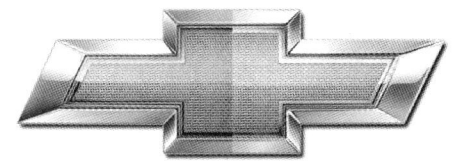

图 2-6　雪佛兰 Logo

身为赛车手和优秀机械师的创始人雪佛兰有一个梦，一个以他热爱的赛车为灵魂的高级汽车梦，由此诞生了这部雪佛兰史上第一部汽车。这款具备诸多标准配置的五人轿车当时售价 2150 美元，在当时可是只有富翁才负担得起的价钱，然而雪佛兰公司成功在头一年售出了 2999 辆。Classic Six C（图 2-7）系列为 40 马力，最高时速 65 英里（1 英里＝1609.344 米），在当年的高性能轿车中竞争力极强。比利杜兰特的儿子和儿媳甚至曾开着一辆 Classic Six 从底特律到旧金山,走了当时闻所未闻的 2500 英里连续路程。

1936 年,长途旅行的运输首选仍然是铁路。当火车到站,当你优雅地踏出车厢左右顾盼生辉,工人忙着把你大包小包行李搬下火车,当你与家人的郊游旅行即将展开之际,雪佛兰的 Carryall 及时出现,华丽又从容地装载下你们浩大的装备与气场奔往目的地——这辆拥有白胎壁轮胎、收音机、暖气设备等配置选择的 Carryall 车型,让司机们终于头一次能运输八位乘客舒适华丽地到达旅程目的地。这位已走过 76 年职业生涯的老爷车巨星,是至今仍在投产的最长寿汽车品牌。据通用汽车公司估计迄今已生产约 240 万辆,从消防和警察车辆到接载贵宾的豪华轿车(Limo)之选,这辆 Suburban(图 2-8)绝对是生活家们的 Dream Car 之一。

图 2-7　Classic Six(1912 年)

图 2-8　Suburban(1936 年)

当第二次世界大战中的大男孩们得胜而归回到家乡,他们发现一些熟悉的家伙在等着欢迎他们。雪佛兰将战争中制造的车辆,所谓的"胜利之车"们重新设计,增加了许多舒适性的关怀配置,然后将这漂亮的 Pickup(图 2-9)呈现给公众。一时之间并在之后的长久岁月里,美国万千农场中都可以见到它和男人们努力工作的身影。

"个性十足又实用"除了是姑娘们对男友的最佳幻想,更是 Bel Air(图 2-10)稳占最爱阵营前列的理由。当然,雪佛兰的传奇小体积 V8 引擎、140～283 马力的选择,还有范儿十足的环绕式挡风玻璃,巨型镀铬保险杠和动感十足的尾鳍,都让这位万人迷散发熠熠星光。283 马力引擎更是首次将赛场上的燃料喷射系统引入商业市场,令 Bel Air 创造出当年所向披靡的速度。

图 2-9　Pickup(1948 年)

图 2-10　Bel Air(1957 年)

"百年最佳情人"在雪佛兰官网的百年庆典活动上,1969 Camaro(图 2-11)最终胜出激烈票选,成为大家心中百年最经典 Chevy。拥趸众多的 Camaro 以来从未退出过潮流,更是随着《变形金刚》三部大片的全球热映,在全球赢得无数拥趸。1969 年可谓 Camaro 的最佳年度。1969 款的 Camaro 配备全新挡板,车门外板,后侧板,格栅和尾灯,重新设计过的仪表板和舒适的车座也带来更亲切驾乘体验。荣获 1969 最佳年度车型的它,更被认为是经典肌肉型汽车中最热辣的型格巨星,多次登上大银幕客串演出。这款传奇性能跑车现已登陆中国,呼唤英雄比肩驾驭热爱。

大黄蜂(图 2-12),相信这会是大部分人脑海里首先蹦出来的答案。《变形金刚》(图 2-13)系列电影横扫全球票房的超强人气,让主角 Camaro 科迈罗在中国成为家喻户晓的传奇英雄。正如广告语中所说,没有哪一款跑车可以像雪佛兰 Camaro 一样,历经五代发展,仍秉承着男性的力量与无畏,永不放弃的战斗精神和兄弟般的忠诚;也没有哪一款跑车可以像雪佛兰 Camaro 一样,给人如此众多对驾驶激情的幻想,让人热血沸腾地渴望着与他一起闯入那个传奇的世界。

图 2-11　Chevy Camaro(1969 年)(引自凤凰网)

图 2-12　变形金刚大黄蜂

近年来雪佛兰长足前行的全球化浪潮,使得这朵金领结不再仅仅是"美国的",更是世界的。雪佛兰的"金领结"标志已遍布全球 140 多个国家,更在保证品牌形象、产品价值和性能的基础上利用全球业务关系,锐意开发符合当地品味和需求的汽车,与全球工程和设计中心的合作研发也不断提高雪佛兰汽车的性能、安全和效率。

二、雪佛兰在中国

图 2-13　变形金刚电影

统计显示,2010 年,上海通用雪佛兰凭借 54 万 3709 辆的惊人业绩,使销售增长飙升到史无前例的 63.4%。这一年,中国成为雪佛兰继美国和巴西以后的第三大市场。进入中国 6 年时间,凭借扎实的产品力与极富感染力的品牌力,雪佛兰迅速成为中国汽车市场的中坚力量,在中国已经拥有超过 160 万的车主。随着产品布局的展开,雪佛兰在中国正成为一个覆盖各细分市场的全系列品牌,未经提示的品牌知名度已经跃升至 78%。

三、改变世界的机器

自推出第一辆汽车后,雪佛兰一直通过不断创新致力于成为最具影响力的品牌。1915年,雪佛兰推出了490型汽车,重塑汽车之城底特律的市场格局。这款车的售价为490美元,它带给底特律的影响力丝毫不亚于T型车。雪佛兰的非乘用车类产品同样强大。1955年Cameo Carrier系列车型被称为"绅士的皮卡",至今雪佛兰仍是中北美市场皮卡、SUV和MPV市场的领导者。不仅如此,雪佛兰还开创了汽车行业的多个第一。第一个彩色车体、第一个车载收音机、第一辆SUV等,都极大推动了世界汽车业的发展。

四、世界的雪佛兰

统计显示,2010年雪佛兰在全球销售了426万辆汽车,平均每7.4秒卖出一辆。截止到2011年8月,雪佛兰的销售再提速,全球平均每6.66秒就有一辆雪佛兰被买走。

在世界房车锦标赛(WTCC),从初次登场到坐上冠军宝座,雪佛兰仅用了不到一年半的时间。2007赛季,雪佛兰车手Alain Menu五夺杆位,创下该赛事车手单赛季的杆位记录,雪佛兰车队更第七度夺得分站冠军。2011年,雪佛兰车队更是以巨大优势,在亚洲赛事还未开战时就提前卫冕了车队和车手的双料冠军。

活动三　别克(Buick)汽车

一、别克标志

图2-14　别克Logo

别克Buick品牌(官网首页为www.buick.com)始于1900年(图2-14)。在美国密歇根州底特律市,苏格兰人David Dunbar Buick和他的总工程师Walter L. Marr.离开了他们朝夕相处的船机及农机修理行,开始着手制造第一辆试验汽车(当时马车是主要交通工具)。1903年,他们成立了别克Buick汽车公司。一年后,汽车生产正式宣告开始,首批37辆汽车上市销售。

别克著名的"三盾"(Trishield)标志的构成,是一个圆圈中自左下至右上依次叠加排列的红、白(或浅灰)、蓝三个盾牌,每块盾牌中央被左上至右下的直线一分为二。它的由来可以直接追溯到别克家族的族徽。1959年,别克公司为了代表将在1960年推出的三款车型:LeSabre, Invicta和Electra而首次使用"三盾"设计。正如19世纪90年代,由从事企业形象研究的斯考其公司所作调查显示,作为标志性的图案它的作用是举足轻重的。在针对公司商标的调查研究中发现,公司的商标会对顾客产生积极或消极影响。调查进一步显示在众多的汽车厂商中,GM别克产品的"三盾"标志赢得了50%的好感,这个比例令人注目。别克标志发展至今日为人所熟悉的"三盾"样式经历了近半世纪的演变过程。

20世纪30年代中期,在底特律公共图书馆内,通用汽车风格研究员拉浮波在1851年编写的《消失的家徽》中发现了苏格兰别克家族的家徽。别克家族的家徽是一个红色盾形标志,银色和蔚蓝色围棋格子带状图案从左上角穿过直到右下角。在盾的右上角有一长有鹿角的鹿头,在盾的右下角有一金色十字架,十字架中间有一圆孔,孔中的颜色与红色盾的颜色一致。别克汽车首次使用别克家族的家徽作为装饰是在1937年的新款车型上,这个装饰标志非常接近于《消失的家徽》中所描述的。在1939年该标志作了修改(变得更长更宽)。1942年盾形标志被又一次改为典型的家徽模式,但在此基础上别克公司作了一些改变,不久以后别克公司投入了第一次世界大战的军事用品的生产。1949年标志被加宽,并加入了车盖和格栅样式,但其原来式样的基本要素仍被保留下来。

1957年,别克"鹰"标志作为"鹰"车型的一部分出现了。它获得了很好的反响,以致到了1976年在所有的车上都出现了一只鹰停留在别克字样上,鹰的形象变的家喻户晓,甚至在电视广告中出现了一只名叫"Happy"的红尾鹰停在别克车盖装饰物上的画面。但到了20世纪80年代,别克领导层决定重新强调"三盾"标志,因此别克"鹰"标志退出了历史舞台。

1959年,别克标志经历了重大的改革,由三盾替代了原来的一个盾标志,这三个盾分别代表别克的三种车型,它们是LeSabre、Invicta、Electra。三盾标志仍沿用原来的样式和颜色,最大的不同之处在于三盾互叠在一起,其颜色分别为红、白(后改为银灰)和蓝。今天的"三盾"标志在一些细节上作了修改,鹿头和十字型图案消失了,但红色、银灰色、蓝色三个盾的式样与原先无多大的区别,围棋格子的带状图案仍使用至今。别克这个家族的图案就像它的名字一样,永远纪念着大卫·邓巴·别克,是他将别克汽车一手缔造起来,并迎来了世界最大的汽车制造商——通用汽车的诞生。1940年一位新闻记者笔下这样写道:别克是第一个真正成功的汽车品牌,它带动了整个汽车工程水平的进步并成为其他汽车公司追随的榜样。

别克标志演变如图2-15所示。

1905
the car of Quality

1913

1934
Flying Goddess

1959
LeSabre/Invicta/Elect

1975 Skyhawk

图2-15 别克标志演变

二、别克发展史关键人物(表 2-2)

表 2-2　　　　　　　　　　　别克汽车史伟人

 David Dunbar Buick （大卫·邓巴·别克）	别克的创始人，1854年9月17日生于苏格兰的阿伯斯。是一位梦想家、水暖器材的发明人和制造商。19世纪90年代末，他开始制造汽油发动机。1899年，大卫在美国底特律创建了别克汽车动力公司
 William C. Durant （威廉·杜兰特）	1904年10月买下大卫·别克的公司。 1905年1月参加了纽约汽车展。展会上卖出了1108辆车。他组建了别克赛车队，战绩骄人，赢得了无数荣誉和顾客。 1908年，别克生产了8820辆汽车，比福特和凯迪拉克的总和还要多。 1908年9月16日，杜兰特创建了控股公司"通用汽车"
 Walter L. Marr （沃尔特·玛）	别克的第一个总工程师。 1900年，他生产出第一辆别克
 James H. Whiting （詹姆斯·怀汀）	在他的主导下，将别克的生产基地从底特律移到了北面的福林特（Flint）
 Louis Chevolet （路易·雪佛兰）	1908~1910年间担任别克赛车队队长，随后与杜兰特一起在1911年创建了雪佛兰公司

三、别克发展大事记

1900年，作为别克助手的沃尔特制造出第一辆无马车辆。在他1901年离开公司后，经过协商，别克以225美金将这辆车出售给沃尔特（图2-16）。

测试的成功加速了生产，到1904年末，共生产了37辆别克B型车（图2-17）。

图 2-16　第一位顾客

图 2-17　别克 B 型车

1904 年 11 月,杜兰特(图 2-18)入主别克(图 2-19)。对别克乃至美国汽车业产生了深远的影响。

图 2-18　杜兰特

图 2-19　别克标志(1904 年)

杜兰特的加入,使别克的成功得到保证。

1905 年 1 月,他前往纽约汽车展(图 2-20),拿回了 1108 辆订单,而此时公司仅制造了 40 辆车。

1908 年,杜兰特创立了别克的第一支正式赛车队(图 2-21),在鲍勃·波曼与路易·雪佛兰的领导下,这支队伍在 1908～1910 年间共取得了 500 项桂冠。

图 2-20　1905 年纽约车展

图 2-21　别克赛车队

早在 1905 年,别克(图 2-22)就开始出口英国。1925 年,别克推动经销商走遍全球,来展示别克的可靠性能以及服务。

第二次世界大战期间,别克停止了汽车的生产,转而生产飞机发动机、反坦克武器和其他军用品。这张照片显示了 1942 年 12 月 3 日最后一辆别克下线的情景(图 2-23)。

第二次世界大战后,是别克在造型、技术与销售都快速成长的年代。这款 53 年限量生产的云雀(图 2-24),配有高压缩比 V-8 发动机,是为了庆祝别克成立五十周年而设计制造的。在 1958 年别克销量达到 74.5 万辆。

图 2-22 别克汽车推向全球

图 2-23 第二次世界大战前最后一辆别克车

图 2-24 别克云雀（1953 年）

四、别克车型

1. 美国别克车型（图 2-25）

图 2-25 美国别克车型

2. 上海通用别克车型（图 2-26）

图 2-26 上海通用别克车型

活动四　凯迪拉克(Cadillac)汽车

1902年,凯迪拉克(图2-27)诞生于被誉为美国汽车之城的底特律。110年来,凯迪拉克在汽车行业创造了无数个第一,缔造了无数个豪华车的行业标准;可以说凯迪拉克的历史代表了美国豪华车的历史。一直以来,凯迪拉克都被视为美国顶级豪华车的标志,是各个历史时代美国成功人士的成功标志,是各国政要、显贵和名人的首选座驾。在韦伯斯特大词典中,凯迪拉克被定义为"同类中最为出色、最具声望事物"的同义词;被一向以追求极致尊贵著称的伦敦皇家汽车俱乐部冠以"世界标准"的美誉。

图2-27　凯迪拉克Logo

110年来,凯迪拉克在技术与工艺方面取得的重大突破对汽车工业产生了巨大且深远的影响。1908年,凯迪拉克由于首先实现了标准零件的汽车生产,成为第一个获得伦敦皇家汽车俱乐部(RAC)Dewar Trophy奖的美国汽车公司,并有了"世界标准"的美名。1912年,凯迪拉克成为第一家在汽车中装备电子启动、照明和点火装置的公司。因为这一成就,伦敦的皇家汽车俱乐部第二次给凯迪拉克公司颁发了Dewar奖章,并且永久性地授予凯迪拉克公司"世界标准"的荣誉。1949年底,凯迪拉克公司生产出第100万辆汽车,并于同年研制出了具有历史意义的高压缩比、顶置式气门轻型V8发动机。1954年,凯迪拉克成为第一家将动力转向作为所有车型标准配置的汽车制造商。1964年,凯迪拉克首先开发了汽车冷暖空调系统。1974年,凯迪拉克首先在所有车型上装备前排安全气囊。1975年,凯迪拉克公司成为第一家使用电子燃料喷射系统的美国汽车制造商。1987年,凯迪拉克Allante成为打入超豪华轿车市场的第一款美国轿车,改变了一直由欧洲轿车占据主导地位的超豪华轿车领域格局。1990年,公司总裁John O. Grettenberger在华盛顿被乔治·布什总统授予Baldrige奖章。

图2-28　美国总统的座驾"美国一号"Cadillac DTS

经典与技术,让凯迪拉克拥有无数不请自来的形象代言人:威尔逊总统是第一位乘坐凯迪拉克进行官方活动的美国总统;艾森豪威尔总统站在凯迪拉克中作就职演说;肯尼迪总统也极其钟爱凯迪拉克轿车。1993年和2001年克林顿和布什就任美国总统时,也乘坐凯迪拉克(图2-28)。

凯迪拉克汽车选用的著名的花冠盾形徽章(图2-29)象征着其在汽车行业中的领导地位,花冠徽章取自凯迪拉克先生所用的徽章。早期的徽章设计是Merlettes向左倾斜,一个由郁金香花蕾组成的花环从两侧向上延伸,在顶部的皇冠处汇合。从1916~1918年,凯迪拉克车标是原来注册商标上的郁金香花蕾和一个镶有九颗明珠的皇冠。皇冠上的明珠后来变成七颗,被设计在盾牌上。1933年,设计者让车标长出翅膀。第二次世界大战后的凯迪拉克启用新的车标,该标包括基本的"V"字及花冠设计。1947年的车标首次将"V"字与花冠结合在一起。从1956年的车型开始,凯迪拉克车标逐渐变长、变低和变宽。到1960年的凯迪拉克车型,车标达到最宽。如图2-30所示,为百年来凯迪拉克Logo的演变。

标志性的花冠
每一个花冠都标志着它的历史，蕴涵了一系列代表家族血统、宗谱、信仰、成就、荣誉和团结的象征，花冠的繁复代表着家族的百年荣耀

声名显赫
红色代表大胆与果敢的思想和行动；蓝色代表品性和道德的纯洁；多重色块代表硕果累累的极致成就

英勇气概
自从1902年至今，这个盾牌象征着至高无上的勇气，追逐梦想的勇气

大智慧
黄褐色块自中世纪欧洲开始就被认为是授予那些立誓效忠国家利益勇士的荣誉军带。今天，映衬着金色背景的紫貂色块蕴涵着集体的智慧和荣誉

胜利
自从恺撒大帝开始，月桂花枝就代表着在人生竞技场上个人的英雄主义情结，无论是当时的罗马还是现在的底特律

家族
凯迪拉克的家族名字可以追溯到罗马时期的名字Carilus或Carilius,只有具有百折不挠精神的人才配拥有这个名字，在过去的2000年中这一历史从未改变

图 2-29　凯迪拉克花冠盾形徽章

图 2-30　百年来凯迪拉克 Logo 的演变

在新世纪,凯迪拉克的车标含有大胆而轮廓鲜明的棱角,反映了凯迪拉克未来的设计理念。新的花冠保留了现有的颜色组合——金黄与纯黑相映,象征智慧与财富;红色,象征行动果敢;银白色,代表着纯洁、仁慈、美德与富足;蓝色,代表着骑士般侠义的精神。

凯迪拉克品牌文化的核心:信念、创造、拥有。这是一种前瞻远见、勇于开拓创新、追求极致成就,领先时代的精神。图 2-31～图 2-33 为三款凯迪拉克经典车型。

图 2-31　凯迪拉克 La Salle 车型(1927 年)　　图 2-32　凯迪拉克 CTS 3.0 精英运动版(2012 年)

图 2-33 凯迪拉克 CTS Coupe

活动五　GMC 汽车

GMC 是通用集团旗下的 MPV 部门。现有使节(Envoy)、峡谷(Canyon)、西拉(Sierra)、育空河(Yukon)、旅行(Safari)、Savana 等一系列车型。

GMC 中型皮卡称为峡谷(Canyon),除散热器格栅特殊外,其余都相当于雪佛兰科罗拉多。全尺寸皮卡西拉(Sierra)也是一样,它是雪佛兰西尔维拉多的克隆车型,2006 年一款新车型取代了它。2005 年秋季推出的新版育空河(Yukon)是雪佛兰豪放的豪华款。这两款 SUV 仍使用传统技术,但是自 2008 年度起也将作为全混合动力车型销售,配备两台同 6 挡变速器相连接的 60kW 电动机。以载货车底盘为基础的厢式车旅行(Safari)没有后续车型。

Sierra 西拉是 GMC 中的全尺寸皮卡,相当于雪佛兰中的西尔维拉多。

Canyon 峡谷是 GMC 中的中型皮卡,相当于雪佛兰科罗多拉的克隆车型(图 2-34～图 2-36 为 GMC 经典车型)。

图 2-34　GMC 商务之星(2011 年)

图 2-35　GMC 商务之星的内部空间

图 2-36　GMC1500 Sierra 皮卡搭载 6.2L V8 发动机(2011 年)

扩展阅读

"通 用"在 中 国

通用公司在亚太市场战略布局显示出其宏伟的战略构想。通用公司的目标是将其世界汽车市场占有率从目前的15%提高到20%,由于北美、欧洲汽车市场已趋饱和,通用公司将未来市场占有率的增长希望寄托于亚洲和拉美市场,并将中国汽车市场定位于战略性市场。围绕这一构想,通用公司展开了亚太地区的战略部署。如表 2-3 所示为通用公司在中国的投资情况。

表 2-3　　　　　　　　　通用公司联盟在中国的投资

通用联盟在中国的投资(通用-菲亚特-铃木-五十铃-富士重工-大宇)				
外方	中方	合资公司	产品	投资者及股份
通用公司	上汽集团	上海通用汽车有限公司	君威 Regal 3.0L、2.5L、2.0L	中方 50%、通用 50%
			凯越 Excelle 1.6L、1.8L(源自通用大宇)	
			GL8 商务车	
			凯迪拉克 CTS、STS(计划)	
	沈阳金杯	金杯通用汽车有限公司	雪佛兰开拓者 SUV	上汽 25%、上海通用 50%、通用 25%
			雪佛兰 S-10 双排座皮卡	
	上汽集团、柳州五菱	上海通用五菱汽车股份有限公司	微型面包车	上汽 50.1%、通用 34%、五菱 15.9%
			SPARK 0.8L、1.2L、(源自通用大宇,以大宇 Matiz 为平台)	
	上汽集团、上海通用	上海通用东岳汽车有限公司	赛欧 1.6L	上汽 25%、上海通用 50%、通用 25%
			赛欧 S-RV 1.6L	
			T-Car Kalos	
	上汽集团	上汽通用汽车金融有限责任公司	汽车金融服务	

续表

通用联盟在中国的投资(通用－菲亚特－铃木－五十铃－富士重工－大宇)				
外方	中方	合资公司	产品	投资者及股份
菲亚特公司 (GM持20%)	南汽集团	南京菲亚特汽车有限公司	英格尔1.5L(西亚特1BIZA原型车) 优尼柯 派里奥Palio 派里奥Palio周末版 西耶那Siena三厢、1.3L、1.5L 多宝MPV	南汽50%、菲亚特50%
铃木公司 (GM持20%)	长安集团	长安铃木汽车有限公司	长安奥拓0.8L 长安羚羊1.3L	日本铃木35%、日商岩井14%、长安汽车51%
	昌河集团	江西昌河铃木汽车有限责任公司	北斗星F－MPV(1.0L、1.1L、1.2L) (以铃木WagonR+为原型)	铃木39%、钢谷冈机10%、昌河集团51%
五十铃公司 (GM持50%以上)	江铃集团	江铃五十铃汽车有限公司	五十铃TF系列轿卡 五十铃N系列轻型卡车	江铃75%、五十铃和五十铃(中国)12.5%、伊藤忠商事12.5%
	庆铃汽车(集团)有限公司	庆铃汽车股份有限公司	轻卡、多功能车、皮卡、F系列重型卡车(8吨~12吨)	引进五十铃技术
	广汽集团	广州五十铃客车有限公司	高档客车	五十铃25%、五十铃(中国)投资公司24%、广汽集团51%
富士重工 (GM持20%)	贵航集团	贵州贵航青年轿车制造有限公司	云雀0.8L	贵航集团、金华青年集团等(引进富士重工技术)

一、通用在中国及其周边地区设立战略据点

(1) 1997年6月,通用公司与上汽集团以各持有50%的股份合资建立上海通用汽车有限公司、上海泛亚汽车技术中心有限公司。其中,泛亚汽车技术中心是国内首家汽车工程技术合资企业,是通用公司在中国市场发展战略重要的一环。泛亚的成立表明通用公司早期就认识到本土产品开发能力建设的重要性,针对中国消费者进行产品适应性改进和产品更新换代,以对中国汽车市场客户需求作出最快最好的响应。2004年6月,通用汽车公司宣布投资21亿人民币,用以加强泛亚汽车技术中心软硬件建设,泛亚将规划新建国内规模最大、功能最全的国际标准专用试车场;还将新建虚拟开发设施,应用世界最先进的数字开发技术,提高泛亚的整车自主开发能力和核心竞争力。

(2) 1999年通用公司与沈阳金杯汽车公司以各持有50%的股份,建立金杯通用汽车有限公司,生产雪佛兰开拓者SUV,虽然对产品和重视程度有所侧重,但通用一直希望把金杯通用当作另一个上海通用来经营。2004年3月,上汽集团、通用汽车及上海通用与辽宁有关方面签署协议,全面重组金杯通用,重组后金杯通用将成为上海通用持股50%的子公司(上汽集团和通用汽车各持25%股权),成为上海通用汽车公司整车生产基地之一,并按上海通用的业务模式运营管理。

(3) 2002年6月,通用公司与上汽集团、柳州五菱公司分别以各持有34%、50.1%和

15.9%的股份,组建了上汽通用五菱汽车有限公司。

(4) 2002年12月,通用公司与上汽、上海通用以各持有25%、25%、50%的股份,联合收购了山东烟台汽车有限公司,在烟台成立了上海通用东岳汽车有限公司,成为上海通用汽车公司整车生产基地之一,并按上海通用的业务模式运营管理。

(5) 2004年3月,通用公司、上汽集团和山东国际信托投资公司签订了股权转让协议,三方按25%、25%、50%的股比重组山东大宇汽车发动机有限公司,重组后它将成为上海通用汽车公司发动机生产基地之一,并按上海通用的业务模式运营管理。

(6) 通用公司与上汽集团以各持60%:40%股份,合资组建上汽通用汽车金融有限责任公司,是国内首批获准筹建的汽车金融公司之一,将为通用汽车公司在国内的合资企业生产的汽车产品提供销售支持,同时通过上海通用授权经销商网络提供汽车批发和零售信贷服务。

(7) 2002年4月30日,通用公司已与韩国大宇汽车公司及其债权人签署了收购韩国大宇汽车公司的部分资产业务的最终协议,组建通用大宇汽车技术公司(GMDAT)。其中,通用公司持有42.1%,日本铃木公司持有14.9%,上汽公司持有10%新公司的普通股。

(8) 在过去几年里,通用在泰国建立了1家合资企业,还在印度、印尼建立了生产线,通用霍顿公司早已在澳大利亚市场占据主导地位。

二、充分利用战略合作伙伴的能力

(1) 与日本铃木、五十铃、富士重工等建立战略合作伙伴关系。利用日本公司的专业技能,如五十铃有柴油机的专业技能、铃木有微型车和小排量发动机专业技能、富士重工有多用途车、四轮驱动系统和无级变速系统的专业技能,实现与通用的优势互补。从而充分调动和优化配置、利用合作伙伴的技术资源,以全系列的产品进入亚太地区市场。

(2) 2002年8月,五十铃最大股东通用公司计划投资600亿日元支持五十铃的"重组计划"。其中500亿日元用于购买五十铃波兰发动机厂60%的股份,同时将它在五十铃美国发动机厂40%的股份提升到60%。这意味着通用掌握了对五十铃发动机技术的控制权,得到了五十铃最有价值的柴油发动机技术。

(3) 通用公司目前拥有菲亚特汽车20%的股份,而菲亚特汽车近几年经营状况不善,有可能出售汽车业务部门,这是通用调整其战略的一次机遇。目前通用公司在欧洲的市场份额排在大众、PSA(标致—雪铁龙)和福特公司之后。通用若收购菲亚特汽车其余80%股份,在欧洲市场占有率就超过了大众,通用不仅是"全球第一",在欧洲市场也列第一,对于通用来说其战略意义明显。通用若收购菲亚特,还可以整合其欧洲业务,协调通用旗下的各个品牌。例如,菲亚特主攻柴油发动机,欧宝主攻汽油发动机,菲亚特主导小型车的开发,欧宝侧重于紧凑型轿车和中型轿车的开发,欧宝主导后轮和四轮驱动的豪华型轿车的开发。此外,通用若收购菲亚特,则菲亚特与南汽集团合资企业的归属,会给通用公司提出战略合作的机会。

三、迁移地区总部

由于中国市场在通用亚太地区乃至整个全球业务发展中的重要地位日益凸现,为了更加贴近战略性市场,更有效地拓展业务,2004年6月23日,通用汽车公司宣布,将其亚太区总部从新加坡迁至中国上海。

通用公司的目标是将其世界汽车市场占有率从目前的15% 提高到20%，充分估量中国汽车市场发展的巨大潜力，加紧中国及其周边地区的战略部署，灵活调动全球资源，贴近当地市场生产汽车产品，并有机地融入通用的全球战略之中。

(1) 积极在泰国、印度、印尼设有组装厂。

(2) 与日本铃木、五十铃、富士重工等公司建立战略合作关系，充分调动、利用日本公司的专业技术，相互分享优势资源，优化资源配置，节省费用，组织实施全球战略。

(3) 通用公司与战略合作伙伴联合收购韩国大宇汽车公司显示有以下战略意图。

1) 直接占领韩国17%~24%原属于大宇公司的汽车市场份额。

2) 为中国市场竞争提供产品技术支持。

3) 大宇产品可以出口世界其他市场。

4) 铃木参与通用大宇汽车股份，使铃木与大宇的产品竞争关系，转变为合作协调的关系，以利于通用公司全球战略的组织和协调（在北美市场铃木公司分销通用大宇的产品，在日本以Suzuki品牌销售通用大宇的产品）。

四、通用公司的目标

通用公司的短期是占有中国15%的市场份额。为实现目标，通用与上汽集团合资建立上海通用、上海泛亚等合资企业，并与上汽集团建立战略合作伙伴关系。根据中国市场发展，及时调整在中国的发展战略：

(1) 资产重组：中外联合收购、重组中国境内资产，先后组建了上汽通用五菱、上海通用东岳、上海通用北盛等公司。

(2) 产品组合：充分利用韩国大宇产品技术、澳大利亚霍顿产品技术、通用欧宝产品技术，集北美、欧洲、韩国汽车技术之大成，以全系列、多品种产品系列，覆盖中国汽车产品从微型车（如SPARK）到豪华车（如凯迪拉克）等细分市场。

(3) 品牌建设：竭力宣传自己是全球汽车工业的领导者，将上海通用定位于世界级汽车的制造商。经过近几年各种媒体强势宣传，通用别克的品牌知名度、品牌影响力已较通用进入中国之初时大大提高。

(4) 营销服务网络：实行市场拉动式营销体系和品牌经营战略，直接面向用户，对市场信息和用户需求作出快速反应，完善销售服务和售后服务网络，向消费者提供良好的产品和服务。

(5) 零部件配套采购：通用公司认为零部件国产化有利于企业对市场需求作出快速反应，能够更快更好地适应市场变化。优先考虑符合采购要求的国内零部件供应商，并将符合要求的国内供应商纳入通用全球采购网络。上海通用汽车公司从2003年起分批向通用汽车加拿大凯米（CAMI）汽车公司出口V6、3.4L汽油发动机（凯米公司是通用汽车与铃木汽车于1989年成立的合资企业，总投资5亿美元），开始进入通用全球采购网络。

(6) 地区总部：2004年6月，通用汽车公司宣布将其亚太区总部从新加坡迁至中国上海。

总之，通用公司从南到北，布局中国，在产品开发、生产制造、销售、服务、金融等整个汽车产业链各环节全面实施本土化经营策略，寄希望通过提升中国市场来加强其在全球的领先地位。

任务三　福　特　汽　车

一、福特汽车的发展历程

1899年亨利·福特(图2-37)离开爱迪生照明公司加入底特律汽车公司,但此公司1900年即倒闭。1901年亨利·福特与Childe H. Wills合资成立亨利·福特公司,但与其他投资人不合,没多久即离开,该公司在亨利·李兰入股后改名为凯迪拉克(Cadillac)汽车公司。后来亨利·福特制造的赛车在1902年获胜并创下美国新纪录,1903年6月16日一位煤炭商马康森和其会计高任思因此与亨利·福特合资成立今日的福特汽车公司(图2-38)。福特向道奇兄弟购买汽车底盘搭配自己的双气缸水平对卧引擎,开始福特汽车的生产。福特用来自12位投资者的2.8万美金在一个原先制造马车的工厂里开始了他的事业。当时汽车的生产方式是以两到三个工人为一组,从零件制造到销售订单都是由一组工人负责到底。因此最开始的日子里,福特公司生产效率比较低下,每天只能生产几部车。1906年,创办人之一的马康森售出股份给福特,退出经营。

图2-37　亨利·福特(Henry Ford)　　　　　图2-38　福特汽车Logo

1908年,福特汽车公司(官网首页为www.ford.com)开始发行福特T型车。最早的一批T型车都是在皮科特制造车间完成装配,后来公司将生产部分移动到空间更大的高地公园(Highland Park)的车间来满足市场对于T型车源源不断的需求。在1913年公司已经发展出一套较完整的装配线和大规模生产技术。福特汽车主管将原先的装配线发展成为了由机械传送带来运输零件让工人进行组装。这个创新将原先装配底盘所需的12个小时30分钟的时间减少到2个小时40分钟。值得注意的是,福特汽车只是将装配线生产模式引进到汽车生产业,而非发明者。实际上装配线生产法可能最先出现在秦始皇大量制造兵马俑时期,16世纪初期威尼斯也有厂商使用装配线快速造船,1801年英国有零件供应商使用装配线生产英国海军所需的零件。在美国第一个使用装配线进行生产作业是Oldsmobile汽车创办人兰塞姆·奥茨(Ransom Olds),他也将装配线生产的方法登记专利,之后福特汽车另外独立发展装配线生产方法(图2-39)。

图2-39　福特装配流水线(1913年)

机械传送带在当时并没有立刻取得成效，而且工人的失误率相当高，然而失误就意味着更多的生产延误以及更多对工人进行培训所需的额外支出，还有就是要使用干活较慢的工人。在1914年1月，通过将工资加倍（从2.5美金/小时到5美金/小时），缩短工作时间（每天工作8小时），并设立专门负责雇佣工人的人员后，困扰公司多年的生产效率低下的问题就迎刃而解了。员工失误率大幅下降，公司生产力也随之腾飞。随着制造车子的速度越来越快，每辆车的售价也开始快速下跌。福特不断地对他的汽车产品进行降价，由原先850美金一辆车的价钱降至360美金。并首先发明了授权经销商的概念与体系，让那些经销商来为他大量销售这些便宜的汽车。

1916年福特汽车获利极高，公司手中保留盈余高达1.12亿美元。福特决定花钱在扩大产量上，却引起持股百分之十的主要股东道奇兄弟不满，道奇兄弟认为企业盈余应先分配给股东，当时持股达八成的亨利·福特反对，道奇兄弟因此告上法院。1919年密歇根州最高法院判决道奇兄弟胜诉，判决指出企业设立的目的在为股东谋利，企业董事也不可改变这项基本目的。此判决日后成为企业是否要负社会责任等其他目的之争论焦点。

截至1913年底，全美国有50%的汽车都是福特公司生产的。然而至1918年底，全美国的汽车有一半都是T型车。当时绝大部分T型车的颜色都是清一色的黑色，基本没有什么其他颜色可供选择。据传亨利·福特有一句名言："顾客可以选择他想要的任何一种颜色，只要它是黑色。"意思就是顾客只能够购买黑色的T型车。亨利·福特并不是对黑色有什么特殊癖好，其坚持黑色的真正原因在于黑色油漆干燥得快，可以使汽车在落地后第一时间能够被卖出去。这也算是亨利·福特追求生产效率的极端表现之一。

1919年，时任总经理的另一创办人高任思退出福特汽车。同年，亨利·福特的独子埃兹尔·福特（Edsel Ford）继承他父亲公司总裁的职位，但是亨利·福特仍然可干涉公司的管理且始终具有其影响力。虽然高效率的生产使公司产品的价格一直较低，但由于公司内部不与时俱进的家长式管理以及对高端消费者市场的忽略，福特公司在美国开始逐渐失去汽车市场份额。通用汽车、克莱斯勒以及其他小型的竞争企业开始为消费者提供与T型车相比拥有更多豪华设备的汽车。比如说通用在当时就有各种价位的车型，将高端市场一网打尽；另一方面，经济拮据的人也不再会直接从福特公司购买T型车，而是转而购买二十多甚至十多美金就能买到的二手的T型车。与此同时，这些竞争者又通过实行分期付款的形式使消费者能够在每个月只交一笔钱的情况下能买到原先支付不起的昂贵车辆。福特强烈反对这种消费方式，他认为这种消费最终将使国家经济以及消费者陷入窘局。但福特最终还是做了让步，并在风靡一时的T型车生产至第1500万辆时宣布停产该车型，转而生产全新的车型A型车（Model A）。

1925年，福特公司收购了林肯汽车公司（Lincoln Motor Company），从而开始打入高档车市场。1935年，水星汽车（Mercury）在埃兹尔·福特提议下成立，主要生产中价位的汽车。

亨利·福特的孙子亨利·福特二世（Henry Ford Ⅱ）在1945～1960年期间担任福特汽车公司总裁，且在1960～1980年期间担任公司董事长暨执行长。虽然福特公司于1956年上市成为美国股票上市企业，福特家族仍通过占据大量B级优先股保持其在公司40%左右的控制权益，这在股票公开上市企业中是相当大的比率。

1998年，福特汽车创下一年获利超过220亿美元的世界纪录。此纪录2004年才因油价大涨而被艾克森美孚(Exxon Mobil)石油公司以 253 亿美元净利所超越。

1999 年全球 133 名汽车业记者评选出福特 T 型车(图 2-40)作为 20 世纪的世纪代表车(Car of The Century)。

福特汽车总部(图 2-41),通称"玻璃屋"(Glass House),位于美国密歇根州迪尔伯恩。

图 2-40　福特的 T 型车　　　　图 2-41　福特汽车总部(Glass House, Dearborn, Mi.)

2003 年,福特汽车度过其 100 年周年纪念,其现任董事长是亨利·福特的曾孙小威廉·克莱·福特(即比尔·福特,William Clay Ford, Jr.)。

2007 年,在《J. D. Power》美国新车品质调查中,福特是获得最多奖项的车厂,有五款车是同级车第一,十四款车在前三名。

福特汽车以蓝底白字的方式把其创始人亨利·福特的姓作为汽车标志。由于亨利·福特喜欢小动物,所以标志设计者把福特的英文拼写字母"Ford"设计成一只小白兔的图案。如图 2-42 所示为福特汽车 Logo 的演变。

图 2-42　福特汽车 Logo 的演变

当下福特汽车公司的主要品牌是福特、林肯(Lincoln)与水星(Mercury)。福特的长期畅销车款极多,Escort、Taurus、Focus、Mondeo、野马跑车、Fiesta、Explorer SUV 休旅车、F 系列卡车、常被改装成加长型豪华车的林肯 Town Car,美国电影中常出现的警车与出租车 Crown Victoria 等车。

林肯(Lincoln)轿车是被最多美国总统选为总统座车的厂牌。福特 F 系列卡车在美国一年销量经常达七八十万辆,长期以来是美国市场不分轿车卡车的销售冠军,累积销售量超过 3300 万辆。在英国汽车市场福特至今仍是连续二十几年的销售冠军厂牌。耗资 60 亿美元开发的福特 Mondeo 车系更创下汽车业研发经费的新纪录,Mondeo(水星车厂版本为 Mercury Mystique)开起来操控性有如高价位欧洲车,获得欧美专业评论称赞。福特公司的收购策略相当具有侵略性,自 1979 年开始至今,已先后收购了日本的马自达(收购 33.4%的股票)、英国的阿斯顿·马丁(Aston Martin)、捷豹(Jaguar)、路虎(Land Rover)以及瑞典的沃尔沃(汽车分支)(Volvo)。

2008 年 3 月 26 日,印度塔塔集团和美国福特汽车公司发表联合声明,塔塔将以 23 亿美元的价格收购福特旗下的捷豹和荒原路华两大汽车品牌。

2008 年 11 月 18 日,福特宣布将出售马自达的 20%持股,由原先的 33.4%降至 13%。

2010 年 6 月 2 日,福特汽车公司宣布出售旗下高端汽车 VOLVO 给中国浙江省的吉利汽车,同时将于 2010 年第四季停止旗下中阶房车品牌水星所有业务,并将其资源全数转移至高级车品牌林肯。

2000 年,长期参与环保活动的环保人士现任董事长比尔·福特,宣布公司将把其旗下所有轻型货车(包括所有 SUV)的平均行驶寿命在 2005 年底前提高 25%。这个消息震惊了汽车业界,但同时也讨好了在美国社会的环保论者。油价上涨时福特 F 系列卡车依然继续蝉联全美最畅销汽车(图 2-43),然而福特决定增加较省油的跨界休旅车,并将欧洲受到专业好评的轿车福特 Focus 引进美国,福特 Focus 也成为汽车史上第一辆在美国与欧洲都拿下"Car of the year"的汽车,2005 年福特将 Focus 车型

图 2-43 福特猛禽 F-150

引进全球成长最快的汽车消费国中国大陆,并在重庆长安汽车生产 Focus 车型,至今已经累计销售了超过 80 万台中国版 Focus,成为中国大陆至今为止销量最多的紧凑型车。2008 年福特 Focus 1.6 Tdci 未采用高价技术即以每升柴油跑完 22km,二氧化碳排放量每公里仅 119kg 的优秀成绩被英国最大购车指南"What car"选为年度环保车,2008 年英国车展推出的 Fiesta ECOnetic,以市区高速平均每升跑 32.4km(76.3 mpg)油耗表现与首度将 CO_2 排放量压低在 100g/km 的成绩,胜过丰田油电混合动力车 Prius Hybrid 的平均每升跑 30.78km (72.4mpg),104g/km。

二、福特汽车大事记

1903 年 6 月 16 日,亨利·福特创立福特汽车公司(2.8 万美金),原来的制造马车的工厂。1913 年,公司发展出一套较完整的流水线和大规模生产技术。至 1913 年底,全美有 50%

的汽车是福特出品,生产 T 型车达到 1500 万辆。

1913 年,第一批福特 T 型车销售到中国。

1914 年 1 月,福特首创了工人日工资——5 美元/8 小时的标准(当时全美薪金标准是 2.34 美元/9 小时),车价由 850 美元/辆降为 360 美元/辆。并发明和应用授权经销商的概念与体系,使 T 型车的足迹遍布世界每个角落,亨利·福特也被尊称为"为世界装上轮子的人"。

1916 年,福特账户保留盈余高达 1.12 亿美元。

1919 年,亨利·福特的儿子埃兹尔·福特,继承了福特汽车公司总裁的职位。

1922 年,收购林肯汽车公司(图 2-44),开始打入高档车市场。

图 2-44 林肯汽车

1935 年,在埃兹尔-福特提议下创建水星品牌(图 2-45),主要生产中价位的汽车。

1941 年,福特汽车公司为美国军方生产出第一部多用途汽车(吉普车)。

1945 年,生产了最后一部 B-24 解放者轰炸机。(第二次世界大战期间福特生产了 8600 架轰炸机,27.8 万辆吉普车和 5.7 万部航空发动机)

图 2-45 福特水星汽车

1945~1960 年,亨利·福特的孙子亨利·福特二世担任福特总裁。

1954 年,推出福特雷鸟。

1956 年,成为美国股票上市企业,福特家族占福特公司 40% 左右的股权。

1956 年,福特世界总部落成。

1964年,福特野马问世。至1966年,便生产出第100万辆野马汽车。
1987年,福特用13亿美元收购Hertz公司(图2-46)。
1987年,收购阿斯顿马丁汽车公司75%的股份。
1990年,福特用25亿美元收购美洲豹汽车公司(图2-47)。

图2-46　Hertz Logo

图2-47　美洲豹Logo

1992年,福特获马自达汽车公司(图2-48)34%的股权。
1994年,收购阿斯顿马丁(图2-49)另外25%的股份,使之成为100%全资子公司。

图2-48　马自达Logo

图2-49　阿斯顿马丁Logo

1999年,比尔·福特担任公司主席职位。
1999年,福特汽车公司出资64.5亿美元收购沃尔沃(图2-50)全球轿车业务部门。
2000年,福特汽车出资27亿美元收购路虎(图2-51)。

图2-50　沃尔沃Logo

图2-51　路虎Logo

2003年,福特汽车度过其100年周年纪念,现任董事长是亨利·福特的曾孙比尔·福特(图2-52)。

图 2-52　比尔·福特

图 2-53　福特汽车倡导的企业文化

三、福特汽车的企业文化（图 2-53）

1. 使命

根据客户需求不断地改善产品与服务，使企业保持长久繁荣，提供企业拥有者——各位股东合理的回报。

2. 价值

完成使命的方法与使命本身同等重要。公司追求成功的基本要素如下：

人员。员工是价值的源泉，他们不仅贡献聪明才智，也是公司信誉与活力的最好体现。"参与"及"团队合作"两者是本公司的人力核心价值观。

产品。公司产品为公司全部员工努力的结晶。应该为全世界顾客提供最好的产品。产品如何，在别人的眼中就如何。

利润。根据客户需求提供他们最好的产品。上述表现的最好衡量指标是利润，也是公司永续发展所必须。

3. 指导原则

质量第一。以使客户满意为原则，产品及服务的质量为本公司第一要务。

一切皆以顾客为焦点。做每一件事，都要把顾客放在心上，要提供比竞争对手更好的产品与服务。

持续不断的改善是我们成功的要素。无论做什么，都要全力追求卓越：在产品本身、产品安全与价值方面、服务、人际关系、竞争力、获利能力方面，皆需追求卓越。

全员参与是福特公司的生活方式。公司是一个团队，必须彼此信任，相互尊重。

视经销商与供应商为伙伴。公司必须与经销商、供应商及其他事业伙伴维持互利互惠的关系。

坚守正直原则、绝不妥协。本公司在全球各地的一切作为皆对社会负责，以正直、诚实及积极贡献社会而赢得尊重。福特的大门为所有人开放；不因性别、种族或个人信仰而有差别待遇。

扩展阅读

福特汽车企业文化改革

谈起福特汽车，那真是一家充满光荣历史的企业，身为全球第 2 大的汽车厂，福特汽车确有独到的经营之处,但也有包袱存在。福特汽车以生产为导向的企业文化,在世界各地逐步建立起了生产据点,却逐步形成了全球各分公司各自为政的心态。并且在面临来自日本汽车公司"低价高质"的大举入侵后,福特汽车公司展开了第一波的改造,除了用裁员来降低成本外,还陆续引进了多项产品质量改革计划。

经过20世纪八九十年代的改革阵痛,福特公司开始面对"文化改革"的新挑战。1998年,董事会决定任命纳瑟担任首席执行官,在纳瑟的倡导下福特汽车描绘出了新的企业文化四要素:具有全球化想法、注重顾客需求、持续追求成长,以及深信"领导者是老师"等4项概念,并逐步进行企业文化的改革。主要由四个部分组成:

第一部分:颠峰(Capstone)课程

这是一个为期半年的学习过程,对象是企业内较高层的管理人员。首先学员必须参加一个5天的密集训练。在这5天当中,由高层主管团队担任讲师,与这些学员经历团队建立的过程,讨论福特所面对的挑战,并且分配未来6个月所需进行的项目任务。

随后的6个月,学员必须花费1/3的时间,通过电子邮件、视频会议甚至面对面方式,讨论、分析与完成所指派的任务。在这过程中,学员会一起与讲师,也就是高层主管团队再见一次面,讨论项目的困难和进度。

最后,学员会再参加一个密集训练,提出改革的想法,并与高层主管团队再进行分享、讨论与学习。于是,在这次的密集训练中,会立刻决定改革计划,并且在一周之内执行。这项计划在1996年,纳瑟刚接手福特时就开展了,不仅让福特100多位高层主管成为企业内的种子讲师,也实际推动了福特的全球改革计划。

第二部分:领导者工作间(Business Leader Initiative)

这类似于颠峰课程,但所教育的对象扩展到了中层与基层主管,执行时间大约是100天。进行的方式还是从3天的密集课程开始,而后分配专项任务,运用100天的时间进行学员间的讨论、分享与发展改革计划。最后,再通过密集训练,讨论与确定改革计划。

在整个领导工作间中,有2个地方相当特别:首先,所有的学员都必须在100天之内,参加半天的社区服务。这项做法的主要目的,除了可以让这些未来领导者,了解福特所强调的"企业公民"精神,也让他们感受到生活中有这么多更需要帮助的人,进而不再有抱怨或不满的心态。另外,所有的学员要以拍摄影带的方式,呈现"新福特"与"旧福特",以突出新旧文化的差异性。

第三部分:伙伴课程

伙伴课程(Executive Partnering)则是专为培养年轻却深具潜力的经理人成为真正的领导者而设立的。基本上,每次都是3位学员组成1个实习小组。这个实习小组必须花费8周的时间,与7位福特汽车的高层主管每天一起工作、开会、讨论或拜访客户。针对一些企业问题或挑战,高层主管甚至会请实习小组提出可行的解决方案。对于实习小组而言,这是一个绝佳的观察和学习的机会。通过8周实际的工作,这些年轻主管不仅可以学习高层主管的思考观点,更可以了解公司的资源分配,长短期目标,以及策略挑战与问题。

第四部分:交谈时间

交谈时间(Let us Chat about the business)由纳瑟自己进行。每周5的傍晚,他会寄一封电子邮件给全世界大约10万名福特员工,分享自己经营事业的看法。同时,他也会鼓励所有的员工,回寄任何的想法、观点或是建议。

纳瑟认为,福特要转变为顾客导向的文化,必须要培养每一位员工了解如何经营一家企业。因此,在每周一次的电子邮件中,他会谈全球的发展趋势,谈克莱斯勒与奔驰的合并,谈福特的亚洲市场发展等主题,让员工了解高层主管的经营观点,进而让他们也能有类似的思考角度。

自从福特的改革教学计划实行以后,福特汽车公司的文化逐渐产生一些化学变化,不仅有更多的员工参与了公司的改革,还有更多的主管承诺了自己曾经传授的观念。虽然对福特这样一家大型公司而言,改革的确是漫长艰巨的历程。但是,运用上述模式,福特公司正逐步完成改革计划,为成为顾客导向的企业而努力。

领导者既是企业文化的设计者,又是文化的承包人。评价他们不仅要看他们设计计划的完美程度,还要看他们执行和维护计划的品质。

引自辉瑞公司董事长兼执行长蒂尔

任务四　克莱斯勒汽车

图 2-54　沃尔特·克莱斯勒
（1875～1940 年）

沃尔特·P·克莱斯勒(Walter P. Chrysler)1875 年 4 月 2 日出生于美国堪萨斯州（图 2-54）。克莱斯勒年轻时,在堪萨斯州伊里斯镇从事过一系列的职业,其中包括为当地杂货商当童仆。他喜欢动手工作,胜过喜欢读书。他的父亲是堪萨斯州太平洋铁路(后来的美国联邦太平洋铁路)的一名火车机车工程师,他从父亲那里继承了对机械的兴趣。离开学校之后,克莱斯勒成为美国联邦太平洋铁路在伊里斯的一名机械工人的学徒。此时,他 17 岁,每小时只能挣 5 美分。18 岁时,他设计了一辆小型的蒸汽机车,该机车具有依靠自己的动力进行操作的完整的气动式制动器。该机车在装配起来之后,曾经成功地在克莱斯勒自己建造的八分之一英里长的铁路轨道上运行。

在 20 世纪 20 年代的后期,福布斯杂志曾经写道:"机遇寻找能够有效地处理它的人"。这句引语点出了克莱斯勒的个性。克莱斯勒在盐湖市期间,一辆装备增压式汽缸盖的机车进入了市区,并出现了故障。因为当时频繁出入火车站台的大多是摩门教的信徒,他们对火车晚点是不可接受的,所以克莱斯勒的上级负责人打电话叫他尽可能快速地更换汽缸盖,排除故障,这时按运行时刻表距正点开车之前只剩下几个小时。克莱斯勒凭借他的机械天才,成功地使火车得到了正点运行。克莱斯勒在证实了自己的价值之后,开始迅速地得到晋升。他相继成为工长、总工长和科罗拉多南方铁路(Colorado & Southern Railroad)的特立尼达(Trinidad)机务段的主技师。由于同时具有机械的和管理的才能,使他的工作得心应手。

克莱斯勒业余喜欢音乐,早年时期一门音乐课程的学习使他同未来的妻子黛拉相识并最终走到了一起。1908 年克莱斯勒偶然在芝加哥汽车展览会上看到了一辆具有红色内饰的白色轿车,售价为 5000 美元。虽然他的存款只有 700 美元,但他知道自己必须购买这辆车,以便熟悉它的零件和组装方法。克莱斯勒马上打电报给他存款的银行取款，并从另外的银行家朋友那里借钱来购买下这辆白色轿车。因为他不知道怎样驾驶，所以把这辆轿车托运回家。当这辆轿车运到家中后，克莱斯勒立即将它进行解体，学习、研究如何改进它的设计和构造。

克莱斯勒33岁时成为芝加哥Great Western铁路公司动力总监，后加入通用汽车，在通用汽车以副总裁退休后不久又加入马克斯韦尔汽车公司，以Chrysler Six车型挽回马克斯韦尔汽车公司的财务危机，并以此为基础成立克莱斯勒汽车。同一年推出的Chrysler Four车型时速接近一百公里，当时在展示会吸引破纪录的一百万人来参观。1927年推出普利茅斯品牌并合并道奇兄弟汽车公司。1929年克莱斯勒成为全美前三大车厂，在1930年代经济大萧条时仍未删减研发经费，产生许多创新技术。集团的厂牌包括克莱斯勒（Chrysler）、道奇（Dodge）、普利茅斯（Plymouth）、吉普（Jeep）、老鹰（Eagle），克莱斯勒旗下销售量最大的厂牌是道奇汽车，克莱斯勒本身厂牌则针对价位较高的市场与国际市场。普利茅斯与老鹰品牌后来在产品整合中取消。

当年为了增加知名度，克莱斯勒先生在纽约市兴建当时世界最高大楼克莱斯勒大厦，尖锐屋顶有数层半圆弧状的装饰艺术风格装饰颇有特色，现今许多电影或电视系列剧到纽约市取景都会拍摄该屋顶的镜头，是纽约市的代表建筑物之一。

1978年克莱斯勒面临财务危机，雇用著名的前福特汽车总裁李·亚科卡担任总裁，亚科卡寻求美国政府经济援助，1979年12月美国国会通过克莱斯勒贷款法案，1980年美国总统吉米·卡特签署同意后克莱斯勒得到十五亿美元政府担保贷款，推出畅销的K型系列轿车，1982年转亏为盈，1983年提前七年还清政府贷款并让美国联邦政府赚进3.5亿美元的利息，让公司反败为胜（李·亚科卡后来将这经历写成美国畅销书《反败为胜》，这本书在台湾当年也极为畅销）。1987年克莱斯勒设立新品牌老鹰，并买下意大利跑车厂兰博基尼，协助让主力跑车兰博基尼Diablo更符合实用，但1993年又将兰博基尼转卖给印尼公司MegaTech。1992年，李·亚科卡从克莱斯勒退休，将克莱斯勒交棒给罗伯特·詹姆斯·伊顿与鲍勃·卢茨。

1989年夏天在20世纪80年代初推出的一系列K型车车型已老化销售下滑，经营状况走下坡，克莱斯勒决定形成以产品发展团队为中心的组织（Platform Teams），而非传统组织的部门分工，新建好的研发中心设计时特别减少墙壁，会议室也设在人员最常经过的地方。因此推出一连串成功车款，1990年代的克莱斯勒也成为全球车厂中平均每辆车获利最高者。1998年，克莱斯勒与戴姆勒—奔驰合并为戴姆勒—克莱斯勒，原有的成功组织被拆散改组。2000年，克莱斯勒开始出现亏损。

克莱斯勒20世纪80年代初推出妇女也容易驾驶的轿车化箱型休旅车（Minivan）道奇Caravan、普利茅斯Voyager一炮而红，开创一个新汽车种类，至今仍是同类车的销售冠军，1998年英国首相托尼·布莱尔在首相任内也买了一辆克莱斯勒Voyager作为自家私人用车。1987年克莱斯勒买下美国汽车公司（AMC）获得该公司旗下的著名厂牌吉普（Jeep），吉普是美军常用车种，而且在20世纪80年代初期创造出运动休旅车（SUV）这个热门新汽车市场种类，将SUV从工程或越野用途改销给爱好休闲的车主，开启SUV的流行风潮，并一直是该市场的先驱车厂。1990年代推出的道奇Viper跑车搭载大排气量8.0L V10 Hemi发动机，是美式跑车的代表之一。1998年，道奇Viper在FIA GT赛车GT2组全年十场比赛中击败欧日车厂拿下九场冠军，其中五场并包办前两名，同时每一场都创下单圈最快速度的纪录。

克莱斯勒销售量曾经超越福特汽车，后来因工厂大罢工而衰退，但经常是美国销售量第三大的车厂。

2005年的克莱斯勒300轿车是汽车界获奖最多的新车（The Most Awarded New Car in Automotive History）。

2008年道奇厢型休旅车Grand Caravan SXT（4.0L V6 SOHC发动机），在美国汽车专业媒体Car and driver测试中时速70英里得到噪音仅61分贝（dBA）的优秀成绩，胜过包含劳斯莱斯、奔驰、BMW、Lexus在内的各厂牌大型豪华轿车。

克莱斯勒发明或领先配备包括自动变速箱超比挡、一体成形单片曲线挡风玻璃、全隔离车身橡胶底板、安全轮圈框、钥匙启动发动机自动点火、电动窗、四轮自动充气液压碟式煞车、动力方向盘、车用晶体管收音机、电脑控制燃料喷射、防眩目后视镜、14片黑胶唱片换片机、电子控制稀薄燃烧系统、锁定扭力转换器、水冷轴衬涡轮增压器、前轮驱动箱型休旅车、可变几何涡轮增压汽油发动机等，道奇车厂则是全球第一家摆脱木材骨架在汽车上使用全钢铁车身的车厂。1988年，克莱斯勒率先把安全气囊普及到全车系，并大作广告宣传安全气囊，让全球汽车业真正开始进入重视安全配备的时代。克莱斯勒防卫部门则开发出美国陆军M1艾布兰坦克。

除了多项工程专利之外，1934年，克莱斯勒Airflow是第一辆采用空气力学原理设计的市售车，克莱斯勒并创立汽车界第一个风洞来研究空气力学。首位登上月球的太空人尼尔·阿姆斯特朗也因为克莱斯勒的工程成就，在克莱斯勒20世纪70年代末期营运困难时特别帮克莱斯勒代言广告，这也是阿姆斯特朗首次代言商业广告。

克莱斯勒在1990年的概念车设计也得到业界很高的评价。1991年吉普概念车Wagoneer 2000前叶子板大幅延伸至车门的大型车侧散热口，1992年的法拉利456GT也出现类似设计；Wagoneer 2000概念车沿着圆形头灯起伏的车头灯轮廓明显影响了BMW日后头灯的设计，以及日后许多车厂变型头灯的设计。1990年的道奇Stealth跑车C柱不与后车窗相接合，露出空隙来引导车尾气流的设计在2006年推出了法拉利599GTB费奥拉诺的C柱设计中也再次出现。道奇Stealth的包覆熏黑方形车头灯设计也影响广泛，1990年代奔驰SEC、本田思域等车头灯都受其影响，Stealth包覆至行李箱盖的车尾灯也影响90年代梅赛德斯—奔驰C级的车尾灯设计；克莱斯勒300概念车的变形虫头灯影响1990年代末期梅赛德斯—奔驰S级等车厂头灯设计上；1999年的克莱斯勒LHS车头水箱护罩设计影响2004年版的奥迪A6；1999年的道奇Charger RT Concept车侧设计则影响2008年的欧宝Insignia；带有美国古典跑车风格的普利茅斯Prowler是少数原厂量产上市的Hot Rod（大马力改装版古董车）。

近年来克莱斯勒与通用汽车和福特汽车问题相同，克莱斯勒也给员工极好的终身退休金与高额度医疗给付，在退休员工愈来愈多也愈来愈长寿的情况下，加上美国车厂销售主力且高利润的休旅车和卡车在油价上涨后销量明显减少，美国这三大汽车公司都面临沉重的财务负担，日本的汽车公司却没有这么优厚的员工退休福利与医疗给付，这些优厚的员工退休福利在工会合约规定下也难以取消。

2007年5月14日，戴姆勒—克莱斯勒公司宣布，克莱斯勒的80.1%股份被出售给博龙资产管理有限公司。

2009年1月21日，美国克莱斯勒汽车与意大利菲亚特汽车初步达成一项没约束力的策略性联盟协议,菲亚特同意向克莱斯勒提供汽车资产及科技,以换取对方 35% 股权。菲亚特不会对克莱斯勒进行现金投资,但会提供小型车科技平台,以及环保及节能发动机技术。

2009 年 4 月 30 日,陷入困境的克莱斯勒公司发表声明宣布申请破产保护,后来意大利汽车制造商菲亚特集团正式宣布入主。如图 2-55～图 5-57 所示为克莱斯勒各时期标志。图 2-58 所示为克莱斯勒总部,图 2-59 为某款克莱斯勒车型。

  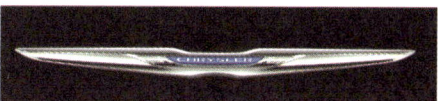

图 2-55　克莱斯勒老标志　　图 2-56　克莱斯勒新飞翔标志　　图 2-57　克莱斯勒 2010 新标志

图 2-58　克莱斯勒总部　　　　　图 2-59　克莱斯勒车型

任务五　美国本土文化特点

活动一　美国企业文化

美国是现代管理的先行者,企业文化管理经验是其企业通过不断实践总结出来的,同时又应用于实际工作中,已取得了巨大的经济效益。美国历史学家戴维·斯德在《国家的贫穷与富》一书中断言:"如果经济发展给了我们什么启示,那就是文化起举足轻重的作用。"美国企业文化的管理模式,成为各国学习和仿效对象。

一、尊重个人价值

美国是一个移民国家,他们的早期居民大多数是从欧洲各国迁移过来,这些移民来到一个陌生的环境,一切得从头开始,身边没有亲戚朋友的帮助,只能依靠个人奋斗,在生活的磨练下形成了美国人浓厚的个人主义色彩;另外美国本身只有不到 300 年的历史,直接从奴隶社会进入到资本主义社会,没有经历过封建社会,因而他们的个性没有受到封建思想的束缚,又因资本主义制度提倡个人主义,使得美国人的个性在资本主义社会中得到了发展。

美国人的个人主义使得美国企业非常尊重员工的个性发展,崇尚个人自由,尊重个人价值。1997年,美国修订了原有的每周工作40小时的劳动法案,制定了弹性工作制度,为员工创造宽松的工作环境,企业充分信任员工的工作能力,相信员工能处理好自己的工作。据有关方面对美国33家企业的调查,采取"弹性工作制"后,企业员工的责任心更强了,工作效率更高了。

1960年,惠普确立了"相信任何人都能在工作中追求完美和创造性,只要赋予他们适宜的环境,他们一定能成功"的经营理论。"尊重每一位员工"是沃尔玛的三项基本信仰之一,公司通过各种途径来帮助员工发挥自己的潜力。计算机领域的蓝色巨人IBM把"尊重个人"作为他的核心价值观,在企业内部人人平等,公司里不设领导专用场所和设备,就连每个办公室和每张桌子都没有头衔标识。杰克·韦尔奇接任美国通用电气公司总裁后,推行全员决策,公司在决策讨论会上邀请那些没有参与过决策会的员工出席会议,听取员工的意见,因为员工对自己的工作要比老板清楚,这样做出的决策才有针对性,避免决策失误的发生。美国BHP炼油厂公司规定:管理人员不能随意对员工发号施令,管理人员需认真对待员工的意见,尊重每一个员工。

美国公司尊重个人价值还表现在激励机制上,美国公司会花大量的时间、人力和物力对员工进行知识和岗位能力的培训,提高员工的业务能力,并给员工搭建展示自己能力的平台。IBM公司一般会从自己公司里提升自己的员工,让员工有晋升的机会,从职务上给予激励。另外美国公司奖励往往针对个人而不是针对集体,他们相信员工有能力完成自己的工作,他们也要求员工明确自己的职责,对自己的工作负责,员工成绩突出,公司对员工个人给予奖励。美国企业将自己的股份分配给员工,让员工成为公司的主人,从而发挥员工的主人翁思想,提高员工的责任心和积极性,让员工和企业的命运息息相关。20世纪80年代美国企业经理人员典型的报酬是:企业的最上层管理人员每年拥有2.5万股购买权,中层管理人员每年拥有7500股购买权,下层管理人员每年拥有2000股购买权。微软公司到2000年为止公司有80%的员工拥有公司的认股权。

成立于1971年的星巴克公司是全球最大的咖啡零售商,星巴克公司从1991年起允许员工通过折价购买公司的股票,并每年给满足公司条件的员工获得期权。美国福克斯波罗公司的一位科研人员把研制的新产品给总经理看,总经理看后非常高兴,觉得应当当场给予奖励,可总经理当时身边无可奖之物,于是只好用一只香蕉来奖励员工,以后公司就用"金香蕉"来奖励该公司的杰出科研创新者。

美国公司尊重个人价值还表现在个人英雄主义上,美国的企业家被美国人当作"新美国英雄"崇拜,人们以这样的商业英雄为榜样,给予他们荣誉和高额的年薪,佳士拿汽车公司总经理艾柯卡的年薪为1200万美元,而当时美国总统克林顿的年薪才20万美元。

二、支持冒险,激励创新

美国文化是移民文化,移民冒着风险从熟悉的环境来到陌生的地方,经常遇到新的事物和解决新的问题,他们需要打破常规,适应新的环境;他们要不断尝试,不断创新,从挫败中学习,从失败中总结,从成功中得到鼓励,从而形成了美国人的冒险精神和不断创新的精神。美国有众多的风险投资家就是一个最好的例证。丹麦哲学家哥尔科加德有句名言:"野鸭或许能被人驯服,但是一旦被驯服,野鸭就失去了它的野性,再也无法海阔天空地自由飞翔了"。美国公司就喜欢用这种具有"野鸭精神"的人,他们勇于冒险,不断创新。

创新是美国企业精神的核心,在美国商界流行这样一句话:"要么创新,要么灭亡",可见美国企业对创新的重视。在过去的 50 年中,美国无疑是世界技术创新的领袖。

微软公司是比尔·盖茨在 1975 年创建的,到 2012 年已有 37 年的历史,在短短三十余年的时间里,微软从一个默默无闻的小公司成长为全球最大的软件公司,比尔·盖茨成为了当今世界首富,微软公司的 Windows 操作系统坐到操作系统王者的位置,并推动了整个计算机行业的发展,为人们普及计算机在软件方面发挥了重要的作用,微软为什么能有如此大的成就?

其最主要的原因是微软公司的员工不断创新,不断更新自己产品的质量和功能,使其产品在世界上是领跑者。

创新就免不了要犯错误和失败。从对过去 20 世纪 40 年来的创业投资统计来看,其成功概率仅为 20%,这就要求企业允许创新者有失败。国际数据集团总裁麦戈文说:"在美国,它鼓励你去尝试做一些事情,即使你失败了,也会因为试过而获得荣誉"。

美国通用电气公司曾经有 2000 万美元投资计划因不可预测的市场原因而导致失败,执行此次计划的人却得到了奖励,其经理的职务不降反升,人们大惑不解,通用公司的 CEO 韦尔奇道出了原因,那就是只要你的理由和方法是正确的,即使结果失败,也值得奖励。不断创新使美国人抢占了许多科学技术的制高点。美国一直对科学技术的发展比较重视,他们每年投入大量的人力和物力来开发新的技术并应用于企业的生产中,从而转化为生产力,并依靠其技术优势制定行业技术标准,从而获取高额利润。

活动二 美国汽车文化演变

自有汽车以来就出现汽车文化。百年来汽车文化的载体由单一的汽车广告演变为"汽车评论—汽车法规—汽车广告"。也就是说汽车文化由汽车仅仅是一个在汽车制造商和汽车买主之间进行交换的商品演变为涉及人类社会能源、环保、交通安全的特殊商品的一种有广泛社会性的文化。

一、汽车广告

1908 年最出名的汽车广告"美国重大事件之一——福特 T 型车到农家。"当时福特将汽车作为富人的代步工具变成人民大众所需的工具。那时的美国农民,男人的活动范围是骑马当天能来回的距离,女人则只能长年待在家里。T 型车到农家,确实使农民家庭的生活起了翻天覆地的变化,正如汽车广告上说的——美国重大事件之一。

早期的汽车竞赛多数是将现生产的汽车投入比赛。T 型车在横贯美国东西海岸 6570km 的长途汽车赛中两次获奖,使公众对 T 型车的可靠性有了深刻印象,成为 T 型车又是最好的广告。

随后出现的是汽车工程学会、汽车杂志、汽车赛、汽车广告共同组成了汽车文化的载体,而以普及所有报纸、刊物、电台、电影上的汽车广告是汽车文化是主要部分。那时的汽车还只是一种大有销路的商品而已。

第二次世界大战后，美国汽车工业迅速恢复汽车生产，在这个没有遭受战争破坏的富裕国家里，汽车工业获得甚丰，而高价轿车的利润则更高，于是汽车广告铺天盖地地宣传"大就是美"（其实际内涵是贵就是好）。长达6m，却只乘坐两人的8缸敞篷车成为美国人的追求目标。美国的轿车市场从来就是买方市场，不能搞暴利，售价必须以功能为依托，大车身、大发动机、多附件和高车速这些都是高售价的依托，而不管你用不用得上这些功能。即使全都用不上，拿他们在朋友面前吹嘘也是一种功能——炫耀财富。直到1993年美国政府对一批大排量豪华轿车征收油老虎车税，从此，在美国流行了30多年的"大就是美"的时代才宣告结束。可见汽车广告对汽车文化有多大的影响，以至在今天，我们在电视电影中看到的美国街景只见大型轿车，而在日本和西欧的电视电影中看到的街景却是小型轿车。

二、汽车法规

1943年美国洛杉矶市的400名市民在一天内被汽车废气夺去了生命，以后墨西哥和雅典市相继多次出现汽车废气祸及市民的事件。这就说明对汽车废气排放必须接受环保部门的监督限制。

1973年再次爆发的石油危机使得大量日本和西欧的节油车涌进一贯宣传"大就是美"的美国，一下子就吃掉近三分之一的美国市场，迫使美国汽车厂关闭，大量汽车工人因此而失业，这就显示了汽车工业要受能源控制。

在汽油中加进四乙铅可以提高发动机功率，现在发现高速公路两侧的儿童多患有铅中毒疾病，这些铅来自汽车废气，于是出现了采用无铅汽油取代含铅汽油的呼声。

酸雨是当今世界性的灾难，它能成片地毁灭森林，腐蚀建筑物。汽车废气中氮氧化合物和硫化物就是造成酸雨的一个重要因素。

汽车废气中二氧化碳虽然对人体无害，却是造成地球温室效应的罪魁祸首。据科学家估算，地球平均温度如果上升3摄氏度，北半球的一部分良田将由于缺乏水分而沙漠化。

汽车日益增多是社会发展的必然趋势，但全世界交通伤亡人数也在增加，所以提高汽车安全性，要求汽车制造商做长期不懈的努力。

但是，不论是废气净化、节约能源、改用无铅汽油、开发新能源还是提高汽车安全性，都要制造商花钱开展专题研究，要投下大量奖金去改造生产线，最后导致加大成本，减少利润，提高售价，影响市场销售，所以汽车工业本能地要找出这种那种理由来推托，抵制这些社会要求。洛杉矶市废气灾祸发生在20世纪40年代，50年代初就订出了废气净化标准，但到60年代上半期还未实施。汽车安全带也是有了标准之后十几年未见实施。西欧和日本都用提高石油税的办法来鼓励节油车，美国政府在汽车公司的极力阻挠下不去提高石油税，1973年却让阿拉伯人提高油价，政府才被迫制订了平均油耗法，并限期实现。美国三大汽车公司被迫共用2000亿美元来改进产品设计，改建生产线；福特公司1971年生产的斑马牌轿车多次发生尾部被撞起火就被国家公路交通局依据"汽车回收法"下令福特公司将150万辆斑马牌轿车收回；购买的新车在一年内出现4次同样的故障，或者累计因修理而停用30天，买主可以依据商务部的"汽车保用法"（柠檬法）要求汽车制造商换车或退款，并赔偿买主损失费用，环保署每年公布所有轿车、工具车、厢式车的公路/城市油耗和一年内行驶 24135km 的汽油费用,并从每类车中挑选最好的节油车向购车人推荐。环保署不断提高废气净化标准。1974 年福特公司由于藐视废气净化法被罚 350 万美元。加州议会决定 1998 年在该州注册的轿车中要有 2% 的零污染汽车。

三、汽车评论

美国没有专门的汽车报,由于汽车的社会化,任何报纸都可登载汽车评论文章。1989~1990 年间,一些人写文章表示大排量豪华轿车载人不多,在市内也只能低速行驶,废气污染物多,不能给富人有污染废气污染物多,不能给富人有污染城市空气的权力,议来议去,先是议到要对豪华轿车征收车价的 10% 的奢侈品税;又有人说富人的是钱,这难不倒他们,最后定下征收 5% 的油老虎税。富人对钱不在乎,但他们不愿在马路上表现出对群众意见不在乎,于是豪华车价一落千丈。1992 年油老虎车还只有劳斯莱斯和兰博基尼,1993 年又加进了保时捷、凯迪拉克、宝马、英菲尼迪、8 缸奥迪和除 190 以外的全部奔驰轿车。自此以后,本来专门生产大型轿车的奔驰和宝马也立即开发小型轿车了。

在这个例子中,我们看到了美国的汽车文化的另一个载体——汽车评论。美国的汽车评论发展于 20 世纪 60 年代。当时美国三大汽车制造商以世界老大自居,因循守旧,轻视西欧和日本在节油上发展的新技术,忽视废气净化、节油和安全的重要性,于是在 20 世纪 60 年代涌现一批汽车评论家,在报上发表评论文章批评美国汽车工业不思进取。当时这些评论员文章当然丝毫动摇不了美国三大汽车公司。70 年代石油危机一来,三大汽车公司的失误暴露无遗,于是汽车评论家的批评和建议受到政府和国会议员们的注意,不少建议陆续被具体化成法规,从此美国的汽车文化的载体就成了汽车广告——汽车法规——汽车评论的格局。没有来自社会各方面的评论,就不会有正确的法规。没有法规,剩下就只是表达汽车制造商意愿的汽车广告,汽车制造商和社会的矛盾就会加深,最后是汽车工业走弯路,社会进步受阻挠。美国汽车文化的演变说明了这一点,美国汽车史也证明了这一点。

任务六 汽车文化衍生经济(一)

活动一 汽车广告

汽车广告(图 2-60～图 2-62)是为汽车制造商服务的。当汽车制造商的利益和社会大众利益一致时,以汽车广告为主的汽车文化就是符合社会大众利益的。当制造商的利益和社会大众的利益不一致时,以汽车广告为主的汽车文化就会不利于社会大众,最后也不利于汽车工业。

汽车广告的立足点是企业。做广告是企业向广大消费者宣传其产品用途、产品质量,展示企业形象的商业手段。在这种商业手段的运营中,企业和消费者都将受益。企业靠广告推销产品,消费者靠广告指导自己的购买行为。不论是传统媒介,还是网络传播,带给人们的广告信息为人们提供了非常方便的购物指南。因此,在当前的信息时代,我国的汽车企业应运用多种媒体做广告,宣传本企业的产品,否则会贻误时机。

图2-60 汽车广告(一)

图2-61 汽车广告(二)

图2-62 三菱汽车广告

广告策划要根据媒体不同,安排不同的求诉内容和创意手段。汽车较之其他商品具有高附加值的特性。广告牌可以突出整车独有的高档商品非凡之气势;电视可以表现其与众不同的车型和动力性能;报纸、期刊则能够详细介绍车辆的油耗、发动机排量和相关配置。汽车是一个适应性比较全面的大宗商品,它能给予企业的广告策划者发挥巨大的想象力空间。汽车企业在做广告策划的同时,也是研究消费者购买心理和购买行为的过程。汽车广告策划的原则是让消费者"喜闻乐见,明白可亲或悬念难忘"。消费者认可了产品,汽车企业才会有广阔的发展前景。

从目前国内已发布的汽车广告来看,创意性质的广告较多,策划式的广告相对贫乏。有的平面广告像摆地摊,把发动机、ABS、安全气囊当作小商品依次摆齐,缺乏大气;有的电视广告只见一辆汽车飞奔而去,其广告语却不知所云,不仅没有回味,还让人一时听不明白。商品广告要在独出心裁的策划基础上,加上精美绝伦的艺术创意,才能让消费者从广告策划、创意水准中管中窥豹,使你的企业在消费者心目中留下一个先入为主的好印象。

活动二 汽车车展

汽车展览(Motor show,Auto show)即集合各国家汽车制造公司的新型汽车,所举办的展览会场。消费者可经由汽车展览会场所展示的汽车或汽车相关产品,端详汽车制造工业的发展动向与时代脉动。展览多数以一年或两年一次的方式举办。各大汽车厂家动用其全球资源全力以赴投入各大国际性车展,它对新车的数量和展示规模都有特别的要求,包括参展的专业人士都必须达到一定数量。目前国内仅有的两个A级车展为上海车展和北京车展。

一、北京国际汽车展览会

两年一届的北京国际汽车展览会（Auto China）是 1990 年由中国汽车工业总公司和中国国际贸易促进委员会联合创办，迄今已举办了十二届，该展览会每逢双年在北京中国国际展览中心和全国农业展览馆举行，是在国际汽车展览会中著名的品牌展会之一。对促进中外汽车界的交流与合作、加快中国汽车工业的发展起到了积极的推动作用。

北京国际汽车展览会主办和承办单位不断吸取国内外先进经验，努力提高组织、管理和服务水平，取得了显著成效，增强了这一品牌展览会的生命力。其规模逐届扩大，新产品、新技术不断推出，随着中国汽车市场和汽车工业的不断发展，目前在国际上已具有巨大影响。

图 2-63　本田歌诗（2012 年）

如图 2-63 所示为在 2012 年北京国际车展上展出的本田歌诗。

二、北美国际车展

北美国际车展（North American International Auto Show，简称 NAIAS），创办于 1907 年，起先叫做"底特律车展"，是世界最早的汽车展览之一，1989 年更名为"北美国际汽车展"。1957 年，沃尔沃、奔驰、保时捷等欧洲品牌的身影首次出现在底特律车展上，从 1965 年起，展览移师 Cobo 会议展览中心。

1900 年 11 月，纽约美国汽车俱乐部召开了第一届世界汽车博览会，1907 年转迁到底特律汽车城，当时会场设在贝乐斯啤酒花园，当时小小的展示区中参加的厂商只有 17 家，车辆不过 33 辆。

1957 年，欧洲车厂终于远渡重洋而来，首次出现了沃尔沃、奔驰、保时捷的身影，获得了美国民众的高度重视，底特律车展的"王旗"正式树起。

从 1965 年起，展览移师 Cobo 会议展览中心，1989 年底特律车展更名为北美国际汽车展，每年一月办展。北美车展每年总能出现四五十辆新车。众多人被吸引到车展的原因，除了对汽车的兴趣外，还因为车展办得像个大的假日集会，吃喝玩乐，热闹非凡。

北美车展是每年各车展的"排头兵"，时间固定在 1 月 5 日左右开始，举办地在美国的汽车之城——底特律。展览面积约 8 万平方米左右，会议室、会谈室近百个，每届车展平均都有 50 款左右车型参展。车展每年为底特律带来了可观的经济收益，年平均在 4 亿美元以上。

三、日内瓦国际车展

日内瓦车展素有"国际汽车潮流风向标"之称，是欧洲惟一每年举办的车展，在位于日内瓦机场附近的巴莱斯堡国际展览中心举行，总面积达 7 万平方米。日内瓦车展创始于 1924 年。

图2-64 宝马Ⅰ8概念车(2012年)

从1931年起,一年一度在瑞士日内瓦举办。其展会多在每年的3月举行,以展示豪华车及高性能改装车为主,展品比较个性化。

在六大车展中,瑞士是唯一一个没有汽车工业的国家,但却承办着世界上最知名的车展之一,它每年总能吸引着30个国家900多辆汽车参展,是世界上举足轻重的车展之一。如图2-64所示为在2012年日内瓦国际车展上展出的宝马Ⅰ8概念车。

四、巴黎国际车展

在浪漫之都举行的巴黎国际车展(Paris Mondial de l'Automobile)如同时装,总能给人争奇斗艳的感觉。该展起源于1898年的国际汽车沙龙会,直至1976年每年一届,此后每两年一届。在每年的9月底至10月初举行。法国的汽车设计一向以新颖独特著称于世,富于浪漫和充满想象力的法国人,总是在追求最别具一格的车型、风一般的速度和最舒适的车内享受,这些法国人的嗜好,都在巴黎车展中显露无遗,使得巴黎车展始终围绕着"新"字作

图2-65 Lacoste概念车(2010年)

文章。与此同时,巴黎车展也是概念车云集的海洋,各款新奇古怪的概念车常常使观众眼前一亮。如图2-65所示,为在2010年巴黎国际车展展出的Lacoste概念车。

五、东京国际车展

东京国际车展(Tokyo Motor Show,TMS),是了解世界最顶级的汽车工艺、科技、设计、环保及未来发展趋势的汽车情报展览。由于本展览更被"世界汽车工业国际协会"认定为国际性质的汽车展览,跟一般区域性质的汽车展览相比,会场所展示的概念车型种类也更多。因此,世界众多的汽车相关媒体将其喻为"世界三大车展"之一。

图2-66 42届东京国际汽车车展的和服车模(2011年)

2007年(第40届)起,本展览将轿车、商用车、机车和相关零件汇集一起,经由"日本汽车工业协会"所主办,而展览会期则更改为两年一次。

近年来,主题从以前的"休闲娱乐"转为重视"环境保护"和"安全科技"的方面。这些建议的倾向与需求的解决方案,也一年比一年还要强烈。而且,观念正从"展示的汽车展览"转变成"参加的汽车展览",参观者加入体验车辆试乘会和专题研讨会,促使成为积极回应多样需求的汽车展览。如图2-66所示,为42届东京国际汽车车展的和服车模。

六、法兰克福国际车展

在德国法兰克福举办的国际车展(Internationale Automobil－Ausstellung,IAA)是两年一度,固定在德国法兰克福举办的国际性汽车展览。此车展不仅是为世界五大车展之一,也是欧洲规模最大的国际性车展之一,主办单位为德国汽车工业协会(Verband der Automobilindustrie e. V.,一般缩写成"VDA")。

1897 年在德国柏林的布里斯托旅馆举办第一届车展,当时的参展车辆仅有 8 辆。后来直到 1911 年之间,几乎每年举行一次,1905 年、1906 年、1907 年更一年举办两次。接着则因第一次世界大战被迫停办,直到 1921 年才恢复举行,此届共计 67 家汽车制造厂、一百多辆车子参展。因为同盟国战败,1921～1926 年之间此车展不准其他外国车厂参加。1923 年世界上首度搭载柴油引擎的卡车在此车展亮相,1931 年全球第一辆前轮驱动汽车在此车展公开。

1939 年在第二次世界大战尚未开打前车展再度举行,吸引了约 82.5 万名观众,福斯 Beetle 的原型车 KdF－Wagen 亦首次在本届公开面世。同年 9 月二战爆发,展览也被迫中断,直到 1950 年才恢复。1951 年 4 月位于法兰克福的会展吸引了约 57 万人,相较于同年 9 月在柏林的会展只有 29 万人,主办单位决定转移阵地至法兰克福,从此成为两年一度的车坛盛事。

1961 年第 40 届法兰克福国际车展创下了历史新高纪录,总共有 95 万的参观人次。该届的主题着重汽车安全,故座位安全带成为会展的亮点。1965 年日本车厂首度参加本届展出,1977 年所有德国车厂制造的汽车辆数突破 40 万部,故当年的车展替德国车厂注入一剂强心针。1989 年第 53 届是最后一次客用轿车与商用货车共同展出,将近 2000 家车厂参与、参观人次超过 120 万人次。局限于场地不够大,主办单位自此之后决定将客用轿车和商用货车拆分成两部分展出。

1991 年第 54 届时主办单位决定在奇数年举办客用轿车展、偶数年举办商用货车展。故此届的"纯轿车"展相当成功,共有来自 43 个国家、1271 家车厂参与,吸引超过 93 万 5 千的参观人次。1992 年的纯商用车展则有来自 29 个国家、1284 个车厂参加,吸引 28.7 万人参观,其中 66% 为贸易商。2001 年受到美国 911 恐怖攻击事件的影响,主办单位与汽车商取消了许多庆祝活动与新车发表会,共有 80 万名观众"静悄悄地"参观会展。2011 年第 64 届时则受到环保意识抬头及石油危机影响,电动车成为该届之亮点。如图 2－67 所示,为当年车展上浙江京剧团演员在吉利汽车展位表演京剧。

图 2-67 法兰克福国际车展上的中国演员(2011 年)

活动三 汽车模特

改革开放以来,随着市场经济的发展,我国涌现出一批特别领域的模特,比如说汽车模特、房产模特、这些模特也可以归纳到商用模特范畴,只是这些模特比一般的模特更具有较强的专业常识,比如汽车模特应该多了解汽车的基本构造及基性能,掌握一些专业术语;而房产模特则要求模特对房屋的布局,环境概况等有丰富的常识。"房模"和"车模"不仅仅是模特,还应该是很好的产品推销员。如图 2-68~图 2-72 所示,为 2012 北京车展上的靓丽车模。

图 2-68 克莱斯勒车模
(2012 年北京车展)

图 2-69 宝马车模
(2012 年北京车展)

图 2-70 讴歌车模
(2012 年北京车展)

图 2-71 别克车模(2012 年北京车展)

图 2-72 江淮车模(2012 年北京车展)

1391 年在法国第一次出现了"model(模特)"一词,自 1845 年世界上出现第一个女模特以来。模特行业随着每一次的工业革命,都会向前发展一个阶段。1886 年德国人卡尔·本茨和戴姆勒发明了汽车以后,模特一词不知不觉地便和汽车联系在一起。

1985年我国在北京举办了首届中国国际汽车博览会。1993年在北京的汽车展览会上,"香车美女"的概念终于由西方引入中国,在中国便出现了"汽车模特"这一新名词,"汽车模特"从此为中国汽车博览会增添了一道亮丽的风景,同时在某种程度上推动了中国车展业和中国汽车工业的发展。

有人把汽车比喻成美女,优美的曲线,光亮的外壳,各种鲜艳的色彩,有时宛如一位亭亭玉立的少女,有时好像一位丰润迷人的少妇,有时又仿佛一个顶天立地的男子汉。在车展上,是汽车衬托美女,还是美女代表汽车,这点并不重要,重要的是人们将汽车人性化,把车和人非常完美和谐地融合在一起,这才是车展业的一次飞跃。

出落得非常美丽的模特们是天地造化,她们是大自然直接赋予人类的天使。人体优美的曲线和富于情感的姿态早已被美术大师庄严而又宏伟地展现出来,这与汽车设计大师的情感形成了强烈共鸣。模特的整体姿态、情感延伸,再现了设计大师的灵感与激情,两者的结合最为美妙、最为恰当、最为感人。

在巴黎、法兰克福、北美、日内瓦、东京这些国际顶级车展上,模特与汽车似乎结成了天然的联系,车模的举手投足、嫣然一笑都恰当的表现出汽车的特质,法拉利车模红色飘逸的晚装、修长的身材、不苟言笑的高贵神情衬托出法拉利的高贵品质和独特技术;法系汽车前性感、活泼的模特表现出法国车浪漫、现代的设计理念;日系车洋溢着青春、活泼气息的模特勾画出日本车紧贴时代需求的风格;美系、德系车前稳重而略带现代气质的模特又能传达出老牌汽车所特有的可信度及其对品质技术的严谨。相形之下,国内车模虽然独具东方女子的温柔清丽特质,但与汽车却保持着距离,她们更像是服装模特。有专家说过,自从人类社会演进到工业化时代以后,服装的基本功能就从御寒变为弥补人体的缺陷,人的高矮胖瘦、肢长肢短、肤色白黑甚至气质都可以通过服装的选择、搭配得到弥补和张扬。模特的作用就在于她们能通过自己的表现活生生地体现设计理念和产品工艺,从而引起观者的共鸣、刺激其购买欲望。

这个功能移植到汽车和其他产品也一样,车模必须表现汽车的本质,首饰模特要能传达饰物的特色、手机模特需演示产品的内涵。可能是因为现代汽车在中国起步较晚,模特行业也发展时间不长,二者的结合尚需时日,国内的车模对汽车的理解还欠深刻,因而在表现上还显表面化。这种缺陷从车模的照片上就可以反映出来。不管是专业还是业余摄影者,无论你拍出多么漂亮的片子,总会给人感觉模特与其要展示的汽车是脱节的,二者似乎没有密切的联系,美丽动人的车模调动出的更多的是对其自身及服装的欣赏,而不能完全影响人们对车的专注。这就提出了新的问题:当汽车工业大发展的同时,车模事业的发展也该引起重视,汽车厂商是不是可以资助关心这个附属小领域的成长,不要再任其注重维持生计的条件下自我成长,以目前国内模特界的生存环境,如想靠自己培养出合格优秀的车模是很难的。因为大小模特经济公司为了生存,都以"赶场"为主业,没有时间精力财力去培养专门人才。

近年来,伴随着中国汽车工业的迅猛发展,车展车模已经形成独特的领域,中国车模赶超世界先进水平业也该提上议事日程了。中国汽车市场虽然遭遇萧条,但是从长期来看的市场空间仍然非常巨大,而对于汽车模特的需求必然随之倍增。只是这种倍增的需求将更多来自于汽车模特的专业化的需求。

项目三　德国汽车文化

项目目标：
(1)掌握德国汽车工业的发展历程与科技创新。
(2)掌握德国大众汽车集团企业文化及发展历程。
(3)掌握德国宝马汽车集团企业文化及发展历程。
(4)掌握德国奔驰汽车集团企业文化及发展历程。
(5)掌握德国本土文化特点与科技创新环境。
(6)掌握汽车旅馆、宝马电影广告、汽车节目秀等汽车文化形式。

任务一　德国汽车工业的发展与格局

一、第一阶段，从 1886～1910 年，是汽车的发明实验阶段

19 世纪 70 年代，正是西方第二次工业革命浪潮兴起的时候，德国人抓住了从 1871 年德意志第二帝国统一后的几十年时间，在 19 世纪末创造了一个奇迹：德国在短短的 30 年里走完了英国人用了 100 多年才走完的工业化道路，从而使德国跻身于世界工业化的强国之列。

这一时期，由于内燃机的发明和汽车的诞生，它的诱人前景使当时德国的汽车厂纷纷涌现，一些其他行业的厂家也转向汽车生产。1901 年，全德国只有 12 家汽车厂，职工 1773 人，年产汽车 884 辆；而到了 1908 年，德国的汽车厂已达到 53 家，职工 1 万 2400 人，年产汽车 5547 辆。到第一次世界大战前，德国汽车工业已基本形成了一个独立的工业部门，汽车制造工人 5 万多人，年产量达 2 万辆，这是仅次于美国的汽车产量。

当时的普鲁士在"铁血宰相"俾斯麦的领导下，经过连续几年的战争，终于在 1871 年完成了德国的统一。一个统一的国内市场和经济环境，极大地促进了德国资本主义工商业和农业的发展。德国在 1870 年的普法战争中击败法国，从法国掠夺了 50 亿金法郎的战争赔款，并吞并了阿尔萨斯和洛林，使德国一下子成了"暴发户"，为德国的工业革命提供了有力的资本保证。同其他资本主义国家的发展初期一样，德国这一时期资本主义的发展也带有浓厚的"血腥味"，那就是对广大人民的剥削和压榨。科学技术的发展，使当时德国的生产力获得了突飞猛进的发展，德国在这一时期科学技术的突破不但改变了德国本身，而且对世界的发展都具有深远的意义。

二、第二阶段,从 1911~1940 年,是汽车技术的不断完善阶段

这个时期,德国从第一次世界大战前夕到挑起战争,接着是战后的魏玛共和国时期,一直到希特勒上台,直至第二次世界大战的全面爆发。

德国的汽车工业到 1914 年第一次世界大战爆发时,已基本形成了一个独立的工业部门,年产量达到 2 万辆。尽管如此,由于此前的欧洲一直还处在蒸汽机统治的时代,所以斯大林当年曾经把第一次世界大战称作是交战国双方蒸汽机的较量,而把第二次世界大战称作是交战双方真正意义上的内燃机的较量。

尽管第一次世界大战给德国的汽车工业发展带来了不利的影响,但战争结束以后,德国人仅用了 10 年左右的时间就大大超过了战前的繁荣。其中 1923~1929 年这 7 年时间,被称为是德国汽车工业"黄金般的二十年代"。这一时期,汽车工业发展迅速,现代汽车技术不断得到完善。

1933 年希特勒上台,为了达到他的个人目的,希特勒把魏玛共和国时期已经规划好的高速公路建设和国民轿车的生产提上了日程表,把发展汽车工业及与此相关的行业摆到十分显著的位置。这对于当时的德国来说,在刚刚经历了 20 年代末、30 年代初世界性的经济大萧条后,汽车的诱人前景和迅速发展起来的高速公路网,使此后的三十年代再次成为德国汽车生产的"黄金时代"。

到第二次世界大战爆发前,德国的汽车工业已具有相当的基础,戴姆勒—奔驰、奥迪、大众等汽车公司均已形成一定的生产规模。从而为汽车真正成为体现 20 世纪 30 年代以后相当长一段时间里,这个世界上产品文化的一个主要载体之一,奠定了基础。

三、第三阶段,1941~1960 年,是汽车工业的迅速发展阶段

这一阶段,对于德国来说,40 年代的前期,汽车工业参与了一场史无前例的战争;40 年代的后期,又经历了战后艰难的恢复与获得重生这样一个特殊的阶段;所以直到进入 50 年代,德国的汽车工业才真正进入了迅速发展时期。

当年第二次世界大战爆发后,德国很快卷入全面战争。整个第二次世界大战期间,德国的汽车工业转而成了军事工业的一部分,为战争服务。到第二次世界大战结束时,大部分汽车工厂都遭受重创,几乎成了废墟。

第二次世界大战结束后,德国的汽车厂都被盟军接管。由于德国处于战败国的地位,许多工业的发展都受到了限制。在十分困难的条件下,依靠德国人顽强的民族精神,德国的汽车工业很快得到恢复并获得了重生。尤其是西德的经济在一片废墟上创造出著名的"艾哈德经济奇迹",只用了十几年的工夫,就再一次超越英、法而成为欧洲第一的经济强国。这一经济奇迹的产生,与德国汽车工业的迅速发展密不可分。

1950 年,联邦德国的汽车产量达到 30 万辆。随着国内高速普及汽车以及汽车出口竞争能力的不断提高,汽车产量大幅度上升,尤其以大众公司的"甲壳虫"汽车为代表,标志着德国汽车工业开始进入飞速发展的阶段。

到 1960 年,德国的汽车年产量已达 200 万辆,10 年内,增长了 5.7 倍,年均增长率达 21%,从此成为欧洲最大的汽车生产国和出口国。

四、第四阶段,自 1961 年至今,是汽车高科技的广泛应用阶段

这个时期,以柏林墙的建立为标志,东西德被整整分割了 28 年。冷战期间,由于社会体制

的不同,东西德的汽车工业发展形成了很大的差距。一直到20世纪80年代末柏林墙倒塌,两德重新统一,德国的汽车工业在不断地进行着调整和重组。随着欧洲一体化进程的加快,德国的汽车工业开始进入一个新的发展阶段。

从20世纪60年代开始,联邦德国的汽车工业继续以较高速度增长,经过竞争,汽车厂家由100多家到仅剩下10多家,产量却不断提高。许多现代科技被广泛应用于汽车工业,汽车生产开始进入一个成熟阶段。

1966年,德国的汽车产量被日本超过,排名居世界第三位,并一直保持到现在。

1971年,德国的汽车年产量达到400万辆。在这以后,由于受两次石油危机的影响,加上德国国内汽车已基本普及,德国汽车出口的势头也有所减慢,而进口量却有较大增加,从而使德国汽车产量呈现下降、徘徊和低速增长的态势。

整个20世纪70年代,德国汽车工业的产量一直徘徊在300万~400万辆之间。而整个80年代,德国的汽车产量则一直在400万~500万辆之间波动。到20世纪末的1998年,德国的汽车产量达到了570万辆。

从20世纪90年代后期起,全球汽车业发生的最重要事件莫过于资产重组、联合兼并的浪潮了。这一时期德国汽车业发生的比较引人注目和产生较大反响的重组及联合兼并事件主要有:奔驰与克莱斯勒的合并;大众与宝马收购劳斯莱斯、宾利等。

2004年,德国汽车工业全球范围内生产的汽车超过1300万辆,占全球汽车产量的20.7%。德国国内生产的汽车557万辆,其中轿车产量520万辆,出口367万辆、进口114万辆。而德国品牌的轿车在海外的生产量则超过了422万辆。目前,德国汽车业主要由五大公司所垄断,他们分别为奔驰(即戴姆勒—克莱斯勒公司)、大众、宝马、欧宝和美国福特汽车公司在德国的子公司。

扩展阅读

德 国 汽 车

作为全球三大汽车强国之一,汽车工业在德国更是扮演了举足轻重的角色,在国民经济和人民生活中发挥着无可替代的作用。德国七分之一的就业岗位、四分之一的税收收入来源于汽车工业。围绕着汽车的开发、制造、销售和使用等环节所实现的增加值占到了德国国内生产总值的约五分之一。汽车工业是德国最强大的出口行业,2003年出口额超过1400亿欧元,德国80%的出口盈余是汽车行业实现的。

经济全球化是当今世界发展的大趋势,汽车工业无疑是这方面最具代表性的行业之一。缺少全球化的视角和举措根本无法在汽车业中谋求生存和发展。在近十多年里,德国汽车工业成功实现了全面的战略转型,成为面向全球的国际化行业。从下面两个数据可以看出国际市场对德国汽车工业的特别重要的意义,这一点可以:①德国厂商的汽车有45%是在国外生产的;②余下的55%产量是在德国本土完成的,其中又有三分之二出口到了海外市场。

产地结构和市场结构主要涉及的是以下两部分内容:①德国汽车厂商的全球生产分布;②德国厂商产品的全球市场分布。在这方面,德国汽车工业主要表现出以下两大特点:

一、国内生产稳定,但国内市场较为低迷

1. 国内生产稳定,出口支撑功不可没

一段时间以来,欧盟的汽车生产仅勉强维持稳定,2003 年整个欧盟的汽车产量(表 3-1)小幅下降至 1680 万辆(-1%),但德国份额却有所增加,从而使德国的主导和领先地位进一步提升,尤其是相对于法国厂商的优势得到了巩固。

表 3-1　　　　　　　　　　　　　　欧盟的汽车产量分布

年份 国家	1990		2002		2003	
	万辆	份额(%)	万辆	份额(%)	万辆	份额(%)
德国	497.7	32.2	546.9	32.4	550.7	32.8
法国①	376.9	24.4	368.3	21.8	360.9	21.5
西班牙	205.3	13.3	285.5	16.9	303.0	18.0
英国	156.6	10.1	181.9	10.8	184.6	11.0
意大利	212.1	13.7	142.7	8.5	132.2	7.9
瑞典	41.0	2.7	51.9	3.1	56.6	3.4
比利时	38.6	2.5	59.1	3.5	47.3	2.8
荷兰	13.9	0.9	21.2	1.3	19.4	1.2
葡萄牙	—	—	19.0	1.1	16.8	1.0
奥地利	1.6	0.1	9.6	0.6	7.7	0.5
芬兰	—	—	2.1	0.1	1.3	0.1
欧盟	1543.7	100	1688.2	100	1680.6	100

① 表示自 1997 年开始行业范围进行了重新界定。数据来源:德国汽车工业联合会。

德国汽车工业出口的传统和重点市场是西欧。在西欧销售的汽车中,每两辆就有一辆是德国品牌,柴油汽车更为突出。在竞争激烈的高档车领域,德国汽车占了欧洲七成的市场份额。

2. 国内消费市场低迷,外国厂商市场份额增长较快

德国经济形势持续低迷,严重影响了投资者的投资意愿和消费者的消费信心,这两个因素在很大程度上抑制了对商用车和轿车的需求。德政府拟议中的公司车辆提税政策,也对国内汽车市场产生了很大影响。2003 年全年国内共销售轿车新车 324 万辆,比 2002 年(325 万辆)略有下降,降幅为 0.5%。虽未能达到预期,但成功地止住了三年来国内汽车市场持续大幅下滑的局面。自 1999 年以来,德国内市场汽车销量已累计下跌了 15%。2003 年,德国汽车企业生产的轿车新车注册量为 209 万辆,比上年减少了 2.7%,仍占整个新车市场的 64.5%。

2003 年,日本、韩国、法国及西班牙的汽车企业在低迷的德国汽车市场上的销售大幅提高,其中,日韩生产的新车销售达 43.49 万辆,增长了 10% 以上,市场份额由上年的 12.1% 提高至 13.4%,成为 2003 年德国汽车市场最大的赢家。去年,德国市场进口轿车销量约为 114.5 万辆,其市场份额由上年的 34% 提高到 35.4%。新颖的车型和优越的性能价格比及柴油车款式增多是进口车赢得德国用户青睐的主要原因。

二、海外生产规模巨大,亚洲增长强劲

如前所述,除了巨大的出口份额之外,德国厂商还拥有非常庞大的海外产能。虽然按地区

来划分欧盟15国仍在德国轿车海外产能中占据最大的份额,但目前德国汽车工业的全球化策略是针对全球所有地区的。鉴于市场潜力和成本优势的逐步显现,近年来亚洲和东欧在德国厂商全球战略中的重要性不断增加。

亚洲和中国:中国是德国汽车工业强劲增长的新兴市场。2003年中国市场产量增长高达74%。凭借440万辆的产量中国成为世界第四大汽车生产基地。在200万辆轿车中有36%为德国制造商所瓜分。在整个亚洲,2003年德国在亚洲的轿车销量为110万辆,藉此亚洲成为德国汽车在西欧之外的最大市场。但必须强调指出的是,这一地区对德国本土的产能影响不大。当其他地区的大多数生产厂明显缩减产量之时,中国作为德国汽车工业生产基地的分量却在继续增长。2003年中国德系轿车的产量达到70.8万辆,中国也借此成为继德国本土、西班牙之后的德国轿车第三大生产基地。

东欧:一段时间以来,欧盟扩大的前期效应不断释放,先是出口量大幅上扬,而后又是汽车业内厂商在东欧国家纷纷投资建厂,转移和扩大产能。迄今为止,已在新成员国投资了100亿欧元以上,其中80亿欧元是用于投资建厂。目前德国厂商在欧盟新成员国的产能已超过70万辆。随着2004年5月1日欧盟历史上规模最大的一次扩大,东欧新成员国在市场潜力、区位优势、成本及制造业的传统基础以及人文认同等方面的优势将充分显现,这一地区对德国汽车工业的重要性将进一步提升。

任务二 大 众 汽 车

活动一 大众汽车发展历程

1937年3月28日,Gesellschaft zur Vorbereitung des Deutschen Volkswagens mbH公司宣告成立;1938年9月16日更名为"Volkswagenwerk GmbH"(大众公司)。

图3-1 费迪南·保时捷
(1875~1951年)

虽然大众公司的起源于1930年代,但由汽车设计师费迪南·保时捷(图3-1)(Ferdinand Porsche,1875~1951)设计的甲壳虫(Beetle)则可追溯至更早。阿道夫·希特勒希望每一个人都能负担的起购买像这样的一台车——不过大部分设计都是改良承袭自汉斯·雷德温卡(Hans Ledwinka)所生产的塔特拉(Tatra)车型。

虽然希特勒对于汽车有强烈的热情,但是却不甚了解相关的技术细节(同时他也不会开车),于是他命令保时捷修改原本的设计,使其能提升燃油效益,让工人阶级都能负担的起,增加稳定性,使用方式也必须更简单,并且维修成本与零件价格必须要低。这项计划的动机是让德国人借由储蓄就可购买车辆(当时的口号是"Fünf Mark die Woche mußt Du sparen, willst Du im eigenen Wagen fahren",意为"如果你想买台车,那就每星期存5马克吧。"),估计最后约有33万6千人进行储蓄计划。在第二次世界大战后,大众公司因为其对储蓄计划的帮助而获得表扬,而有类似储蓄计划系统"coupon"的美国福特公司(Ford)则没有成功。这款车型名为"KdF-Wagen"(德文原文:Kraft durch Freude,意为"来自喜悦的强韧"),在1936年之前登场(第一台车是在斯图加特制造的)。这台车已经有独特的圆滑造型、空调系统、水平对卧四汽缸(等于夹角 180 度的 V 型发动机,此设计可减少震动)、后承载式发动机等与塔特拉(Tatra)相近的特色。大众的汽车只是众多 KdF 计划的其中一部分。

保时捷的主要设计师——厄尔文·柯曼达(Erwin Komenda)研发出了车身的原型,也就是今日广受人知的大众甲壳虫(Beetle)。这是最早搭载风洞(wind tunnel)的车型之一,与克莱斯勒"Airflow"车型不同,这是一个成功的车款。

为了容纳更多工人,大众在沃尔夫斯堡(又称"狼堡",Wolfsburg)建造了新工厂,但是仅在战争开始时的 1939 年制造手工车辆。最后没有一台车真的被送到存到钱的车主手中,除了其中一台"Type 1 Cabriolet"于 1938 年被当成希特勒 50 岁的生日礼物送出。

由于战争策略的关系,车辆的制造被转移至军事用途,包括"Type 81 Kübelwagen"车款(战时大众最普遍的车型)和两栖车辆"Schwimmwagen"。

第二次世界大战后一位英国少校 Ivan Hirst 被指派去重整大众汽车让其重新运作,而他也成功让大众汽车恢复大量生产。大众第一代甲壳虫在没有大量改变外型与机械的情况下连续生产数十年,2003 年停产时共生产约 2153 万辆,成为世界纪录上真正最畅销的汽车。

大众汽车在 20 世纪的车型风格通常较为俭朴保守,车身与机械强调耐用、安全、高速稳定性,20 世纪 90 年代大众也发展少见的 W 型发动机,W 形 12 气缸发动机将小夹角 V6 发动机的活塞交错排列,发动机剖面看似如 W 型,有 V 型发动机的动力和低震动但体积又明显缩小。1988 年大众汽车建立汽车业第一个大量使用全车钢板镀锌的生产线,90 年代后期原厂提供长达 12 年的防锈保证,还有优于同级车的车尾拖曳能力展现优良机械强度,以及可增加车身强度的焊接专利技术,集团旗下的基本车款如 1999 年的 Skoda Fabia 也采用新式电子液压辅助(Electro－hydraulic)方向盘的高等配备,由 CAN－bus 连结到发动机电脑来决定辅助力量,并有省油的优点;通用汽车的工程师也发现如大众捷达有较同级车优良的避震性是因为采用较同级车昂贵的底盘悬挂系统零组件(Car and driver,us edition,July,2004)。如图 3-2 所示,为 Wolfsburg 展出的布加迪。图 3-3 为大众总部,图 3-4 为大众在 Dresden 的"玻璃工厂"。图 3-5 为德国大众汽车产品种类。

图 3-2 Wolfsburg 展出的布加迪

图 3-3 大众总部

图 3-4　大众在 Dresden "玻璃工厂"

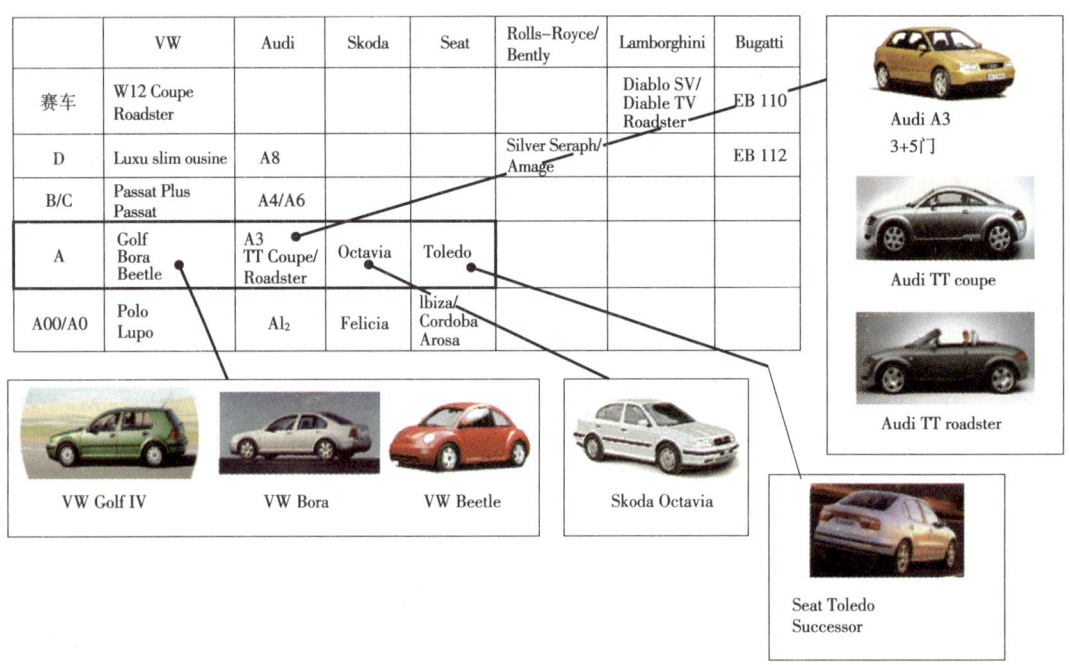

图 3-5　德国大众汽车产品种类

活动二　奥迪汽车品牌

奥迪汽车是一家德国的私营汽车公司,是大众集团的全资子公司,如图 3-6 所示,为奥迪车标。奥迪汽车主要从事汽车制造业,其产品非常丰富,从迷你汽车到运动型多用途车均有涉足,主要针对豪华型汽车市场。

奥迪的总部设在德国城市因戈尔施塔特（Ingolstadt）,在德国的因戈尔施塔特、内卡苏姆,匈牙利的杰尔,比利时的布鲁塞尔,斯洛伐克的布拉迪斯拉发,巴西的 Sao José dos Pinhais,中国的长春和印度的奥郎加巴德都设有生产厂或合资生产厂。

图 3-6　奥迪 Logo

奥迪汽车早于1966年便成为了大众集团的全资子公司。大众集团于1965年从戴姆勒—奔驰集团手中买断了当时还是奥迪前身的汽车联盟公司的所用权。

1899年11月14日,August Horch创立了一家名为A. Horch & Cie汽车公司,后来由于与其合伙人意见不合离开,转而又创办了全名为Horch Automobil—Werke GmbH的汽车公司,但却由于公司名称雷同被控告,所以只好改用Horch(德文意为听觉)的拉丁文Audi为公司名称。奥迪汽车的商标"四环"系源自创立早期的四家公司(在中国大陆,奥迪汽车也因此被戏称为"四环素"),即1932年德国四大车厂Audi、DKW、Horch及Wanderer合并为"汽车联盟"(Auto Union),并聘请斐迪南·保时捷设计Auto Union V16赛车(又称银箭Silver Arrow),并带领其车队从奔驰车队手中拿下德国代表权,之后在欧洲大陆打遍天下无敌手。

1965年并入大众汽车成为独立子公司。1969年合并以转子发动机著名的NSU车厂,但并没在厂徽新加一环。1985年更名为Audi。

如图3-7所示,为奥迪汽车图标演变,图3-8为奥迪汽车产品系列。图3-9为奥迪Type c Landanlet车型。

图3-7 奥迪汽车Logo演变

图3-8 奥迪汽车产品系列

简练的车身设计让A8L W12(图3-10)的车身比例十分匀称,感觉不到哪里有明显的加长痕迹。平和、均衡,不易产生审美疲劳(中庸)。

图 3-9 奥迪 Type C Landaulet(1930~1944 年)　　　图 3-10 奥迪 A8L W12 造型

奥迪汽车的特色在于其注重稳定扎实的操控感,这和奥迪特殊的造车理念相关。早在并入大众集团后,奥迪便放弃了其两个主要竞争对手梅赛德斯—奔驰和 BMW 偏好的后轮驱动传动方式,而以四轮驱动和一般驾驶人较易上手的前轮驱动为其产品的主要传动方式。其特有的 quattro 四轮驱动系统,可使汽车在雨天路滑与下雪的路面也不容易打滑,并在当年的世界拉力锦标赛中创下佳绩并引领了四轮驱动赛车的风潮。奥迪同时也研发制造难度高的轻量化全铝合金车身,为此欧洲专利局(European Patent Office)2008 年将欧洲年度发明奖(European Inventor of the Year)颁给了德国奥迪汽车公司。

活动三　大众汽车在中国

一、上海大众发展概况

上海大众成立于 1985 年的上海大众汽车有限公司(以下简称上海大众)是一家中德合资企业,中德双方投资比例为:上海汽车集团股份有限公司 50%,德国大众汽车集团 40%、大众汽车(中国)投资有限公司 10%。经过多年的发展,目前已经形成了以上海安亭为总部,辐射上海安亭和南京的两大生产基地。

上海大众是国内规模最大的现代化轿车生产基地之一。基于大众汽车、斯柯达两大品牌,公司目前拥有帕萨特、波罗、途安、LAVIDA 朗逸、TIGUAN 途观和 Octavia 明锐、Fabia 晶锐、Superb 昊锐等十大系列产品,覆盖 A0 级、A 级、B 级、SUV 等不同细分市场。

作为中国最早的轿车合资企业,上海大众 27 年的风雨兼程,是中国汽车工业实现"从小到大"发展的缩影。

1978 年 11 月,改革开放总设计师邓小平的亲自批示,正式拉开了轿车中外合资经营洽谈的序幕。经过六年缜密的谈判,1984 年 10 月,中德双方在北京人民大会堂举行隆重的合营合同签字仪式,上海大众应运而生。

在探索合资经营的道路上,上海大众迎难而上,走出了一条独特的利用外资、引进技术、滚动发展的道路,为中国汽车工业在 20 世纪 90 年代中后期的快速发展,提供了崭新的发展理念和成功的实践模式。在扩大自身生产规模的同时,公司开展了振兴中国轿车零部件工业的桑塔纳轿车国产化工作。这一跨地区、跨行业的宏大系统工程,带动了一大批配套工业的技术进步,为形成符合国际水准的零部件生产打下扎实的基础,为国内轿车工业的蓬勃发展发挥了无可替代的奠基石作用。

经过 27 年的积累和滚动发展,公司注册资本已经从最初的 1.6 亿元人民币增加到 115 亿元人民币;总资产由9.8亿元人民币增长到581.3亿元人民币。经过一、二、三期技术改造工程以及资产收购,上海大众形成了4个整车制造厂、1个发动机厂、1个技术开发中心和1个模具中心的布局。鉴于上海大众在自身发展和市场竞争中的出色表现和巨大成功,中德合资双方提前续签了延长合营合同,将合作期限延展至2030年。

二、企业文化

企业文化是保持企业基业长青的根本。上海大众在推进企业发展的同时,适时地对企业文化进行了梳理,在继承和创新的基础上,提炼出以"追求卓越、永争第一"为核心价值观的卓越文化。

上海大众的卓越文化,源于历史的积淀,现实的努力,以及对未来的追求。上海大众成功探索、创造了利用外资、引进技术与自我发展相结合的模式,以不畏艰险的开拓精神、令人瞩目的发展成就,把"卓越"刻进了企业的历史进程。随着市场环境的变化,追求卓越更是上海大众坚定的信念、前进的动力。

人才是公司长远发展的根本,人力资源是支撑公司稳定增长的关键。上海大众重视员工发展,并建立了完整的基于培养、考核和激励的员工综合发展体系,充分调动全体员工的积极性和创造性,不断提高员工满意度。

上海大众"追求卓越、永争第一"的企业文化,渗透于工作、流程、人才发展等各个方面,营造了良好的学习、创新和员工积极参与的氛围,使公司成为名副其实的学习型企业。多元化发展道路极大地鼓励了员工专注于本职岗位并不断提升专业能力,加强了高技能人才队伍建设,为公司的可持续发展提供源源不断的人才支持。

三、企业责任

在向社会提供一流产品的同时,上海大众承诺以科学技术为依托,尽最大的努力减少产品及服务中所造成的环境影响。上海大众于1997年在国内汽车行业中第一个取得ISO14001环境体系的认证,并在2006年再次通过该体系的审核。上海大众已经将产品环保扩展到了密闭蒸发、电磁干扰、车内气味排放等各个环节,并由此成为国内首家全部实现绿色产品的企业。

四、公司品牌介绍

成熟而有口皆碑的大众汽车品牌不仅引入了制造精良、个性突出的多款车型,而且针对中国道路特点与中国消费者审美需求,对系列车型进行了出色的本土化设计与调校,完美的融入了中国本土市场。

1. SANTANA 桑塔纳

上海桑塔纳轿车是上海大众汽车有限公司于1987年引进巴西大众汽车公司的产品。在车前仍使用大众公司的商标;2006年前在车尾使用文字商标"上海·SANTANA",2006年10月开始,按照国家的相关规定使用中文"上海大众"和大众标志。目前桑塔纳已达到欧3排放标准。

桑塔纳(SANTANA)牌轿车,是德国大众汽车公司在美国加利福尼亚州生产的品牌车,该厂坐落在桑塔纳山谷下,该山谷以盛产名贵葡萄而饮誉世界,并且该山谷还经常刮起一股类似"科罗拉多"的旋风,所以当地人就把这种旋风叫做"桑塔纳"。

引进至今,上海大众汽车桑塔纳已经进行了几百项技术改进,技术含量不断提升,并一直保持着良好的销售势头,被誉为中国车坛的"常青树"。

(1)桑塔纳2000(图3-11)。

桑塔纳2000是上海大众为了不断适应和满足市场的需求,于1991年10月开始研制的新一代桑塔纳轿车。1995年4月20日,当第一辆桑塔纳2000顺利下线后,它迅速占领了国内中级公、商务用车的市场。此后的8年中,上海大众不断推陈出新,先后推出了"时代超人"、"自由沸点"、"俊杰"、"时代骄子"、"时代阳光"等系列改进车型。之后上海大众的工程技术人员们,又根据市场的需要,在原有桑塔纳2000的基础上,赋予其更为时尚的外形和更加人性化的装备,集合了上海大众人智慧与激情造就了这款桑塔纳3000。

(2)桑塔纳3000(图3-12)。

大众出品的桑塔纳3000虽然外观比较朴实,内饰较老,没有什么亮点,整体表现中规中矩。但车内空间非常宽敞,由于保有量较大,桑塔纳3000的日常维修保养费用较低,是家用或是一般商用的不错选择。

图3-11 桑塔纳2000

图3-12 桑塔纳3000

(3)桑塔纳VISTA志俊。

2008年1月上市。作为桑塔纳品牌的革新之作,桑塔纳VISTA志俊传承了这一经典品牌扎实稳定、性能可靠的同时,以更富活力的外形为"实力·真朋友"的品牌内涵注入了更多时代的元素。

2. PASSAT车型

作为中国中高级轿车市场潮流的引领者,PASSAT品牌从来就不缺乏霸气和领袖风范。2000年进入中国以来,从被誉为"最漂亮的中高级轿车"的帕萨特,到顺应中国时代审美需求变换而适时推出的领驭,再到引领风潮、跨越经典的新时代风标的PASSAT新领域,PASSAT品牌的每一次换代都展现出对豪华与科技的不懈追求,其自信的领航者风范,为中国中高级轿车树立了新的时代标杆。进入中国市场十年来,PASSAT品牌完美地平衡了传承与创新的关系,推动PASSAT品牌不断向前。

2011年4月,全新一代帕萨特上市。作为一款由上海大众汽车与大众汽车集团合作开发的新一代B级平台的大气之作,全新一代帕萨特将众多超越同级的高科技元素融入其中,带给新时代的中国消费者更具前瞻性的驾乘感官体验。"远见卓识,创领未来"、上海大众全新一代帕萨特无论是从开发实力,还是制作工艺、科技含量,均领衔中国中高级豪华轿

项目三 德国汽车文化

车市场。

3. POLO 家族

2002年4月8日,上海大众POLO上市,作为中国第一款与世界同步推出的紧凑型轿车,POLO轿车是首款真正实现与欧洲同步规划、同步设计、同步生产、同步上市的产品。产品进入市场后,不仅受到用户的广泛欢迎,并迅速成为时尚精品小车的象征。

2006年6月,与大众汽车集团同步开发的POLO劲情、POLO劲取上市,全面展示上海大众从造型到动力系统开发的整体实力。

2007年12月,全新跨界车型Cross POLO上市。Cross POLO在延续POLO品牌的高品质与时尚风格的基础上,巧妙地融入了越野车、轿车、旅行车等风格,个性鲜明,更富激情。

2009年5月,专为时尚运动的城市新锐人群度身打造的运动车型POLO Sporty上市,以激发潜藏的运动渴望为设计灵感,闪酷熏黑前大灯、全黑酷感运动型内饰、多项酷感配备,尽显动感个性。

2010年12月,拥有炫酷外观的全新POLO上市,它完美地延续了上海大众POLO家族"年轻、时尚、动感"的品牌特征,凭借惬意倍至的舒适空间、自驭进取的操控驾趣、内在机智的卓越科技和从容高效的德系安全,给消费者带来乐趣十足而舒适的驾乘感受。

2011年6月,POLO新劲取上市,为上海大众POLO家族"年轻、动感、时尚"的品牌理念注入了新的实尚元素。POLO新劲取的高科技装备、精良制造工艺、人性舒适的驾驶空间、安全无虞的德系保障,为乐观成熟并富有内在激情,积极掌握人生的中国新一代年轻消费群体带来了坚实亦活力的"实尚"驾驭享受。

4. LAVIDA 朗逸

2008年6月上市。作为上海大众汽车旗下首款自主研发的产品,LAVIDA朗逸凭借明朗动感的外观、明快舒适的内饰以及德系车的工艺品质、安全科技和操控性能,迅速成为A级车市的新一代标杆产品。LAVIDA朗逸涵盖了1.6L、2.0L以及1.4L TSI三个不同排量,能满足不同消费者的需求。截至2011年7月,LAVIDA朗逸凭借出众的实用性取得了累计销量突破58万辆的优异成绩,是国内家用轿车市场中当之无愧的王者。

5. NEW TOURAN 新途安

2010年12月上市。途安作为上海大众汽车旗下第一款多功能轿车,新途安融入了大众汽车集团最新设计理念,采用了绿色环保的动力总成,并配备了各种前瞻的智能科技以及领先的安全配置。新途安不仅能为消费者带来更加强劲的动力及更加经济的油耗,也提供了现代化驾乘体验以及安全无虞的驾驶环境,是一款兼顾商用与家用的高性价比MPV车型。

6. TIGUAN 途观

2010年3月上市。作为上海大众首款SUV车型,TIGUAN途观在外观气质、整车工艺、动力系统、安全配置等方面,处处展现着跨越格局的大气和追求极致的完美,实现了对SUV经典的传承与突破。这款智能化都市SUV以诸多高科技配置成就了其在操控性、舒适性和安全性上的卓越表现,树立了其在SUV市场的王者地位。

7. 斯柯达品牌

引入斯柯达品牌是上海大众多品牌战略的重要一步,承载了上海大众多元化发展的期望。2006年,上海大众斯柯达品牌正式启动;2007年,推出首款战略车型Octavia明锐,随后以一年一款新车的速度相继推出 Fabia 晶锐和 Superb 昊锐,在 2009 年完成由 Superb 昊锐、Octavia 明锐、Fabia 晶锐三大车系组成的产品架构,实现对 B、A、A0 级车市的全面覆盖。2010 年 12 月,上海大众与斯柯达汽车正式签约,斯柯达备受关注的紧凑型 SUV 车型 Yeti 确定国产,并将于 2013 年正式投放市场。

(1)Superb 昊锐。

Superb 昊锐是斯柯达品牌的旗舰车型,于 2009 年 8 月上市。Superb 昊锐整车豪华大气而不失优雅,在驾乘空间、操控性、安全性、人性化装备等方面也均有出色表现。特别是其全球首创的"TwinDoor"双段式开启行李箱设计,更将汽车空间设计的智慧发挥到了极致。依托这一别出心裁的创新设计,Superb 昊锐的后备厢可以双段式开启,在优雅的三厢轿车和实用的五门掀背式轿车之间自如切换。

(2)Octavia 明锐。

作为斯柯达品牌首款战略车型,Octavia 明锐于 2007 年 6 月上市,并于 2010 年 4 月进行了升级换代。全面升级的明锐造型上融入更多动感与力量的新元素,主打 1.6L、1.4TSI、1.8TSI、2.0L 四个排量,匹配 5 挡手动变速箱、Tiptronic 6 挡手自一体变速箱、7 挡 DSG 双离合变速器三款变速箱,形成对高端 A 级车市场的全面覆盖。

2010 年,斯柯达品牌相继推出了全新的环保系列车型明锐 GreenLine 绿动和更具操控乐趣的高性能版本系列明锐 RS,进一步扩大了明锐系列对细分市场的覆盖。

(3)Fabia 晶锐。

2008 年 12 月上市。刚劲有力的立体切割线条、独具格调的平顶设计和独特的双色车身,令 Fabia 晶锐硬朗的外观气质卓尔不群。Fabia 晶锐拥有同级别车型中出色的头部空间和膝部空间。同时,在产品配置中,气动无骨雨刮、定速巡航、导航准备等领先配置首次出现在了 A0 级车型上,其高性价比、高科技含量和高品质给国内 A0 级高端小车市场带来了最强冲击。

在引进斯柯达汽车品牌系列产品的同时,上海大众也将斯柯达汽车品牌国际领先的服务品牌"Human Touch"引入中国,并充分考虑国内消费者本土化需求,为中国消费者提供了更具针对性、更专业的营销与售后服务体验。目前,上海大众斯柯达已在全国范围内建立了超过 300 家销售服务网点。

任务三 宝 马 汽 车

活动一 宝马汽车发展历程

一、宝马概况

BMW(图 3-13),全称为巴伐利亚机械制造厂股份公司(德文:Bayerische Motoren Werke AG),是德国一家世界知名的高档汽车和摩托车制造商,总部(图 3-14)位于慕尼黑。BMW 在中国大陆、香港与早年的台湾常称为"宝马"。

BMW 公司的历史始于 1916 年,在中国大陆早年翻译为巴依尔。公司最初是一家飞机发动机制造商,1917 年还是一家有限责任公司,1918 年更名巴伐利亚发动机制造股份公司并上市。

项目三　德国汽车文化

图 3-13　宝马 Logo

图 3-14　宝马慕尼黑总部大楼

BMW 在初创阶段,公司主要致力于飞机发动机的研发和生产。BMW 的蓝白标志象征着旋转的螺旋桨,这正是公司早期历史的写照。但是现任的宝马总裁却更正说,人们总以为蓝白标志是螺旋桨,其实应该是,宝马的总部在慕尼黑,德国的巴伐利亚州,而巴伐利亚州的州旗是蓝白相间的,宝马的名字又是巴伐利亚发动机公司,宝马就代表了巴伐利亚,代表了德国最精湛的发动机技术。1923 年,第一部 BMW 摩托车问世。五年后的 1928 年,BMW 收购了埃森那赫汽车厂,并开始生产汽车。之后,BMW 将许多汽车制造史上的杰作推向市场,这些产品不断激发出强烈的感情和人们的渴望,铸就了 BMW 公司作为一家汽车制造商的杰出声誉。

BMW 集团的今天以高档品牌高效增长当前,BMW 集团是全世界最成功和效益最好的汽车及摩托车生产商。2002 年,公司成功销售了超过 100 万部 BMW 和 Mini 品牌的汽车,销售纪录首次突破一百万辆;在摩托车业务上,销量超过 9.2 万辆,再创销售新高。在全球,BMW 集团的员工总数超过 10 万人。

一贯以高档品牌为本,正是企业成功的基础。BMW 集团拥有 BMW、宝马 Mini 和 Rolls—Royce(劳斯莱斯)三个品牌。这些品牌占据了从小型车到顶级豪华轿车各个细分市场的高端,使 BMW 集团成为世界上唯一一家专注于高档汽车和摩托车的制造商。高档意味着"附加值"。BMW 集团的品牌各自拥有清晰的品牌形象,其产品在设计美学、动感和动力性能、技术含量和整体品质等方面具有丰富的产品内涵,因此,这些品牌可以给用户提供切实的附加值。在此基础上,BMW 集团期望获得较高的单车利润率,从而继续保持赢利性增长,并确保公司在未来的独立地位。

宝马作为德系三大豪华品牌之一,不仅在国内的新车市场占有较高的市场占有率和知名度,而且在二手车领域也均推出了品牌二手车服务——宝马"尊选",宝马尊选二手车是宝马集团于 2003 年在全球豪华品牌中首推的全球统一的二手车认证项目。2005 年 12 月,宝马在中国启动了宝马尊选二手车认证项目。目前,全国已有 40 家宝马授权经销商提供这项服务。

二、宝马产品系列

一系列(1er-Reihe):车系代号 E87,2004 年上市,小型五门掀背车系。三门掀背式 E81。双门硬顶跑车 E82。双门敞篷 E88。

三系列(3er－Reihe)：车系代号 E90，2006 年上市，小型主管级房车系与衍生的五门旅行车(Touring)E91。双门硬顶跑车 E92 及双门敞篷 E93。

BMW 750i 五系列(5er－Reihe)：车系代号 F10，2010 年上市，中型主管级房车与衍生的五门旅行车款 F11，长轴型车系代号 F18。

六系列(6er－Reihe)：中大型轿跑车系列，分别有双门轿跑车(车系代号 E63，2004 年上市)与双门敞篷跑车(车系代号 E64，2004 年上市)两种车型。

七系列(7er－Reihe)：大型豪华房车系列，2009 年上市，有短轴型(车系代号 F01)与长轴型(车系代号 F02)，并有为政要设计的装甲版本(车系代号 F03)，另有将于 2011 年推出的混合动力版本(车系代号 F04)。

Z4：车系代号 E85，2002 年上市，小型双门双座敞篷跑车。在 2006 年时新加入了双门硬顶的 E86 Z4 coupé 车型。

X1：小型 SUV。

X3：车系代号 E83，2003 年上市，小型五门休旅车系。

X5：车系代号 E70，2007 年上市，中型五门休旅车系。

X6：车系代号 E71，2008 年上市，跨界休旅车\SUV。

五系列 GT(5er－Gran Turismo)：车系代号 F07，2010 年上市，混合运动型轿车及 SUV 的新型跨界休旅车。

概念车：车型 Gina，未上市，BMW 所开发的新型概念车，又 BMW 设计的特殊纤维布料所包覆。

油电混合车：车型 Efficient Dynamics，未上市，为了符合现代省油的趋势而制造，相同车型为 Toyota Prius。

活动二　宝马 Mini Cooper

1956 年苏伊士运河爆发战争，石油危机笼罩英国，英国汽车公司(BMC)聘请了著名汽车设计师伊西戈尼斯(Issigonis)。当时英国流行大型轿车，但是他很清楚更需要一种经济型轿车，要求公司完全按照他的思路设计，否则就不干，他的要求很快得到批准。1959 年秋天 Mini 终于面世了，人们看到只有 3.9 米长的车身里，容纳了 4 张合适的座椅，横置发动机机械都集中到人不需要用的地方，两个前轮之间以及后座地板下面。它的奥妙在于巧妙的重心分布及适当的轴距和轮距。从 1962 年起，Mini 不断参加各种汽车比赛，曾多次获得了冠军，例如 1962 年荷兰拉力赛冠军，在蒙特卡洛汽车赛中三次夺魁，1979 年英国 Saloun 冠军赛冠军，在无数次环形路车赛中获胜，赛车手认为该车具有令人难以置信的良好操纵性和路面附着能力。

1988 年，当代杰出的汽车设计师伊西戈尼斯逝世。但他的 Mini 创造了一个奇迹。这种车车轮才 25.4cm，技术落后的铁质发动机的功率又比别的汽车小得多，它怎么可能在比赛中把保时捷、富豪、福特等汽车甩在后面呢？Mini 的秘密来自于技术优势：巧妙的重心分布及适当的轴距和轮距。由于它的外型"呆头呆脑"，许多人曾试图使这种小车换成一种"现代化的式样"，改进它原来的设计，结果都没有成功。这是因为伊西戈尼斯将 Mini 车的设计从一开始就考虑得十分周密，自成一体。

不过,正因为它的呆头呆脑的可爱模样和卓越的性能,获得了许多人的青睐和爱戴,成为不分等级的私人用车。首先迷上 Mini 车的人士,是伦敦及欧洲一些潮流派的中产阶层,许多名流把它当作玩具在市区里开来开去,同时,这种价格比较低廉,经济实惠的小车也成为不少普通百姓的私家车。Mini 的名字甚至成为人们生活中的一个词汇,成为微型和袖珍的代名词。中文译音"迷你"用在许多商品上,迷你裙、迷你音响等等,但许多人不知道"迷你"是来自于一辆车的名称。这也是世界上唯一被用于生活名词的汽车名称。

Mini Cooper(图 3-15)是很多人心目中的经典车型,受到了很多年轻时髦男女的追捧。迷你的外形小巧中又带点犀利,内饰时尚之外又有点复古,在艳丽的外表下面,又拥有强大的动力和灵活的操控性。可以说,Mini Cooper 是不局限年龄和身份的高级微型车。

Mini 的车门张开的角度极大,因此进出车门和后排座都很方便。它的前机盖由单张金属板件制成,前大灯与发动机罩也采用了一体化的设计,都显示出 Mini 技艺上的"精湛"。同时,它前、后风挡玻璃的倾角设计的很小,侧窗玻璃也几乎没有弧

图 3-15 Mini Cooper

度。它那造型古老的镀铬门把手更会让人产生几分怀旧的情绪。Mini Cooper 搭载的发动机,能够输出 88 千瓦/120 马力的最大功率。而 Mini Cooper S 则能够输出 128 千瓦/175 的马力。Mini Cooper 可在 10.4 秒钟将车从 0 加速到 100km/h 的速度。同时,最高 197km/h 的车速,对于追求"驾驶乐趣"的车友来说也可以满足需求。而配备全天候防滑稳定控制系统+循迹装置(ASC+T),以及动态稳定控制系统(DSC)等先进科技的 Mini,更像一部家用的小型"赛车"。

图 3-16 新一代 Mini

新一代 Mini 敞篷车(图 3-16)携两个车款进入中国汽车市场:新一代 Mini Cooper 敞篷车通过一台 1.6L 的 88 千瓦/120 马力四缸发动机驱动,具有真正出色的运动素质。这款发动机装备有根据宝马集团独特的 Valvetronic 电子气门技术开发出来的全可变气门管理系统,从而可获得上佳的扭矩曲线、强劲动力和杰出的效率。新一代 Mini Cooper 敞篷车加速至 100km/h 需 11.1s,最高车速为 191km/h。其平均燃油消耗为 6.9L/100km,二氧化碳排放值为 165g/km。

凭借双涡管涡轮增压器和燃油直喷技术,装备 1.6L 四缸发动机的新一代 Mini Cooper S 敞篷车更具动感,产生的最大输出功率为 128 千瓦/175 马力。这款出色的车型从静止加速到 100km/h 只需 7.7s,最高车速达 217km/h。其平均燃油消耗为 7.9L/100km,CO_2 排放值为 189g/km。这两款非常先进的动力单元使得新一代 Mini 敞篷车相比前代车型具有明显更好的性能,油耗更少而且排放更低。

活动三 宝马汽车在中国

华晨宝马汽车有限公司成立于 2003 年 5 月,是宝马集团和华晨中国汽车控股有限公司共同设立的合资企业,业务涵盖 BMW 品牌汽车的生产、销售和售后服务。公司的生产厂位于工业基础雄厚的辽宁省沈阳市,在北京设有分公司,销售和服务网络遍及全国。

目前,华晨宝马汽车有限公司生产最先进的 BMW 3 系和 5 系两个系列共 15 个车型的汽车,2009 年产销量均超过 4 万辆,历年累计销量超过 15 万辆。这些产品全面应用 BMW EfficientDynamics(高效动力)技术,是高性能和高环保性的典范。为了满足快速增长的客户需求,华晨宝马汽车有限公司于 2009 年 11 月宣布二期扩建项目计划,长远的计划是逐步把产能提高到每年 30 万辆。

在保持高速增长的同时,华晨宝马始终坚持客户导向,给予经销商强大的支持,客户满意度在豪华车市场上名列前茅。截止到 2009 年底,在全国设立了 150 家授权经销商及服务网点,在北京、上海和佛山建立了三个大型零部件配送中心,在北京和上海拥有两个 BMW 培训中心,以及在沈阳、广州、南京、成都 4 个培训基地。

任务四 奔 驰 汽 车

活动一 奔驰汽车发展历程

德国汽车品牌,被认为是世界上最成功的高档汽车品牌之一。

梅赛德斯—奔驰其完美的技术水平、过硬的质量标准、推陈出新的创新能力、以及一系列经典轿跑车款式令人称道。在国际上,该品牌通常被简称为梅赛德斯(Mercedes),而中国内地称其为"奔驰",台湾译为"宾士",香港译为"平治"。如图 3-17 所示,为奔驰车车标演变。

自 1900 年 12 月 22 日戴姆勒汽车公司(Daimler-Motoren-Gesellschaft,DMG)向其客户献上了世界上第一辆以梅赛德斯(Mercedes)为品牌的轿车开始,奔驰汽车就成为汽车工业的楷模。奔驰三叉星已成为世界上最著名的汽车及品牌标志之一,110 多年来,奔驰品牌一直是汽车技术创新的先驱者。自从奔驰制造了第一辆世界公认的汽车后,110 多年过去了,汽车早已度过了他的百岁寿辰,而在这 110 多年来,随着汽车工业的蓬勃发展,曾涌现出很多

图 3-17 奔驰 Logo 演变

的汽车厂家,也有显赫一时的,但最终不过是昙花一现。到如今,能够经历风风雨雨而最终保存下来的,不过三四家,而百年老店,仅有奔驰一家。如图 3-18 所示,为梅赛德斯—奔驰的造型。

从 1886 年卡尔·奔驰发明第一辆汽车,到梅赛德斯—奔驰的三叉星徽正式与中国结缘,时隔百年,仿佛履行了彼此一个遥远的约定。

图 3-18 梅赛德斯—奔驰的造型

戈特利布·戴姆勒 Gottlieb Daimler(1834～1900),德国工程师和发明家,现代汽车工业的先驱者之一。1834 年 3 月 17 日出生于德国符滕堡雷姆斯河畔舍恩多夫的一个手工业工人家庭,父亲是一位面包店老板。1852 年,他就读于斯图加特工程学院。少年时代的戴姆勒就对燃气发动机产生了浓厚的兴趣,并开始学习研制奥托式燃气发动机。1872 年,戴姆勒设计出四冲程发动机。1883 年,他与好友—著名的发明家威尔赫姆·迈巴赫(Wilhelm Maybach)合作,成功研制出使用汽油的发动机,并于 1885 年将此发动机安装于木制双轮车上,从而发明了摩托车。1886 年,戴姆勒把这种发动机安装在他为妻子 43 岁生日而购买的马车上,创造了第一辆戴姆勒汽车。

1897 年戴姆勒的公司生产出"凤凰"牌小客车,尤其是 1903 年,以公司主要投资人埃米尔·耶利内克的女儿的教名"梅赛德斯 Mercedes"命名的小客车投产,耶利内克是当时公司主要投资人,奥地利驻法国尼斯 Nice 的领事,戴姆勒汽车的热情支持者。其前置发动机有 35 匹马力,有前车灯、挡风板、双门 5 座位敞篷车造型更加接近现代轿车的特征,还有比原来更轻、动力更大的引擎、更长的轴距、更低的重心,大大提高了戴姆勒公司的商业地位。

1926 年 6 月 29 日戴姆勒公司和奔驰公司合并,成立了在汽车史上举足轻重的戴姆勒—奔驰公司(Daimler-Benz),从此他们生产的所有汽车都命名为"梅赛德斯—奔驰(Mercedes-Benz)"。1900 年 3 月 6 日戈特利布·戴姆勒逝世于德国斯图加特的巴特坎施塔特。

卡尔·弗里特立奇·本茨(Carl Friedrich Benz)(1844～1929 年),德国著名的戴姆勒—奔驰汽车公司的创始人之一,现代汽车工业的先驱者之一,人称"汽车之父"。1844 年,本茨以遗腹子的身份出生于德国卡尔斯鲁厄,父亲原是一位火车司机,但在他出世前的 1843 年因发生事故去世了。从中学时期,本茨就对自然科学产生了浓厚的兴趣。并先后就读于卡尔斯鲁厄文理学院和卡尔斯鲁厄综合科技大学。其间,他较为系统地学习了机械构造、机械原理、发动机制造、机械制造经济核算等课程,为日后的发展打下了良好基础。在经历过学徒工、服兵役、娶妻生子等人生经历后,本茨于 1872 年与奥格斯特·里特(August Ritter)合作组建了"奔驰铁器铸造公司和机械工场",专门生产建筑材料。由于当时建筑业不景气,本茨工场经营困难,面临倒闭危险,万般无奈之际,他决定制造发动机获取高额利润以摆脱困境。于是,他领来了生产奥托四冲程煤气发动机的营业执照,经过一年多的设计与试制,于 1879 年 12 月 31 日制造出第一台单缸煤气发动机(转速为 200 转/分,功率约为 700 瓦)。不过,这台发动机并没有使奔驰摆脱经济困境,他依然面临着破产的危险,生活十分艰苦。但是,清贫的生活并没有改变本茨投身发动机研究的决心,经过多年努力,1886年1月29日,卡尔·本茨发明了第一辆不用马拉的三轮车,现保存在慕尼黑的汽车博物馆。奔驰汽车公司获得"汽车制造专利权",正是这一日子,被确认为汽车的生日。

1893年,本茨研制成功了性能先进的"维克托得亚"牌汽车。它采用本茨专利的3L发动机,方向盘安装在汽车中部。尽管该车性能先进,但由于价格高达3875马克,因而很少有人购买得起,成为公司的滞销品。这种在技术上为奔驰带来了极高荣誉的汽车,在经济上并没有给他多大的好处。后来本茨听从了商人的建议,于1894年开发生产了便宜的"自行车"(定价2000马克)。这种"自行车"销路很好,在一年时间内就销出了125辆。由于是世界上第一种批量生产的机动车,因而给奔驰带来了较高的利润。后来,奔驰又对前期生产的"维克托得亚"牌汽车进行了改进,将车厢座位设计成面对面的18个,它因此成为了世界上第一辆公共汽车。

在发明汽车的过程中,卡尔·本茨的勇气令人十分钦佩:首先,他甘心清苦,埋头于自己的发明工作其次,他果敢地摒弃了在技术上已十分成熟的蒸汽机而选用了自己并不被人看好的内燃机作动力,反映了他在观念上的巨大转变。再次,他既能开发生产反映汽车技术最高水平的"高档车",又能及时调整产品结构,组织生产适销对路的"普通车",为公司赢得可观的利润,说明他既有工程师的基本素质,又有企业家的经营技巧。

我们现在所提到的奔驰汽车公司并不是由本茨先生一人创办的,它是两大汽车巨人的合作,他们就是汽车发明的鼻祖卡尔·费利特里奇·本茨和戈特利布·戴姆勒。1926年这两大汽车公司合并为一家形成了戴姆勒—奔驰公司。

此时戴姆勒早已去世。而本茨也已经是82岁高龄了。然而造化弄人,这两位汽车发明巨匠不知什么原因,虽然两人分别在仅距80km的两座小城内,却从未见过一次面。成为汽车史上的一大憾事。但他们的继承人不负众望,使两位伟人所开创的事业得以发扬光大,使奔驰汽车公司成为了世界上第一流的汽车公司。

1886年,本茨发明的汽油发动机为动力的三轮车被授予专利,与此同时,戴姆勒也发明出了他的第一辆四轮汽车,同年他还取得了船用发动机专利。

1889年,戴姆勒首先为它的汽车安装上了四挡变速器。

1890年,戴姆勒汽车公司成立(DMG),迈巴赫设计了第一台直列4缸四冲程发动机。

1894年,世界首次从巴黎到鲁昂(Rouen)的汽车赛,装有戴姆勒发动机的汽车取得了胜利。

1895年,世界第一条公共汽车线路开始运营,该车采用奔驰的发动机。1896年,戴姆勒汽车公司制造成功世界上第一辆货车。同年,戴姆勒为P&L公司制造了世界首台汽车用4缸发动机。

1897年,世界首家出租车服务公司在斯图加特将戴姆勒制造的汽车作为出租车,并投入运营。

1901年,戴姆勒汽车公司制造的第一台35马力的梅赛德斯跑车赢得Nice—La Turbie爬山赛冠军。

1902年,戴姆勒获得了"梅赛德斯"法定使用权,并将"梅赛德斯"作为其新的商标。

1903年,奔驰汽车公司的第一种装有对置式,水冷发动机和传动轴的汽车帕西法尔型汽车制造成功。

1910年,奔驰汽车公司开发了第一台4气门发动机。

1914年,奔驰制造了第一台12气缸250马力的航空发动机。

1926年,奔驰汽车公司和戴姆勒汽车公司,为了避免日益增大的汽车工业中互相排挤。两大汽车巨人终于走到一起,创办了举世闻名的"梅赛德斯—奔驰"汽车公司(Mercedes—Benz)。在这之后,公司坚持以生产军用产品为方针,决心依靠德意志银行建立全德统一的汽车工业康采恩。在希特勒第三帝国时期,公司积极向掌权的纳粹党靠拢,并最终成为它的"经济翅膀"。

1934年,"梅赛德斯—奔驰"汽车公司制造了世界上第一辆防弹汽车770K。该车是为希特勒特制的高级轿车,车身用4mm厚的钢板制成,挡风玻璃有50mm厚,轮胎是钢丝网状防弹车胎,后排坐垫靠背装有防弹钢板,地板也被加厚到4.5mm整车重理超过5吨,它配有一台排量为7655ml的V8发动机,可产生100kW的功率,此车共生产了17辆,大部分都毁于第二次世界大战,现在仅存3辆成为稀世珍品。

1936年"梅赛德斯—奔驰"汽车公司在柏林汽车展上推出了世界上第一款使用柴油发动机的轿车206D,因此而节省了大量的燃料。同年在柏林汽车展上,"梅赛得斯—奔驰"汽车公司还推出了第二次世界大战前外形尺寸最大的汽车170v(拥有4缸发动机)。当年还推出了500k豪华跑车,在当时拥有惊人的160马力引擎和3.29m的轴距!

1938年,公司推出了根据空气动力学设计的"梅赛德斯—奔驰"320轿车,它比先前的车型都更易操控,而使得它能在新修建的高速公路上以更高的速度行驶。在第二次世界大战中,德国的工业遭到了几乎毁灭性的打击,公司生产停滞。一直到了1947年,才生产了战后第一款车:老的170v。

1949年,公司开始复苏,并在汉诺威技术出口交易会上推出了战后第一款新车170s。

1951年,公司在第一届法兰克福国际汽车展上推出了拥有全新引擎(6缸,顶置凸轮轴)的220。当年还推出了当时德国最大、时速最高的量产车300,这种车很快便成为了政客和富商们的最爱。

1953年8月,公司第一款三厢轿车180(公司内部称为w—120)正式发布。

1954年公司在带有传奇色彩的跑车300SL上率先使用了汽油喷射装置。从而成为了淘汰传统化油器的新科技。

1961年,公司推出了第一款带有空气悬架的汽车300SE。

1969年9月,公司在法兰克福汽车展上推出了C111一代试验车,该车采用了三转子的汪克尔发动机,拥有惊人的280匹马力。一年之后,又推出了C111二代车,和一代不同的是,它采用了带四个转子的汪克尔发动机,输出350匹马力的强大动力,使得它具有十分突出的性能。

1972年,公司开发了一款全新的豪华车280SE。随后,这款车被命名为"S—Class"(内部代号:w116),也就是我们熟悉的最早的S系列车。

1974年,推出了世界上第一款搭载5缸柴油发动机的汽车240D 3.0。

1978年,公司在法兰克福国际汽车展上推出了一款搭载5L排量的轻型铝合金发动机的汽车 450SLC 5.0。

1979年,公司凭借着全新开发的"G—Class"进军越野车市场。

而今,奔驰汽车公司已成为了德国第一大汽车公司,拥有12个系列,百余种车型,年产量达到了近百万辆。虽然大众汽车公司不断努力,仍然超不过奔驰汽车公司,屈居第二。在欧洲一百家大企业中,奔驰公司名列第四(大众第五,菲亚特第六)美国"幸福"杂志公布的全球五百家最大工业公司中,奔驰公司名列第十,在全球最大汽车工业公司中,奔驰公司仅次于美国的通用、福特和日本的丰田而居第四位,这一串的数字说明奔驰公司在全球汽车产业中的实力和地位,尤其是其经过了百年的风雨仍能保持强大的生命力更是叫人惊叹不已,近年来,由于经济疲弱,其他大公司连年亏损,甚至不得不走上了联合与兼并的道路,而奔驰公司不仅盈利,而且盈利的稳定性也较高,从而避免了联合与兼并之路,保持了奔驰公司世界第一品牌的独立性。做到这一点并不是轻而易举的。除了世界知名品牌的号召力外,真正的法宝是它高质量的保证。质量是取胜的关键,这是奔驰百年的承诺,也是闪闪发光的三角星的真正内涵。今天,奔驰汽车已是高质量高档次高地位的象征。它不仅已成为社会名流必备的道具,甚至许多国家都采用奔驰汽车作为外交用车的标准车辆,"奔驰"已成了名副其实的名牌。

奔驰公司资产超过500亿美元,每年的净利润达12亿美元,雇员约40万人,奔驰公司年产汽车近百万辆,其中轿车只限量生产55万辆,这是为了保证高质量和"物以稀为贵"。奔驰汽车公司的总部设在斯图加特,在总部内设有庞大周全的接待设施。

少而精的奔驰轿车总是供不应求,所以订货买车经常要依次等候到几个月以后,接到提货通知的买主,分批来到奔驰公司的接待处,在这里,他们受到真正"上帝"的待遇,不但有住宿款待,还可几人一小组,并有专门的接待小姐引导参观,先看介绍公司的录像,然后观看轿车装配的每一过程。在装配线上,每一辆轿车上都标有买主的名字,车体颜色和内饰等都严格按照买主所选择的模式进行装配,"个性化"鲜明的体现在每一辆奔驰车上。

在装配线上没有一辆车是完全相同的,满足客户的每一个要求,是奔驰永远的标准,所以奔驰车的每一个买主都能开上自己心中的汽车,都能体会到"上帝"的感觉,第一辆车在卖出后,都立档案,所以买了奔驰车,也就成为了奔驰家族中的一员,可以受到无微不至的全方位服务,奔驰公司仅在德国西部就有1700个维修站,有五万多人从事保养维修工作在公路上,平均每25km就有一家奔驰维修站。买主只管开车,一旦发生故障,打个24小时服务电话,一般不超过半小时,维修站就会赶来处理。"奔驰家族"的优越感就体现在周到的售后服务和终身保修上,不仅在德国,在全世界171个国家和地区内设有4300多个维修点,雇员达7万多人,高质量、高信誉正是"奔驰"这家百年老店所蕴藏的珍宝。如图3-19所示为奔驰C55 Coupe车型。

图3-19 奔驰 C55 Coupe 车型

"精美、可靠、耐用"是奔驰汽车的宗旨,为了保持高质量和开发新技术,奔驰公司每年投入的科研开发费用高达4亿美元。造型精美,不断更新,具有传统和流畅的奔驰车身的特点,一眼看上去就给人"这是奔驰"的感觉。它首先开发和应用了汽油喷射技术,在轿车电子化上居于领先地位。奔驰车也首先将柴油发动机用于高档轿车上。它生产的赛车在赛车史上获得过4000多次冠军,而赛车则常是汽车新技术创制的"试验田"。每年,有100多辆整车用于安全碰撞等各种可靠性试验。一般汽车行驶十万公里就趋于报废,而奔驰车行驶三十万公里保持良好性能已是屡见不鲜,制作严谨和选料精良是奔驰车可靠耐用的基础。乘坐奔驰,在安全和可靠的基础上也使人有特殊的享受。奔驰车较之同类车虽然价格高出许多但是由于它可靠耐用,保养维修费用远比其他车低得多,所以算来算去买"奔驰"实际很划算,更何况还得到了"世界第一名牌"的美誉。

活动二　奔驰汽车在中国

1986年,梅赛德斯—奔驰(中国)有限公司在香港成立。伴随梅赛德斯—奔驰中国业务的蒸蒸日上,2006年,梅赛德斯—奔驰中国的总部迁至北京,同时公司也更名为梅赛德斯—奔驰(中国)汽车销售有限公司(以下简称奔驰中国),拥有在中国大陆以及香港和澳门特别行政区销售梅赛德斯汽车集团旗下产品的所有经销权。由始至终,奔驰中国一直致力于满足中国市场日益增长的客户需求。

北京奔驰汽车有限公司简称北京奔驰,成立于2005年6月,由北京汽车工业控股有限责任公司、戴姆勒·克莱斯勒股份有限公司和戴姆勒·克莱斯勒(中国)投资有限公司共同出资组建的汽车制造公司,成立初时名为北京奔驰—戴姆勒·克莱斯勒汽车有限公司,其前身为北京吉普汽车有限公司。直到2007年,戴姆勒·克莱斯勒总公司分家,就易名为北京奔驰汽车。

今天,梅赛德斯—奔驰已在全国近80个城市建立了超过170个授权销售和服务中心;多元化布局:驰骋于中国道路上的数十款顶级车型;携手北汽:梅赛德斯—奔驰E、C级轿车中国制造;挑战自我:不断提升用户满意度;做优秀企业公民,对社会责任的高度重视;展示品牌内涵,积极推动文化、艺术、体育事业在中国的传播与发展。

作为世界上最成功的豪华汽车品牌,梅赛德斯—奔驰从诞生伊始,让三叉星徽闪耀全球就成为其永不放弃的梦想与追求。

时至今日,梅赛德斯—奔驰的三叉星徽标识也已遍布中国,且连续多年保持着高速增长。2009年,梅赛德斯—奔驰以前所未有的业绩领跑中国豪华车市场,全年在中国大陆地区共向客户交付68500辆梅赛德斯—奔驰、AMG、smart及迈巴赫汽车,较2008年同比增长77%。这一增长幅度不仅在中国豪华车市场遥遥领先,而且创下了奔驰进入中国市场二十余年来历史最好成绩。

任务五　德国本土文化特点

中国人有句话说,一方水土养育一方人。德国人的性格特点很大因素决定于德国的社会、经济、政治文化环境。德国人在世界上被称为是严谨、守时、聪慧,德语语法的严谨也在世界上著称。

一、德国概况

图 3-20 德国国旗和国徽

德意志联邦共和国（德语：Bundesrepublik Deutschland，简称德国），位于欧洲中部的议会制和联邦制国家，由 16 个联邦州组成，首都和最大的城市都是柏林。如图 3-20 所示，为德国国旗和国徽。

德国的科学研究和教学机构包括综合性大学（Universität）、工业大学（或称理工大学，Technische Universität）和应用科学大学（Fachhochschule），综合性大学和工业大学拥有博士学位和大学任教资格的授予权。绝大多数德国大学是国立大学，但是大学的科研经费则由第三方资助，如德国科学基金会及其他基金会和企业等。

除了大学外，德国还有很多大学外的研究机构，这些机构之间以及同大学之间联系紧密。马克斯—普朗克学会负责基础研究，下设有 78 个研究所，年经费 13 亿欧元。亥姆霍兹联合会是德国最大的科学学会，下设有 15 个研究中心，进行跨学科研究。夫琅禾费协会是德国最大的应用科学研究机构，下设 56 个研究所，将基础研究结果付诸于商业化开发，他们因开发了 MP3 音频格式而闻名世界，MP3 音频格式是德国享有的最重要专利之一。莱布尼茨学会是独立研究机构的联合会，即致力于基础科学研究，也进行应用科学研究。

德国是全球八大工业国之一。鲁尔区是德国的传统煤钢工业区。慕尼黑（宝马汽车总部所在地）、汉堡、斯图加特（奔驰和保时捷总部所在地）、沃尔夫斯堡（大众汽车总部所在地）也形成了强大的制造业集群。柏林、莱比锡、德累斯顿则是德国东部的工业重镇。新兴工业集中在慕尼黑一带。

德国的主要部门有电子业、航太工业、汽车制造、精密机械、装备制造、军工生产等。德国工业产品以品质精良著称，技术领先，做工细腻，但成本较高。德国的工业品在世界享有盛誉，而德国也是西欧最大汽车生产国。

二、德国社会文化

德国文明起步虽然较晚，但在近代对世界文化贡献良多。科学家如爱因斯坦、马克斯·普朗克、卡尔·弗里德里希·高斯等。至今，德国科学家一共获得了超过 60 项诺贝尔物理、化学和生理医学奖。德国还是现代导弹、火箭的发源地。

19 世纪在德国诞生了世界上第一个共产党——德国社会民主工党，这是马克思亲自创建的，第一国际也产生于德国。马克思逝世后，德国社会民主工党中的一部分人摒弃阶级斗争，走议会路线，被俄国的列宁称为"修正主义"，在此基础上产生了第二国际，德国是欧洲第二国际的大本营。由此可见德国工人运动和社会主义的传统极为深厚。

1896 年诞生的《德国民法典》对世界法制史有着重大影响，它和法国 1804 年《拿破仑法典》构成了大陆法系的基石。

任务六　汽车文化衍生经济(二)

活动一　汽车旅馆

汽车旅馆(图3-21),来自英文的Motel,Motel是Motor和Hotel的合成词,即汽车旅馆,以前是指没有房间的旅馆,可以停车,而人就在汽车内睡,只不过比停在外面多了层保护而已。

汽车旅馆与一般旅馆最大的不同点,在于汽车旅馆提供的停车位与房间相连,一楼当作车库,二楼为房间,这样独门独户为典型的汽车旅馆房间设计。

汽车旅馆多位于高速公路交流道附近,或是公路离城镇较偏远处,便于以汽车或机车作为旅行工具的旅客投宿。

图3-21　某汽车旅馆室内

在中国大陆,分布在全国的数百家莫泰(Motel)连锁酒店尽管叫"汽车旅馆",但实际上是连锁商务酒店。而在日本,在中国台湾,汽车旅馆有时候是"情人旅馆"的代名词。

在中国台湾,许多高速公路沿线地区、新开发的重划市镇或风景区附近,分布有较多的汽车旅馆。由于竞争激烈,使得汽车旅馆的经营走向休闲的方式,装潢设计达到甚至超越高级饭店的水准,还有主题式的房间设计(例如夏威夷式、科幻式),申请住房的客人也不再限定于旅客,更扩展到一般民众的休闲娱乐的需求。此类汽车旅馆经常被业者自称为"精品(汽车)旅馆"或类似的命名方式,除了供一般旅客投宿过夜外,也提供限时短暂住房(休息)的服务,即时钟旅馆式的租用方式,作用与日本等地的爱情旅馆(ラブホテル)类似。近年来也有一些采度假别墅(Villa)风格的汽车旅馆陆续开幕,汽车旅馆的开设位置也由市郊逐渐往市区内移。

活动二　宝马广告

图3-22　宝马汽车广告(一)

宝马汽车的广告(图3-22、图3-23)是一种从广告的创意到表现再到传播的全新尝试,为广告的创意与表现树立了一种崭新的模式。这种创意表现模式使广告更具艺术性、故事性和观赏性,广告似乎正在从营销的阴影里走出来,而消费者似乎也从被动地接受广告到主动地欣赏广告转变。广告已经不单单是商品信息的传播者,广告更是意识形态的传播者。因此,广告活动的核心内容必将以提炼并传播企业价值理念、文化品位、风格个性、审美情趣等讯息并以此塑造品牌形象为中心职能。

20世纪70年代,欧美汽车市场竞争激烈,宝马通过制定其独特的诉求主题,强调了宝马车独一无二的卖点,即一辆真正的豪华轿车必须具备优异的驾驶性能,使其品牌的个性与竞争对手形成了差异并凸显了其在市场中的竞争优势,广立了宝马汽车的品牌形象。在之后的年代里,宝马秉承并延续了它一贯的品牌个性,走上魔力创意之旅,给宝马带来了不俗的市场销售业绩,赢得大批忠实的车迷,也顺利跻身世界名车行列,使得宝马的汽车文化在更为广阔的空间和时间里传递。

随着社会形态和消费需求的不断变化,宝马也在与时俱进,不断地更新自己的传播策略手段。在资讯大量冗余的现代生活中,电视、广播、杂志和报纸等传统媒介对中青年白领消费者而言已逐渐失去其在传播资讯中的主流地位,网络成为了部分高端品牌进行分众传播新

图3-23 宝马汽车广告(二)

宠,而网络的主动性、参与性和互动性等特点更加契合汽车类商品进行广告传播。于是,宝马集团当然也就迅速建立了自己的网站,并在网站上应用了更为多样化且互动性更强的新型传播手段。其中,宝马的网络电影短片广告便是最具代表性的推广方式之一。

宝马网络电影短片作为一种全新的广告形式,其与传统广告相比它的独到之处表现为:

第一,传统的广告创意都有一个明确的(近期的)传播目标,它们往往是针对某一阶段的具体营销活动目标而定,并希望广告在短期内能产生明显的实际效果,一般表现为比较具体的单一的硬性指标,比如新产品上市,主要是想通过广告起到一个告知的作用,实现广告的认知目标;再如一些促销性广告,则是希望通过广告实现其行为目标,提醒、促进、说服消费者发生购买行为。从总体上看传统广告创意的传播目标的特征为短期性的、阶段性的、强调目的性、单一性。而宝马的广告创意则不拘泥于近期的传播目标,而是把眼光放得更加长远。

第二,传统的广告创意往往就事论事,诉求的意图非常明显,宝马的广告创意则并不直接强调商品的诉求。与传统的广告创意的明显诉求相比,宝马网络电影短片广告的诉求则显得更加隐晦更加含蓄,这并不是因为宝马不重视广告诉求,而是充分考虑到广告的表现方式,因为受众在接触广告的过程中是基于对电影的喜爱而主动搜索观看的,受众对它的第一印象是电影,如果受众在观看电影的第一时间就能感受到强烈的广告诉求,浓浓的商业味,反而会起反作用,不利于产品和品牌的传播。因此在制作上也并没有把它当作一则广告来拍摄,它的制作班底都是长期从事电影工作的影视制作人而非专业的广告人,他们在拍摄过程中更多地是采用电影的拍摄手法,更加注重的是电影的整体效果而非广告的商业效果。在这种广告形式中电影实质上起着一个感情基调的作用,通过电影的渲染,将消费者带入一种预先设定好的感情氛围中,带有感情偏执的消费者便更容易被特定营销手段所打动,广告诉求就在这样的潜移默化中直接融入消费者的头脑中,这种诉求是通过消费者将电影内容与自身感受加工而成,因

此认识上比那些直接给出的更加深刻,更符合个体需求。

第二,传统的广告创意不太注重故事的情节性,而宝马的广告创意则有其相对完整的故事性和情节性,更引人入胜。客观上,传统广告创意的内容往往受到媒体的限制。拿电视广告为例,在传统的电视广告播放中,每一条片的前后都是其他广告,观众是在看电视节目时顺便看到了广告,广告时间短,所以必须内容要简单,重点要突出,而不能太多枝枝节节,因此对故事情节的要求相对弱。而宝马网络短片电影广告以网络为平台,通过使用电影这种独立的表现方式,使其所有观看者是在没有其他的广告片干扰下专门观看的,如果看不明白,随时可以重看。这意味着,观看者主动将此片拿去给别人分享才是最重要的,因此内容就成为当之无愧的重中之重,只有拥有优秀的内容才能吸引受众的注意力,引起他们的兴趣。要让人们知道广告在说什么之外,还要在片子中提供众多有趣的小细节,若干能引起争议的话题,使广告内容更加丰满。比如大导演大明星的加盟,比如充满悬念的故事情节,夸张的汽车特技等,如果没有这些,就不可能有从几十个到十几万个链接播放点的剧涨,更加不会有从几百个到上千万人的传播量。因此完整细腻的故事情节更易扩大传播范围,使目标受众主动参与到广告的观看和传播中来,改变了传统广告创意的被动局面。也正因如此,使目标受众能更加充分感受和体验到品牌的精神所在,激发目标受众的使用联想,肯定其品牌认知度,进而开发其潜在的消费欲望,与此同时使受众能更全面的了解产品,弥补广告在物质诉求上的不足。

第三,传统的广告创意大都由专业的广告公司完成创意和制作,宝马的广告创意则全部由非专业的广告人完成创意制作,作品的可视性、审美性、艺术性均大大超过前者。宝马的这一做法将广告完全融入电影,吸引了更多的受众主动收看,这样一来就大大地降低了受众接受广告信息的门槛和防卫心理,有利于扩大广告的接触率和覆盖率,更好地发挥广告的传播效果;不仅如此,用这种新的方式还可以使传播形式多样化,而不局限于传统广告创意只能通过广告媒体与单个受众进行一对一的交流。例如广告主可以将其编排成电影邀请贵宾观看或以院线的方式放映,这样一来相应的营销活动又将掀起新一波的传播高峰,而且一对多地传播更易形成讨论,使关注的焦点持续升温,而这时作品的可视性、审美性、艺术性便不仅仅是一部好电影的评价标准,也是将舆论领向正面的重要因素,是塑造品牌形象、传播品牌精神的关键所在。

因此,宝马网络电影广告短片的横空出世,极大丰富了广告创意与传播的模式,淡化了商业与艺术的区别。如果说过去我们仍然强调广告的创意,那么,今后我们似乎更应该关注创意的广告。因为广告的创意,其中心词或者内容仍然是广告,只不过是将广告予以创意罢了;而创意的广告,其中心词或者内容则是创意,广告只不过是一个若隐若现的形式罢了。

随着工业的飞速发展,人们生活水平的不断提高,消费者需求正在由商品的物质性向商品的精神性过渡。商品的物质属性在消费者眼里已经不具有主流意义,而商品的抽象性(精神性)则越来越占据重要的位置。因此,广告活动的核心内容必将以提炼并传播企业价值理念、文化品位、风格个性、审美情趣等讯息并以此塑造品牌形象为中心职能。广告人员一方面通过抽象的品牌精神,另一方面通过形式美学或视觉文化迎合或诱导目标受众的审美意识或潜意识,以期让目标受众在感觉上对品牌产生审美喜好、在心理上对品牌产生价值认同、在行为上对品牌商品产生消费指向。可以想见,未来的广告必然是从"广告的创意"到"创意的广告"去演变和发展,创意将越来越成为信息传播的关键所在。

活动三　汽车节目秀

英国疯狂汽车秀(Top Gear)是英国广播公司(BBC)制作的著名汽车节目,曾获得过英国电影电视艺术学院奖(BAFTA)、多项英国国家电视奖(NTA)以及艾美奖。

图 3-24　Top Gear 节目海报

Top Gear(图 3-24、图 3-25)早在 1977 年便开始播出,最初只是一档中规中矩的传统汽车节目。但自 2002 年以后,该节目就日益变得幽默并热闹非凡。现在,节目由三位主持人杰瑞米·克拉克森(Jeremy Clarkson)、詹姆斯·梅(James May)和理查德·哈蒙德(Richard Hammond),加上试车手"The Stig"(这个名字的意思是他姓 Stig,叫"The",因为字母 T 大写了,因此"The"不是冠词,由多人饰演)。据估计,目前 Top Gear 在全世界拥有多达 3 亿 5000 万观众。

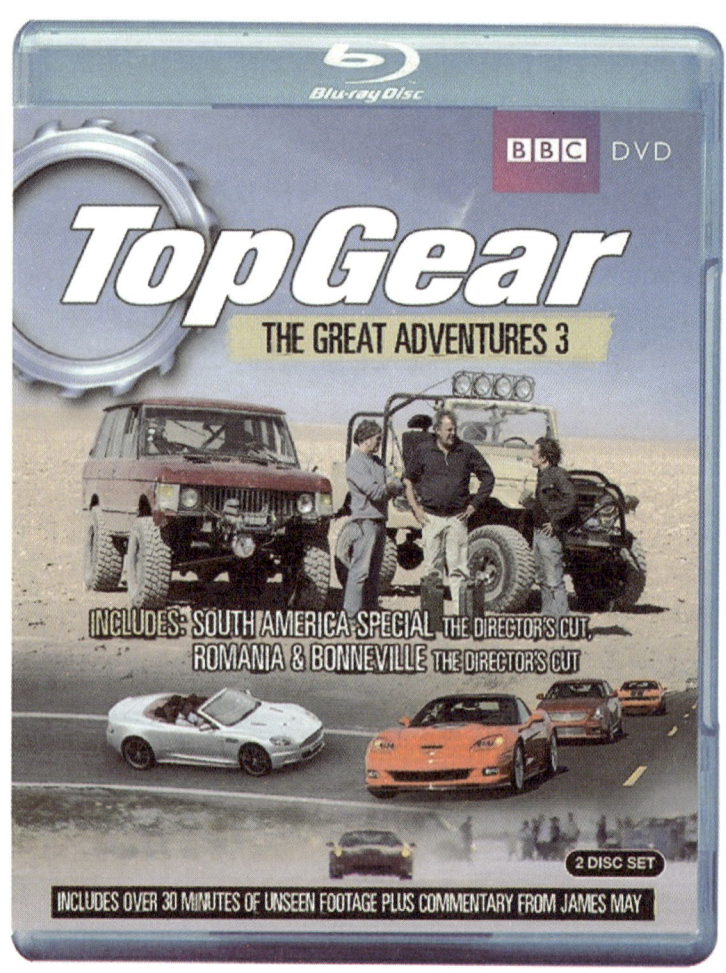

图 3-25　节目 DVD 封面

Top Gear 在 BBC 2 台首播,此外 BBC 美国、澳大利亚特别广播服务也播出这一节目。由于其流行效应,Top Gear 还在美国、澳大利亚和俄罗斯推出了在当地制作、使用当地主持人的国际档。

Top Gear 由于其精美的图像采编和诙谐调侃的主持风格而得到了相当多的好评,当然也有不少针对其内容和主持人言行的批评。专栏作家 A. A. Gill 说 Top Gear"拥有扣人心弦、具有动感的剪辑,是采编技巧的伟大胜利",而有的环境保护组织则指责 Top Gear 剧组破坏环境,比如在非洲特辑中开着 3 辆超旧车横穿博茨瓦纳的 Makgadikgadi 干盐湖。

思考题

为什么德国能在 19 世纪 70 年代以后从一个落后的封建国家迅速发展并超越英法而成为居欧洲第一的工业化强国呢?

项目四　日韩汽车文化

项目目标：
(1) 掌握日韩汽车工业的发展历程与科技创新。
(2) 掌握日本丰田、本田等汽车集团企业文化及发展历程。
(3) 掌握韩国现代等汽车集团企业文化及发展历程。
(4) 掌握日韩本土文化特点与科技创新环境。
(5) 掌握汽车运动、汽车电影、汽车杂志等汽车文化形式。

任务一　日韩汽车工业的发展

一、日本汽车工业发展过程

1. 日本汽车工业发展经历四个阶段

第一阶段是20世纪50年代，这时，日本经济处于恢复时期，汽车产业非常弱小，技术以引进为主，主要生产卡车。

第二阶段是20世纪60年代。这时日本进入经济自由时期，也是汽车产业发展的规模化阶段。经过多年技术和设备的引进消化，自主创新能力快速提高，开始自主设计生产新车型，该阶段丰田、日产等生产商开始建厂生产。

第三阶段是20世纪70～80年代。这是日本汽车高速发展的时期，其发展速度、生产效率、出口增长都明显加快，超过了欧美国家汽车产业。

第四阶段是20世纪90年代至今。这是日本经济进入低迷时期，也是世界汽车市场饱和时期，日本围绕汽车生产、新产品开发等方面同其他国家竞争，特别是在开发新型环保车方面，开拓创新，抢占技术领先地位，为日本汽车品牌可持续发展提供了坚实的基础。

2. 日本政府对汽车工业自主发展的扶植

第二次世界大战后的日本政府以"幼稚产业保护理论"为根据，对汽车产业实施了有关保护政策，先后颁布了一系列扶持汽车工业发展法规政策，把汽车产业仅限定于民族资本，不允许外国投资，隔断了国内企业同外国企业的竞争，有力地促进了日本汽车产业快速发展。日本对汽车产业实施了多方面的大力扶持。一是制定法律法规，保护国内汽车企业发展，抵制外资企业进入本国市场。二是给予企业贷款和税收方面优惠政策，为企业自主创新提供充足的资金。三是利用关税手段限制汽车进口，培育汽车自主品牌。四是以优惠政策鼓励企业出口创汇，开拓国际市场，参与国际竞争。五是支持企业坚持自主创新方针，多创国产自主品牌。

在对汽车产业进行保护和扶持过程中,初期以直接扶持为主,增加设备投入,提高自主创新能力从而赶超国外企业,并在汽车工业发展过程中,扶而不包,不直接干预企业的生产活动,而是通过政策和法规去扶持和引导企业完善国内市场,参与国际竞争。

3. 日本汽车企业的技术引进与自主创新

战后初期,日本汽车生产技术同欧美主要生产国相比,相当落后,要在短期内消除这一差距,达到世界先进水平,从国外引进先进技术是一条捷径。

1951~1969年,日本先后从美国、英国及意大利等国引进了405项先进技术。这对加速汽车工业发展和促进汽车工业技术研究起到了重大作用。但日本汽车工业迅速发展仅仅靠大量引进先进技术是不够的,更重要的是先进技术与本国技术革新相结合,使日本汽车工业无论在生产手段和汽车性能上均得到迅速提高,增强了国际竞争力。如东洋工业于1961年从西德汪克尔公司购买了转子发动机专利后,首先进行研究、试验,在进行200小时连续运转实验后,发现缸体与活塞接触产生了震纹。为解决这一难题,他们于1964年研制成功新型材料,克服了震纹,使转子发动机功能进一步提高,并在1961年使转子发动机走向市场。这项研究先后经过了六年时间,花费1400万美元。

目前,日本这种转子发动机产量和质量均超过德国。由此可见,日本汽车企业及时把引进技术与改造相结合,提升自主创新能力,使其技术水平位于世界前列,为企业培育和发展自主品牌创造了有利条件。

根据日本汽车协会统计的数字,2006年如果将其他相关产业计算在内的话,那么日本汽车产业总的工作人员数约495万,约占日本劳动人口数的7.8%。目前,日本拥有11个汽车制造商,他们分别是:丰田汽车、日产、本田、马自达、五十铃、铃木汽车、富士重工、大发汽车。除了铃木和大发,其他公司都在美国设有分厂。铃木与通用建有一个合资公司,位于加拿大境内。

20世纪90年代以后,日本汽车产业逐渐走下坡路。与世界其他地区一样,日本汽车制造行业经历了多次重组,这主要是日本国内需求不断下滑的结果。面临经济大萧条,日本汽车制造商通过关闭工厂来缩减产量,而且不得不向外国厂商出售企业股份来获得资金与管理支持。通用持有铃木与Subaru的股份,并控股五十铃。福特获得了马自达大部分股权,戴克控股三菱,雷诺控股日产等。

二、韩国汽车工业发展的过程

1. 韩国汽车工业发展的五个阶段

(1)组装起步阶段(1962~1966年)。在这期间,韩国的起亚、新进汽车等企业先后开始利用外国技术组装汽车。

(2)技术改良及国产化初期阶段(1967~1971年)。在这五年期间,政府集中力量扶持,汽车工业进入国产化阶段,形成了有特色的生产管理模式和产业发展格局。

(3)开发国产车及出口准备阶段(1972~1976年)。1972年,韩国现代公司独立投资开发国产车,建设生产能力为8万辆的汽车工厂。在这一阶段,国产化水平有了实质性提高,生产技术开始由简单组装转向国内独立开发。

(4)大规模生产及实验性出口阶段(1977~1981年)。在这一时期,汽车产业的大规模生产体制基本形成。以现代汽车为首的各生产厂家也把战略重点由国内转向国际市场。

(5)巩固出口基础及推进国际化阶段(1982年至今)。在这一阶段,韩国的汽车产业大规模进入国际市场,2011年出口数量达315.193万辆,汽车已成为韩国出口主导产业。

2. 政府对汽车工业自主发展的扶植

在韩国汽车工业发展过程中,政府对本国市场和企业给予多方面保护。政府通过各种补贴和优惠措施,降低本国汽车生产成本,鼓励本国汽车出口。从1962～1990年,韩国对汽车工业发展颁布了一系列有关扶植法规政策。与此同时,设置各种关税和非关税壁垒限制国外汽车进口,使本国汽车企业免国外的企业竞争压力。

3. 韩国汽车企业的技术引进与自主创新

韩国汽车企业的技术引进与自主创新过程经了三个阶段。在汽车工业发展的初期主要是技术的引进阶段,在这一阶段主要通过SKD组装方式生产,后来通过与丰田公司合作,开始了CKD独立生产。

在20世纪70年代,对技术主要是进行吸收改进。国家进行战略规划,要求每个公司选定一个车型开始开发完全国产化的汽车。到1976年,韩国主要汽车国产率达85%以上,汽车生产能力(特别是汽车零部件生产能力)随之扩大,同时各汽车企业均不遗余力地培育自主创新能力,比较成功的是现代汽车公司,其主导产品为轿车和商用车,1974年开始引进日本三菱的发动机总成、变速箱和后桥生产技术,同时请意大利设计公司设计造型和车身,这为现代公司的发展奠定了基础。

从20世纪80年代初期开始,韩国汽车进入自主开发阶段。在这一阶段,韩国各汽车公司都把产品开发置于最重要的地位,强调要开发出韩国自己的轿车,并为之培训开发人员,大力开展与国外合作,投入大量开发资金,进而建立起强大的产品开发机构。在生产装备和科研技术领域的高投入,促使现代、大宇、起亚三大汽车公司先后自主开发出多种车型,包括车身、底盘、发动机等各系统及各类零部件,这表明韩国的汽车工业已进入自主开发轿车阶段。在韩国实现自主创新期间,企业依靠政府强有力的保护和支持,在相对封闭的条件下,通过兼并和快速扩张实现规模经济,通过技术引进和坚持不懈的国产化,发展独立、完整的民族汽车产业体系,实现了产业的技术跨越。

任务二 日韩著名汽车企业

活动一 丰田汽车

一、丰田概况

丰田汽车公司(卜ヨタ自动车株式会社,Toyota Motor Corporation)简称"丰田"(TOYOTA),创始人为丰田喜一郎,是一家总部设在日本爱知县丰田市和东京都文京区的汽车工业制造公司,前身为日本大井公司,隶属于日本三井产业财阀。丰田(图4-1)是世界十大汽车工业公司之一,日本最大的汽车公司,创立于1933年。丰田汽车隶属于丰田财团。丰田财团是以丰田佐吉创立的丰田自动织机为母体发展起来的庞大企业集团,丰田财团旗下拥有5家世界500强企业,分别是丰田汽车、丰田自动织机、丰田通商、爱信精机、日本电装。

丰田汽车旗下品牌主要包括雷克萨斯、丰田等系列高中低端车型等。1895年,丰田喜一郎出生于日本,毕业于东京帝国大学工学部机械专业。1929年底,丰田喜一郎亲自考察了欧美的汽车工业。1933年,在"丰田自动织布机制造所"设立了汽车部。1937~1945年第二次世界大战期间,丰田为日本生产各类装甲车、汽车等军用装备。为第二次世界大战日本侵略中国、东南亚提供支持,罪行累累。

从1946年起,战后开始生产丰田、皇冠、光冠、花冠汽车,名噪一时,近来的克雷西达、雷克萨斯豪华汽车也极负盛名。

图4-1　丰田汽车Logo

丰田公司的三个椭圆的标志是从1990年初开始使用的。标志中的大椭圆代表地球,中间由两个椭圆垂直组合成一个T字,代表丰田公司。它象征丰田公司立足于未来,对未来的信心和雄心。

二、丰田公司主要产品

1. Lexus(凌志、雷克萨斯)

图4-2　雷克萨斯GS350

在20世纪80年代后期,丰田开发"Lexus LS"(日本称作"Toyota Celsior"),以尝试进入当时日本汽车均不能征服的美国豪华房车市场。此次尝试成功创出"Lexus"这一高级汽车品牌,能与宝马、奔驰等传统豪华汽车品牌匹敌。

"Lexus"(图4-2)的成功,对奔驰、宝马、捷豹等传统豪华汽车品牌,造成强大冲击。对于过去在大众化汽车市场上垄断过半数的厂商,如大众、日产来说,此举同时替他们缔造了制造豪华房车的好时机。

2. Scion(赛昂)

"Scion"是以美国年轻人为主的品牌。这个品牌被称为"Y世代"的青少年为主要销售对象。丰田一向被评为把主要客源定在年龄较高,一般较为成熟的顾客身上。要如何争取年轻一代的客源成为了课题。故丰田在商品开发构想及广告宣传上采用了崭新手法,试图改变大家一贯对丰田感到厌倦的形象。"Scion"的外型设计紧贴潮流,作为一件潮流商品,可按照顾客喜好而作出多方面的更改,实行把汽车"个性化",开拓一个既不是大众化,又不是高级房车的新种类。

3. TOYOTA(丰田)

从创业当初开始,就在全日本各地寻求当地资本,从而整合成为早期的销售网络(图4-3)。这一点可以看到受美国的通用汽车所影响。"销售丰田"这称号,奠定了丰田高销售能力的形象。时至今日,丰田旗下在日本国内拥有四个零售网络。

丰田集团的销售量也包含子公司日本大发汽车(Daihatsu),大发汽车主要生产小型车与排气量660cc以下的迷你轻型车为主,这类660cc迷你轻型车售价便宜在日本很受欢迎,大发的迷你轻型车年销售量可达数十万辆。

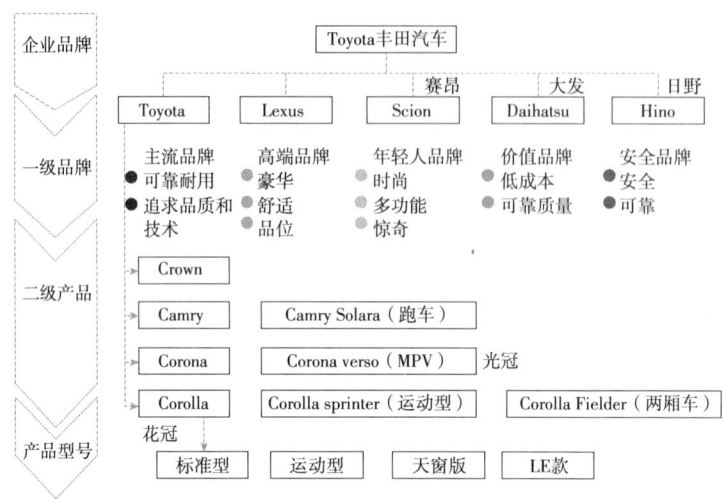

图4-3　丰田汽车品牌体系

三、丰田管理哲学

事业在于人；

上下同心协力，忠实于公司事业，以产业成果报效国家；

潜心研究与创造，不断开拓，时刻站在时代潮流的最前端；

切戒奢侈浮华，力求朴实稳健；

发扬友爱精神，以公司为家，相亲相爱；

尊崇神佛，心存感激，为报恩而生活。

该纲领体现了丰田公司的目标、信念、追求、哲学和价值观的总和，体现了丰田精神。几十年来，丰田公司一直是在该纲领的指导下从事企业活动的。这样的企业精神已经牢固地树立在每个丰田人的心中，从而形成了全体丰田人统一的价值观、共同的生活信念和一致的人生目标。正是在这种企业精神的激励下，丰田人忠于职守、拼命工作，不断提高劳动生产率，创造出了惊人的成绩。

让汽车与自然环境"协调发展"，让公司与国际社会"协调发展"让个人与社会共同进步。

活动二　本田汽车

一、本田汽车简介

本田汽车公司的全称是本田技术研究工业有限责任公司。因为本田公司的创始人本田宗一郎先生是一个技术狂，追求科学技术的"无休止完美"是他人生的准则，所以一开始就把自己开办的公司命名为技术研究所，延续至今。

本田宗一郎于1946年创建本田技研工业公司（即本田汽车公司），并用自己的姓氏作为公司的名称和商标。

本田技研是日本第三大汽车制造厂家。1996年,本田宗一郎在滨松市山下町创建本田技术研究所,生产摩托车用发动机。1948年本田技研工业株式会社成立,并于第二年开始生产汽车,且后来居上,市场份额不断上升,成为世界上发展最快的汽车制造厂。1971年,本田技研制出符合涡流调速燃烧发动机,对减轻汽车发动机对环境的污染做出了积极贡献。

本田汽车公司产品以轿车为主,兼产摩托车、轻型货车、船舶发动机及发电机和其他通用机械。在本田技研轿车中,市民"CIVIC"和雅阁最具代表性的,自投产以来,总产量都已超过1000万辆,在国际汽车上享有声名。

二、本田汽车标识(图4-4)

本田宗一郎于1946年创建本田技研工业公司(即本田汽车公司),并用自己的姓氏作为公司的名称和商标。"H"是"本田"汽车和"本田"摩托的图形商标,是"本田"日文拼音"Honda"的第一个大写字母。本田汽车商标中字母"HM"是"Honda Motor"的缩写,在这两个字母上有鹰的翅膀,象征着"飞跃的本田的技术和本田公司前途无量"。"人和车,车和环境的协调一致"是本田汽车的发展方向;动感、豪华、流畅是本田公司的一贯风格;设计动力澎湃,低耗油、低公害的发动机是本田公司的技术目标;靠先进而实用的设计、卓越的制造质量和相对低廉的价格,吸引更多顾客是本田公司的宗旨。"H"商标,这个世界著名商标,是本田公司立业之本,是本田公司成功之魂。

图4-4 本田汽车 Logo

三、本田汽车文化

"尊重个性"、重视每一个人个性的观念,使本田形成了推崇员工创造性、自由豁达的企业文化。现在,本田已经发展成为从小型通用发动机、踏板摩托车乃至跑车等各个领域都拥有独创技术,并不断研发、生产新产品的企业。

从创业之初,本田一直本着"让世界各地顾客满意"的理念不断开拓自己的事业。

以"如何让当地顾客满意"为宗旨,不仅建立了为提供适合当地的商品及服务的广阔销售服务网络,还建立了在当地生产和研发新产品的一整套体制。

四、本田汽车市场

目前除日本之外,本田(图4-5)在全世界29个国家拥有120个以上的生产基地,通过摩托车、汽车和通用产品,每年惠顾的客户多达1700万以上。

与此同时,本田还积极地履行作为企业公民的社会义务,积极探索环保和安全的解决方案。

在全球环境问题日益突出的当今,本田在产品研发、生产和销售等各项企业活动中努力把解决大气污染、降低CO_2排放量、有效利用资源和能源等

图4-5 2.4L豪华版思铂睿

作为课题,为达到产品排放清洁化、降低燃料消耗、实现生产线的"绿色工厂化"等采取了一系列措施,为减少对地球环境的影响做出了积极贡献。作为提供移动文化的厂家,本田不仅考虑乘员也考虑行人的安全,致力于生产安全性更高的产品。同时,积极参与安全驾驶普及活动等各种解决交通系统问题的活动,为建设更加丰富的移动文化社会而不懈努力。

五、本田车队

本田F1赛车队(Honda Racing F1 Team)是一级方程式使用日产车制造商本田的车队,车队总部位于英国布莱克雷,本田车队继承了已经退出F1舞台的英美车队。本田之前为英美车队的股东和引擎提供商,本田汽车公司从2006年开始全面控股英美车队,这是该公司近40年以来第一次完全控制一支F1车队,本田公司原先就拥有英美车队45%的股份。1964~1968年期间,本田车队也曾独立出现在F1赛场上,但是车队在4年35次比赛中只获得2次胜利,最终惨淡收场。

北京时间2008年12月5日上午,本田公司在日本东京召开新闻发布会,公司CEO福井威夫(Takeo Fukui)表示,由于目前困难的经济情况,公司正式宣布将退出F1,2009年3月6日,本田将车队卖给罗斯·布朗,车队亦会改名为布朗F1车队(图4-6)。目前车队的正式车手为巴西名将鲁本斯·巴里切罗和英国车手詹森·巴顿,使用本田RA807E引擎。

图4-6 本田赛车(2006年)

活动三 韩国现代

一、现代汽车简介

现代汽车公司是韩国最大的汽车企业(图4-7),世界20家最大汽车公司之一。创立于1967年,创始人郑周永。公司总部在韩国首尔,现任董事长郑周永,主要产品有小马牌、超小马牌、索纳塔牌小客车及载货车。目前现代汽车公司已发展成为现代集团,其经营范围由汽车扩展到建筑、造船和机械等领域。

图4-7 现代汽车Logo

1967年,韩国历史上最富传奇色彩的商业巨子郑周永先生一手创办现代汽车。与全球其他领先的汽车公司相比,现代汽车历史虽短,却浓缩了汽车产业的发展史,它从建立工厂到能够独立自主开发车型仅用了 18 年(1967~1985 年),并成为韩国最大的汽车集团,跻身全球汽车公司 20 强。

现代拥有世界最大规模之一的汽车生产基地蔚山工厂、全州车厂、牙山工厂、8 个研究中心,拥有韩国唯一的具有国际水平的汽车综合试验场等。主要产品有 ACCENT、SONATA(图 4-8)等轿车以及各类大中小型客车、载货汽车、牵引车、自卸车和各种专用汽车等,各类型汽车年产能力 145 万辆。在全世界 190 多个国家和地区拥有近 4000 家销售商,今天现代汽车公司每年可出口 50 万辆以上轿车。同时在北美、亚洲、非洲和欧洲等地区建立了汽车生产基地。

图 4-8 第八代索纳塔 SONATA

现代汽车公司的标志椭圆内的斜字母"H"是现代公司英文名"HYUNDAI"的首个字母,椭圆既代表汽车方向盘,又可看作地球,两者结合寓意了现代汽车遍布世界。

二、现代汽车发展史

现代汽车公司的发展可分为三个阶段:

第一阶段:是 1967~1970 年的创业期。它和美国福特汽车公司合作,引进福特技术生产"哥蒂拉"牌小汽车,并在 1970 年建成年产 2.6 万辆生产能力的蔚山厂。

第二阶段:是 1970~1975 年的消化吸收期。这段时间,现代公司花巨资在公司内进行消化吸收福特技术。1974 年投资 1 亿美元建设年产 5.6 万辆的新厂,1975 年,该厂建成,小汽车国产化率达到 100%。

第三阶段:是 1975 年以后开始走向世界。1976 年,自己设计生产的福尼牌小轿车下线,现代公司走向成熟。20 世纪 80 年代,现代公司垄断了韩国市场,和丰田公司分手,与三菱公司结盟,生产小马牌汽车。

1983 年小马牌汽车销往加拿大而大为走红,1985 年就卖出 7.9 万辆。1986 年,现代公司的超小马汽车投入美国市场,当年即售出 16 万辆,创下汽车业销售奇迹,从而奠定了现代汽车公司的国际地位。

三、现代汽车理念

全球化志向:在全球得到信任并成为永远受欢迎的世界一流汽车企业。

对人的尊重:成为主导绿色环境技术的贡献于人类共同繁荣的企业。
感动客户:通过创造客户优先的价值来感动客户。
技术革新:为了实现以人类为中心的尖端技术而不断努力。
创造文化:尊重个人,创造以人为本的汽车文化。

活动四　日韩其他汽车企业

一、日本日产汽车

1. 日产汽车发展史

图 4-9　日产汽车 Logo

1914 年,由田建治郎等人创建的"快进社",于 1934 年改为日产汽车公司。日产公司生产的轿车品牌很多,有总统、公子、桂冠、地平线、西尔维亚、羚羊、王子、南风、紫罗兰和小太阳等。"NISSAN"是日语"ニッサン","日产"两个字的罗马音形式,是日本产业的简称,其含义是"以人和汽车的明天为目标"(图 4-9)。

1933 年 12 月,日本产业公司、户田铸物公司注册成立"汽车制造股份公司",鲇川义介成为公司首任社长。1934 年 5 月,"汽车制造股份公司"更名为"日产汽车公司",同时,日本产业公司接收了户田铸物持有的"日产汽车公司"的全部股份。日产汽车最早生产的汽车其实就是原户田铸物汽车部大阪工厂生产的产品,是一款名为"DATSUN"的小型货车,此后,日产汽车又利用自身的研发力量开发了同名为"DATSUN"的轿车。但 1936 年以前,日产汽车"DATSUN"的年产量,从来没有超过 4000 辆。1934 年,日产汽车开始横滨新工厂的建设,并在日本汽车企业中率先实现流水线生产,1936 年,横滨工厂生产"DATSUN"6163 辆,日产汽车生产规模首次超过 5000 辆。

20 世纪 50 年代开始,日产汽车开始寻求国外技术帮助提升自身产品技术。1952 年,日产汽车与英国 Austin(奥斯汀)汽车进行技术合作,开发出技术水平明显提高的"DATSUN210"型轿车,该款车一经推出即在竞争激烈的澳大利亚拉力赛中勇夺桂冠,展示了与国外名车一比高低的决心。而且,由于"DATSUN210"的成功,也正是从这个时期开始,日产汽车开始酝酿向北美出口汽车的战略。1957 年,日产汽车在美国对"DATSUN210"进行了严格测试,同时开发出 1.2L 发动机的产品以增加其出口竞争力。

"DATSUN210"之后,日产汽车又经过大量工作开发出一个全新的轿车产品——蓝鸟 310。1959 年,蓝鸟 1000、蓝鸟 1200 同时在日本上市,并出现了持续旺销的局面。可以说,详尽的市场分析、精细的技术开发加上完善的促销手段使蓝鸟一举成名。20 世纪 60 年代开始,日产汽车又开始研发新的轿车产品。1966 年,日产汽车在日本历史上首次公开征集车名,从 848 万应征信中选定"SUNNY"作为新开发产品的名称。日产汽车的这一举动,不仅引起了消费者对汽车产品的关注,而且还引发了日本国内私人购车的热潮。

蓝鸟和阳光之后,在 30 多年的时光中,日产汽车又相继开发出多个系列、多个名称的产品。目前,日产汽车在全球范围内共拥有轿车、越野车、MPV(Multi—Purpose Vehicle)和商用车在内的 30 多个系列产品，其中轿车有总统、英菲尼迪(Infiniti)(图 4-10)、风雅(Fuga)、天籁(Teana)、阳光和声名卓著的 Z 系列等，越野车产品包括途乐、奇骏和 Pathfinder 等，MPV 有贵士(Quest)，商用车则有佳碧、碧莲等。据了解，仅在轿车生产方面，目前日产汽车在日本国内共有横滨、枥木、九州、追滨、座间 5 家工厂，全球则在 18 个国家拥有 27 家工厂。而且包括中国在内，日产汽车还在全球拥有 4 个研发中心。

图 4-10　英菲尼迪 FX(2009 年)

在经过 1947～1980 年 40 余年的快速发展之后，日产汽车迈进了 20 世纪 90 年代。而这个年代对全球汽车工业来说，都不是一个"安宁"的年代。由于全球汽车市场的增幅放缓及几大汽车集团之间格局的变化，全球汽车行业并购与重组的消息不断传来，其中最有名的就是戴姆勒—梅赛德斯对克莱斯勒的并购、福特对马自达的并购以及雷诺汽车对日产的并购。

整个 20 世纪 90 年代对日产来说都充满艰辛。由于市场的放缓以及自身产品方面的原因，日产汽车在 1999 年之前出现了连续 7 年的亏损，亏损额在 50 亿美元以上。巨额的亏损使得闻讯前来欲行收购的福特和戴姆勒—梅赛德斯都直摇头。最终，1999 年，日产汽车由法国最大的汽车工业集团雷诺汽车购得 36.8% 的股份，组建雷诺—日产汽车联盟。

2. 日产在中国

东风日产乘用车公司（原为东风汽车有限公司乘用车公司）成立于 2003 年 6 月 16 日，总部位于广州花都。东风日产乘用车公司以广州风神汽车有限公司为基础，是东风汽车有限公司最具发展潜力的重要组成部分。

东风日产乘用车公司拥有花都、襄阳和郑州三个工厂，年生产能力 100 万辆，员工近 1 万人。公司产品（图 4-11）为 2L 级"蓝鸟"和"阳光"，2.3L 和 3.5L 级"天籁"，1.6L 级"颐达"和"骐达"轿车，3.5L"楼兰"。公司现拥有 251 家供应商和超过 430 多家经销商。

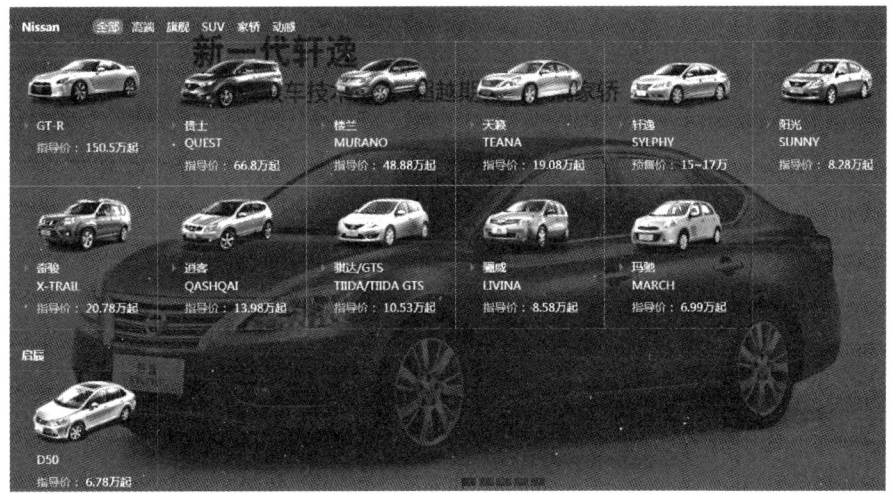

图 4-11　东风日产主要车型

二、日本铃木汽车

1. 铃木简介

铃木是日本的姓氏。铃木公司(官网首页为 www.suzuki.co.jp)成立于 1920 年,1952 年开始生产摩托车,1955 年开始生产汽车。铃木汽车公司(SUZUKI)成立于 1954 年,以生产微型汽车为主。铃木也是丰田集团成员,同时通用持有铃木 10% 的股权。铃木汽车公司是最早与中国汽车公司合作成功的。铃木商标图案中的"S"是"SUZUKI"的第一个大写字母,它给人以无穷力量的感觉,象征无限发展的铃木汽车公司。铃木通过向全世界的客户提供优质产品,并且向使用铃木产品的客户提供优质服务,面向每位客户,以实现与客户建立终生信赖的关系为目标而不懈努力(图 4-12)。

图 4-12 新奥拓

2. 铃木在中国

在中国市场,铃木于 1984 年首次开始向中国提供技术,1993 年与长安汽车合资成立长安铃木,1995 年与昌河汽车合资成立昌河铃木,在中国伙伴的大力协助下,生产、销售铃木开发的产品。

重庆长安铃木汽车有限公司创建于 1993 年 5 月,由重庆长安汽车股份有限公司(占 51%)、日本铃木株式会社(占 25%)、日本双日株式会社(占 14%)、铃木(中国)投资有限公司(占 10%)四方持股的中日合资企业。公司注册资本 1.9 亿美元,一期投资总额 5.55 亿美元。

作为国内大型的综合性现代汽车制造企业,长安铃木公司占地面积约 42 万平方米,现有员工 4000 余人。

2009 年,长安铃木第 100 万辆轿车下线;2010 年,公司年产销轿车突破 20 万辆;2011 年,公司年产销轿车 22 万辆,同比增长 10%,昂首迈入了中国汽车行业主流阵营。

通过引入日本铃木全球战略车型,不断完善现有产品谱系,长安铃木目前已拥有天语、雨燕、羚羊、新奥拓等四个系列车型,G、M、K 三个发动机机型。天语 SX4——国内首款 cross 跨界车型;雨燕——CRC、JWRC 拉力赛年度总冠军;羚羊——树立了"低能耗、高品质"的行业标杆,被誉为"节油大师";新奥拓——以其"精品、炫动、超节能"的设计理念,延续着铃木"小车之王"的美誉。

全系车型搭载了具备铃木先进技术的发动机,涵盖了 1.0~1.8L 排量区间,其中,K 系列发动机百公里最低油耗仅为 3.6L、G 系列发动机创造了 128 万公里无大修记录、M 系列发动机多次入选全国十佳发动机。

三、日本三菱

1. 三菱简介

三菱的标志(图 4-13)是岩崎家族的家族标志"三段菱"和土佐藩主山内家族的家族标志"三柏菱"的结合,后来逐渐演变成今天的三菱标志(图 4-14)。日本三菱汽车以三枚菱形钻石为标志,正为突显其蕴含在雅致的单纯性中的深邃灿烂光华——菱钻式的造车艺术。MITSUBISHI MOTORS 公司于 1970 年从三菱重工业公司独立出来,是日本汽车行业中三菱最年轻的汽车制造公司。另一方面,三菱集团有着生产汽车的悠久历史。早在 1917 年就在日本首次推出了成批生产的"三菱 A 型"轿车。

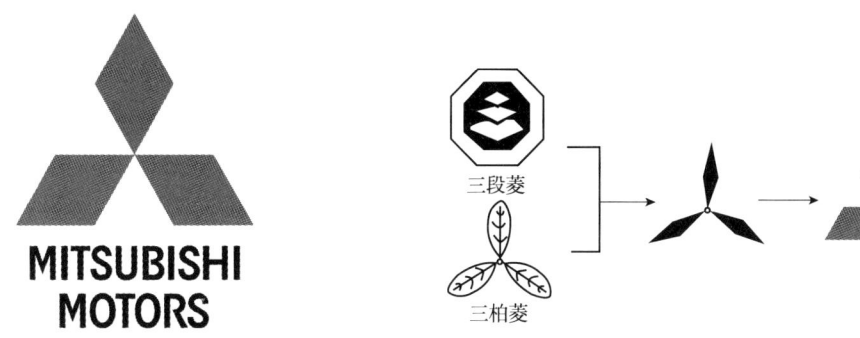

图 4-13 三菱汽车 Logo　　　　图 4-14 三菱汽车标志的演变

2. 三菱发展历史

如今拥有 115 家关系企业及分支机械的三菱集团,奠基于 1870 年的 10 月,岩崎弥太郎在土佐藩设立的九十九商会,当时是贩售铸铁制成的"天水桶"。1872 年 1 月,九十九商会改名三川商会,次年的 3 月,又改称为三菱商社,"三菱"的召即沿用迄今。1875 年(明治八年)邮便汽船三菱会社成立,与德川幕府时代即建立的长崎镕铁所衍生的长崎造船所合并。

1917 年,三菱的第一辆小客车,是尚在三菱造船所时代量产成功的,这辆 35 匹马力,七座位的 Model-A 型车,也是全日本首部量产型汽车。首部三菱货车的原型车,于 1918 年研制成功,包括两部 3 吨及两部 4 吨型号。

1932 年,首部大型巴士 B46 问市,B46 为 30 个座位动力 100 匹马力的巴士,同时也标示着三菱巴士生产线的开启。

1934 年,完成首部四轮驱动(4WD)日本汽车,就是引起世界车坛注目的三菱 PX33 跑车(装配柴油引擎)。

1935 年,研制成日本第一部预燃式柴油引擎的 BD46 型巴士。

1936 年,推出首部量产型 TD45 柴油动力货车。

1947 年,研发首部电动巴士 MB46。

1950 年,完成首部后置引擎,130 匹马力、76 人座的 FusoR1 巴士的量产。

1951 年,推出配备革命性悬挂系统的 8 吨货车 T380,此种设计典型,对今天重型货车系列的影响深远。

1967 年,极速达 115km/h 的 8 吨货车 T810 推出。

1970 年,是三菱汽车的造血年代,由三菱自动车贩卖株式会社、三菱重工及美国克莱斯勒汽车公司共同投资的"三菱自动车工业株式会社"正式成立。

1975 年,以先进的科技,首创无声的防震差速车轴,透过两条双重转动的差速车轴,驱动一反向曲轴,从而确保稳定又很静的行车。

1980 年,首台日本房车 Galant 使用涡轮增压柴油引擎 Astron2300。

图 4-15 三菱 3000GT 跑车

1982 年,成立全生产线配置涡轮增压引擎的车厂,当时装配的全涡轮增压车款有 Golt、Lancer、Galant、Sapporo 及 Starion。

如图 4-15 所示,为三菱 3000GT 跑车。

四、韩国起亚汽车

起亚的名字,源自汉语,"起"代表起来,"亚"代表在亚洲。因此,起亚的意思,就是"起于东方"或"起于亚洲"。源自汉语的名字、代表亚洲崛起的含义,正反映了起亚的胸襟——崛起亚洲、走向世界。

起亚汽车公司成立于 1944 年,1952 年生产出第一辆国产自行车,1961 年生产 C—100 两轮助力车,1962 年生产 K—360 三轮货车,1971 年生产 Titan 和 Boxer 四轮货车。起亚公司一直致力于发展韩国的汽车工业,旗下有三家工厂:蔚山工厂、牙山工厂和京畿道工厂,年生产力总计为 115 万台,共有员工 30000 名。起亚公司于 1998 年与现代集团合并。

任务三　日韩本土文化特点

一、日本企业文化

日本儒教注重人伦关系,要求忠君孝亲,信任朋友,强调长幼尊卑,礼仪秩序。日本的武士道精神要求对国家、民族和主人绝对忠诚,推崇视死如归的英雄气概,忍耐刻苦的韧性意志。日本儒教和武士道精神的结合形成了日本的民族性格,忠诚、忍耐、刻苦和绝对服从。

在日本的企业文化中,日本人把西方的理性规范,原则至上的管理理论与日本的民族文化相结合,形成了不同于欧洲和美国的日本企业文化模式。在日本的企业文化中,人情占有中心地位,由人群构成的集体至高无上。众所周知,日本的工业化开始于明治维新,而日本经济的真正崛起是第二次世界大战以后的事情。

作为第二次世界大战的发起国和战败国,日本军国主义者把日本变成了一片焦土和废墟。战后初期,日本工厂倒闭,通货膨胀,粮食短缺。在美国等国占领军的刺刀下,日本被迫接受民主改革和经济重建。大批中小资本家大显身手,成为日本经济起飞的中坚力量。他们把日本的民族文化带入了企业的经营管理中,把日本社会原有的人情味应用于企业管理,创造了日本的企业文化。被称为"经营之神"的松下幸之助说:"造物先造人","错误是最好的学习手段。"

日本企业文化重视人自身,重视人际关系的和谐。为了对员工负责,使员工死心塌地为企业服务,日本企业大多采用了终身雇佣、年序列工资等制度,突出了企业与员工利益的合一,使日本企业成为全体人员的"命运共同体",消除了欧美企业管理者和操作者之间的鸿沟,也减少了劳资双方的对立和紧张,有效地阻止了罢工的发生,提高了企业的经济效益。

"和魂"是指日本的民族精神,它实际上是以儒家思想为代表的中国文化的产物,是"汉魂"的变种和东洋化。中国儒家文化的实质是人伦文化、家族文化,提倡"仁"、"义"、"礼"、"智"、

"信"、"忠"、"孝"、"和"、"爱"等思想,日本人接受了儒家文化中的等级观念、忠孝思想、宗法观念等,并把儒家思想与日本的民族宗教神道相结合,把"仁"、"忠"、"和"改造成为具有日本宗教文化特点的"忠"、"和"、"诚"。

"忠",现代的日本人已把传统的效忠天皇、效忠国家这一民族价值观具体转化成对关系个人生存的企业的效忠。每个成员都把企业当成自己的归宿。"和",日本最具代表性的宗教思想,绝大多数日本企业的管理者的思维方式往往是站在别人的立场来考虑问题的,形成了"和为贵"、以他人为中心的管理方式。"诚",指诚信和社会责任,从历史背景上看,18世纪他们就提出了"卖方、买方、社会"三方都好的理念,即事业在自己得利的同时,必须给国家和社会带来实惠。

企业文化作为企业实现其经营目标的一种工具,本身并没有一种固定的模式,而是根据本国、本民族、本企业的实际情况,制定出的一整套精神文化系统。日本是个极善于吸收其他民族优点的国家,只要是有利于我的就"拿来"。日本人把西方的理性规范、原则至上的管理理论与具有东方特色的日本民族文化如集团意识和思想上的"和"、"忍"、"信"等观念相结合,成功建构了具有自身特色的企业文化。

1. 强调"家内和合"的观念

"和"的观念源于中国的儒家思想"仁、礼、义",在日本发展为"和、信、诚",它是日本团队精神的基础。日本企业界有识之士认为,传统文化中所具有的道德观、秩序观为企业"提供了全部活动的思想基础","在日本人看来,真正实行了'和'的团体,势必带来和谐和成功"。他们强调,在企业内不能过分强调所有者与从业人员的雇佣与被雇佣的关系,把企业看成是家族的延伸,强调在企业内部要形成一种"家内和合"的大家庭气氛,把雇佣关系转化为一种"亲情"关系。他们认为,员工属于企业,对企业要忠诚和有献身精神;经营者除了指导工作外,还要关心员工的生活,要给予员工归属感和安全感,因为只有当个人的需要能在企业内得到满足,才能努力于生产工作。

2. 团队精神是日本企业文化的灵魂

日本企业虽然等级森严,但在管理、决策上仍以集体主义倾向见长。在日本企业内部,员工比较注重工作联系的纽带,企业讲究提高集体工作效率和集体激励,鼓励员工在完成自己工作定额的同时,主动帮助同事,形成良好的互助合作氛围,企业员工的团队意识具有彻底的内心认同感和行为一致性,为员工营造一个愉快、温馨的环境,员工也需要一个和谐、互动、认同的集体。日本企业的决策方式是一种自上而平和,自下而互相结合的集体决策形式,集思广益,保证了决策的科学性与合理性,又能调动员工的参与意识,使工作顺利完成。

3. 日本创新精神

由于生存危机产生的忧患意识,日本民族特别善于学习和借鉴其他民族的成功经验,但突出之处在于,总是会保留部分自己的民族特点,如在接受西方的生活方式时保持了西服与和服、西餐与日本料理等双重生活方式。无论是古代借鉴中国的儒家文化,还是近现代借鉴西方的科学技术,日本人在选择吸收的基础之上进行加工改造、创新,在创新中形成日本的多元化文化。尽管企业文化的管理思想是美国人最先提出,但却在日本获得巨大成功。

4. 奉行人本主义,实行以人为中心的经营模式

美国一位企业家曾说过,美国在和日本的国际竞争中之所以失败,其根本原因是两国的文化不同,也就是说商场上的胜负可以看作是文化竞争的结果。美国是典型的西方文化,在企业

管理中以理性原则为主,奉行事本主义;而日本是典型的东方文化,创造了柔性的企业管理模式,实行人本主义。

日本企业柔性管理模式的特点是实行终身雇佣制、年功序列工资制、企业内工会制。终身雇佣是劳资间不成文的默契,"不论对公司还是对工人来说,雇佣就像结婚,是一种终身承担的义务"。这种制度不是法律硬性规定的,而是日本家族主义文化传统的体现。年功序列工资制,晋升工资主要凭年资,资历深、工龄长的员工晋升的机会多,这种制度是以论资排辈为基础的,员工工作时间的长短和对企业的忠诚程度比工作能力更重要。其好处是可以限制员工的"跳槽"现象。企业内工会制度是指按企业组织工会的制度,工会鼓励职工积极参加企业经营管理活动,以图改善企业的经营状况。总之,终身雇佣制、年功序列工资制和企业内工会制使职工和企业组成"命运共同体",激励职工为企业的生存和发展而奋斗。

二、韩国企业文化

而针对同样受到儒家文化影响的韩国,它的企业文化强调团结、人和、创新、竞争的精神意识。其文化特征表现出以下几个方面:

1. 强调权威和家族的关系

韩国文化的传统以儒教思想为基础,反映在韩国企业的经营文化中,形成了尊重并服从长辈、强烈的等级意识、对企业的归属感等特色。韩国人家族观念极为强烈,企业的家族制决定了家族式管理,家训的理念也扩大到了企业中。每个韩国企业都有一个"核心"——企业主或者企业主的家族。例如,三星集团的李氏家族、现代集团的郑氏家族等,在中小企业亦是如此。韩国企业中,家庭式经营体现着家长制的管理原则。企业主就是家长,员工必须尊重与服从家长制的管理指挥,使企业形成团结、友爱、慈效的内在凝聚力,大家为了一个共同的目标而共同努力。

2. 注重以人为本、崇尚人和

韩国的企业文化建设坚持以人为本,培养向上的企业精神,使员工拥有共同的理想与追求,从而产生了强大的向心力和感召力。儒家"和为贵"的思想,广泛渗透于韩国企业内部,成为企业价值观的重要组成部分。例如,现代集团的"勤勉、俭朴、友爱",LG 集团的"和睦团结、开拓精神、研究开发",起亚集团的"团结、诚实、创造"等,无不体现着儒家文化的思想。韩国企业主认为,企业如同一个大家庭,应该像一家人一样和睦相处。因此,企业注重关心员工困难、福利,强调对员工的培训、教育,注重发挥人的才能。韩国企业普遍提倡主人翁精神,极力鼓励每一个员工成为集体的一分子,特别强调自豪感和团结协作关系,激励全体员工同心同德地为企业做贡献。

3. 崇尚竞争精神、追求第一

受美国文化的影响,韩国的企业文化也表现出崇尚竞争和发挥个人才能的一面。韩国的许多大企业都坚持"第一主义"的原则。三星集团的创业主李秉哲一贯坚持领先的经营原则,无论是从事什么事业,不干则已,要干就要达到"大于别人,良于别人,先于别人"的要求。三星追求拥有第一流的人才,生产第一流的产品,树立第一流的企业形象。"三星第一"已经成为三星企业文化与企业精神的重要内容。浦项钢铁公司坚持"三最三无"的原则,"三最"是最佳的生产效率、最高的质量、最低的成本,"三无"是无残次品、无事故和无浪费,被誉为世界上效益最高的钢铁企业。乐喜金星集团以"争先进"为经营目标,提出了"技术先进、结构先进、经营先进"的经营战略。多年来,该企业的许多产品以质优价廉的优势,在国内市场上长期保持领先地位。

4. 拼搏进取的企业家精神

韩国大企业的创业者,在战争的废墟上以惊人的意志克服了既无资金与原料、又缺乏技术与管理经验的困难,创造出经济奇迹。浦项钢铁公司建于1968年,当时世界银行经全面考察认为韩国建设综合钢厂纯属异想天开,因此拒绝给韩国贷款浦钢的董事长朴泰俊付出了常人难以想象的艰辛,终于取得了成功。世界银行的专家在回忆当年的报告时说:"世界银行没有错,只是有一个因素是当时没有预料到的,那就是一个超越常识干事业的人物——朴泰俊,浦钢完全是一个奇迹"。再比如,现代集团的郑周永的事业信条是:"决不落在别人的后面"。他常以"三分条件,要创造出七分成绩"的意志,把超出人们想象的经营项目引向成功。麻省理工学院的赫伯特·霍洛蒙教授在参观了首尔后曾说:"这是我参观过的最具企业家素质的国家。"

任务四 汽车文化衍生经济(三)

活动一 汽车竞赛

一、汽车竞赛

汽车竞赛,又叫赛车运动(Automobile Racing),是一项风行世界的体育运动项目。

从汽车发明之后,人们就自然想到用汽车进行比赛,看看谁的汽车跑得更快。汽车竞赛,直接推动了汽车工业的发展。汽车竞赛,要求赛车有强大的功率、最小的空气阻力及最轻的质量,因此要求厂家为此作出最大的努力。早期的汽车竞赛是使用汽车在封闭场地内、道路上或野外比赛速度、驾驶技术和性能的一项运动项目称为汽车运动。

汽车竞赛分类包括:①汽车道路比赛;②汽车耐久赛;③汽车场地赛。

其他还有创车速记录赛、汽车冲刺赛、卡丁车赛、老爷车赛、节油车赛以及五花八门的各种汽车竞赛。

二、汽车组织

1. 世界汽车运动理事会 WMSC(World Motor Sport Council)

世界汽车运动理事会是国际汽车运动联合会的执行机构。

主要负责统筹世界各国的汽车运动组织,制定各种赛车运动的规则,协调安排世界范围内的各项比赛等。

每年要在约80个国家安排包括世界大奖赛、世界锦标赛、世界杯赛及地区赛在内的近800场各种国际汽车比赛。

2. 中国汽车运动联合会 FASC(Federation of Auto Sport of China)

中国汽车运动联合会,简称中国汽联,是全国性赛车运动体育组织。

1975年成立,当时叫做"中国摩托运动协会",1979年加入国际摩托车联合会,1983年加入国际汽车联合会。

中国汽联是中国境内管辖汽车运动的惟一全国性组织。

三、赛车

赛车,是参加赛车运动的车辆。赛车按不同的比赛项目,有不同的要求。国际汽联将赛车分为以下三类14个组:①年产1500辆以上的批量生产的小型汽车;②专门制造的运动原型车;③卡车。

每组中又按发动机的排量分成若干个级别,并对赛车的具体技术规格有一些明确的规定。

四、汽车拉力赛(Rally Driving)

汽车道路比赛项目之一。实际上,是一种汽车长途越野赛。

主要在有路基的土路、砂砾路上进行,也有部分的柏油路。它可在一个国家内,或跨越国境举行。

汽车拉力赛既能检验汽车的性能和质量,又能考验驾驶员的技术。由于赛车主要是大量生产的普通型轿车,因此,直接促进了汽车技术的发展。

无限制改装的称为A组车,除了保留外型和原厂标志以外,几乎所有的部件都可以改装。经过A组标准改装的赛车,如同坦克一般结实,但费用昂贵。

有限制改装的称为N组赛车,它只允许进行安全改装和有限的性能改装,引擎内部必须维持民用车的标准,不允许改动。

中汽联特别制定了S组赛车的参赛办法,即国内选手可以使用国产轿车经过改装后参加比赛,但必须是公安部和机械工业部颁发的"目录"中的第一类车型,也就是"7"字开头的轿车。目前我国还没有职业的赛车队,选手主要使用的也是N组和S组赛车。世界著名的汽车拉力锦标赛有:

1. 世界拉力锦标赛WRC(World Rally Championship)

WRC被称为是世界最高级别的汽车拉力赛。

国际汽联规定,世界拉力锦标赛的分站数与计分方法向一级方程式车赛看齐。每年在世界各国选定16个分站。每个分站的比赛,以主办国命名。每站比赛延续三天。

计分方法为10—6—4—3—2—1制。

2. 蒙特卡罗拉力赛(Monte Carlo Rally)

一个国际性的汽车拉力赛。

1911年,欧洲十国进行了以各自首都为起点,到摩纳哥的蒙特卡罗集合的汽车长途越野赛。

法国、西班牙、意大利、德国、奥地利、比利时、荷兰、瑞士、葡萄牙和俄罗斯。后来,这一比赛每年一月举行,成为国际上著名的汽车拉力赛之一。

3. 巴黎—达喀尔拉力赛(Paris—Dakar Rally)

世界上最长、最艰苦的汽车拉力赛之一。

法国巴黎出发,乘船渡过地中海,在非洲北部上岸,然后,穿越非洲的撒哈拉大沙漠、潮湿的热带雨林及各种崎岖的路段,途经多个国家,最后到达塞内加尔的首都达喀尔,总行程约1.3万km,其中特殊赛段约4700km,历时约20天。

1995年以后叫格拉纳达—达喀尔拉力赛(图4-16)。

图 4-16　恶劣的比赛环境

4. 勒芒 24 小时耐久赛(24Hour Racing at Le Mans)

世界上最著名的汽车耐久赛(图 4-17)。

赛道长度约 13.5km,由现有道路圈围而成。

在世界耐久锦标赛中,它由于得分的分数比其他站点高出 2~3 倍,所以是非常关键的比赛。

参赛车队必须经主办大会邀请,其中包括欧洲、日本著名的汽车公司。

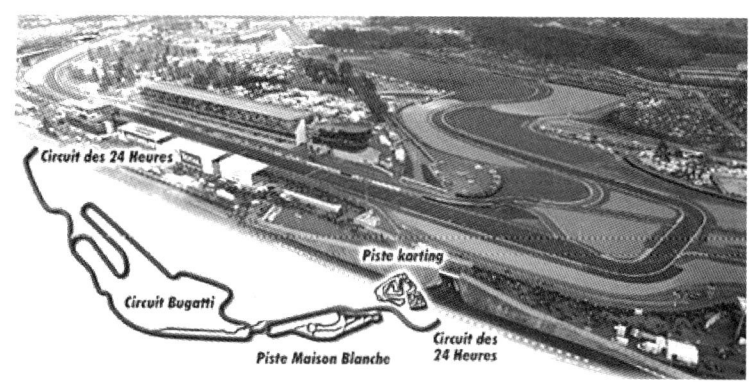

图 4-17　勒芒 24 小时耐久赛赛道

5. 方程式汽车赛(Formula Auto Racing)

汽车场地比赛的一种,由于参加这种比赛的赛车必须依照国际汽车联合会制定的车辆技术规定的程式制造,因此叫做方程式赛车。

第二次世界大战以后,由于汽车工业的飞速发展,出现了不少专为汽车竞赛设计的、特制的单座赛车。

一级方程式锦标赛是世界上汽车场地竞赛项目中最高级别,也是最引人注目的比赛。世界上汽车场地竞赛项目中最高级别的比赛。世界上最引人注目的体育比赛项目之一。

1950 年,国际汽车联合会为特制的单座赛车创办了世界锦标赛,并把这种赛车正式命名为"一级方程式赛车"。对这种赛车的技术规格,有一整套严格的要求。

F-1比赛赛程分为三天,其中包含了:星期五上午11:00～12:00及下午1:00～2:00的自由练习(不计成绩);星期六上午9:00～9:45及10:15～11:00的自由练习(不计成绩);星期六下午1:00～2:00的测时排位赛(Qualifying);星期日上午9:30～10:00的热身(Warm Up);星期日下午2:00的决赛(The Grand Prix)。

现代一级方程式赛车的基本特点是:四轮外露,单座,重心低,轮距大,最低重量550kg。

发动机:排量3L;

变速器:6～7档;

车身:框架式结构;

轮胎:只用一个轮胎螺栓,以方便快速拆换。

目前FIA规定F-1赛车所用的引擎排气量不得超3L(3000cc),汽缸数不得超过10缸,每缸气门最多为5气门。

一具赛车引擎由大约6000个零件组成,造价超过12万～30万美金,而且每一场比赛用过之后就必须更换。目前F-1赛车引擎马力输出可超过800匹马力,安全转速更高达1.6万转。所用的燃料同样是以无铅汽油为基础,在全油门的情况下,一部F-1的引擎每小时要耗掉60～70L的汽油。

在空气动力学及轮胎的配合之下,F-1赛车的过弯能力高达4个g,因此F-1的驾驶员必须是世界上最强壮的运动员,通常一场比赛车手必须换挡2500次,平均2秒钟要换挡一次,车手的注意力必须高度集中,过弯时的4个g,让车手的重量变成4倍,身体或许还有安全带可固定,但头部就需要极强壮的颈部肌肉才能支撑。而一场比赛下来,车手会脱水3.5～4kg,如果换成一般人早已出现休克;这些对车手的体能都是极大的挑战。比一场F-1所花的体力和踢一场世界杯足球赛或打一场NBA篮球赛相当。

F1车手必备的安全装备:安全头盔、防火面罩、颈带与颈圈、手套、赛车服、内衣、赛车鞋。

就像一般的道路驾驶一样,F-1也需要驾照。那是一张由FIA发给的特别驾照:"FIA super licence",这张车手执照只发给在F-3000、F-3或CART系列赛事表现杰出的车手。通常一位车手要花8年的时间从小型赛车(karting)逐步晋级到F-1,但事实上仅有极少数人能够有此能力与机会登上这赛车金字塔的顶端(图4-18～图4-22)。

(a) 舒马赫的头盔　　　　　　　　(b) 头盔强度测试

图4-18　舒马赫的头盔组成与头盔强度测试

图 4-19　F1 赛车的方向盘

图 4-20　F1 法拉利赛车(1985 年)

图 4-21　F1 法拉利赛车(2001 年)

（a）舒马赫　　　（b）塞纳

图 4-22　F1 赛车手 舒马赫与塞纳

6. 丰田汽车与拉力赛

拉力赛丰田的汽车运动,要数 1957 年的澳洲拉力赛为首次（图 4-23、图 4-24）。当时参赛的是 Crown,结果获得第 47 位。

从 20 世纪 70 年代开始直至 1999 年为主,丰田的欧洲车队曾以 Corolla Levin、Sprinter Trueno、Celica 以及 Supra 参战世界拉力锦标赛（WRC）。在 1975 年芬兰的千湖拉力赛初次赢得 WRC 的冠军殊荣。之后在 1993 年及 1994 年连续两年夺得最佳车手及最佳车厂头衔。

但在 1995 年 WRC 加泰罗尼亚赛站中,被发现违反赛规擅自加装用以限制引擎吸气量的组件来作弊,因而被取消 1995 年的所有积分,以及受到直至 1996 年为止都不能再参加任何赛事的停赛处分。

之后在 1997 年,舍弃笨重的 Celica,换上了由法国籍车手 Didier Auriol 驾驶搭载了 3S-G 引擎的 Corolla。翌年 1998 年西班牙籍车手 Carlos Sainz 从福特过挡而来,以开幕战的优胜做掩饰,结果胜出两场,以车厂排名第 2 位的佳绩完结一季。

图 4-23　丰田 TF109 车手
意大利亚诺·特鲁利

图 4-24 丰田车队赛车

1999 年,虽然只胜出于中国拉力赛,但被提名入选,最终相隔 5 年第 3 度夺得最佳车厂头衔。可是,在意大利圣里模赛站前欧洲车队宣传将会参战一级方程式赛车,结果终结了日本最大汽车生产商 27 年来参与拉力赛的挑战。

赛车 1982 年在日本举办的世界耐力赛,与"童梦"及"TOM'S"共同开发的 Celica Turbo C,作为赛车(C 组车)参赛。

1983 年,参与从该年开始举办的全日本耐力赛(1987 年改称全日本赛车赛),相继投入与童梦及 TOM'S 共同开发的 4 气筒涡轮增压 83C(1983 年)~88C(1988 年),8 气筒涡轮增压的 88CV(1988 年)~92CV(1992 年)。在 1987 年开始以丰田车队的名义参赛。

1985 年,开始参与在法国举行的勒芒 24 小时耐力赛。要数最初一台搭载了丰田引擎的机器,该是 1975 年的 Sigma MC-75。虽然也有几年没有参加,但到 1999 年为止也有参加该项赛事。从 1985~1990 年均使用涡轮增压引擎车参赛,1992~1993 年则使用一台搭载了与当时一级方程式赛车同样规定,自然吸气式 3.5L10 气筒引擎的 TS010 参赛,在 1992 年获得第 2 位。1994 年把 92C-V 改装成 94C-V 出场,可是遇上同时的保时捷车厂把 962C 作 GT 形式改装,结果只能屈服于这台可说是犯规的 962GT 手上,最终得第 2 位收场。至于在 1998~1999 年则以 Toyota GT-One(TS020)迎战。丰田虽有压倒性的机器性能,可是相继遇上难题最终只以 1992 年的最高成绩第 2 位结束此赛季。

1992 年的世界赛(SWC)以 TS010 参赛,在第一站意大利蒙扎(Monza)赛道由日本车手小河等胜出。

从 1994~1998 年参与全日本巡回赛(JTCC),更在 1995 年参与全日本 GT 赛(现称 Super GT)。在 GT500 级别当中,2005 年以 Supra 参赛,从 2006 年开始将会以 Lexus SC 参赛。至于 GT300 级别方面则会以 Celica 及 MR-S 参赛。

从 1996 年开始亦参与美国杯赛(American Championship Car Racing),作为引擎生产商。在 2002 年获得最佳车手及最佳生产商两项殊荣。2003 年开始,更加参与印地赛车联盟(IRL)赛事,身为日本的生产商初次在世界三大赛事之一的"Indy500"取得冠军,在参与 IRL 的首年即获得最佳车手及最佳生产商两项殊荣。可是丰田却宣布在 2006 年会退出 IRL 赛事,结果只在 2005 年取得一个奖杯结束。另一方面,丰田从 2000 年开始参与北美房车赛(NASCAR),派出 Celica 参与 NASCAR 的 Goodies Dash 系列赛事。2004 年更加是史上首次有新的生产商参与 NASCAR 最顶级的 3 项赛事。丰田以 Tundra 参与 Craftsman Truck 系列赛事。其后丰田更宣布在 2007 年将会以 Camry 出战 NASCAR 里最高峰的级别,NEXTEL Cup 及 Busch Series 赛事。

另外在业余赛事方面,丰田除举办只限 Vitz 或 Altezza 车款的"NetzCup",以及专为拉力赛初学者而设的"TRD Vitz Challenge"赛事之外,还开办了以培养年轻车手为目的的少年方程式赛事"Formula Toyota",实行扩大各项目的实力。

活动二 汽车杂志

近年来,随着国民经济和汽车工业的快速发展,中国开始从自行车时代跨入到汽车时代,汽车正在进入寻常百姓家庭,汽车市场正在飞速发展。同时,我国的杂志市场也在逐步走向成熟和细分,从最初的大杂志概念,即以内容"杂"为主要标志的杂志逐步过渡到类别杂志上来,如今数量不断增加并迅速膨胀的汽车类期刊即被喻为杂志市场的一匹黑马。目前,我国的汽车杂志已有 70 余种,大致包括学术类、科普类和消费时尚类 3 种。

1955 年,我国第一本汽车杂志《汽车译丛》诞生,由当时的交通部主办。由于经济条件所限,这本杂志受众面很窄,只能说是汽车技术界的自娱自乐。到改革开放后的 1986 年,中国汽车工程学会主办推出了《汽车之友》,这是我国第一本面向普通大众的汽车杂志。但由于当时汽车种类很少,汽车离家庭仍很遥远,该杂志的读者大多是一些汽车发烧友和普通爱好者,发行量仅 4 万多份。截止到 1990 年,我国汽车类杂志总数还不超过 30 种,且以技术类、专业学术类为主,例如《汽车技术》、《汽车与配件》、《汽车研究与开发》等,读者仍以汽车业内人士为主,汽车杂志作为一种媒介发挥的作用主要是为他们提供了一个技术交流的平台。

20 世纪 90 年代以后,我国国民经济持续高速发展,温饱问题已经得到解决,人民群众的消费水平开始加快升级,汽车市场步入一个稳步增长的阶段。1980 年,全国汽车年产量只有区区 22 万辆,1990 年为 50 万辆,2000 年为 207 万辆,2005 年高达 320 万辆,2011 年高达 1800 万辆,成为世界上发展速度最快的汽车市场。在全国汽车产业不断升温、高速发展的推动下,新的汽车杂志应运而生,从 1990 年不到 30 种发展到 2007 年底达 70 种,增长 1.5 倍,远超过我国期刊市场其他种类杂志的增长幅度,也超过 1990 年以前我国汽车杂志自身的增长幅度,如今已逐步驶入发展的快车道。

汽车杂志迅速发展有着深刻的社会经济、消费文化和用户的专业知识需求不断发展的背景。汽车对于家庭而言是一种高值、耐用,同时又是结构和性能比较复杂、种类繁多的消费品。汽车消费者尤其是首次购买的国内用户,都希望在汽车购买、使用、维护等方面得到专业指导。而汽车杂志版面多,图片质量好,能够提供专业性强、数量多、新鲜又有深度的内容,自然就成为老百姓购车用车的向导。早在 2000 年,北京慧聪汽车市场研究所的一项调查就表明,汽车类杂志在所有与汽车相关的信息渠道中是最主要的,被访者选择的比例为 40.5%,选择路牌广告的为 24.4%,而选择大众报纸的为 24.1%,选择大众化杂志、广播和亲友、同事的都不超过 15%。在这种情况下,汽车杂志理所当然地成为广告商的投资对象。特别是在汽车产能不断加大,居民购车需求迅速膨胀的背景下,汽车厂家甚至销售商爆发出巨大的广告投放需求和潜力,这反映在以广告收入为主要赢利模式的杂志市场上,必然是大量汽车类杂志的出现,今天它已成为一支异军突起的行业传媒。

汽车杂志具有很强的行业特征,又与现代生活息息相关,在其繁荣的背后,同样有着与当前汽车行业一样激烈的市场竞争。在竞争者越来越多的情形下,很多汽车杂志都在不停地加页,不断提升内容质量和印刷水平,不断增强核心竞争力,以争夺有限的读者和广告商。当然,总体上汽车杂志的竞争势必带来这类杂志的共同进步,这就像一场激战正酣的汽车拉力赛一样,谁都要努力经营奋力拼杀以免于落后!

汽车杂志要发展,必须经受传媒市场消化能力的考验。如果广告商为杂志广告买单的能力和读者为杂志内容买单的能力增加的速率落后于竞争者增加的速率,所有竞争者都要考虑生存危机。汽车杂志的市场是否饱和?它的"跑道"究竟有多宽?

近些年来,中国汽车市场不断迅猛扩大,城乡居民储蓄余额不断增加,为汽车市场培养了大量的消费者和潜在消费者,汽车日益进入寻常百姓家,全国各地火爆的各类车展、驾校培训即为有力的证明。截至 2012 年 6 月底,中国机动车总保有量达 2.33 亿辆,其中汽车 1.14 亿辆,摩托车 1.03 亿辆。全国机动车驾驶人数达 2.47 亿,其中汽车驾驶人数 1.86 亿。(引自公安部网站)中国已经步入了汽车时代,因此汽车杂志的潜在读者必将呈递增趋势。比较来看,在德国、美国等地,优秀的汽车期刊发行量都超过百万册,美国有好几种汽车杂志发行量达到二三百万册。而我国发行量最大的汽车杂志《汽车之友》的发行量仅有 35 万册,这个数字跟我国正在日益增长的汽车用户数量是很不协调的。我们有理由相信,中国汽车市场的加速发展为国内汽车杂志提供了极佳的发展机遇,铺就了一条宽广的"跑道",在强大的行业引擎推动下,汽车杂志作为汽车产业链上的重要一环必然进入黄金发展期。

然而,汽车杂志在看似无限坦荡的前景中也存在不容忽视的生存问题。汽车杂志市场面临着来自内部和外部的全方位竞争。从内部看,目前全国汽车类杂志已超过 70 余种,竞争绝不是和风细雨。从外部看,一方面,中国近年来汽车市场迅猛发展有目共睹,国外的汽车杂志也对中国汽车传媒市场垂涎三尺,他们定会以出版中文版或者版权合作的形式抢食国内市场;另一方面,眼下最紧迫的竞争还来自于国内各种消费类、综合类报纸纷纷设置的汽车专版乃至专刊,这些版面通常以周刊的频率出版,无论是从信息的及时性、丰富性上,还是广告商的广告投放效果上,都已经对汽车类杂志构成了强大的竞争压力。还必须看到,相对于汽车杂志而言,这些报纸的汽车专版或周刊信息生产成本低,读者获取信息的成本更为低廉,因此汽车杂志在零售市场上也面临明显的压力。如此说来,国内汽车杂志市场多头觊觎,群雄逐鹿,尽管今后"跑道"很宽,但将日益拥挤(图 4-25~图 4-28)。

图 4-25　日本汽车杂志(Option 与 Style Wagon Club)

(a)《中国汽车画报》　　　(b)《汽车与驾驶维修》

图 4-26　中国汽车杂志

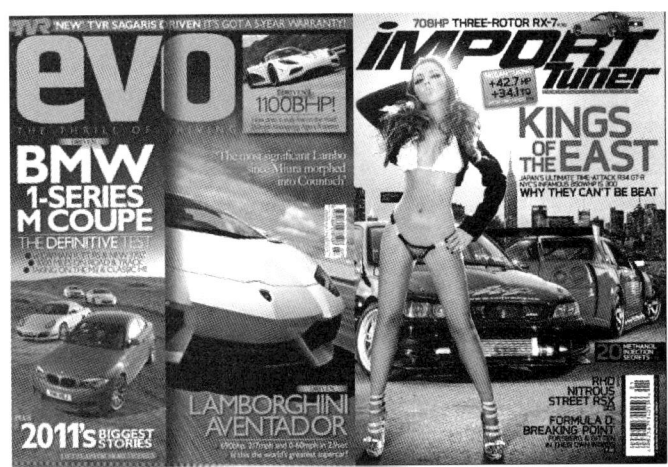

图 4-27　欧美汽车杂志(EVO 与 Import Tuner)

图 4-28　LandRover 单一品牌的杂志

综观我国市面上的汽车杂志,除了小部分属学术类的之外,其他的基本上分为两种类型。一种是消费时尚类的,如《汽车之友》、《中国汽车画报》、《汽车导报》、《车主之友》、《时尚坐驾》、《轿车情报》、《名车志 CAR AND DRIVER》和《汽车族》等几十种;另一种是科普类的,包括《汽车维修与保养》、《汽车与驾驶维修》等十几种。但从主要内容看,这些汽车杂志同质化现象非常严重,基本上都是综合类的,车型上统统囊括了新车、名车、国产车、进口车、合资车、轿车、跑车等各种车型,内容上也都是新车发布、试车报告等综合资讯,甚至连封面都大同小异。随着汽车消费者数量增长和逐步成长,消费个性必将成为汽车杂志关注的焦点。在这点上,我们应该向国外的汽车杂志学习。国外汽车发展已有几十年的历史,发展速度很快,带动起来的汽车类杂志也已经成为一种比较成熟的、早已实现市场细分的行业媒体,在市场定位上几乎囊括了与汽车相关的方方面面,出现了《越野车》、《跑车》、《老爷车》、《汽车收藏家》、《汽车噪音与安全》等多种专门分类的汽车杂志。正如国外杂志界的一句名言"杂志,不和陌生人说话",细分市场要求杂志找准自己的目标读者,并且死心塌地为他们提供真正需要的东西,真正做到心无旁骛。今后有了国内汽车消费市场的长足发展,汽车杂志的细分市场肯定也会到来,谁能把握好时机,谁就会赢得发展先机。

杂志生存靠广告是期刊业内的普遍观念。但是,没有过硬的内容,卖广告就是困难的,内容才是杂志取胜的唯一法宝。广告商无不趋利,决定广告投放的重要标准是潜在消费者的传媒使用倾向。汽车杂志只有做好了独特的内容才有可能吸引到足够多的目标读者,进而为卖广告增加筹码。换言之,汽车杂志要做的是专心做好内容供应,这与卖好广告并不矛盾,只是内容才是决定广告的根本。内容设置在很大程度上取决于杂志定位,而如上所述,我国汽车杂志大部分定位雷同,即都是整车消费类,只有做出独特的内容,做出自己的金牌栏目,或者成功地细分市场,走出内容同质化的漩涡,得一块属于自己的蛋糕。

活动三 汽车电影

一、汽车电影院

图 4-29 汽车电影院

汽车电影院(Drive-in)(图 4-29),它是一种源于美国崇尚个人自由的汽车文化。电影银幕采用全钢铸的大屏幕,观众坐在车内,在不同的位置都能看到清晰逼真、稳定的图像。这种时尚的娱乐休闲方式随着汽车的普及将成为流行趋势。

在普通电影院里,观众不但不能随意吃零食,而且坐姿要端正,还要关闭手机,但在临时的露天汽车电影院里记者看到,观众完全不用担心这些,既不影响别人,也不受别人影响,想吃零食、喝饮料,甚至来点儿蛋炒饭、炒螺蛳,给附近的餐厅打一个电话,服务员就会送到你面前。电影放映时,铺天盖地的电影对白充盈着整个车厢,轿车内俨然成了电影院的独立包厢。把坐椅靠背放到舒适位置,又完全有了家庭影院的享受。记者看到,来此看汽车电影的车主都是酒足饭饱后来此消遣的,商务伙伴、年轻情侣和整个家庭集体出动的居多。

在美国已走入历史的汽车电影院,在中国却成了新鲜事物。随着中国经济的快速发展,社会产生了一个有能力购买汽车的城市阶层,他们要寻找新的刺激。到汽车电影院的大多数不是年轻的家庭,就是成双成对的情侣,他们坐在车里,在个人的环境中享受看电影的乐趣。

几乎在场的观众都是关上车窗在车里看电影。透过前挡风玻璃看电影屏幕,记者感觉在视觉上与普通的电影院差不多。最明显的不同是,观众必须把汽车的调频收音机调到指定的波段,电影同期声就通过汽车喇叭传来,因此,汽车音响越好,电影的音效也就更好。如果站在车外,电影就变成了无声电影。

虽然汽车电影院从原则上来说必须要开车来才能看,但如果你没有车或不会开车,同样可以买票进场,但别忘了带一个收音机接收音频,要不只能看到影像而听不到声音了。此外,要提醒您的是看汽车电影最好开7座以下的车来,否则还要另加钱才能进场,如果您开的车型较小,最好早一点来,否则被正前面的大车挡住了视线再换地方会比较麻烦。

随着汽车市场的持续火爆,伴随着汽车消费的日益普及,就会衍生出新的汽车消费方式和生活方式。汽车电影院就是这种新的文化与消费方式的代表。而在这方面,在汽车产业链的最下游,还存在着大量的空白,同时也蕴藏着巨大的商机。

二、汽车电影

汽车作为电影中的一个重要元素(图 4-30)出现的历史显得更早。法国的《车神》电影的原始创意来自于法国的同名漫画,主人共米歇尔·瓦扬是漫画中的赛车英雄。影片深入展示了欧洲拉力赛、勒芒 24 小时等欧洲著名汽车赛事和幕后的精彩故事。

图 4-30 《007量子危机》中的阿斯顿马丁

汽车作为一种代步工具本身并没有能力产生文化,其文化内涵是随着汽车的普及和整个社会结构的发展被人们所赋予,汽车只是汽车文化的物质载体之一。

几乎与汽车同时产生,并且同样被迅速普及的电影,从一开始就与汽车结下不解之缘,汽车一直伴随着美国电影业的发展。电影将社会中各种纷繁复杂的汽车文化现象进行有意或无意的具像处理,压缩成各种影像符号,向观众传达着一系列有关汽车的话题。

美国平均每个家庭的汽车保有量已达到2.96辆,加州的汽车数量甚至超过了该州人口总数。汽车在人们日常生活中的地位是如此重要,以至于如果在一部美国出品的电影中没有汽车出现,就失去了起码的真实性。汽车在美国电影中成为一种不可或缺的元素。好莱坞商业电影中,外形俊朗的男主角身边总有一辆与之相配的爱车,这些基本配置是:智商180、情商250、能力270,外加一部外形300的酷车,使他们对女性的杀伤力达到100%。

与非主流的汽车题材相比,汽车更适合做配角,尤其是在警匪片中,只是主题中去掉了许多说教。在这些弘扬英雄主义的影片中,汽车是决不可缺的元素,没有汽车,我们的英雄如何救美?如何凸显他们正义凛然的宽广胸怀,让美女死心塌地?与当今日趋精致、小品般的香港警匪片相比,没有宏大的汽车追逐场面就构不成美国的警匪片。《绝地战警》中惊世骇俗的汽车追逐场面的壮观,《偷天换日》中的 Mini Cooper 在下水道中躲闪腾挪的精巧,让人怀疑美国每年生产几百万部汽车的目的就是为了毁坏它们,男主角只要坐进汽车就变成了"破坏之王"。汽车在影像中往往成为男性的图腾,在警匪片中能够从满是弹孔、伤痕累累的汽车中走下的才是真正的百战英雄。

汽车在科幻电影中依然闪烁着耀眼的光芒,其中的"七宗最"丝毫不逊色于警匪片中的枪林弹雨:最富想象力的肯定是《我,机器人》中威尔·史密斯的无轮奥迪 RXQ;最有环保色彩的一定是《回到未来》中以垃圾为燃料的时空穿梭车;最酷的一定是《蝙蝠侠》中那部有蝙蝠尾翼和鲨鱼腮裂的蝙蝠车;最没品位的一定是《第五元素》中布鲁斯·韦利斯的飞行器——更像是没有轮子的纽约出租车;结局最凄惨的当属《骇客帝国》中尼奥那身中 1500 余发子弹的凯迪拉克 CTS;最没有创意的应该是史泰龙的《时空战警》中那部彩喷过的捷达;功能最差的应该是《黑超特警》中的那部"变身"之后充其量只能飞檐走壁的汽车。

虽然这些科幻片中的"七宗最"让人匪夷所思,但一般都能在现实世界中找到影子,它们充分表现了美国人的汽车想象力和审美取向。这些汽车使美国英雄们可以从荒凉的西部平原的马背上来到都市水泥丛林中,继续演绎惩恶扬善的成人童话。

在更为商业化的恐怖片中,汽车的外在形式已经无足轻重,汽车完全成为某些套路式桥段的附属品。针对美国人对汽车的依赖,恐怖片中,歇斯底里的女主角的汽车后排总是藏着反派,即使后排没人,当怪兽冲过来时,汽车也会出现故障,不过不用担心,总会有奇迹发生,她总能在危急时刻找到一辆没有锁门的汽车,上车也不用担心,钥匙总在头上的遮阳板里。这些模式化的情节不断地被拙劣地模仿,而且总能使电影院中的低能观众发出一阵阵尖叫。

当然,由于影片类型的关系,在剧情片和文艺片中,汽车留给人们的印象并不深刻,往往作为一个影视叙述的道具或故事发生的空间场景,但有些经典场景也会让人们记忆犹新。《毕业生》中达斯汀·霍夫曼的经典台词——"90%的美国人的第一次性行为发生在福特车中"伴随着"The Sound of Silence"与 20 世纪 60 年代的叛逆一起留在人们心中;《我心狂野》的凯奇,站在滚滚车流中对劳拉·邓恩浅吟低唱猫王的"Love Me Tender"时,相信全球无数男女都被这份终极浪漫所融化;《美国丽人》中的父亲住在安静的郊区,拥有一部省油的日本车和一部马力强大的越野车,过着看似平静和中规中矩的典型的美国中产阶级生活。在这些影片中,汽车具有坚硬的外表、硬朗的线条和强大的动力等表征,但是其内部空间狭小阴暗(敞篷车除外),因此,汽车成为文艺片导演们诠释当代人心态的一个重要工具。在他们的摄影机下,汽车是男人的铠甲,他们更像是披着硬壳的软体动物,只有坚硬的外表。脆弱的男人们在片中更多的时间花在汽车内愤怒地敲打方向盘、颓然地在后排吸烟(毒)或是无助地哭泣,此时的汽车成了他们的保护层,使他们看上去像是一群生活在胶囊里的人。

相比之下,另一种空间开放的机械交通工具——摩托车,则显得幼稚了很多,只能作为一种汽车的拙劣的替代品,只有在 20 世纪 60 年代的马龙·白兰度(《飞车党》)和亨利·方达(《逍遥骑士》)的影片中找到他们男孩式的破坏,而不是男人的发泄。

美国电影中的汽车与 19 世纪西部的马一样,代表了美国人开拓进取、变动不羁的精神。汽车是影视中的道具,但作为电影语言的物质承载工具,我们无权对电影中的汽车的文化意义进行无限放大,它们只是美国汽车文化的一个缩影和组成部分。

好的影视作品可以精确地反映社会文化,影像中的汽车不仅是一种文化的表达,也是一种文化的传播。如今,中国的汽车文化正经历着本土化前的阵痛,我们一边不断地反思与否定作为世界汽车文化源头的美国汽车文化,一边贪婪地吞咽着好莱坞电影中量产的各种汽车元素,却找不到自己车厢的钥匙。美国的汽车文化,决不是汽车文化的终极形态或完美形式,它是建立在美国百年汽车发展的基础上,是靠一代又一代汽车人的积累完成的独特体系,每个国家都会随着汽车的普及和发展形成自己的汽车文化。每辆汽车上都在发生着故事,故事的结局是善恶到头终有报、玉宇澄清万里埃的团圆喜剧?还是世事纷乱一团麻、人间一觉黄粱梦的魔幻剧?抑或是昏天暗地、永无尽头的模式审判?每个人心中都有一辆自己的汽车,你选择什么样的汽车,也许正反映了你对这个世界还有多少信心。

著名的汽车题材的电影有《速度与激情》系列、《疾速60秒》、《生死时速》、《霹雳游侠2000》、《汽车总动员》、《出租车汽车司机》、《变形金刚》(图4-31)系列、《头文字D》、《雷霆赛车》等。

图4-31 《变形金刚》中的汽车人

项目五　中国汽车文化

项目目标：
(1) 掌握中国汽车工业的发展历程与科技创新。
(2) 掌握中国一汽、东风等汽车集团企业文化及发展历程。
(3) 掌握中国特色的企业文化及形成历史。
(4) 掌握特色的汽车文化与科技创新环境。
(5) 掌握汽车游戏、汽车音乐、汽车文化节、汽车俱乐部等汽车文化形式。

任务一　中国汽车工业的发展

1956 年，解放牌卡车诞生；1958 年，红旗牌轿车诞生；1984 年，第一家中外合资汽车企业成立；1997 年，民营企业闯入整车领域；2009 年，中国成为全球最大汽车市场。63 年，弹指一挥间，中国汽车工业从无到有，从小到大，一路走来，充满艰辛坎坷，也充满旷世传奇。

中国汽车工业发展 63 年，充满坎坷，充满传奇。中国汽车工业的发展大致分为两个大的阶段。

一、中华人民共和国成立前期的汽车工业发展

1901 年 12 月，匈牙利人李恩时将两辆汽车带入中国。

1927 年，上海快利车行张登义引进法国煤气发生炉，装在汽车上试验。

1931 年 3 月，汤仲明试制成功"木炭代油炉"，在郑州改装一台发生炉煤气车。5 月在张学良将军倡导和支持下，辽宁迫击炮厂造出装载 1.8t 的民生牌 75 型汽车。

1932 年 6 月，清华大学组建工学院，机械系内设飞机与汽车工程组。12 月山西汽车修理厂试制成山西牌 1.5t 汽油载货汽车。

1934 年秋，上海交通大学设立动力机械部，1935 年培养出第一批汽车专门人才。

1936 年 1 月，湖南机械厂制成衡岳牌 25 座客车一辆。黄汉忠自制中华牌 3t 载货汽车。9 月国民政府资源委员会奉命筹办汽车生产。

1939 年 5 月，买下美国斯图尔特汽车厂全部器材和设备。9 月在昆明成立中央机器厂，第五分厂生产汽车，厂长史久朵。12 月中国汽车制造公司在南京举行成立会，曾养甫为董事长兼总经理，张学良等为监察。以汤仲明仲明命名的上海仲明机器股份有限公司试制出煤气汽车一辆。

1937 年 2 月，中国汽车制造公司在湖南株洲设立总厂，厂长张德庆，另在上海设立分厂组

装汽车。3月装配出第一辆2.5t柴油汽车,定名中圆牌。

1943年,陆军机械化学校派32人由清华大学陈继善教授领队去美国汽车工厂实习。

1946年6月,天津汽车制配厂装出第一辆飞鹰牌三轮汽车。

扩展阅读

张学良与民生牌汽车

中国从1901年开始已有汽车进口。清光绪27年(1901年)冬,匈牙利人李恩时(Leinz)将2辆汽车带入上海。同年腊月廿一日(1902年1月20日),经公共租界工部局例会上讨论,决定先发临时牌照,次年发正式牌照。1907年以后,中国少数沿海城市陆续出现汽车客运和汽车货运。1913年,全国经济委员会成立,督导公路建设,拨款地方修路,鼓励民办汽车运输,将公路列为政要之一。1917年,当时中国第一条汽车运输线路张(家口)库(伦,今蒙古乌兰巴托)公路通车。到1927年全国公路总长已达29170km,民用汽车保有量由1912年的294辆增长到18677辆。1934年成立公路委员会,统一路政,开展省际联运。到抗日战争爆发之前的这一时期,可以说是中国汽车运输业日趋繁荣的年代,每年平均进口汽车5500辆,全国公路总长延伸到117296km,民用汽车保有量68917辆,出现了一批官办的和民营的出租汽车公司和公共汽车公司。

中国要建立民族汽车工业,制造汽车的愿望早在孙中山先生的《建国方略》中已提出。1931年张学良先生首先将造车设想付诸实施,在辽宁造出民生牌汽车。

1928年12月,东北易帜,南北趋于和平。奉天迫击炮厂厂长李宜春等提出的"应国内需要,宜首先制造载重汽车"的建议得到张学良将军的赞许,遂将奉天迫击炮厂改为辽宁迫击炮厂,并附设民用品工业制造处,主要生产民生用具,制造汽车内饰材料和各种皮革。1929年2月,张学良将军将辽宁迫击炮厂结余的四万余元(旧币)拨给民生工厂,作为研制汽车所用材料试验费。随后又拨款70万元,作为国产汽车的试制和生产费用。为了加快研制工作,民生工厂聘请了美籍技师麦尔斯为总工程师,并聘请国内外大学和专科毕业的技术人员担任工厂的重要职务,当时民生工厂共有职工207人,其中职员30人,工人177人。

民生工厂从1929年5月开始国产汽车的研制工作。在设备和技术条件十分简陋的条件下,经过两年多的时间,至1931年6月,终于试制成功了中国第一辆民生牌75型2.5吨国产载货汽车。为此,沈阳迫击炮厂举行了隆重的庆祝大会。同年7月,该车应邀送上海参展,并准备再生产15辆,为"双十节"献礼。后因日军发动"九·一八"事变而未及组装。1931年10月上海《道路月刊》和同年8月13日上海《民国日报》的照片和史料,大致记载了民生工厂试制国产汽车的基本过程。

据记载,1929年8月,民生工厂在完成了基本准备工作之后,根据张学良(图5-1)将军关于载货汽车是当时急需的交通运输工具的指令,从美国购买了瑞雷号载货汽车散件,运回厂内自行组装整车,并进行了大量的试验。然后将瑞雷号全车拆卸,选择重要的易损机件,另行设计并重新制造。通过对汽车的拆装测绘和试验,初步掌握了汽车设计和制造技术。

图5-1 张学良和民生牌汽车

根据民生工厂的汽车制造计划,原定试制和生产两种载货汽车,一种是55型载重2吨,一种是100型载重3吨,后根据城乡运输的需要,确定为75型2.5吨载货汽车。民生牌75型载货汽车是自行设计的。发动机、后轴、电气装置和轮胎等汽车部件,由于设备工艺和原材料当时在国内无法解决,事实上也难以自制,均暂行委托国外专业名厂依照民生工厂自行设计的图纸加工。除此以外,民生牌汽车零部件均由本厂自行设计制造。

民生牌汽车为长头,棕色,采用六缸水冷汽油发动机,65马力,前后轮距4.7m,前后四轮为单胎,最高车速为每小时40km。自行设计的缓冲式后轴也有自己的特点,水箱分为四部,即使一部损坏,汽车仍然照常行驶。

1931年9月19日,奉天《盛京日报》记载,"民生工厂自制国产汽车40辆工程将告竣……样式精美,轻便异常。"但由于"九·一八"事变,民生工厂未组装成车的零部件均被日本侵略军掠夺一空,张学良将军创办民族汽车工业的雄心壮志也随之前功尽弃,毁于一旦。1934年3月,伪满实业部按照日本关东军的旨意,在原辽宁迫击炮厂旧址上成立了同和自动车工业株式会社,该社的目的是适应扩张侵略的需要,从事汽车的修理和组装。

二、新中国时期汽车工业发展

1. 自主造车阶段（1956～1984年）

与"解放"载货汽车一样（图5-2），中国汽车工业在诞生伊始就被打上了浓重的时代烙印。起步初期的中国汽车工业按照苏联模式发展起来的，也算是高起点了。因为在当时我们的邻国韩国的汽车工业也几乎是空白。但是，中国汽车工业很快就在社会的政治大潮中随波逐流，飘摇起伏。

图5-2 第一辆解放牌CA10型载货汽车走下生产线（1956年）

1965年，国家出于经济安全等因素的考虑，在湖北十堰筹建第二汽车制造厂，以下简称二汽。但二汽的建立并没有解决经济模式一直给中国汽车工业所带来的制约。到1970年，全国汽车产量才突破10万辆，1980年才突破20万辆。

在这一时期，中国的轿车工业也曾昙花一现，有过短暂的繁荣。1958年，一汽相继生产了"东风"、"红旗"两款轿车。同年，北京汽车制造厂研制的"井冈山"轿车、上海生产的"凤凰"轿车，作为庆祝中华人民共和国成立10周年的礼物而相继面世。但是，轿车产业的发展并没有因此蓬勃起来，而是由于种种原因被遏制在襁褓之中。从1958～1983年，中国轿车用了25年的时间年产量才突破5000辆，用原机械部部长何光远的话来说就是这一段时间的中国汽车工业基本上只能算是"卡车工业时代"。

不过在1978年以后，中国汽车工业迎来新的发展契机。当时的中央政府开始重新思考中国汽车工业的发展思路，汽车工业也因此注入了新的活力。"摸着石头过河"、"技术引进"、"与外国合资经营"等有关汽车发展的新名词也开始见诸于报端，中国的汽车工业从此迸发出新的热量。考虑到当时民族汽车工业的技术落后，中央政府开始鼓励民族汽车厂商和国外汽车巨头接触。1978年，美国通用汽车董事长墨菲先生来华考察中国的汽车工业。随后，国家开始组团赴德、美、日等汽车工业发达国家考察，并开始商谈合资事宜，中国汽车由此向世界汽车工业敞开了大门。

当时全国的汽车保有量只有10万辆，面对即将到来的建设高潮，这些车显然是远远不够的。在与苏联签署的第一批援助项目中，就包括了一个年产3万辆的汽车制造厂，这就是如今的一汽。自此，中国汽车工业革命的序幕正式拉开。

功夫不负有心人，在经过3年的技术攻关后，1956年7月14日，一汽总装线上开出由中国人自己制造的第一批解放牌载货汽车，这批12辆、代号为CA10型的汽车结束了中国不能造车的历史。"解放"这个由毛主席命名的中国第一汽车品牌也开启了装备中国汽车的历史航程，也开创了中国汽车的"解放时代"。

之后，解放牌汽车跑遍了中国960万km^2的国土，甚至登上了号称"世界屋脊"的青藏高原，国人无不为之骄傲。

图5-3 红旗CA72高级轿车（1958年）

1958年5月12日，经过艰苦研制，东风牌样车终于成功问世。1958年6月30日，第一辆红旗样车（图5-3）的试制工作正式开始，当时一汽从吉林工大借用一辆1956年生产的克莱斯勒高级轿车作样车，在此基础上开始了"红旗之路"。第一辆红旗轿车共有3488个零件，一汽为了又快又好地造出第一辆红旗，使了一招"人海技术"，将这些零件排成一排，由一汽员工认领，只要是自己能加工的零件就签字拿走，一汽数万人投入到这个行动中来。就这样，干了1个月零3天后，第一辆红旗在1958年8月2日下午诞生了。现在看来，第一辆红旗车也是迄今为止国产车中的高端车型，它装备V形八缸式顶置气门发动机，最大功率200马力，最高时速为185km。红旗也成为第一款走出国门、参加国际展览的车型。1960年，红旗在瑞士日内瓦的国际博览会上亮相，引起广泛关注。

从1953年7月15日，第一汽车制造厂动工兴建，到1978年我国汽车年产量还只有14.91万辆。改革开放以来，我国汽车工业进入了快速发展时期，到1992年汽车年产量开始突破100万辆。从第1辆到100万辆，我们用了40年，从100万辆到1000万辆，只用了17年时间。汽车市场的变化，见证了中国汽车从早期的载货汽车到现如今的汽车行业全系车型的发展过程，我国的汽车消费也从早期的政府用车转向私人消费，从先期的沿海发达地区开始步入大众汽车消费时代。

2. 借船出海（1984～1997年）

1984年以前，技术、资金、人才等很多发展的瓶颈毫无疑问制约了中国汽车工业的发展，利用外资来发展我国的汽车工业在此时被推到了历史的前台。1984年1月，中国汽车的第一个中外合资企业——北京吉普诞生。有了先行者，中国汽车工业很快就进入了第一轮的合资高潮，1985年3月，中德合资轿车生产企业——上海大众汽车有限公司成立，上海大众的成立意味着真正意义的现代汽车工业的开始。同年，南京汽车引入意大利菲亚特的依维柯汽车，广州和法国标志合资项目也成立，桎梏了几十年的轿车工业的能量开始井喷（图5-4、图5-5）。

在1986年的六届四次人大会议上，汽车工业作为国家重要的支柱产业被写进了"七五规划"。到1994年，轿车产量已经超过25万辆，上海大众这个单一轿车生产企业逐渐超越了一汽、二汽，成为中国轿车企业的领头羊。

图 5-4　北京吉普(1965 年)

图 5-5　北京吉普 Jeep4700 征途(2004 年)

1987 年,国家在缜密研究了中国未来轿车工业的发展道路之后,确定了"三大三小"的总体格局,轿车工业开始向规模化方向发展。1990 年,中国轿车工业的三大基地进一步调整,上海汽车工业总公司成立。

1994 年,是中国汽车史上值得纪念的一年。在这一年国家出台了《汽车产业发展政策》。虽然其中有很多局限,但是国家开始对汽车产业的发展方向进行了重新定位,其中重要的是把汽车和家庭联系起来。家庭轿车市场孕育多年的潜能被无限放大,富裕起来的中国人对轿车激发了强烈的购买能量,渴望拥有一辆自己的轿车不再是遥远梦想,中国轿车工业的春天开始到来。

3. 自主品牌(1997 年至今)

国外汽车巨头在中国取得成功的背后是中国汽车工业自身的巨大牺牲。在中国,还没有哪一个行业像汽车工业一样依赖于合资模式,中国汽车工业的飞速发展并没有如期望的那样带来汽车产业竞争力的提升。由于缺乏自主的品牌和关键技术,研发能力低,国内汽车产品的核心技术大多数掌握在合资企业手中,没有话语权。"拿市场换技术"的传统合资模式开始受到质疑。

中国自主汽车品牌企业正是在这样的暗流中涌动,1997 年 3 月,奇瑞公司在安徽成立,成为我国自主汽车品牌的新生力量。此后的几年里,中国汽车自主品牌在夹缝中求生存,并逐渐壮大。根据国家信息中心的数据,2005 年自主企业销售呈现较大的增长,销售增幅 43.4%。

随着国内汽车自主企业的成长壮大,作为民族汽车自主企业代表的奇瑞开始脱颖而出。在奇瑞诞生了中国第一个汽车发动机自主品牌 ACTECO(图 5-6),并且在 2006 年 3 月有 5000 台发动机出口美国,实现中国自主发动机品牌出口"零的突破"。

图 5-6　奇瑞自主研发
ACTECO 发动机

4. 汽车工业对经济的拉动作用

汽车工业是一个综合性产业,产业波及效果强,对与其相关的上游产业有明显的带动作用,对下游产业有显著的推动作用。汽车工业发展对上游产业产生了巨大的需求;汽车工业发展带动了上游产业增加值的较快增长。1990~1997 年间,汽车工业发展带动纺织工业、化学工业、橡胶工业、塑料工业、钢铁工业、有色金属工业、机械工业及电器工业增加值的较快发展。

汽车工业对下游产业的推动作用，首先，推动了我国公路建设的发展。其次，推动了公路运输业的发展。第三，推动了石化行业的发展。最后，推动了汽车维修、加油站、汽车保险业的发展。汽车工业发展还促进了就业的增长，汽车工业本身就业人数有一定的增长，其发展为上游产业创造了大量的就业机会，对相关产业就业具有显著的带动作用。汽车工业发展促进了国家和地方财政收入的增加。汽车工业本身上缴税收占财政收入比重，汽车在保有、使用阶段上交的费用，汽车工业对相关产业的需求所带来的税收。

国务院发展研究中心的一项研究成果显示，由于汽车工业发展对主要相关工业的拉动作用，整个工业的投入要比汽车工业本身的投入增加1倍。或者说，汽车工业的投入产出，将对整个工业发展产生双倍的带动作用。从增加值角度衡量，汽车工业对主要上游产业的完全需求带来的增加值达到汽车工业自身增加值的两倍多，也就是说，汽车工业每创造一个单位的增加值，就会带动相关工业创造两个单位以上的增加值，而全社会新增的增加值在3个单位以上。另据有关资料，在欧美发达国家中，购买一辆汽车的价格中，大概有40%左右要支付给金融、保险、法律咨询、产业服务、科研设计、广告公司等各种服务业。在几个汽车工业比较发达的国家中，汽车工业对主要相关服务业的产出的带动作用，到达80%～100%。如果综合考虑汽车使用过程所产生的对汽车服务业的需求，这一比例更大，有人估计这一比例可达到汽车价格的2～3倍的水平。

如果将汽车工业对前向和后向产业环节的带动作用综合起来考虑，我们就不难理解，为什么有人说汽车工业是一个1：10的产业。1：10的意思是说，汽车工业的1个单位的产出，可以带动整个国民经济各环节总体增加10个单位的产出。如此巨大的带动作用是任何其他产业都望尘莫及的。

汽车工业是一个典型的资本技术密集型的产业，但由于其巨大的产业规模和对上下游产业的带动作用，带动就业的能力也很强。它不仅提供了很多直接的就业机会，还带动了很大比例的间接就业。在几个主要的汽车生产国家中，与汽车相关的工业和服务业都拥有较大的就业人数，尤其是汽车服务业的就业人数自20世纪80年代以来大幅度增长，就业比重明显提高。汽车产业间接就业与直接就业之比，1994年美国达到1.01，日本为0.71，德国为0.66，韩国1980年为0.63，到1992年上升到1.46，其中与汽车相关的间接就业占总就业的比重由0.25%上升到0.49%。这些数据还没有包括因汽车工业而产生的道路建设、政府机关、以及非汽车产业中与汽车使用有关的就业。根据德国汽车工业协会的计算，如果将那些工作岗位与汽车使用有关的就业人员也算在内，1997年德国汽车产业的直接和间接就业人数达到500万人，其中汽车工业的直接就业为67万人，配套工业行业的间接就业为98万人，与汽车销售和使用有关的间接就业为335万人，汽车产业间接就业为直接就业的6.5倍。

中国目前还不是汽车强国，但中国已经可以算作一个汽车大国了。汽车工业对经济增长的作用在中国同样重要，而且正处于快速上升时期。在此，需要格外强调的是，除了以上所述及的各方面作用外，汽车工业更是中国经济持续稳定发展一个最有希望的"增长亮点"。

21世纪前10年，中国经济的较高速稳定增长将继续受到需求不足，特别是居民消费需求不足的影响。有人提出这样一个假设：不论中国以何种方式发展汽车工业，只要本土汽车在加入WTO之后以至关税减让过渡期之后能够有力地抵挡进口汽车的冲击，中国市场的汽车需求就会迅速扩大,从而对居民消费需求的增长产生较大的拉动作用。

汽车产业的发展有利于加强投资需求对经济增长的拉动作用。未来10年,社会投资需求将仍是中国经济较快增长的一个制约因素。如果中国的汽车工业得到迅速发展,并对相关工业和服务业产生多方面的带动效应,将能够为民间资本提供很多有利的投资机会,拉动民间投资的扩张从而社会投资需求的扩大,支持国民经济的较高速持续增长。

汽车产业的发展有利于产业结构的调整和升级(图5-7)。汽车产业具有连接工业和服务业的特点,其发展不仅可以带动相关工业,而且对相关服务业具有很大的带动作用,这就有利于实现工业稳定增长而服务业加快发展的结构调整目标。同时,汽车工业属于技术密集的加工工业,由于其具有巨大的产业关联带动效应,带动幅度最大的就是技术密集的机械电子产业,并且经济规模大,使很多高新技术成果能够很快得到应用,因此,汽车工业的较快发展也有利于带动工业结构的升级。

图5-7 国家汽车产业调整振兴规划中的各个民族品牌

扩展阅读

贾延良:被遗忘的红旗设计师

外界只知程正设计了红旗轿车,并不知道66岁的贾延良设计了老式红旗轿车中最重要的红旗CA-770产品(图5-8),我们带你解开这段几乎被尘封的历史。

贾延良是黑龙江省齐齐哈尔市人,1959年考上中央工艺美术学院建筑装饰美术系。

1964年毕业。当时的一汽轿车分厂设计科科长吕彦斌来学校考查,就把我要了过去。从而与红旗轿车的设计结缘。

图5-8 贾延良与红旗CA-770

我真正接触汽车设计,是1963年毕业设计的BK-651型北京公交汽车工业造型设计,并大批量生产使用。我的毕业导师是郑可(图5-9),在雕塑、装饰和工艺造型方面是我国第一代大师,曾在法国留学

图5-9 贾延良在其指导老师郑可(左)指导下做毕业设计

10年,从事工业造型设计。1956年被周总理邀请从香港回到北京工作,在中央工艺美院任教,1957年被打成"右派"。

对于红旗轿车,我认为最有发言权的就是吕彦斌。他毕业于燕京大学建筑系、机械系,在机械和造型方面有很深的造诣,目前仍在世。1964年8月我被分到一汽工作。随即被派去车间劳动实习。吕彦斌科长有意识地把我放到车身分厂、冲压车间、油漆车间和电镀车间,使我对这些生产制造过程有了更进一步的了解。后来我被分到轿车分厂设计科,车身组的造型专业,加上艾毕瑶、程正、张祥瑞、邱良彪等共5人。

程正是第一代红旗设计师之一。第一代红旗是红旗CA—72,1959年正式生产,在国务活动和外事活动中频繁使用,起到了万众瞩目的作用。但是由于技术上的不成熟,红旗CA—72车型也反映出不能满足使用要求的缺点,例如:没有中间折叠座,造型较笨重,发动机、底盘若干总成性能有待改善。经过三次对红旗CA—72三排座车型的探索经验,红旗的换代工作被提到议事日程上。

1965年我被抽调出来进行红旗CA—770造型设计。我的贡献主要在于,完成红旗CA—770的造型及内饰设计。它是我国首次国家定型的高级轿车,车身造型和内部装饰通过了国家专业部门验收、定型,是自主设计的车型,获准首批批量生产,并定为国家领导人及外宾元首级专业用车。因此,CA—770被称为老红旗产品中量产最多的车型。

红旗CA—770换代过程中,正赶上国家搞"四清"运动,程正也在清理对象之列。也许我不该这样说话,当时程正也做了模型,但没被选上,没选上就没让他作为负责人主持工作。我呢,当时比较年轻,又刚刚毕业,就赶上了这个机遇。

我接受红旗CA—770设计之初,王振厂长就问我:"小贾,咱们用一年时间搞出来成不成?"我回答说:"没问题。"于是,我们成立了一个开发小组,由朱子志总布置,发动机由杨建中负责,底盘由华福林负责。

我至今还记得我们当年的一个奋斗口号——"为生产三排座立功"。1965年9月,我们就把第一辆红旗CA—770样车试制出来。红旗CA—770车送到北京后,大家反映还不错。1965年红旗CA—770车型,国家正式定型。1966年开始成批生产,当年生产20辆,全部送往北京。

红旗CA—770定型前,总共做了7个1:5的汽车模型。经过各级领导审查后,选定了其中一个汽车模型，而此模型正好是我设计的。尔后，由我主持，开始做1:1的CA—770的汽车油泥模型。那时国家正援助越南，工作条件比较艰苦，轿车厂没地方，我们就只能在越野车车间做。很快通过了国家验收。验收后CA—770就作为定型车型。以后的国宾用的检阅车、防弹车都是CA—770的定型车。

在设计红旗CA—770之前，我们也在考虑中国车究竟该怎么做？怎么才能把中外各车型的优点结合起来？这也是大家争议较大的地方。

你看德国车，它的特点就是庄严，不管是奔驰、奥迪，还是宝马，它们是非常严肃的车型，因为它们经过了工业革命。英国车呢，则显得比较绅士，比较保守，只要一看英国车就可以看出它的特点来。日本车呢，一看就是那些小巧伶俐，比较讨人喜欢的东西较多。美国车呢，就是张扬，凯迪拉克也好，林肯也罢，都强调线条，强调个性。

从红旗CA—770整个造型来看，你就明白它为何能站住脚。只要你把它往任何地方一放，都可看出它的动感来。正面、侧面都相当有动感。我们当时就想，中国车就应该往前冲。我们也参考了苏联伏尔加车型的线条动感设计的手法。

当时，我们还觉得除了强调动感外，整体线条应该简洁大方，线脚应该清晰明朗，具有民族特点。于是，CA—770车身造型的线型，就利用了明式家具的线脚，并结合了空气动力学的原理，车型更富有动感和整体感。车厢里采用了红木，树根的切片，牛皮，织锦缎等材料，体现了民族风格。

红旗CA—72车、苏联的吉姆、吉斯都是裙部大、玻璃小。我们就硬把发动机压下去，做大玻璃，让里面的线条都能体现出动感，所有侧面都互相呼应，这就是红旗CA—770造型的设计风格。

CA—770的外形更加精致和协调，突破了CA—72原来的"大、平、正、方"的效果，由于积累了相当的经验，CA—770的造型在表现中国传统风格的同时，又遵循了工业设计的原则，没有生搬硬套照搬，这种设计理念在今天也有很高的借鉴价值。

从前脸看，圆形的前大灯被保留下来，原来扇形的水箱格栅被抽象化，作为设计元素，显得更合理。A柱的倾斜度增大，C柱到尾窗的设计也不再圆滑，表现得更加有力，这种造型完全摆脱了红旗的原型车——Chrysler Imperial的影子，其中也富有深刻的政治含义。CA—770的长度达到5980mm，轴距达到了3720mm，在当时绝对称得上是庞然大物了。

很多人不知道，开发红旗CA—770的时候，我们就已经做了风洞试验。这个工作由车身组史治有同志负责，在哈尔滨飞机厂做1:5风洞试验，我们造型组也参与。模型中放了好多线头，用风吹，看这些线头走向，从而了解汽车模型的风的阻力，确定我们的车如何进行合理的修改。风洞试验做得虽然比较土，但是也达到了空气动力学的测试要求。

给红旗CA—770做内饰模型，也有很多故事可讲。以前，我们用的是福建大漆,由于这种漆反光,后来就不用了。国家花10万美金买来英国的劳斯莱斯给我们做样车,样车内饰板上都有非常漂亮的木纹,当时因为技术水平落后,我们不知道英国人是怎么做的。因此,我和邱良彪到长白山、大兴安岭一带去找木根子,决定用木根子刨皮。谁给刨的呢,我们选择了北京光华木材厂。

大家知道,树根有节子,节子越多,刨出来的花纹越好看。北京光华木材厂刨的时候把板锯都给刨坏了。我们把树根里的小石头子抠出来,刨出花纹的木皮,然后安到仪表板上及门侧板上。

但是难题就来了。我们的仪表板软化不了。板是软的,但塑料却是硬的,同样,由于技术封闭,软塑料我们也做不来。为解决问题,我还亲自到上海塑料六厂去进行塑料发泡。当时中国汽车仪表设计研究所在芜湖,我又到芜湖研究所进行了 CA-770 轿车的仪表盘设计。

那时,我念大学时的班长——张良正在苏州红木雕刻厂当厂长,退休时他已是苏州园林局局长,他派了几个老工人过来跟我们做木纹。那个时候,苏州做木纹比较细致。如果要说在第一辆红旗中有真正体现我们中国人自己的东西,红木就是最主要的一部分。

现在想来,这辆车确实花费不菲,国家也是不计成本。我还记得其中一个细节。在内饰方面,我们最初用牛皮,但牛皮会留下鞭子印,后来我们就专门在内蒙古找小牛,找没被抽过鞭的牛皮。

我们用牛皮做了三排座位:一是前面的两个正副驾驶座位,二是中间的两个折叠座位,三是后面的一个大长座。当做到第二辆红旗时,我们就考虑了电视和酒柜。装酒柜是跟奔驰600学的,样车由陈毅提供。配套电视由长春电视机厂生产,主要是距离比较近,我们也急用。装上后,电视能看,但晃动得厉害,不像现在的电视或者DVD那样稳。

用了牛皮,用了木头,刻了木纹,添了织锦缎、地毯的内饰,加了三排座,还包括标志、三面红旗、方向盘上的喇叭装饰等,我想这就是我们当时所能表达的民族精神吧。

我现在就想与大家共同探讨,怎么使咱们国家的汽车,有我们自己的知识产权,有我们自己的民族特色,体现我们民族精神的汽车造型设计出来。我们现在生产的汽车,基本都是在别的国家的汽车的基础上改头换面,我觉得很遗憾。

我给你看一张照片,这是红旗 CA-770 到日本参加世界博览会的情景。在现场,红旗 CA-770 被围得水泄不通。那个场面真叫激动人心啊。很多人都来参观。看了咱们车后,都认为我们的造车水平走在世界前列,那时日本还没什么车呢。隔了10年后,他们的车又比我们强多了,主要原因就是在文化大革命期间,我们的汽车业被搁下了。

1966~1968 年 3 年期间,国外很多媒体都争相报道红旗 CA-770 三排座车。

在国外一炮打响后，基本上所有从国外来的政要和外宾都要坐红旗车。这也从侧面说明了红旗CA—770车型在国际上的影响。

我设计红旗CA—770，并不是说我能力有多大，也实在是赶巧，有这个机遇。那时，苏联支援我们国家做的吉姆和吉斯汽车，由于中苏关系破裂，他们什么零部件都不给提供了，咱们不换车也不行。

文化大革命期间我挨批斗，原因就是设计这个红旗CA—770车型。红旗CA—770车身侧面的三面红旗代表了"总路线、大跃进、人民公社"，后来彭真建议改为一面红旗，代表毛泽东思想，不想此后"文革"中彭真因为此事惨遭批斗。胡玉久厂长他们在上面挨斗，我就在旁边作为修正主义苗子陪斗。我23岁毕业，26岁就被批斗。但是，我仍然不遗憾，我感觉我遇上了好机会，能够亲自主持设计CA—770这款轰动世界的中国轿车。

做完红旗CA—770后，我很长时间都没有干汽车设计工作。1973年我才又回到设计岗位。红旗三排座CA—770已成为国家元首车，红旗CA—774就是想把三排座变成两排座的车，来作为部长级用车。在离开一汽之前，红旗CA—774设计工作，我做了四轮，但是没有定型。

红旗CA—770用的是圆灯，做红旗CA—774时，我想变换一下，搞横灯，当时整个趋势是搞方灯。圆灯是受苏联的影响。我想了一个办法，把前脸的圆灯放扁，头部保持长形，后尾为宫灯放倒，成长形灯。做红旗CA—774第一轮时，我就按照自己的理想把灯给变过来了。

但是当时第一机械工业部军管会军代表李水清没有通过CA—774车型设计。他是1955年的少将，做过济南军区副司令员和南京军区副司令员。我把红旗CA—774的设计给他看，他把我骂了一通，说："你怎么设计红旗的？你怎么把解放军的红领章放到车屁股上了？怎么把冰灯放到前面了？"时任一机部副部长的周子剑见此情况，拽着我小声说："你们先休息去吧，军人不懂汽车造型呀。"就此给我们解围。红旗CA—774车身造型前四轮是我设计的，一年一个车型，但每次变化都不大。

重新回到设计科工作后，我找到中央工艺美术学院院长张丁和奚小朋，建议他们搞个汽车培训班，他们同意了。1977年，中央工艺美术学院分别从一汽、二汽（东风汽车）各招了10名学员，共20人成立一个班，主要是训练这些人如何设计汽车造型。像一汽的李铁南等和二汽的造型设计师都是从那时培养出来的。

上课的老师包括郑可、奚小朋、何振强等，因为这些学员以前都没有汽车造型的基础，没有真正工业造型和雕塑的基础。这是我们国家最早的一个汽车训练班。这些当年的学员，现在已经成为中国有名的汽车造型设计专家。

1978年国家正式恢复全国高考制度，中央工艺美术学院成立工业美术系，招本科生和研究生。从这年开始，我就离开汽车厂，考到中央工艺美术学院工业美术系（后改为环境艺术系），就读研究生。前后算起来，我在一汽工作了14年。

做了红旗CA—770之后,我在厂里的威信就树立起来了。我考上研究生后,红旗CA—774第五轮我就没有参与。但是第五轮搞得还是没什么特色。搞汽车一定要有特色,这样才能搞好。

我得感谢你们,感谢你们《汽车商业评论》杂志,这些年没有人找过我,问过我关于汽车造型设计的情况,但是我一直都在关注着国内汽车造型设计的动态。我预料,用不了几年,中国就是世界上汽车产量最大的国家,中国的汽车设计师就会是世界著名的汽车设计师。

现在中国的设计,显得脸谱化,不能充分体现中国化、民族化。怎么才能把脸谱的东西变成精神的东西?包括明式家具,包括京剧,包括彩陶,包括青铜器及中国的古建筑,这些形体内涵怎么才能够体现在精神上?这很重要。

中国是一个历史悠久的文化古国,不是说简单地抄袭一下就变成了自己的东西,它需要我们在造型设计上,利用历史的精髓,结合各种文化的内涵,提高自身的修养,只有这样,才能创作出具有中国特色、时代感强的中国自己的真正的汽车造型。

我感觉现在真能自己设计的汽车造型设计师,很少很少。再加上,国内各个汽车厂家都不太想用自己人设计的汽车造型,不相信自己国家的设计师的设计水平,基本都是高价聘请国外的设计师。这使得中国自己的汽车造型设计师更加难以成长。

许多汽车厂的设计师之间缺少交流和沟通。原因是互相之间要保密。说到保密的事情,我认为厂家在某个车型上可以保密,因为它需要竞争。但是全国的汽车造型设计师应该每年定期开学术交流会,互相探讨,交流关于汽车行业各种信息、世界汽车造型的趋势,设计手法以及自己的设计理念。这样才能更好地设计出有中国自己特色的、自主品牌的汽车。我们一定要有中国人自己的东西。

现在,我还是希望能够搞汽车造型设计,如果哪个厂觉得还能用到我的话,我会帮着做做,尽我的所能,发挥我的余热,但是我现在还不知道是否能跟得上时代潮流。

(引自《汽车商业评论》2008年8期)

任务二　中国著名汽车企业

活动一　一汽集团

中国第一汽车集团公司(原第一汽车制造厂)简称"第一汽车",1953年7月15日破土动工,中国汽车工业从这里起步。50多年来,第一汽车肩负中国汽车工业发展重任,经历了建厂创业、产品换型和工厂改造、上轻型车和轿车三次大规模发展阶段,产品生产由单一卡车向轻型车和轿车发展。1991年,与德国大众汽车公司合资建立15万辆轿车基地;2002年,与天津汽车工业(集团)有限公司联合重组;与日本丰田汽车公司实现合作。目前,产品结构已形成以轿车为主的新格局。

第一汽车拥有全资子公司32家,控股子公司17家,其中包括一汽解放汽车有限公司、富奥汽车零部件有限公司等全资子公司和一汽轿车股份有限公司、天津一汽夏利汽车股份有限公司、一汽四环股份有限公司等上市公司及一汽大众汽车有限公司、天津一汽丰田汽车有限公司等中外合资企业。在东北、华北和胶东、西南形成布局合理的三大生产基地,以及在国内汽车行业具有产品开发和工艺材料开发领先水平的技术中心。资产总额1058亿元,员工13.33万人。

2011年,一汽集团销售中、重、轻、轿、客、微各类汽车2601351辆,实现主营业收入3464亿元。

（引自一汽网站）

一、2012 红旗归来

2012年4月20日晚,500余位各界来宾与媒体代表出席了中国一汽"红旗品牌战略媒体发布会",共同见证了红旗品牌的历史时刻。此次红旗品牌的高调发布,宣告了红旗(图5-10)这一凝聚国人厚重情感,见证了新中国无数荣耀时刻的"国车"即将全新启程。

二、传承精神,诠释品牌内涵

在新中国重要历史片段与红旗荣耀时刻的光影交汇中,感动与自豪涌动于每个与会者心中。对于国人,红旗是一种信仰与凝聚力。对于中国一汽人,红旗不仅仅是产品,更是文化的积

图 5-10 红旗新车

淀、精神的图腾,并集中体现在中国一汽"争第一、创新业、担责任"的创业实践上。

追随时代变化的足迹,红旗在传承精神的同时,发展出与时俱进的审美风格和外观特征,并通过日新月异的产品技术为用户提供全新的驾乘感受。

红旗品牌的核心内涵是"大气、尊贵、经典、科技"。"大气"彰显国车风范:红旗以宏大胸怀海纳百川,凭借自身历史积淀与文化底蕴,结合中国元素与现代潮流,形成大气、威严、卓尔不群的品牌魅力;"尊贵"凸显国车地位:作为"中国第一车",红旗传承的是其独有的第一品牌、第一品质,为驾乘者带来与众不同的价值感受和超越期待的尊崇体验;"经典"传承国车基因:红旗轿车在秉承其独有的车型特征和丰富内涵的同时,融合顺应时代的技术成果和现代审美需求,在传承与创新中打造出具有民族文化个性的现代汽车工业典范;"科技"引领国车发展:新一代红旗轿车一方面具备独立自主研发、生产和升级换代的完全掌控能力,另一方面在具有前瞻性的造车理念指导下,集成世界领先汽车技术,以卓越的科技品质,引领国产高端自主汽车的发展。

三、厚积薄发,红旗续写辉煌

肩负持之以恒、精益求精做好红旗品牌的责任与使命,中国一汽集中研发技术、质量保证、营销服务等多体系的优势资源,将"品质承载责任、技术创造优势、创新引领未来"的集团品牌内涵充分体现到红旗产品之中。

完整的发展规划为红旗提供了战略支撑。此次中国一汽为打造红旗精品投入了集团最优

质的资源,项目团队达到 1600 人。项目启动以来,累计投入研发费用 52 亿元。开发了 L、H 两大系列红旗整车产品,形成了可覆盖 C、D、E 级高级轿车的发展基础。"十二五"期间,一汽将再投入 105 亿元,进一步提高红旗产品的研发能力,丰富产品系列。未来 5 年,红旗将再投放两款 SUV、一款商务车和一款中型礼宾客车,不断满足用户对红旗高端车的需求。

关键的核心技术保证了红旗的领先优势。拥有核心技术和完全自主知识产权是此次红旗品牌发布最受人关注的焦点之一。红旗品牌的"完全自主"主要体现在:从概念设计到工程设计全过程的自主开发,拥有全套数据文件和经验积累,拥有完全自主知识产权。红旗在核心技术方面,拥有自主的 V12、V8、V6 和四缸增压系列发动机,以及全新开发的底盘系统、电子电气、网络平台、车身与内外饰等。并在工艺技术等方面具有独到优势,达到国际先进水平。

可靠的质量保证铸就了红旗精品。此次红旗轿车项目依托科学完整的质量保证体系,推行全员、全岗位、全过程、全体系质量控制。质量保证体系自产品开发环节开始,贯穿到试验验证、供应商管理、生产管理等各个环节。以试验验证阶段为例,红旗轿车项目样本量达到以往项目的 4 倍,累计试验里程 300 万公里。经安全碰撞试验,红旗轿车已经达到 2012 年欧洲 5 星标准。严格的质量保证体系切实保障了红旗的精品质量,以过硬的产品品质体现出红旗的高端定位。

优质的营销服务完善了红旗的高端定位。为了让用户全方位体验红旗轿车带来的高品质汽车生活,中国一汽在集中优势资源打造红旗精品的同时,还将为用户提供前所未有的高端服务享受。在营销渠道方面,中国一汽推出创新模式,将红旗专属场馆、城市品鉴中心和 4S 店相结合,建立与高端品牌相匹配的专属经销网络。在营销服务方面,提高服务标准,推出包括 4 年 10 万 km 品质保障、担保期内养护零成本等优越服务政策。

相信在中国一汽 63 年的造车经验、强大的品牌背书、长年的技术储备,以及为做好红旗,举集团之力几十年如一日的拼搏精神保障下,引领自主高端的这面红旗,必将再展辉煌!

活动二 东风汽车

东风汽车公司始建于 1969 年,是中国汽车行业的骨干企业。经过 30 多年的建设,已陆续建成了十堰(主要以中、重型商用车、零部件、汽车装备事业为主)、襄樊(以轻型商用车、乘用车为主)、武汉(以乘用车为主)、广州(以乘用车为主)等主要生产基地,公司运营中心于 2003 年 9 月 28 日由十堰迁至武汉。主营业务包括全系列商用车、乘用车、汽车零部件和汽车装备。目前,整车业务产品结构基本形成商用车、乘用车各占一半的格局。截至 2004 年年底,公司总资产 768.9 亿元,净资产 339 亿元,注册员工 10.6 万人。

东风公司构建了完整的研发体系,在研发领域开展广泛的对外合作,搭建起全系列商用车、乘用车研发平台及其支撑系统,进一步完善了商品计划和研发流程。东风将在消化、吸收国内外先进技术的基础上不断强化自身研发能力,提升核心竞争力。

东风公司已经确立了"建设一个永续发展的百年东风,一个面向世界的国际化东风,一个在开放中自主发展的东风"的发展定位。公司将紧紧抓住我国全面建设小康社会和国内汽车市场持续走强的历史性机遇,力争通过 5 年的奋斗,实现产销规模、经营效益和员工收入三个翻番,企业综合实力稳居行业领先,东风品牌跻身国际。把东风建设成为自主、开放、可持续发展,并具有国际竞争力的汽车集团。

活动三　长安汽车

长安汽车(图5-11~图5-14)诞生于洋务运动,扬名于抗日战争,成长于新中国,兴盛于改革开放,自1862年创办至今,长安已跨越三个世纪,走过145年的风雨历程,从中国最早的近代工业先驱发展为拥有总资产300亿、员工近3万人的国内最大小型车及发动机制造企业,跻身全国汽车行业前四强,微车行业第一。

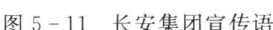

图5-11　长安集团宣传语

图5-12　长安汽车

（a）创始人：李鸿章

（b）第一任总工程师：马格里（英国人）

图5-13　长安集团的历史名人

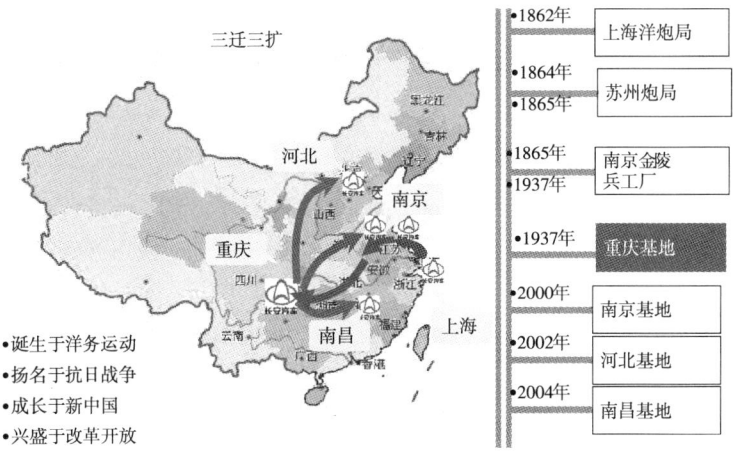

图5-14　长安集团几经辗转

长安集团总部位于重庆长江和嘉陵江两江汇合处，下辖"重庆长安汽车股份有限公司"、"长安铃木汽车有限公司"、"长安福特马自达汽车有限公司"、"长安福特马自达南京公司"、"长安福特马自达发动机公司"、"南京长安汽车有限公司"、"河北长安汽车有限公司"、"河北保定客车有限公司"、"重庆长安跨越车辆有限公司"、"江西江铃控股有限公司"、"长安地产有限公司"等，产业地跨西南（重庆）、华中（江西）、华东（江苏）、华北（河北）四地，拥有12家整车及发动机厂，实际汽车年产销能力已达到100万辆，年销售收入突破400亿元人民币。

长安（图5-15～图5-18）位居重庆市工业企业50强之首，中国上市公司20强，中国制造企业100强。"长安"商标荣获"中国驰名商标"称号，品牌价值133.58亿元，名列中国最有价值品牌排行榜前10名。

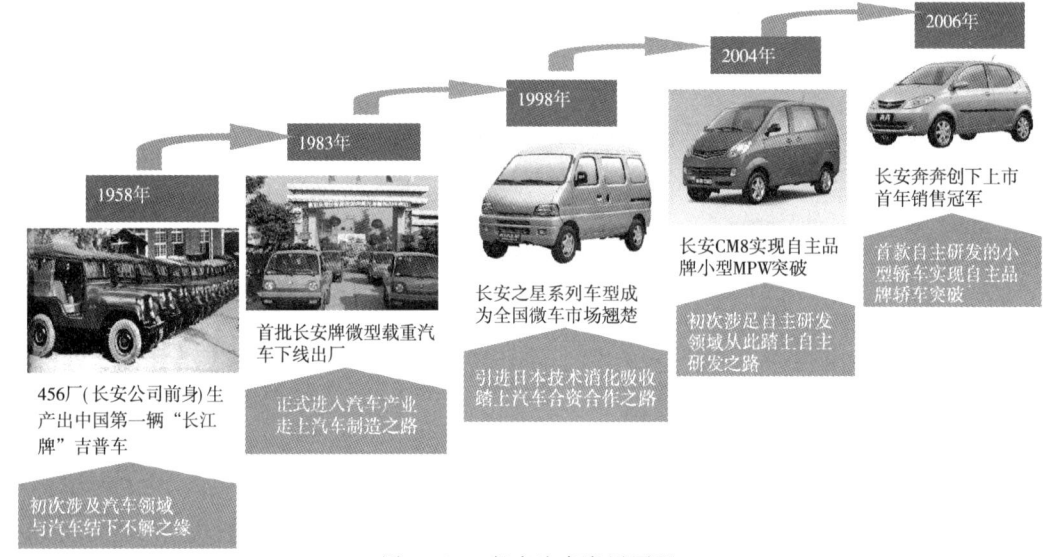

图5-15 长安汽车发展历程

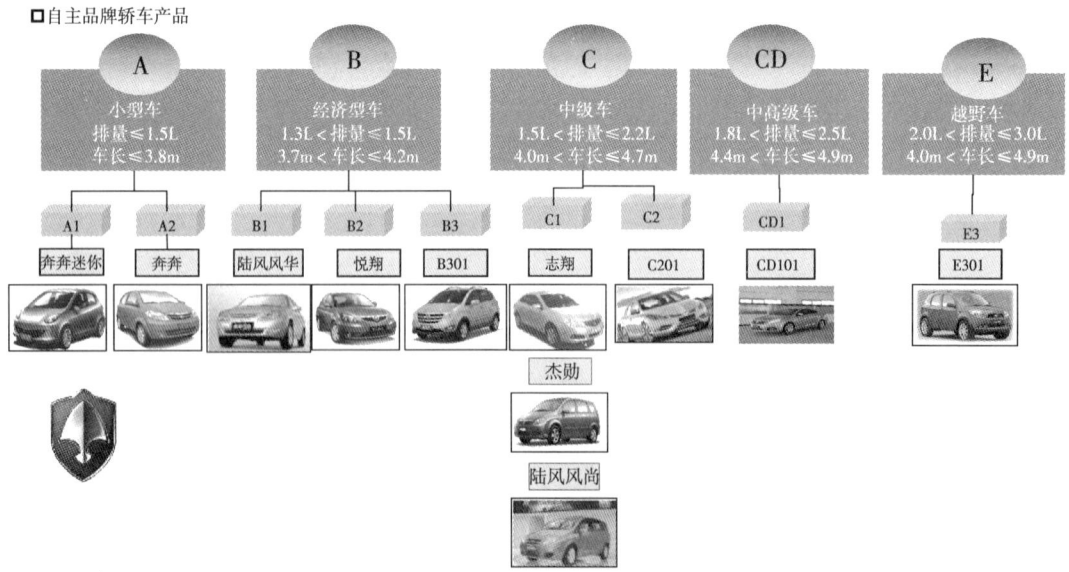

图5-16 长安汽车自主品牌（一）

项目五 中国汽车文化

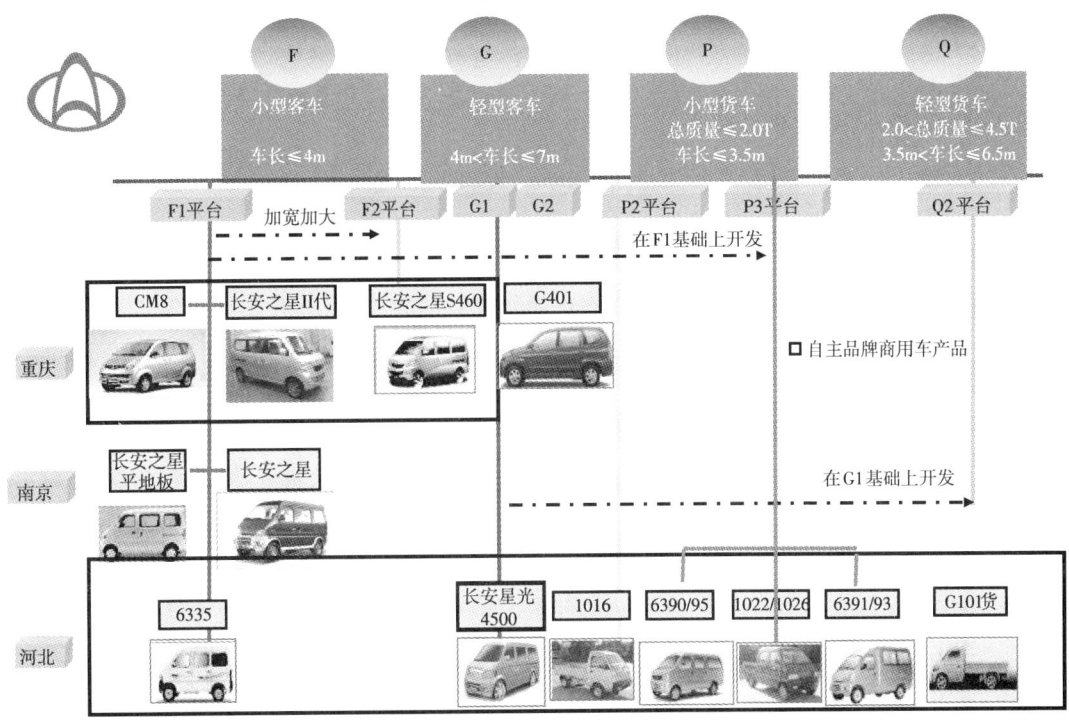

图 5-17 长安汽车自主品牌(二)

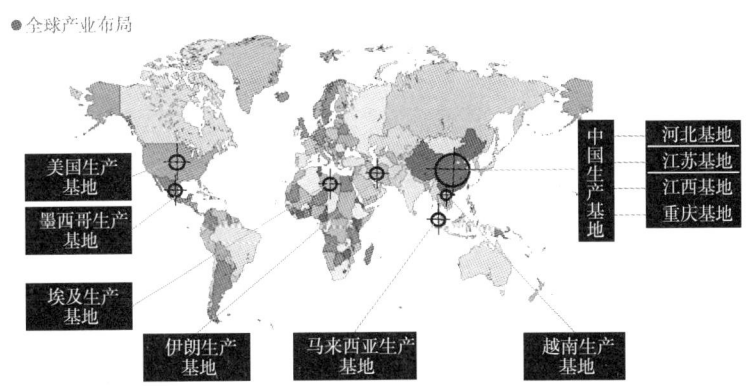

中国:以重庆为中心的四大生产基地。
海外:已建或在建6条海外生产线。

图 5-18 长安汽车发展战略

活动四 上海汽车集团

上海汽车工业(集团)总公司(以下简称"上汽集团")是中国汽车工业具有代表性的特大型企业集团之一。2004年7月12日,上汽集团以上一年度合并销售收入117亿美元的业绩,首次跻身《财富》杂志世界500强企业行列。

近年来,上汽集团在SAIC价值观的指导下,不断加快发展步伐,整车销售连年攀新高,2004年实现整车销售84.7万辆,其中主导产品乘用车的销量达到61.7万辆,实现销售收入

1653亿元,出口创汇7亿美元,提前一年全面完成了"十五"规划目标。

2004年底,为贯彻十六届三中全会关于"股份制成为公有制主要实现形式"的指示精神,上汽集团进行了重大的改制重组,发起成立了上海汽车集团股份有限公司("上汽集团股份")。改制后,上汽集团的发展将定位在先进制造业和现代服务业的综合性投资公司,并将以更加精简和高效的现代化运作管理,不断探索进取,从优秀迈向卓越。

活动五 广州汽车集团

广州汽车集团股份有限公司(简称广汽集团),创立于2005年6月28日,由广州汽车集团有限公司整体变更成立,是由广州汽车工业集团有限公司、万向集团公司、中国机械工业集团公司、广州钢铁企业集团有限公司、广州市长隆酒店有限公司作为共同发起人,以发起方式设立的。

广汽集团主要业务有面向国内外市场的汽车整车制造、销售及服务业务,汽车商贸及物流业务、汽车零部件业务、汽车金融业务及相关服务业务,具有真正意义上独立完整的产、供、销及研发体系。目前公司旗下拥有广州本田、广州丰田、本田汽车(中国)有限公司、广州五十铃、骏威客车、羊城汽车、广汽丰田发动机有限公司、零部件公司、中隆投资、商贸公司等数十家知名企业。产品包括多种型号的乘用车、商用车、汽车发动机和主要零部件等多种系列产品。

活动六 江淮汽车

安徽江淮汽车股份有限公司1999年9月30日成立,前身为合肥江淮汽车制造厂,始建于1964年。公司占地面积405万m²,总资产53亿元,员工总数7000人。公司于2001年在上海证券交易所上市,股票名称为"G江汽"(原名为"江淮汽车"),股票代码600418,2004年又成功发行了可转债,2005年成功实施了股权分置改革。公司是安徽省高新技术企业、国家火炬计划重点高新技术企业。

公司主导产品包括6~12m客车专用底盘、0.5~50吨系列载货汽车、7~12座瑞风商务车以及汽车变速箱、发动机等零部件产品,年汽车整车生产能力达20多万辆(图5-19)。

图5-19 江淮汽车

2005年,公司产销各类汽车超过15万辆,实现销售收入94亿元,利润增长率达20.19%,是全国为数不多利润增长较快汽车厂家之一,自1990年至今已实现了连续16年的高速增长。主导产品在各细分市场中均占据着重要的地位。其中客车专用底盘销量连续12年保持全国第一;JAC轻卡在同类产品中,品牌忠诚度和美誉度第一,市场占有率第二,由于其出色的性价比,被中国汽车行业协会(中国主流媒体汽车联盟)评为2005年度"最佳商用车",并连续多年实现出口量居全国第一;新款江淮格尔发重卡于2005年4月投放市场,2005年底,被多家媒体和权威机构评为"重卡新秀奖"、"最具潜力新秀重卡车型"和"2005年度最佳市场品牌重卡奖";瑞风商务车2002年初上市,2005年就以遥遥领先于强大竞争对手的优势,成为MPV行业品牌和销售双冠王,创造了中国MPV行业的奇迹,连续三届蝉联南方都市报"车坛奥斯卡"年度MPV大奖;连续两届摘取中国年度汽车总评榜"年度最佳公务车(MPV类)大奖"。

活动七 吉利汽车

浙江吉利控股集团是中国汽车行业十强企业。1997年进入轿车领域以来,凭借灵活的经营机制和持续的自主创新,取得了快速的发展,现资产总值超过1000亿元(含沃尔沃),连续九年进入中国企业500强,连续七年进入中国汽车行业十强,被评为首批国家"创新型企业"和"国家汽车整车出口基地企业"。

浙江吉利控股集团总部设在杭州,在浙江临海、宁波、路桥和上海、兰州、湘潭、济南、成都等地建有汽车整车和动力总成制造基地,在澳大利亚拥有DSI自动变速器研发中心和生产厂。现有帝豪、全球鹰、英伦等三大品牌30多款整车产品,拥有1.0~2.4L全系列发动机及相匹配的手动/自动变速器。

一、吉利和沃尔沃轿车公司的关系

吉利对沃尔沃轿车公司控股,沃尔沃轿车是独立的。李书福说沃尔沃将仍是一家独立的公司,继续保留在瑞典的管理团队,和一个新的董事会。新沃尔沃的8名董事会成员,分别来自四个国家(中国、瑞典、德国、奥地利),其中来自新东家吉利集团的只有董事长李书福和沈晖二人。显然,这是一支不折不扣的由不同国籍、不同年龄、不同性别以及不同文化背景和职业经历的业界精英们组成的"国际纵队"。

二、吉利和沃尔沃集团的关系

1999年,沃尔沃集团将其轿车业务以65亿美元的价格卖给了福特汽车,沃尔沃集团专注于包括卡车、客车、建筑工程设备、飞机发动机等业务在内的商用车领域。只保留了沃尔沃轿车品牌50%的所有权。吉利在未来生产任何一款新车悬挂沃尔沃Logo时,都需要得到沃尔沃集团的同意。

三、吉利和福特汽车的关系

福特在沃尔沃项目上合作的,作为交易的组成部分,沃尔沃轿车与福特将继续保持密切的零部件相互供应关系,确保彼此之间继续提供对方需要的零部件。

四、吉利与长安汽车的关系

吉利收购沃尔沃签约完成后,欲借力中国市场和成本优势迅速扩大沃尔沃的规模,以尽快实现盈利。作为沃尔沃目前在中国唯一的生产和技术合作伙伴,长安也将成为吉利沃尔沃项目的合作伙伴,而且双方未来的合作模式以及对现有沃尔沃中国汽车业务的安排,也将成为未来几个月吉利与福特进行交割的重要工作。

上述消息人士还透露,"吉利目前正与沃尔沃在中国的重要业务部门进行联系和沟通,将在全部收购完成后,全面接管沃尔沃中国业务部门,未来沃尔沃中国将更名为中国沃尔沃,长安代工项目也将会融合到中国沃尔沃的业务中。"吉利汽车推出3个子品牌,全球鹰、帝豪、英伦。而非4个子品牌,已没有上海华普。

活动八 比亚迪汽车

1995年2月10日,王传福在深圳龙岗创建比亚迪实业公司,主要是开发、生产电动工具用的镍镉、镍氢电池,注册资本450万元,三大创始股东是深圳冶金矿山联合公司、广州天新科贸实业公司和深圳丽达斯贸易有限公司。

2003年成长为全球第二大充电电池生产商,同年收购秦川汽车有限责任公司,成立了比亚迪汽车有限公司。

图 5-20 电动版 smart fortwo

2010年5月27日,德国汽车企业戴姆勒与中国汽车企业比亚迪正式签署合资协议。双方将成立50:50股比的合资公司,命名为"深圳比亚迪·戴姆勒新技术有限公司",并将开创新的汽车品牌。总投资额6亿人民币,2013年投产首款电动车。双方各占一半股权的研究技术中心,在中国开发电动汽车。比亚迪将提供电动车的核心技术。如图5-20所示为smart fortwo电动汽车。

活动九 中国其他主要品牌汽车

一、北京汽车工业集团总公司

北京汽车集团有限公司(简称"北汽集团"),是中国五大汽车集团之一,主要从事整车制造、零部件制造、汽车服务贸易、研发、教育和投融资等业务,是北京汽车工业的发展规划中心、资本运营中心、产品开发中心和人才中心。

北汽集团有着悠久的历史,其前身可追溯到1958年成立的"北京汽车制造厂"。先后自主研制、生产了北京牌BJ210、BJ212等系列越野车,北京牌勇士系列军用越野车,北京牌BJ130、BJ122系列轻型载货汽车,以及欧曼重卡、欧V大客车等著名品牌产品,合资生产了"北京Jeep"切诺基、现代品牌、奔驰品牌产品。

二、哈尔滨哈飞汽车有限公司

集团公司于2006年3月7日成立,下属企业包括哈飞汽车厂、东安动力厂、东安三菱、东安机电、深圳分公司、威海分公司。现有职工1.1万余人,其中有中高级技术管理人员1200余人。集团占地面积148万m^2,建筑面积57.77万m^2,资产总额111.4亿元。

目前,集团公司汽车生产能力为40万辆/年,汽车发动机生产能力为55万台/年。截至2005年末,集团公司已经累计产销各类整车143万辆,其中出口4万辆,产销发动机272万台。目前公司产品出口已达40多个国家。集团公司拥有自己的汽车及发动机研究机构和各类先进的实验设施、设备。多年来,通过与意大利、英国、奥地利、日本等国际著名企业开展技术合作,使企业的技术团队得到了全面锻炼。目前,集团公司拥有技术全面的工程技术人员2000余人,为企业科研生产和今后发展发挥着重要作用。

三、中国重型汽车集团有限公司

中国重型汽车集团有限公司总部坐落于山东省济南市,是国内主要的重型载重汽车生产基地,也是我国重型汽车工业的摇篮,以开发和制造中国第一辆重型汽车(黄河 JN150)、成功引进斯太尔重型汽车生产项目和与沃尔沃合资生产项目、自主研发 HOWO 产品是目前中国重型汽车产销量最大的企业而闻名。如图 5-21 所示为中国重汽集团生产的卡车。

图 5-21　中国重汽集团生产的卡车

任务三　中国特色汽车文化

2011 年,我国汽车产销量超过了 1800 万辆,跃居世界第一,做汽车强国的呼声也越来越高了。什么样的国家才算汽车强国?搜狐汽车做过一个调查,综合出十项标准,其中有一项就是有成熟的汽车文化。

中国自主品牌汽车已进入峥嵘成长岁月,但缺少中国元素却是民族品牌的软肋。

纵观世界知名汽车品牌,无不具有明显的差异化特征:德国车的规矩严谨,日本车的精工细造,美国车的豪华风格,法国车的浪漫情调,无不蕴含着深厚的民族精神;而观中国自主品牌的汽车,缺少的恰恰是中国元素。不少销售业绩很好的自主品牌汽车,总是摆脱不了模仿的印记,就连中国汽车品牌的领军红旗轿车,也带着奥迪、劳斯莱斯甚至皇冠的影子。于是我们会问:中国车应该是什么样的风格呢?我们有什么样的汽车文化呢?

在汽车技术竞争越来越趋于同质化的今天,产品个性就越来越成为真正的核心竞争力,成为品牌成长的基础。

花钱能够买来高技术,却买不来中国元素。为什么中国汽车缺少中国元素?缺少尊重人的文化,是中国汽车难有中国元素的根本原因。

中国的汽车工业起步太晚,汽车文化史比较少。汽车文化对我们来说是一种外来文化,是引进文化、舶来文化。欧洲人也曾经赠送给大清帝国最早的汽车产品,但没有引起我们祖先的开发制造兴趣。计划经济时期有红旗、解放、东风、北京吉普,但也只有产品没有文化,因为这些都不是国人的开发,不是国人的智慧结晶,也就不可能成为国人文化的载体。改革开放后国外的汽车品牌纷纷与中国的企业合资合作生产汽车,争夺庞大的中国汽车消费市场。汽车开始进入人们的生活。几十年过去了,洋品牌汽车充斥着神州大地,但对于汽车的开发,我们还是知之甚少。千禧年之后,由于新型企业的入行和没有引进新品来源的企业寻找出路,"民族品牌,自主开发"开始在业界风生水起,社会各界也议论纷纷,褒贬不一。

于是中国的汽车文化在一片喧闹中刚刚开始。这种开始,已经不再也不可能是从零开始。因为外来的汽车文化已深深地浸透了我们的心。谈到豪华高贵,我们就会不自觉地想到奔驰、宝马;谈到动感,我们就会想到法拉利或兰博坚尼,属于我们自己文化的影子很难找到立足之地。虽然是这样,我们也不能完全被动地接受。毛泽东曾说过:"古为今用,洋为中用"。对待外来文化,我们要吸收精华,去其糟粕。

活动一　中国汽车文化元素

随着近几年中国汽车消费市场的蓬勃发展,车展无疑成为了众多汽车品牌展示品牌实力与核心技术的最佳平台。国际汽车巨头欲借助这个舞台,让中国消费者对于品牌的认知更加清晰。而作为本土的汽车品牌,则是通过车展展现民族工业的飞速进步。一时间,全国各地车展遍地开花,好一个繁荣景象。据不完全的统计,全国各地大约有50余个以各种名目举办的车展。

在这些大大小小的车展,尤以北京、上海、广州、长春、成都车展引人注目。车展热闹的同时也带动了车模的发展,现在的人民去观看车展不但是为了看车,同时也是为了看车模。随着文化青年韩寒、影视明星林志颖加入了车手行列,也让更多的人关注到中国车手和他们参加的汽车赛事。车展、车模、车手他们丰富了中国的汽车文化,也推动了中国汽车文化的发展。

在汽车文化中,交通法规和驾驶员的交通基本礼仪也很重要。而我们国家对于这方面的关注却不高。例如,驾驶员闯红灯、违规驾驶、酒后驾车等行为,还有开"斗气车"、开"霸王车"、开"特权车"等。这些的行为都是低俗汽车文化的极端表现,也是诱发交通事故的主要因素。为了建立我们成熟的汽车文化,我们国家应该加强这方面的培训和违规处罚,而我们驾驶员也应该提高自己的素质,做到文明驾驶。

讲到每个国家的汽车文化,无不首先提到的是这个国家的汽车品牌。而中国的汽车品牌还没有完全发展起来。我们应该在汽车技术和汽车设计上努力,争取达到国际先进水平。只有中国汽车自主品牌发展起来,我国的汽车文化才真正强大。

世界著名汽车造型设计大师乔治亚罗当着很多中外记者的面说过一句话:"中国的汽车设计缺少中国元素。"一语既出,摄人心魄。

尽管大部分人都认同乔老的评价,但至今没有原创性体现中国元素的汽车造型设计作品出现,只有长安长江鲟、龙腾等概念车面世,但笔者认为仅仅是命名体现中国元素罢了。

"什么才是中国元素?"

这是个很难一句话能说清的问题。在张艺谋的创作中,京剧的表现方式是中国元素;在吴冠中的画中,水墨意境就是中国元素;在梁思成的心中,飞檐翘壁就是中国元素……

中国元素是中国文化的精髓,并延续到我们现代生活中来,更起到传承民族文化的作用,是中华民族的独有的内在和外在的特质,比如建筑风格元素,紫禁城、长城、敦煌、布达拉宫、苏州园林等;服饰风格元素,丝绸面料、唐装、旗袍、中山装等;文化风格元素,国画、脸谱、京剧、印章等;自然风格元素,长江、黄河、黄山、珠穆朗玛峰等;动物风格元素,熊猫、白鳍豚等;宗教神话风格元素,观音、如来佛、龙、麒麟等。这些丰富多彩的元素,是中华文化在外国人心中的标志。不仅如上所述,讲究对立统一、中庸和谐和一分为三的儒家思想、讲究无为而为的道家思想等都是中国文化区别其他文化的地方,当然也属于中国元素范畴。如图5-22～图5-26所示为宝马汽车与中国传统文化的结合。

当前,中国人口众多、地域辽阔、经济高速发展、地区差异大、平均收入低、贫富差距大、石油资源较贫乏等,也包括我们的民族特性是亚洲人种,勤奋、聪明、个人奋斗、爱随大流、讲排场、注重家庭等其实都是中国元素的体现。

项目五 中国汽车文化

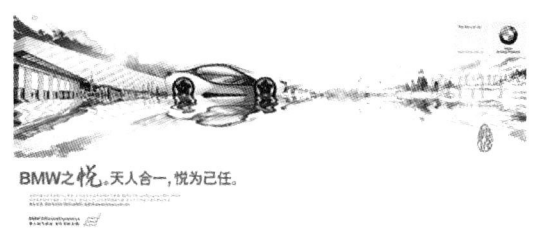

图 5-22 BMW 宝马之悦与中国元素(一)

图 5-23 BMW 宝马之悦与中国元素(二)

图 5-24 BMW 宝马之悦与中国元素(三)

图 5-25 BMW 宝马之悦与中国元素(四)

图 5-26 BMW 宝马之悦与中国元素(五)

活动二　中国汽车设计文化

一、中国式颜色

每一个民族对颜色的感觉各有不同。人们对于某种颜色的喜恶往往源自本民族的神话故事和宗教信仰。因此,颜色也具备符号性,尽管它必须依附于具体的载体(历史、传说、物件)。

有没有中国独有的中国色呢?看了张艺谋的电影,很多外国人认为大红大绿就是中国色。其实大红大绿只能算中国的民间色,不能代表中国色。认真参观故宫和中国寺院的人都能发现真正的中国色。中国有自己的三原色,虽然也是红、绿、蓝,但和西方的红、绿、蓝还是有明显的区别。中国的红是珊瑚红,绿是绿松石的绿,蓝是青金石的蓝,这三种色是国画颜料的根本色,也是中国文化中的珍贵色。比如蓝色,西方人最喜爱的是宝石蓝,但中国人是青金石蓝,所以中国所有寺庙里菩萨和如来头顶色是青金石蓝,无比庄重;西方基督教堂的穹顶都是蓝宝石的蓝。

王大珩等在《中国颜色体系研究》中早就明确指出:对中国颜色体系色空间的明度、色调和彩度的均匀分级,应进行中国人眼的心理物理验证实验,提出基础色度分级。

因此,研究和开发中国颜色漆料,不论在车身喷涂,还是在内饰上应用,都会传达中国元素,给人耳目一新的感觉,也更受中国人民欢迎。

二、中国式线条

综观中国立体造型史,从夏商周以前红山文化中的古陶器制作用线条和图案,到夏商周的青铜器,再到汉代的漆器,乃至汉后历朝历代的瓷器等,始终有一些传承的造型元素。中国自古以来的造型设计,都从古陶造型、青铜器造型和漆器造型中汲取了丰厚的养分。汽车造型也应从中学习,但不是简单的生搬硬套,而是提取精华元素——线条。

一根线条在达·芬奇眼中被理解成一个点在平面或空间中的运动轨迹,乃至解析几何中的一个方程式所界定的点的集合,线条无宽度也无厚度。因此对于生活在文艺复兴以后或接受过文艺复兴思想的西方人,对于线条的理解是基于几何学和数学。而对于中国传统而言,线条不仅有宽度,有厚度,还有方向,甚至能表现出速度和力量,对于线条的理解完全基于主观感受。所以这也是中国线条的魅力所在,正所谓"求其神韵、见其生气"。

在汽车造型设计中,如何通过合理的设计充分表达出中国线条的宽度,厚度乃至速度和力量,是设计富含中国元素汽车的关键。这需要我们深入寻找中国线条,从中国绘画中,传统生活用品、工艺品设计中,乃至建筑设计等所有造型设计中汲取养分(图5-27)。

图5-27　BMW宝马之悦与中国元素(六)

三、中国元素式设计

中国元素不是简单的中国文化堆积,而是自然生发于中国民族性之中,需要通过设计师的个性体现才能达成。简单地把京剧脸谱、宫灯、国画等的特点搬到汽车造型上只会让人感觉到牵强。那些国外知名品牌车型的背后,每款都有大师个人的烙印。

活动三　中国汽车文化对经济影响

中国与发达国家文化产品的巨大贸易逆差,正在阻碍中国经济发展。当年蒙古成吉思汗的后代消灭西夏的党项族,就是采取灭其文化的方式,消灭了党项文化的物质载体——语言、文字、音乐、服饰、宗教、民俗礼节等之后,西夏党项族就消亡了。一个无自己文化的民族,会因无根而枯萎;一个无民族元素的汽车品牌,也会沦为其他品牌的附庸。看看前段时间那些争换丰田标的长城、夏利车就明白,品牌战是多么残酷!比控制了技术更可怕的是消灭品牌的个性。

汽车产品的竞争,归根到底是人的竞争,表面的技术经济战的背后是文化之战。缺乏尊重人的企业文化,缺乏有独立人格与思想的汽车设计大师,中国元素就会永远苍白,中国汽车品牌也只能是"植物人"。

经济战归根是文化战。作家冯骥才说,文化似乎不直接关系国计民生,但却直接关联民族性格、精神、意志、思想、言语和气质。抽出文化这根筋,民族将成为植物人。著名环保人士廖小义延伸这话的意义:对于一个民族来说,只有将它的文化资本、自然资本和国民健康看得与GDP同样神圣的时候,这个民族才是有生命力的。

多年来,我国大专院校学工业设计的学生80%都改了行,所以我国岂止缺乏优秀的汽车设计,就连服装、台灯这类轻工产品的原创性优秀设计都极少。国际顾问公司Lnterbr全球董事总经理Jan. Lindemann认为,根据该公司自1974年以来形成的品牌价值评估理论与方法,海尔、联想等中国企业的所谓品牌,除了拥有国内数额巨大的消费者之外,并没有差异化的文化理念和核心品牌,所以,他们并没有太多价值。

同样,由于抄袭成风造成的缺乏差异化,中国汽车品牌价值也很难提升。有的自主品牌汽车被人称为"有知识,没文化",不是空穴来风。可见,大量培养擅长"复制"的技术人员,极难表现出真正的中国元素。浮躁的抄袭之风之所以在汽车界盛行,就是经营者"见物不见人"理念的必然体现。

由于急功近利,更由于没有原创性所需的人文环境,我国汽车行业着眼于快速商品化的研究,开发层面的工作远多于设计层面。原创性人才如沙里藏金般稀缺。产品结构上也多是利润产品和常规产品远多于形象产品,如此产品结构对提升品牌价值非常不利。

活动四 汽车的消费文化

一、汽车的长度

似乎有种说法,不管是欧洲、美国、日本多牛的车,到了中国就得入乡随俗。"长"则活,反之则难以生存。

大车身在中国消费者眼中则成为自身地位的一种象征和暗示。业内专家认为,这种源自民族性格的审美和消费取向正是东西方不同民族性格所导致。这也正是国人偏爱加长版的原因所在。帕萨特B55加长77mm,奔驰加长了430mm,成为S350L,宝马加长了140mm,成为BMW5Li,此外,雷克萨斯推出了加长版LS460L,凯迪拉克也推出加长版SLS,等等。这些加长车,几乎都为中国市场专门设计,宝马方面甚至声称,加长宝马不在国外卖,只对中国市场销售。"长"和"大"到底好不好呢?难道我们只能听市场说了算,听群众说了算?

我们知道,加长加宽后的车身固然看起来大气,阔气,豪气,但是如此大幅的加长车身必然是汽车的操控性,特别是转弯的灵敏度大大下降,如此的特殊"癖好"带来的直接后果就是车的安全性大受质疑。

二、汽车的排量

德国人鲁兹·罗森在中国工作刚刚满一年,他惊讶地发现,中国人对新车型和高档汽车是如此地热衷,中国的车市也似乎正在成为一个国际新车型的秀场,而即使在一些偏远的中小城市,也时常会出现高档的 SUV 或跑车。

国内的汽车工业开始大步挺进开始,随着车市出现的爆发性增长,新车型的推出也随之开始步入高峰。值得注意的是,在众多的新车型中,大排量的汽车比例不断上升。在 2000 年以前,我国车型中,排量在 1.4L 以下的车型约占 33％。在 2000 年推出的新车型中,小排量车占 25％。2001 年推出的新车型中小排量车占 33.3％,大排量车型却占到当年新车型的 50％。到了 2003 年大排量车型更是爆发上市,共有 10 款 2.0L 及以上的车型上市。这一年,小排量新车型约占当年全部新车型的 25.5％,2.0L 以上的新车型占全年新车型的 32.5％。到了 2004 年,中国引进轿车的排量越来越大,如别克荣御排量 3.6L,国产奔驰 E280 排量 3.0L,天籁排量 3.5L,奥迪 A8 排量 4.2L……在 2004 年上市的新车型中,排量在 2.0L 以上的占 72％,而 2005 年,更多排量高于 3.0L 的国外品牌轿车在中国投产。

2004 年,美国哈佛大学法学院副院长戴维·史密斯博士在南京表示,中国不能克隆美国的汽车消费文化。他指出,目前在全世界每天生产的 8200 万桶石油中,美国每天就要消费掉 2040 万桶,而这些石油资源 75％消费在交通工具上;但美国人仍然越来越多地使用耗油量大的运动型多用汽车。他认为,美国式的汽车消费文化造成了大量的能源消耗和大气污染,并同样产生了一些社会问题。如果中国要按照美国的消费模式下去,必将会造成能源、环境以及社会方面的问题。

但中国车市的事实却表明,美国式的汽车消费正在成为中国模仿的对象。其中一个很重要的原因,就在于中国人对于汽车消费的认识。虽然现在汽车开始从奢侈品向正常品或必备品过渡,但爱面子的传统观念依然对购车者有着很大的影响。

从本质上说,小汽车的拥有是一种个人的消费行为,不应受到限制,但事实上,汽车的运行会带来污染增加,使道路变得拥挤、降低其他运载工具行驶速度,干扰和影响步行者的行为等,从而使社会成本远远大于私人成本。

任务四 汽车文化衍生经济(四)

活动一 汽车游戏

赛车游戏是竞速游戏的一类,是指游戏主要内容是玩家控制汽车进行竞速比赛的电子游戏。赛车游戏的主要游戏方式和游戏目标是玩家驾驶车辆同 CPU 或其他玩家比赛并试图获取胜利,过程中经常营造驾驶汽车的速度感和刺激感。

《极品飞车》系列(图 5-28)最初是由加拿大温哥华的游戏小组 Distinctive Software 所开发。在 EA 于 1991 年将其收购之前,该小组已经制作了 Stunts 和 Test Drive II: The Duel 等受欢迎的赛车游戏。公司被收购之后改名为 EA Canada。凭借着在该领域的经验,该公司于 1992 年开始开发《极品飞车》系列。2005 年的大作《无间追踪》已成为知名赛车游戏。而后,极品飞车也成为电视游戏机在线玩家最喜欢玩的游戏。

EA Canada 和 EA Seattle 多年来持续开发和扩展极品飞车系列。2002 年,另一家温哥华游戏公司 Black Box Software 接手开发极品飞车系列的新一作《极品飞车:地下车会 2》(Need for Speed：UnderGround2）。EA 在游戏发表前不久将 Black Box 收购，并将其改名为 EA Black Box。此后 EA Black Box 成为《极品飞车》系列的主要开发者。

《FIA World Rally Championship》游戏（图 5-29）的主要目标就是将 WRC 这项赛事带给拉力和游戏爱好者，热衷于汽车的 WRC 爱好者们将会在这款独特的游戏中体验真实且易上手的驾驶模拟。游戏拥有 78 个不同的拉力赛道，拥有 550km 不同的路面条件，均来自于承办 WRC 的 13 个不同国家。游戏还将第一次加入"WRC 之路"这样的生涯模式，玩家在里面有机会挑战 50 种不同的奖杯。另外，还有一些汽车类小游戏可供玩家游戏（图 5-30）。

图 5-28　极品飞车游戏界面

图 5-29　FIA World Rally Championship 游戏截图

疯狂战车　　货车送货　　地狱警车　　跑跑卡丁车　　越野四驱车　　美女接朋友去聚会　　疯狂吉普车　　疯狂公路汽车赛

乐高游戏嘉年华　　街道赛车中文版　　亡命赛车　　组装我的大巴　　非洲旅行团　　旧车回收站　　完美停车2　　恐龙大战火箭车

变形金刚无敌大黄　　疯狂拖拉机　　疯狂越野2　　四驱车杀手　　完美漂移　　汽车总动员2之决　　美女四驱车　　汽车总动员2之挑

图 5-30　汽车类小游戏

活动二　汽车音乐

汽车音乐是近年来发展最快的一种音乐形式。顾名思义，汽车音乐就是大家在开车的时候听的音乐。

随着时代的进步，新的汽车时代已经来临。现在的汽车已经遍布中国的大大小小每个家庭，汽车是一个流动的私人空间，而音乐总是能让人感动。它赋予我们生活中另一个生命，汽车和音乐这样的组合让我们充满憧憬，汽车音乐在阳光滚动的车程中向我们昭示着生活的雅趣，生命的坚韧。当你堵塞在繁忙的公路上，何不来段优美动听的音乐，让这漫长的等待成为休闲的好时光？当你悠然驾车与爱人野外郊游或是独自兜风又或是在高速公路上飞驰时，窗外迷人的景色和清新的空气的确令人心旷神怡，如果再播放一张浪漫或者节奏明快动感十足的唱片,那会让你的旅程增添舒心、畅快的情调。

在城市中生活的人会感到各种压力,产生烦躁的情绪,因此特别渴望能够不时的回到大自然去呼吸新鲜空气,彻底释放自己,而车成了人与自然间的一座活动的桥梁。所谓汽车音乐并没有固定的曲风,所追求的是一种人"车"音乐合一的效果,从而提高驾驶乐趣,只要在享受驰骋的乐趣时,享受令你心动的灵魂旋律,就已经足够,驾驶你的爱车,让音符随风飘起来。动人的声音,优美的歌曲,享受风,享受阳光,享受奔驰的纯粹;一首好歌,一段音乐,绝对会让自己的感觉升华——音乐是你唯一最佳描绘自己感觉的方式,何不来点对味的音乐,好好放松音乐的神经。

活动三 汽车文化节

随着汽车产业的迅速发展,汽车消费文化与城市物质文明及精神文明的关联度越来越密切。汽车文化节(图 5-31)通过"品牌汽车"展示销售、汽车趣味运动会、"汽车随手拍"微博拍客大赛、"汽车看电影"、新能源汽车参观展示和万人签名等丰富多样的活动,宣传汽车文化,提升汽车品牌,让市民更多地了解汽车知识、感受汽车文化、近距离地体验汽车带来的多彩生活。

图 5-31 大学生汽车文化节海报

扩展阅读

义乌汽车文化节

义乌汽车文化节,始办于2007年,是义乌乃至浙中地区规模最大、专业水平最高的专业车展之一,有"浙中第一车展之称",每年11月中旬在中国义乌新国际博览中心举行。

和各汽车品牌厂商一起为在本地区引导汽车消费、繁荣汽车市场、弘扬汽车文化作出新的努力!车展由中国义乌小商品集团主办,协和文化传播承办,得到了义乌市人民政府的大力支持。2007—2012年,义乌车展已经成功地举办了六届,得到从各大汽车品牌总部和本地经销商在内的所有参展商、各界媒体和本区域广大观众的肯定。义乌车展全面对接国内大型车展,区域顶级风范震撼彰显,成为县级市车展的楷模,义乌车展及时了解汽车厂商、汽车市场和广大观众的需求和意愿,不断提高车展的档次与水准,从多方面优化整体结构、扩大宣传地域、深化服务项目,着力提升展示效果,取得了不断超越的显著进步。义乌汽车文化节内容包括:倒车比赛、年历宝宝车模评选、2011年度车型评选、市场调查、慈善活动、车房互动,看房自驾游。

活动四 汽车俱乐部

随着汽车的诞生,1897年英国成立了世界上最早的汽车协会——皇家汽车俱乐部,即现在的R.A.C前身,随后1902年美国AAA汽车俱乐部、1904年FIA国际汽车联合会、1905年ACI即意大利汽车俱乐部等相继诞生,世界上最早的汽车俱乐部至今度过了百年诞辰。

百年来世界经济日益繁荣,而汽车产业作为各国经济发展的火车头已经是无可置疑的事实。俗称美国是轮子上的国家,汽车成为美国人生活的一部分、文化的一部分。在欧洲,德国的汽车"梅赛德斯·奔驰"、"BMW"等驰名品牌汽车是全世界高档汽车的标准与标杆。

人们对汽车的需求与企盼不仅推动了汽车生产,同时推动汽车后服务市场的发展,为了满足车主不断膨胀的服务需求,汽车俱乐部扮演了汽车后服务市场的提供服务的主角,但这样的角色是演变而来的。汽车作为一个新事物的出现,免不了出现一批忠实的、热心的"粉丝"——汽车迷,他们聚合在一起,切磋驾驶技术、交流爱车心得、结伴驾车出行、讨论修理技术、寻觅配品备件、互相救助救援。这种实践的凝聚力催生了汽车俱乐部,这样的结果,决定了汽车俱乐部的本质:在特定的人群中,互助合作办事情,会员制是其必然的结果。历史是最好的老师,回顾历史,察看历史留下的脚印,来验证汽车俱乐部的过去、现在与未来。世界著名汽车协会或俱乐部如下:

一、美国汽车协会(全称American Automobile Association,简称AAA)

1902年3月,9个汽车俱乐部在芝加哥召开会议,宣布成立美国汽车协会,并接纳了1000个会员。目前,全美69个地区俱乐部为其成员,现有会员4800万,初级会员年费为70美元,是世界第一大汽车协会。

110年来,AAA服务范围和种类不断扩大,目前有以下几项主要服务:出行服务、会员服务、预订服务、金融服务、保险服务,汽车救援服务作为汽主要服务嵌入到上述各项特色服务之中。

二、日本汽车联合会(全称 Japan Automobile Federation,简称 JAF)

日本汽车联合会成立于1962年,现有会员1720万,基本会费每年2000日元,是世界第二大汽车协会。

日本汽车联合会也公开称自己为公众组织,他们的宗旨:为增强驾车人的安全与提高安全意识服务,努力改善驾驶安全与公共交通环境与秩序。这样的宗旨还体现在他们提出的三原则之中,即面向服务的原则、面向挑战的原则、开放的原则。

也即是说,为会员服务是该机构的第一宗旨;不断改进服务,面向新的挑战,是提高为会员服务质量的根本;保持与会员的联系,利用各种手段与机会创造一个透明的运行环境,使会员充分地了解自己,向会员开放,是该机构不断发展,保持生命力的根本。考虑到在21世纪,现在16~17岁的青少年,将是摩托化社会的骨干以及老龄化社会到来的现实。日本汽车联合会别具特色开发了面向个体会员、家庭会员、16~17岁青少年,满足的不同人群、不同需求的不同内容的服务,兑现了他们的服务宗旨。

三、全德国汽车俱乐部(全称 Allegemeiner Deutsche Automobil Club,简你 ADAC)

截止2010年6月,ADAC拥有1700万会员,是欧洲第一,世界第三大的汽车协会。全德国汽车俱乐部成立于1903年,是一家企业化运作、非营利性、混合性的组织。拥有保险、空中救援、旅游、通讯、汽车金融、汽车运动等领域的经营性公司18个,然而最基本的汽车救援等服务是以会员制的方式,收取少量的年费,服务时不收费或少收费向客户提供的。

图 5-32　ADAC 图书馆

ADAC 也是 AIT(国际汽车旅游联盟)与 FIA(国际汽车协会)的双重会员。如图 5-32 所示,为 ADAC 图书馆,图 5-33 为 ADAC 官方网站。

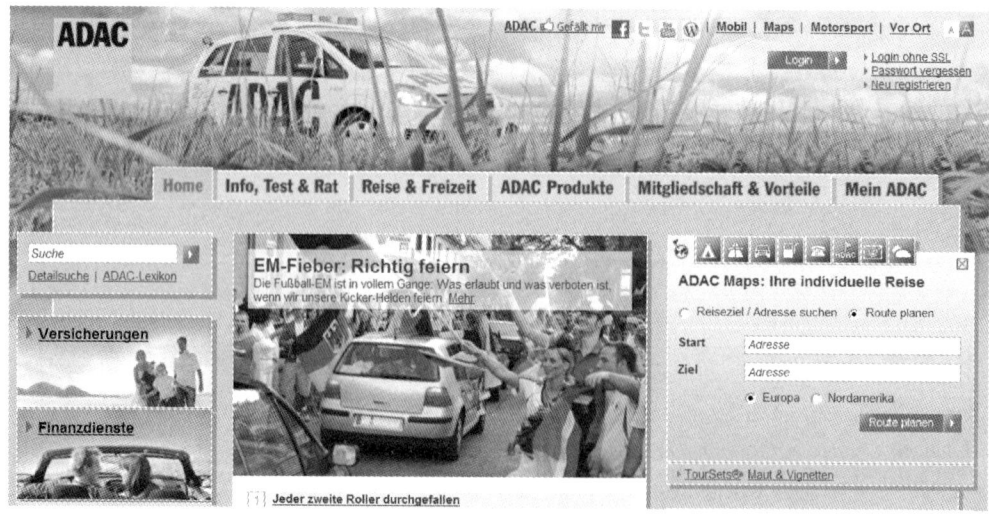

图 5-33　ADAC 官方网站(www.adac.de)

ADAC 拥有救援直升机 39 架、27 个直升机站,自成立以来,执行过 130 万次的救援任务。ADAC 在海外,包括:美国、加拿大、欧洲各国等国,拥有 16 个海外会员救援呼叫中心,配备德语为母语工作人员,为会员提供各种(包括医疗在内)救助。

ADAC 追求高质量的救援网络建设,除不断完善自有的网络拓扑外,发展了 4100 个合作伙伴,与他们签订特约服务合同,建立通讯联系、疏通指挥渠道,巩固、发展合作伙伴关系,实现更加有效、及时地向公众提供服务的目的。

四、大陆汽车俱乐部(全称 China Automobile Association,简称 CAA)

1995 年中国成立第一家汽车俱乐部——大陆汽车俱乐部,简称 CAA 大陆救援。大陆汽车俱乐部以全国汽车道路救援为起点,建立全国综合性的汽车服务管理平台。2003 年 CAA 大陆汽车俱乐部成为澳大利亚保险集团 IAG 的全资子公司。2006 年 CAA 全国道路救援网络覆盖全国 31 个省,4 个直辖市,561 个城市。现在已经发展全国网络合作伙伴 1880 家,全国道路服务网络覆盖全国 1~5 级城市的 95% 以上。CAA 大陆汽车俱乐部除了开展救援服务这一核心业务之外,更加深入的发展汽车后市场,为会员及合作伙伴提供更多的选择便利,和多元化的服务。现在大陆汽车俱乐部已有的服务包括救援服务、保险服务、车检代缴费用服务、技术咨询及俱乐部自驾,趣味讲座等活动,丰富了 CAA 大陆救援会员的服务范围。

五、意大利汽车俱乐部集团(全称 Automobile Club d'Italia,简称 ACI)

ACI 意大利汽车俱乐部集团,成立于 1905 年,公开声明自己是法定的非营利组织,但却是一个上市公司。拥有 106 家汽车俱乐部,11 个全资公司,7 个参股公司,经营范围涉及:旅游、保险、通讯、出版物、传媒、救援、汽车运动、二手车评估等各个领域。13 个分支机构遍布意大利全国。

受国家委托,从 1927 年开始,机动车登记及国家车辆信息数据库管理由 ACI 负责,并监控车辆征税状态。数据库资源无偿为国家服务。

ACI 的会员每年交纳 70 欧元的会费,可以得到免费救援、安全驾驶培训等,服务,倘诺会员通过该集团所属的保险公司购买保险,不仅可以达到 20% 的优惠,还可以得到每年 2~4 次的免费救援服务。

六、澳大利亚汽车协会(全称 The Australian Automobile Association,简称 AAA)

澳大利亚汽车协会成立于 1924 年,由 8 个州和地区的俱乐部组成,现有会员 620 万人。

协会的宗旨是:让所有的成员保持汽车服务领域的世界一流水平。使命是:提高驾车人对公共政策的影响力,推动会员有效地利用俱乐部。

项目六　新能源汽车

项目目标：
(1) 掌握汽车污染类型以及对人体的伤害。
(2) 掌握混合动力汽车发展历程，工作方式与展望。
(3) 掌握纯电动车、氢能汽车、生物燃料汽车、太阳能汽车等新能源汽车。
(4) 掌握中国特色的汽车文化与中国式发展。

任务一　汽车污染

汽车为人民提供了交通便利，但是传统的以石油为燃料的汽车也对环境造成了严重的污染。近年来，呼吸道疾病、癌症、头痛等发病率迅速增加，均与环境恶化有关。随着汽车进入家庭的增多，汽车排放的污染已成为城市大气污染的重要因素，越来越引起人们的广泛关注。减少汽车有害气体排放，营造绿色环保公共交通已经刻不容缓。

目前汽车的污染主要有以下几个方面：

图 6-1　禁止汽车喇叭交通标志

(1) 汽车噪声（图6-1）。主要指汽车在行驶过程中发生的噪声，它主要由发动机工作噪声和汽车行驶时振动和传动产生的噪声。目前评价和检测的方式主要有车外噪声和车内噪声两种，对于轻型汽车而言，一般要求小于85db(A)以避免噪声污染。

(2) 汽车的排气污染（图6-2）。主要指从汽车发动机排气管排出的废气，根据汽车种类不同，其污染物的成分不同。汽车排气污染是汽车的主要污染源，也是汽车环保的一个最重要的项目。

(3) 燃油蒸发污染。主要是针对汽油车的汽油蒸发，汽油是一种挥发性极强的物质，在挥发物中含有大量对人体有害的成分，所以在对汽车环保控制中，增加了对燃油蒸发物的控制项目。

(4) 曲轴箱污染。指发动机曲轴箱内，从发动机活塞环切口泄漏出来的未完全燃烧的可燃性气体，它含有CO等对人体有害的成分，因此要求不允许发动机曲箱内有废气排向大气环境。

图 6-2　汽车尾气污染

除此之外，据调查，按照室内环境的检测标准，相当一部分新车车内空气不合格，部分新车污染物严重超标。其中甲醛超标2～3倍，挥发性有机化合物超标5~6倍。污染源除了来自车内的原装材料,比如扶手油漆、皮套等;更多的是车内的装潢用品,比如地垫、化纤织物靠垫等。在这些污染严重的车厢里待久了,人很容易产生呼吸不畅、口干舌燥、胸闷头晕等症状,严重的还能导致再生障碍性贫血。尽管如此,车内环保问题并没有引起消费者、厂家和商家的足够重视。室内环境监测研究中心专家提醒大家:对新车一定要像新装修的房子一样,注意通风,通风是目前减少车内污染危害最有效的做法,一般新车要通风半年到一年。另外,切不可用香水掩盖车内的异味,那样会产生更多的有毒化合物。在环境问题中,由温室气体排放引起的全球气候变暖问题越来越受全球的高度重视。气候变暖已使全球自然发生的频率和烈度不断增加,其中有6种气体大都与汽车有关,如二氧化碳、氮氧化物来自内燃机的燃烧,氟氯烃用车空调等。汽车尾气排放是城市大气污染的主要源头。由于汽车是低空排放,对低空大气环境污染和人体危害更大。

为了改善城市环境、减少污染,从长远看,环境、技术两大因素将主导汽车工业的未来,汽车生产企业如果仅仅依赖于传统燃料汽车,那么在当今环保要求更加苛刻,竞争更加激烈的市场中就将难以生存。同时,大规模发展汽油或柴油动力汽车,在资源方面也会遇到很大压力。因此,必须寻求汽车工业发展的新路,采用先进技术,开发生产低污染的清洁汽车。目前首先要加速燃油汽车的清洁度,重点在主导轿车、微型客车和轻型客车产品上推广应用闭环电喷技术,筛选、优化和合理匹配三元催化转化装置,使新生产的轻型车排放水平达到标准;对在用车,也要采用电控技术和催化转换器实行技术改造,减少尾气排放污染。

据测定,汽车每消耗1万L石油燃料,将排放$22.3tCO_2$。因此,降低汽车CO_2的排放,首要的是减少汽车的油耗,提倡使用小排量汽车,鼓励汽车节油。同时,尽量选用清洁燃油。目前销售的汽油产品中含铅量过高,应及时提高油质。车辆在使用过程中,如果车油不相配,也会造成因油损车的现象。要使车辆的排放尽量达标,一定要选用清洁的燃油。目前,有些加油站的燃油中没有加入清洁剂,甚至含有灰尘和水分。不洁的燃油会使许多电喷车出现喷嘴堵塞,进气阀出现沉积物,影响汽车性能,甚至会出现有色烟雾。

发动机是汽车主要的污染源,正确的加油减油是关键,要避免起步和停车过快。加油要轻踏轻放,切忌猛踩猛踏,起步过快使发动机超负荷,要比正常驾驶多耗60%的燃料。另外,不要有事没事轰几脚油门,这种习惯既伤车又耗油,且尾气大、噪声大、污染大。为节省燃油,行驶车勿使发动机以不必要的高转速运转,应尽可能挂入高速挡行驶,当发动机运转不平衡时就挂入低速挡。只有发动机、加速踏板、挡位三位一体配合默契方能输出最恰当的动力,车子就能够以顺畅稳定速度前进,汽油的耗损也会达到最低。

所以,汽车在城里行驶应首先解决交通堵塞问题。汽车频繁怠速、低速、加速、减速,既造成能源浪费,又加重了城区的空气污染。只有行人与驾驶员自觉遵守交通规则,相互谦让,相互理解,这样就可极大地减少交通堵塞。

任务二 混合动力汽车

混合动力一般是指油电混合动力,即燃料(汽油,柴油等)和电能的混合。混合动力汽车是有电动马达作为发动机的辅助动力驱动汽车。

燃油发动汽车的缺点屡遭诟病,不仅因为其动力潜能的利用效率低下,更为严重的是排放废气造成的环境污染。在这种形势下,各种新能源汽车脱颖而出。尽管人们普遍认为电动汽车将是未来新能源汽车市场的主导,但电池技术问题也在一定程度上制约着其发展。相比之下,由于将电动机与辅助动力单元组合在一辆汽车上作为驱动力,汽油驱动与电力驱动优势互补,混合动力汽车在当前的发展前景十分光明。

图 6-3 宝马 Vision Efficient Dynamics 概念车

图 6-3 所示,为宝马柴油/电动驱动的 Vision Efficient Dynamics 概念车投入生产,从而进军环保超跑车领域。这款外形富有未来派色彩的插电式混合动力车曾在 2010 年北京车展亮相。这款四座车型将会进入快速研发阶段,他将于 2013 年 10 月在宝马全球主要的市场推出上市,预计售价将超过 10 万英镑(约合人民币 108 万)。

采用混合动力驱动方式,汽车可以按照平均需要的功率来确定内燃机的最大功率,此时正处于油耗低、污染少的最优工况。需要大功率时,内燃机功率不足,可由电池来补充;负荷少时,富余的功率可发电给电池充电。作为电动汽车时代到来之前的过渡产品,混合动力汽车构造较为复杂,成本也相应较高。

活动一 混合动力汽车发展历史

当前普遍使用的燃油发动机汽车存在种种弊病,统计表明在占 80% 以上的道路条件下,一辆普通轿车仅利用了动力潜能的 40%,在市区还会跌至 25%,更为严重的是排放废气污染环境。20 世纪 90 年代以来,世界各国对改善环保的呼声日益高涨,各种各样的电动汽车脱颖而出。虽然人们普遍认为未来是电动汽车的天下,但是目前的电池技术问题阻碍了电动汽车的应用。由于电池的能量密度与汽油相比差上百倍,远未达到人们所要求的数值,专家估计在 10 年以内电动汽车还无法取代燃油发动机汽车(除非燃料电池技术有重大突破)。

现实迫使工程师们想出了一个两全其美的办法,开发了一种混合动力装置(Hybrid-Electric Vehicel,缩写 HEV)的汽车。所谓混合动力装置就是将电动机与辅助动力单元组合在一辆汽车上做驱动力,辅助动力单元实际上是一台小型燃料发动机或动力发电机组。形象一点说,就是将传统发动机尽量做小,让一部分动力由电池—电动机系统承担。这种混合动力装置既发挥了发动机持续工作时间长,动力性好的优点,又可以发挥电动机无污染、低噪声的好处,两者"并肩战斗",取长补短,汽车的热效率可提高 10% 以上,废气排放可改善 30% 以上。

一、日本

从目前世界范围内的整个形势来看,日本是电动汽车技术发展速度最快的少数几个国家之一,特别是在发展混合动力汽车方面,日本居世界领先地位。目前,世界上能够批量产销混合动力汽车的企业,只有日本的丰田和本田两家汽车公司。1997 年 12 月,丰田汽车公司首先在日本市场上推出了世界上第一款批量生产的混合动力轿车 PRIUS。到 2012 年时,其所有的车型将全部装上混合动力发动机。丰田汽车公司在实现混合动力系统的低能耗、低排放和改进行驶性能方面已经走在了世界的前列。

二、美国

美国三大汽车公司只是小批量生产、销售过纯电动汽车,而混合动力和燃料电池电动汽车目前还未能实现产业化,日本的混合动力电动汽车在美国市场上占据了主导地位。美国能源部与三大汽车公司于1993年签订了混合动力电动汽车开发合同,进行为期5年的研发工作,并于1998年在北美国际汽车展上展出了样车。在此基础上,现已推出3款混合动力概念车:通用Precept、福特Prodigy、戴姆勒—克莱斯勒DodgeESX3。2004年,通用汽车公司与戴姆勒—克莱斯勒汽车公司对外宣布双方将在开发混合动力电动汽车的技术领域携手,共同推进此项技术的发展。

三、中国

目前我国各大汽车集团都在进行混合动力电动汽车研发,多数以混合动力电动客车为主,这种研发方向符合我国国情,有利于我国电动汽车的研究发展。一汽研发的红旗HQ3于2006年投产;东风集团的混合动力公交车已于2005年7月完成最终产品定型样车试验并通过验收;长安集团具有完全自主知识产权的羚羊混合电动车已产出样车,其装备混合动力技术的长安CV9已经下线;奇瑞集团成立了国家节能环保汽车工程技术研究中心,在2006年下半年重点推出第一自主品牌真正意义上的混合动力车,代号为"BSG"的混合动力车;吉利集团旗下的上海华普汽车已与同济大学汽车学院签署合作协议,预计3年内完成混合动力轿车商业化生产;深圳五洲龙汽车有限公司也表示,中国规模最大、投放车辆最多的混合动力示范运营线路即将在深圳市龙岗区开通。而广州本田更是紧跟丰田的步伐,于2006年中下旬推出国产雅阁混合动力车。上汽集团与通用签署协议,将联手开发混合动力轿车和公交客车。来自中兴汽车的消息,中兴汽车与美国在"汽车混合动力技术、转子发动机技术及飞行汽车技术"等方面有着雄厚的技术实力的梅尔莱普顿集团签订了合作意向书,正式介入"油汽混合动力技术"领域。与此同时,新能源汽车作为未来汽车的主要发展方向,国家一向给予支持和鼓励。如《汽车产业发展政策》、《"十一五"汽车产业发展规划》等政策和文件都鼓励清洁汽车、代用燃料及汽车节油技术的发展。

活动二 混合动力汽车工作方式

复合动力电动汽车有两种基本的工作方式,即串联式、并联式和串并联(或称混联)式。复合动力驱动汽车的缺点是:有两套动力,再加上两套动力的管理控制系统,结构复杂,技术较难,价格较高。由于"新一代汽车伙伴合作"(PNGV)计划的推动美国三大汽车公司对各种单元技术及其不同组织进行成百种方案的筛选、比较,认为采用复合动力是实现中级轿车百公里3L油耗的可行方案因此而受到更大的关注。经过多年研究,混合动力电动汽车已开发出一些成功的例子。

日本丰田汽车公司1997年12月宣布将复合动力电动轿车Prius投入小批量商业化生产,该车自重1515kg,装用顶置凸轮轴四缸,1500cc排量汽油机,最大功率42.6kW/4600r/min,带永磁无刷发电机,驱动电机亦为永磁无刷的额定功率30kW,采用氢镍电池,实现串并联控制方式,百公里油耗为 4.5L,比原汽油车减少了一半,CO_2 排量也相应减少了一半,CO、HC、NO_X 仅为现行法规允许值的 10%,售价每辆 216 万日元(约 1.5 万美元)。美国克莱斯勒汽车公司 1998 年 2 月在底特律展出第二代道奇无畏 E SX2 型复合动力电动轿车,该车装用 1500cc 排量直喷柴油机带发电机,采用铅酸电池,交流感应电机驱动,铝车架,复合材料车身,自重 1022kg,百公里油耗降至 3.4L。2000 年通用、福特、戴姆勒·克莱斯勒已开发出 100km 油耗已达到 3L 汽油或接近 3L 汽车的样车,只是价格仍较贵。

混合动力装置(全称 Hybrid-Electric Vehicle,简称 HEV)。混合动力就是指汽车使用汽油驱动和电力驱动两种驱动方式,优点在于车辆启动停止时,只靠发电机带动,达不到一定速度,发动机就不工作,因此,便能使发动机一直保持在最佳工况状态,动力性好,排放量很低,而且电能的来源都是发动机,只需加油即可。

混合动力汽车的关键是混合动力系统,它的性能直接关系到混合动力汽车整车性能。经过十多年的发展,混合动力系统总成已从原来发动机与电机离散结构向发动机电机和变速箱一体化结构发展,即集成化混合动力总成系统。混合动力总成以动力传输路线分类,可分为串联式、并联式和混联式等三种。

一、串联式动力(图 6-4)

串联式动力由发动机、发电机和电动机三部分动力总成组成,它们之间用串联方式组成 SHEV 动力单元系统,发动机驱动发电机发电,电能通过控制器输送到电池或电动机,由电动机通过变速机构驱动汽车。小负荷时由电池驱动电动机驱动车轮,大负荷时由发动机带动发电机发电驱动电动机。当车辆处于启动、加速、爬坡工况时,发动机、电动机组和电池组共同向电动机提供电能;当电动车处于低速、滑行、怠速的工况时,则由电池组驱动电动机,当电池组缺电时则由发动机-发电机组向电池组充电。串联式结构适用于城市内频繁起步和低速运行工况,可以将发动机调整在最佳工况点附近稳定运转,通过调整电池和电动机的输出来达到调整车速的目的。使发动机避免了怠速和低速运转的工况,从而提高了发动机的效率,减少了废气排放。但是它的缺点是能量几经转换,机械效率较低。

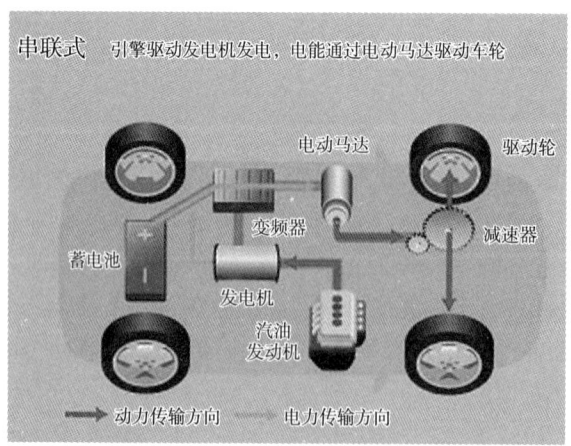

图 6-4 串联式动力

二、并联式动力(图 6-5)

并联式装置的发动机和电动机共同驱动汽车,发动机与电动机分属两套系统,可以分别独立地向汽车传动系提供扭矩,在不同的路面上既可以共同驱动又可以单独驱动。当汽车加速爬坡时,电动机和发动机能够同时向传动机构提供动力,一旦汽车车速达到巡航速度,汽车将仅仅依靠发动机维持该速度。电动机既可以作电动机又可以作发电机使用,又称为电动-发电机组。由于没有单独的发电机,发动机可以直接通过传动机构驱动车轮,这种装置更接近传统的汽车驱动系统,机械效率损耗与普通汽车差不多,得到比较广泛的应用。

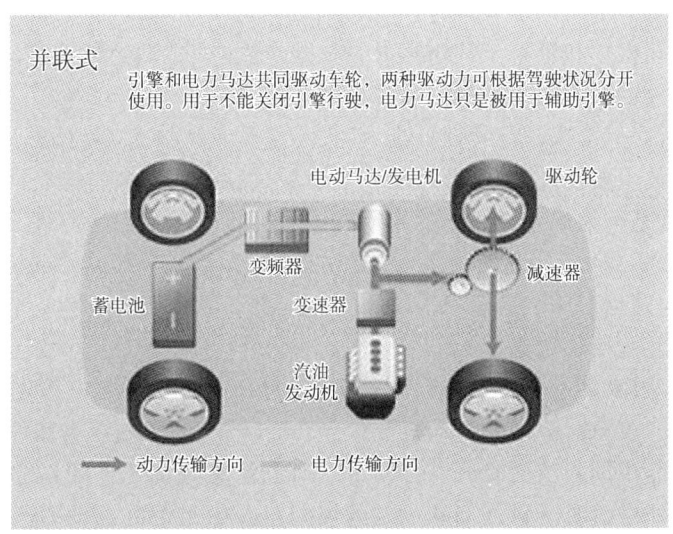

图 6-5 并联式动力

三、混联式动力(图 6-6)

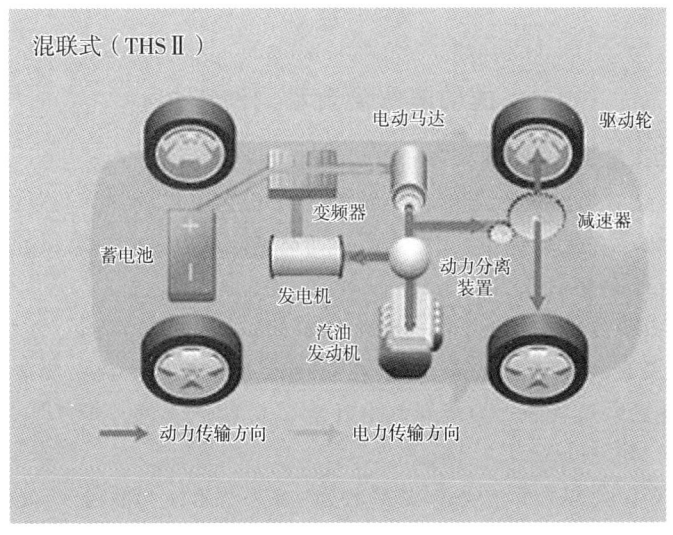

图 6-6 混联式动力

混联式装置包含了串联式和并联式的特点。动力系统包括发动机、发电机和电动机,根据助力装置不同,它又分为发动机为主和电机为主两种。以发动机为主的形式中,发动机作为主动力源,电机为辅助动力源;以电机为主的形式中,发动机作为辅助动力源,电机为主动力源。该结构的优点是控制方便,缺点是结构比较复杂。丰田的 Prius 属于以电机为主的形式。

活动三　混合动力汽车标准

混合动力车整车方面标准分为六个部分,包括混合动力车定型试验规程、混合动力车动力性能试验方法、混合动力车安全要求、轻型混合动力车污染物、轻型混合动力车能量消耗和混合重型混合动力车。

其中前三项是轻型车和重型车共用标准:即"安全要求"、"动力性能试验方法"和"定型试验规程"。此外,涉及混合动力车其他方面的标准还有七项。

更重要的是,所有标准只是推荐性标准,而且不涉及专利技术,除了电池、电机等特定部件和电气系统的专项技术要求外,其余的条款都是有关试验方法标准的。

有专家表示,这是因为混合动力车的发展在国内甚至国际上都是初级发展阶段,远没有成熟,制定一个标准着实费力。以世界公认最成熟的混合动力车丰田 Prius 为例,虽然它在美国上市后非常抢手,但是据 CNN 报道,美国政府宣布,由于发生了一连串的针对发动机的用户投诉事件,Prius 因此将面临调查。

CNN 援引美国国家高速公路安全管理委员会的报告说,在全部投诉中,85% 的车主报告 Prius 在时速 35～65 英里时会发生发动机突然停转的现象,且事先没有任何警告。

Prius 尚且如此,中国起步更晚的混合动力车研究就更难制定强硬性标准。所以,对该标准的制定过程中也非常慎重。科技部从"八五"规划就开始组织混合动力汽车的研究工作,在"十五"期间则将混合动力汽车列为 863 重大专项。

有关标准的研究一直是其中的重点内容之一。全国汽车标准化技术委员会电动车辆分技术委员会也在两年中分三次对标准进行了审查。

扩展阅读

捷豹超级混合动力汽车

在 2010 年巴黎车展上,捷豹汽车推出了一款唯美的超级混合动力概念跑车——C－X75(图 6-7、图 6-8),吸引了广泛关注。这款汽车采用了最新的"绿色"科技,设有两个座位,是一款混合动力汽车既拥有运动型外观,又兼具极佳的操控性能,可实现 110km 零排放,时速可达每小时 205 英里(约每小时 330km)。

据介绍,C－X75 设有两个座位,是一款混合动力汽车,市值约为 20 万英镑。该车采用通常用于航空工业的最新喷气涡轮技术,可以在短短的 3.5 秒内从静止加速到每小时 62 英里(约合每小时 100 公里),而从静止加速到每小时 100 英里(约合每小时 161km)也只需 5.5 秒。C－X75 汽车被誉为"21 世纪的 E－Type"。

新的捷豹 C－X75 汽车是由锂电池提供动力,四个电力发动机分别驱动一个车轮,68 英里(约合 110km)内可以实现零排放。此后,它需要依靠后置超高效燃气涡轮机生产额外的电

图 6-7 捷豹 C-X75 汽车

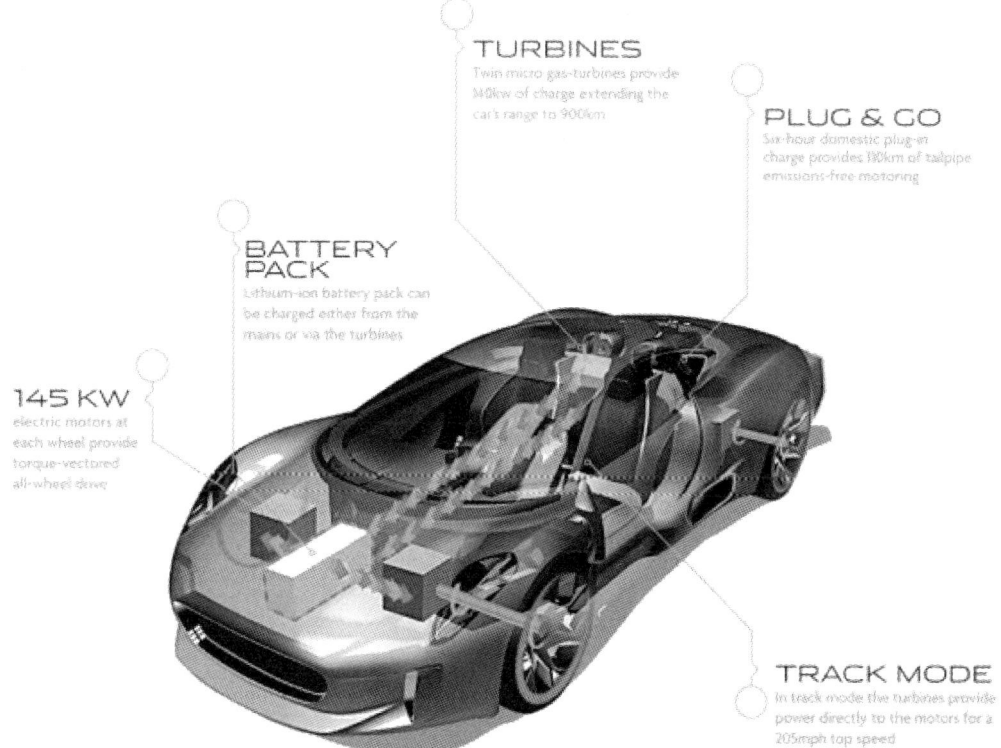

图 6-8 捷豹 C-X75 汽车的电力发动机和涡轮机产生动力的原理

力,使其一箱 60L 的燃料最大续航里程可达 560 英里(约合 901km)。此外,它的二氧化碳排放量也因此减至最低,每公里仅 28g。巴黎车展上展出的车型可以使用电池和燃气涡轮发电机产生动力来源。但是,捷豹汽车表示,C-X75 同样也使用传统的汽油发动机。

捷豹汽车发言人介绍说,"锂离子电池经过 6 个小时的充电后,C-X75 单纯依靠电池就可以行驶 68 英里(约合 110km)。但是,创新性的双涡轮机既可以为汽车的电池充电,也可以在油箱装满情况下帮助汽车最远行驶 560 英里(约合 901km)。此外,C-X75 还证明,它继承了捷豹汽车的性能、设计以及奢华等核心价值。它所采用的技术将使其拥有对环境负责的性能,代表了对电动汽车的可行性主张。"

在车内,驾驶员被保护于一个安全的座舱内,座舱内装有名贵的高级皮质座椅。仪表盘的设计灵感来自航空器仪表盘,装饰有细腻皮质和抛光铝材质。方向盘上包有一层柔软的橡胶,车内装有顶级音响设备。

C—X75是为了纪念捷豹汽车品牌诞生75周年而设计的。它的设计师认为,C—X75是捷豹汽车所有车型中最性感、最唯美的一款,包括与20世纪60年代的捷豹经典车型E—Type相比。捷豹汽车表示,涡轮发电机比传统的活塞发动机的优势在于,"涡轮机的运动机件更少,因此不需要润滑油和水冷却系统,这就大大节省了车身重量。此外,它的燃料也是范围很广,包括柴油、生物燃料、压缩天然气以及液态汽油等。"

捷豹汽车共投入了8亿英镑的资金用于新"绿色"技术的研发。捷豹汽车汽车生产线总监伊安·霍班表示,"这款超级汽车表明,捷豹公司将以一种可持续的方式继续研制更唯美、更快速的汽车。"

任务三 纯电动汽车

纯电动汽车(Blade Electric Vehicles,简称BEV),它是完全由可充电电池(如铅酸电池、镍镉电池、镍氢电池或锂离子电池)提供动力源的汽车。纯电动汽车虽然它已有134年的悠久历史,但一直仅限于某些特定范围内应用,市场较小。主要原因是由于各种类别的蓄电池,普遍存在价格高、寿命短、外形尺寸和重量大、充电时间长等严重缺点。

活动一 纯电动汽车发展历史

一、发达国家发展现状

国外著名汽车公司都十分重视研究开发电动汽车,世界发达国家不惜投入巨资进行研究开发,并制定了一些相关的政策、法规来推动电动汽车的发展。

美国目前正在大力研制和推广使用燃料电池电动汽车和纯电动汽车,政府能源部与通用、福特和戴姆勒—克莱斯勒三大汽车制造商联合开发燃料电池电动汽车。现在,美国已有7个州加入了零排放计划,到规定年限后这些地区销售的汽车必须为零排放,即只能为纯电动汽车和燃料电池电动汽车。

以美国蓝鸟客车公司、英国的FRZAERNASH公司、日本丰田、日本本田为代表的电动客车和轿车已经上市,英国已有数万辆电动汽车在使用。

法国是世界上推广应用纯电动汽车最成功的国家之一,成立了电动汽车推广应用国家部际协调委员会,巴黎和拉罗舍尔已经建立了比较完善的纯电动汽车充电站网基础设施,制定了优惠的支持和激励使用电动汽车的政策,且已经初步形成了纯电动汽车运行体系。

在近年的国际性大型运动会上,电动汽车也成为各国展示其科技实力和环保意识的工具之一。亚特兰大奥运会使用了美国蓝鸟客车公司生产的纯电动客车作为公务和电视转播车,悉尼奥运会购买了英国FRAZER—NASH公司的近400辆电动客车作为运动员接送车辆。

日本丰田公司开发的 Prius 和本田公司开发的 Insight 两种混合动力电动汽车已开始批量投放市场。丰田公司的 Prius 销售已在 2006 年累计突破 150 万辆，并于 2005 年底在我国长春一汽进行了组装生产和销售。日产公司也于 2003 年推出 Tino 混合动力汽车，在日本国内市场上销售了 100 多辆。如图 6-9 所示，为日产汽车在 2007 年东京车展上展出的纯电动汽车 Pivo2。

欧洲各大汽车厂商争先恐后地推出了本公司研制的混合动力电动汽车，甚至德国的博世（BOSCH）等著名的零部件公司也积极与大汽车公司联手开发混合动力电动汽车技术。美国已有近 20 个城市试验使用混合动力

图 6-9　日本日产汽车在东京车展上纯电动汽车 Pivo2（2007 年）

电动公交车，瑞典、法国、德国、意大利、比利时等国计划在 9 个欧洲城市开通混合动力电动公共汽车线路。燃料电池电动汽车崭露头角，国外企业界纷纷组成强大的跨国联盟，以期达到优势互补的目的。如日本丰田与美国通用公司，日本东芝公司与美国国际燃料电池公司，德国 BMW 公司与西门子公司，雷诺汽车公司与意大利 De Nora 公司分别组成联盟开发燃料电池电动汽车；本田也已投资数亿美元开发燃料电池电动汽车。其中，以加拿大的巴拉德、美国的福特、德国的戴姆勒·克莱斯勒联盟（XCELLSIS）最具代表性，该联盟投资 10 亿加元开发生产电动汽车用燃料电池动力系统。在燃料电池电动汽车的研发热潮中，几乎所有的国外大型企业集团全部介入，投入的总额超过百亿美元。但是，由于燃料电池的成本和寿命问题，使得这一项目目前进展缓慢。在燃料电池电动汽车的示范运行方面，世界各国也都不约而同地把注意力集中在大客车上，如欧盟的 CUTE 示范项目、UNDP/GEF 燃料电池商业化示范项目、美国加州的 CAHFC 示范项目和日本的 JHFC 计划等。与此同时，部分国家政府为促进电动汽车的发展，通过财税手段调整汽车发展结构。像美、日等国政府对于电动车产品给予 10% 的鼓励性补贴，荷兰政府的补贴更是高达 30%。并对传统汽车开征燃料税，如欧洲部分国家燃料税高达 200%～300%，最低的美国也有 34%。

二、中国发展现状

中国电动汽车虽然没有欧美等国家起步早，但国家从维护能源安全，改善大气环境，提高汽车工业竞争力，实现我国汽车工业的跨越式发展的战略高度考虑，从"八五"规划开始到现在，电动汽车研究一直是国家计划项目，并在 2001 年设立了"电动汽车重大科技专项"。通过组织企业、高等院校和科研机构，集中各方面力量进行联合攻关，现正处于研发势头强劲阶段，部分技术已经赶上甚至超过世界先进水平。"电动汽车重大科技专项"实施以来，已成功开发出燃料电池汽车样车，累计运行数千公里；混合动力客车已在武汉等地公交线路上试验运行超过百万公里；纯电动汽车已通过国家有关认证试验。

活动二　纯电动汽车核心技术

发展电动汽车必须解决好四个方面的关键技术：电池技术、电力驱动及其控制技术、电动汽车整车技术以及能量管理技术。

一、电池技术

电池是电动汽车的动力源泉,也是一直制约电动汽车发展的关键因素。电动汽车二次电池,用电池的主要性能指标是比能量(E)、能量密度(Ed)、比功率(P)、循环寿命(L)和成本(C)等。要使电动汽车能与燃油汽车相竞争,关键就是要开发出比能量高、比功率大、使用寿命长的高效电池。

到目前为止,电动汽车用电池经过了3代的发展,已取得了突破性的进展。第1代是铅酸电池,目前主要是阀控铅酸电池(VRLA),由于其比能量较高、价格低和能高倍率放电,因此是目前惟一能大批量生产的电动汽车用电池。第2代是碱性电池,主要有镍镉(NJ-Cd)、镍氢(Ni-MH)、钠硫(Na/S)、锂离子(Li-ion)和锌空气(Zn/Air)等多种电池,其比能量和比功率都比铅酸电池高,因此大大提高了电动汽车的动力性能和续驶里程,但其价格却比铅酸电池高。第3代是以燃料电池为主的电池。燃料电池直接将燃料的化学能转变为电能,能量转变效率高,比能量和比功率都高,并且可以控制反应过程,能量转化过程可以连续进行,因此是理想的汽车用电池,但目前还处于研制阶段,一些关键技术还有待突破。

二、电力驱动及其控制技术

电动机与驱动系统是电动汽车的关键部件,要使电动汽车有良好的使用性能,驱动电机应具有调速范围宽、转速高、启动转矩大、体积小、质量小、效率高且有动态制动强和能量回馈等特性。目前,电动汽车用电动机主要有直流电动机(DCM)、感应电动机(IM)、永磁无刷电动机(PMBLM)和开关磁阻电动机(SRM)4类。近几年来,由感应电动机驱动的电动汽车几乎都采用矢量控制和直接转矩控制。由于直接转矩的控制手段直接、结构简单、控制性能优良和动态响应迅速,因此非常适合电动汽车的控制。美国以及欧洲研制的电动汽车多采用这种电动机。永磁无刷电动机可以分为由方波驱动的无刷直流电动机系统(BLDCM)和由正弦波驱动的无刷直流电动机系统(PMSM),它们都具有较高的功率密度,其控制方式与感应电动机基本相同,因此在电动汽车上得到了广泛的应用。PMSM类电机具有较高的能量密度和效率,其体积小、惯性低、响应快,非常适应于电动汽车的驱动系统,有极好的应用前景。目前,由日本研制的电动汽车主要采用这种电动机。

开关磁阻电动机(SRM)具有简单可靠、可在较宽转速和转矩范围内高效运行、控制灵活、可四象限运行、响应速度快和成本较低等优点。实际应用发现SRM存在转矩波动大、噪声大、需要位置检测器等缺点,应用受到了限制。

随着电动机及驱动系统的发展,控制系统趋于智能化和数字化。变结构控制、模糊控制、神经网络、自适应控制、专家控制、遗传算法等非线性智能控制技术,都将各自或结合应用于电动汽车的电动机控制系统。

三、电动汽车整车技术

电动汽车是高科技综合性产品,除电池、电动机外,车体本身也包含很多高新技术,有些节能措施比提高电池储能能力还易于实现。采用轻质材料如镁、铝、优质钢材及复合材料,优化结构,可使汽车自身质量减轻30%~50%;实现制动、下坡和急速时的能量回收;采用高弹滞材料制成的高气压子午线轮胎,可使汽车的滚动阻力减少50%;汽车车身特别是汽车底部更加流线型化,可使汽车的空气阻力减少50%。

四、能量管理技术

蓄电池是电动汽车的储能动力源。电动汽车要获得非常好的动力特性,必须具有比能量高、使用寿命长、比功率大的蓄电池作为动力源。而要使电动汽车具有良好的工作性能,就必须对蓄电池进行系统管理。

能量管理系统是电动汽车的智能核心。一辆设计优良的电动汽车,除了有良好的机械性能、电驱动性能、选择适当的能量源(即电池)外,还应该有一套协调各个功能部分工作的能量管理系统,它的作用是检测单个电池或电池组的荷电状态,并根据各种传感信息,包括力、加减速命令、行驶路况、蓄电池工况、环境温度等,合理地调配和使用有限的车载能量;它还能够根据电池组的使用情况和充放电历史选择最佳充电方式,以尽可能延长电池的寿命。

世界各大汽车制造商的研究机构都在进行电动汽车车载电池能量管理系统的研究与开发。电动汽车电池当前存有多少电能,还能行驶多少公里,是电动汽车行驶中必须知道的重要参数,也是电动汽车能量管理系统应该完成的重要功能。应用电动汽车车载能量管理系统,可以更加准确地设计电动汽车的电能储存系统,确定一个最佳的能量存储及管理结构,并且可以提高电动汽车本身的性能。

在电动汽车上实现能量管理的难点,在于如何根据所采集的每块电池的电压、温度和充放电电流的历史数据,来建立一个确定每块电池还剩余多少能量的较精确的数学模型。

任务四 氢能汽车

氢能汽车是以氢为主要能量作为移动的汽车。一般的内燃机,通常注入柴油或汽油,氢汽车则改为使用气体氢。燃料电池和电动机会取代一般的引擎,即氢燃料电池的原理是把氢输入燃料电池中,氢原子的电子被质子交换膜阻隔,通过外电路从负极传导到正极,成为电能驱动电动机;质子却可以通过质子交换膜与氧化合为纯净的水雾排出。这样有效减少了其他燃油的汽车造成的空气污染问题。

活动一 氢能可行性

用氢气作燃料有许多优点,首先是干净卫生,氢气燃烧后的产物是水,氢能汽车不会污染环境,其次是氢气在燃烧时比汽油的发热量高。在1965年,外国的科学家们就已设计出了能在马路上行驶的氢能汽车。我国也在1980年成功地造出了第一辆氢能汽车,可乘坐12人,贮存氢材料90kg。氢能汽车行车路远,使用的寿命长,最大的优点是不污染环境。

氢是可以取代石油的燃料(图6-10),其燃烧产物是水和少量氮氧化合物,对空气污染很少。氢气可以从电解水、煤的气化中大量制取,而且不需要对汽车发动机进行大的改装,因此氢能汽车具有广阔的应用前景。推广氢能汽车需要解决三个技术问题:大量制取廉价氢气的方法,传统的电解方法价格昂贵,且耗费其他资源,无法推广;解决氢气的安全储运问题;解决汽车所需的高性能、廉价的氢供给系统。目前常见的供给系统有三种,气管定时喷射式、低压缸内喷射式和高压缸内喷射式。随着储氢材料的研究进展,可以为氢能汽车开辟全新的途径。而最近,科学家们研制的高效率氢燃料电池,更减小了氢气损失和热量散失。

众所周知,氢分子通过燃烧与氧分子结合产生热能和水。氢燃料电池通过液态氢与空气中的氧结合而发电,根据此原理而制成的氢燃料电池可以发电用来推动汽车,提供家庭或工业用电或作为手机电池。原理说起来很简单,但具体分析的话就会发现,其实提炼氢燃料的过程非常复杂,而且能耗也非常高。

氢内燃车和氢燃料电池车不同。氢内燃车是传统汽油内燃机车的带小量改动的版本。氢内燃直接燃烧氢,不使用其他燃料或产生水蒸气排出。这些车的问题是氢燃料很快耗尽。载满氢气的油缸只能行驶数英里,很快便没能量。另一方面,各色各样的方法正在研究以减少耗用的空间,例如用液态氢或氢化物。1807 年 Isaac de Rivas 制造了首辆氢内燃车。可惜该设计甚不成功。宝马的氢内燃车有更多的力量,比氢燃料电池车更快。宝马的氢汽车以 300km/h 创下了氢汽车的最高速记录。万事达已在开发烧氢的转子引擎。该转子引擎反复转动,故氢从开口在引擎内的不同部分燃烧,减少突然爆炸这个氢燃料活塞引擎的问题。日本武藏工业大学 1990 年在第八届世界氢能会议上展出了一

图 6-10 氢能源

部使用液氢储罐的燃氢轿车。它由 NISSAN 车改装,使用一个容积 100L,总重 60kg 的液氢罐,可以 100km/h 行驶,排放废气中无 CO_2。中国研制的燃用氢、汽油混合燃料的城市节能公共汽车正进行试验。其他重要汽车生产商如通用汽车和 DaimlerChrysler 公司,投资在较慢较弱但较有效的氢燃料电池。如图 6-11 所示,为 2007 年 6 月,宝马集团推出的世界第一款氢动力豪华性能轿车 BMW 氢能 7 系。

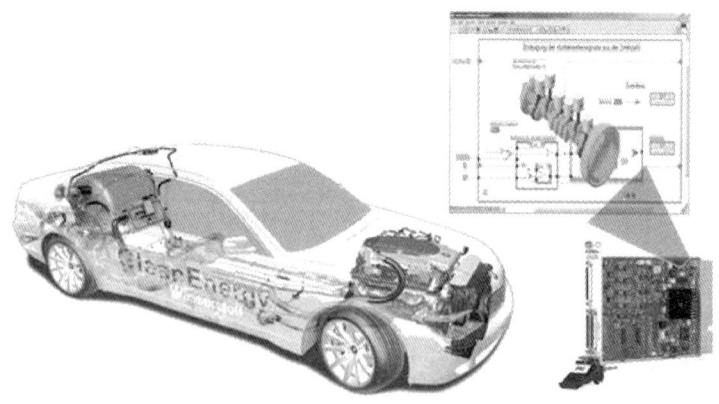

图 6-11　BMW 氢能 7 系(2007 年)

BMW 研发人员和德国 MicroNova 公司的工程师合作,选用了符合上述要求的基于虚拟仪器技术的 NI PXI 平台。针对不同的信号类型和接口功能,使用图形化 LabVIEW 软件对板载 FP-GA 的 NI 板卡作开发,并应用于 BMW 氢能 7 系发动机控制器的硬件在环测试。因为 PXI 平台的可扩展性和通用性,该平台已成功用于 BMW 其他不同系列发动机控制器的硬件在环测试。

传统储氢方法有两种,一种方法是利用高压钢瓶(氢气瓶)来储存氢气,但钢瓶储存氢气的容积小,而且还有爆炸的危险;另一种方法是储存液态氢,但液体储存箱非常庞大,需要极好的绝热装置来隔热。

近年来,一种新型简便的储氢方法应运而生,即利用储氢合金(金属氢化物)来储存氢气。研究证明,在一定的温度和压力条件下,一些金属能够大量"吸收"氢气,反应生成金属氢化物,同时放出热量。其后,将这些金属氢化物加热,它们又会分解,将储存在其中的氢释放出来。这些会"吸收"氢气的金属,称为储氢合金。其储氢能力很强。单位体积储氢的密度,是相同温度、压力条件下气态氢的1000倍,也即相当于储存了1000个大气压的高压氢气。储氢合金都是固体,需要用氢时通过加热或减压使储存于其中的氢释放出来,因此是一种极其简便易行的理想储氢方法。目前研究发展中的储氢合金,主要有钛系储氢合金、锆系储氢合金、铁系储氢合金及稀土系储氢合金。

储氢合金还有将储氢过程中的化学能转换成机械能或热能的能量转换功能。储氢合金在吸氢时放热,在放氢时吸热,利用这种放热—吸热循环,可进行热的储存和传输,制造制冷或采暖设备。此外它还可以用于提纯和回收氢气,它可将氢气提纯到很高的纯度。例如,采用储氢合金,可以以很低的成本获得纯度高于99.9999%的超纯氢。储氢合金的飞速发展,给氢气的利用开辟了一条广阔的道路。目前中国已研制成功了一种氢能汽车,它使用储氢材料90kg,可行驶40km,时速超过50km。今后,不但汽车会采用燃料电池,飞机、舰艇、宇宙飞船等运载工具也将使用燃料电池,作为其主要或辅助能源。另外由于大量使用的镍镉电池(Ni—Cd)中的镉有毒,使废电池处理复杂,环境受到污染。镍氢电池与镍镉电池相比,具有容量大、安全无毒和使用寿命长等优点。发展用储氢合金制造的镍氢电池(Ni—MH),也是未来储氢材料应用的另一个重要领域。

活动二 氢能汽车产业前景

国际油价持续飙升,让人叫苦不迭。美国政府提出以氢燃料电池车为主要措施解决美国交通能源问题,这似乎带来了美好希望。不过,麻省理工学院的一些能源专家日前则提醒公众,氢燃料电池车真正要"跑起来",至少还需要15年的时间。

对于氢燃料电池车上路的时间表,麻省理工学院(MIT)能源委员会近日出台报告说,与目前的车辆相比,性能与价格具有竞争力的氢燃料电池车真能"上路"、"跑起来",至少还需要15年;而要让氢燃料电池车被大规模采用,达到明显降低现有车辆对石油依赖程度的目的,可能还需要50年的时间。

MIT能源委员会的约翰·海伍特教授指出,作为一项颇具潜力的、能替代石油燃料的技术措施,氢燃料电池车目前的"路障"涉及氢燃料的生产、储存和输送基础设施,以及燃料电池的成本等问题。他强调,发展所谓的以氢为燃料的"氢交通经济"确实是一个巨大的挑战。即便价格与性能被公众接受,氢燃料电池车还需要几十年的时间才能被大规模采用。

海伍特解释说,氢燃料电池车的推广要受许多因素的制约。首先,新技术车辆大规模应用是早还是晚,主要受到现有车辆平均寿命的限制。目前车辆平均寿命是15年。无论是先进的内燃发动机车、混合车,还是氢燃料电池车,即使有人买了这些具有新技术的车辆,目前大多数车主需要15年才能换车,这些年内,旧车还会在路上跑,还会在继续烧汽油,继续排放CO_2等温室气体。

第二，配有新技术的车辆在厂家生产车间，从第一台到批量生产一般需要几年的时间，到大规模推广又得几年之后。拿油电混合车来说，混合车有全新的技术，但市场份额却增长缓慢。混合车在美国1999年上市，到目前为止市场份额却只有1%。

第三，从推广氢燃料电池车对解决交通石油燃料危机的影响角度说，欧洲过去25年推广柴油发动机的经验表明，短期内节省燃料有效措施并不一定来自全新的技术，而在于如何在现有车辆技术基础上更好地进行改进，更经济地使用燃料。

MIT能源专家在报告中预计，即使研制出具有价格和性能竞争力的氢燃料电池车，还将需要25年左右的时间，才能使其占新车和轻型卡车销售的份额达到35%，而要使氢燃料电池车替代现有35%的车辆的话，还会再需要20年左右的时间。

在讨论氢燃料电池车时间表的同时，专家们也给政府交通能源政策出了不少主意。他们认为，与氢燃料电池车的情况相比，目前改进内燃发动机性能、减轻车辆重量等措施，倒是有可能对减少车辆过度耗油产生"立竿见影"的效果。先进的内燃发动机、清洁的柴油发动机以及油电混合车在未来30年内将对节省交通石油燃料产生很大的影响。

MIT的专家们还认为，应该大力提倡一些新技术措施，包括发展油耗低的经济型车辆，从严修订车辆燃料经济性标准，提高汽油消费税等，当然，这些需要政府牵头鼓励汽车厂家实施以及公众积极配合，才能实现减少车辆过度耗油的目的。

不过，他们也承认，有效降低美国的巨大交通石油燃料消费量，确实是一大挑战。他们的好想法并不一定会被美国民众广泛接受和采纳。因为长期以来，美国汽车文化中并没有太多地考虑节约石油，而是一味地追求车辆的舒适性。同时，对于那些能很快舒缓车辆过度耗油问题、潜力巨大的技术措施，美国政府也并没有像热衷"氢经济"计划项目那样，予以大力支持和足够的投资。

中国在氢能汽车研发领域取得重大突破，已成功开发出氢能燃料电池汽车性能样车。目前，国内在燃料电池发动机方面已取得大功率氢—空燃料电池组制备的关键技术，轿车用净输出30kW、客车用净输出60kW和100kW的燃料电池发动机，已在同济大学和清华大学燃料电池发动机测试基地分别通过了严格的测试并装车运行，燃料电池轿车已经累计运行4000多km，燃料电池客车累计运行超过8000km。

此前，以氢气为能源的燃料电池汽车被列入国家"863"计划，科技部投入1.2亿元支持燃料电池汽车和相关技术的研发。

此外，国内研发的燃料电池汽车在整车操控性能、行驶性能、安全性能、燃料利用率等方面均得到较大提高。国内汽车企业还开发出100多种燃气汽车，在19个城市开展了推广应用；国内自主研发的纯电动汽车、混合动力汽车，也已开始示范运行。

任务五 太阳能汽车

太阳能发电在汽车上的应用，将能够有效降低全球环境污染，创造洁净的生活环境，随着全球经济和科学技术的飞速发展，太阳能汽车（Solar Car）作为一个产业已经不是一个神话。燃烧汽油的汽车是城市中一个重要的污染源头，汽车排放的废气包括SO_2和氮氧化物都会引致空气污染,影响我们的健康。

现在各国的科学家正致力开发产生较少污染的电动汽车,希望可以取代燃烧汽油的汽车。但由于现在各大城市的主要电力都是来自燃烧化石燃料的,使用电动汽车会增加用电的需求,即间接增加发电厂释放的污染物。有鉴于此,一些环保人士就提倡发展太阳能汽车(图 6-12、图 6-13),太阳能汽车使用太阳能电池把光能转化成电能,电能会在储电池中存起备用,用来推动汽车的电动机。由于太阳能车不用燃烧化石燃料,所以不会放出有害物。据估计,如果由太阳能汽车取代燃汽车辆,每辆汽车的 CO_2 排放量可减少 43%~54%。

图 6-12 太阳能汽车

图 6-13 太阳能汽车

到目前为止,太阳能在汽车上的应用技术主要有两个方面:作为驱动力;用作汽车辅助设备的能源。

一、汽车主要动力

这一应用方式,一般采用特殊装置吸收太阳能,再转化为电能驱动汽车运行。按照应用太阳能的程度又可分为如下两种形式。

1. 太阳能作为第一驱动力驱动汽车

完全用太阳能为驱动力代替传统燃油,是几代汽车工作者的梦想。1982 年澳大利亚人汉斯和帕金用玻璃纤维和铝制成了一部"静静的完成者"太阳能汽车。车顶部装有能吸收太阳能的装置,给两个电池充电,电池再给发动机提供电力。12月19日,两人驾驶着这辆车,从澳大利亚西海岸的珀思出发,横穿澳大利亚大陆,于1983年1月7日到达东海岸的悉尼,实现了一次伟大的创举。这种太阳能汽车与传统的汽车不论在外观还是运行原理上都有很大的不同,太阳能汽车已经没有发动机、底盘、驱动、变速箱等构件,而是由电池板、储电器和电机组成.利用贴在车体外表的太阳电池板,将太阳能直接转换成电能,再通过电能的消耗,驱动车辆行驶,车的行驶快慢只要控制输入电机的电流就可以解决。目前此类太阳车的车速最高能达到100km/h以上,而无太阳光最大续行能力也在100km左右。

还有一种概念上的太阳能汽车,这种汽车在车体上没有安装光伏电池板,而只是配置蓄电池,而电能全部来自专门的太阳能发电装置。优点是外观与现有车辆类似,没有"另类"的感觉,缺点是要经常到太阳能电站充电,当然续行能力也受到限制。

2. 太阳能和其他能量混合驱动汽车

太阳能辐射强度较弱,光伏电池板造价昂贵,加之蓄电池容量和天气的限制,使得完全靠太阳能驱动的汽车的实用性受到极大的限制,不利于推广。因此就出现了一种采用太阳能和其他能量混合驱动的汽车。如图6-14所示,为2008年密歇根大学参加太阳能汽车大赛,8天跑完3000km。

(a) 密歇根大学队和汽车　　　　　　(b) 太阳能汽车

图6-14　2008年密歇根大学参加太阳能汽车大赛(8天跑完3000km)

复合能源汽车外观与传统汽车相似,只是在车表面加装了部分太阳能吸收装置,比如车顶电池板,用于给蓄电池充电或直接作为动力源。这种汽车既有汽油发动机,又有电动机,汽油发动机驱动前轮,蓄电池给电动机供电驱动后轮。电动机用于低速行驶。当车速达到某一速度以后,汽油发动机启动,电动机脱离驱动轴,汽车便像普通汽车一样行驶。

由于采用了混合驱动形式,带来了诸多好处。首先,因为有汽油发动机驱动,所以蓄电池不会过放电,蓄电池的容量只要满足一天使用即可,与全用蓄电池的车相比,其容量可减少一半,也减轻了车重;其次,城市中大多数车辆都处在低速行驶状态下,采用电机驱动可最大可能的降低城市局部污染。

二、汽车辅助能源

传统的小轿车,功率一般在几十千瓦左右,而太阳辐射功率至多1kW/m²,目前的光电转换效率小于30%。因此全部用太阳能驱动传统的轿车,需要几十平方米的接收面积,显然难以达到。但在传统汽车上可以用太阳能作为辅助动力,以减少常规燃料的消耗,而且现代汽车的电器化程度日益提高,各辅助设备的耗电量也因此急剧增加。这方面的应用主要有以下几种形式:

1. 太阳能用作汽车蓄电池的辅助充电能源

在轿车上加装太阳电池后,可在车辆停止使用时,继续为电池充电,从而避免电池过度放电,节约能源。

日本应庆大学设计了一款称为 Luciole(萤火虫)的概念车,它的颜色像萤火虫。这款车曾在北京展览过,车顶上贴有近 $1m^2$ 的转换效率较高的光伏板,作用是辅助给 12V 的电池充电,当 12V 电池充满后,12V 电池又会给主电池充电。电池充满电时,这辆概念车能行驶 800km。

2. 用于驱动风扇和汽车空调等系统

汽车在阳光下停泊,由于车内空气不流通,使得车体成了收集太阳能的温室,造成车内温度升高,使车内释放大量的有害物质,从而使车内空气品质变糟。若加装太阳能装置,比如加装太阳能风扇等,则可以为车辆在停泊期间无能耗提供新风并降温,保证车辆再次上路时有良好的空气品质。

汽车天窗的玻璃下方设置有太阳能电池,太阳能电池与设置的控制单元输入端相连接,输入端连接车辆空调系统的温度传感器,同时输入端还与蓄电池和点火器相连接。玻璃下方的太阳能电池吸收太阳能,经汽车天窗控制单元可对蓄电池进行充电,保证蓄电池的电能充足,同时延长蓄电池的使用寿命。而太阳能天窗带给消费者的最直接好处是,在夏天高温天气里,汽车在烈日下停车熄火,完全没有能源供给时,能自动调节车内温度。利用内置在天窗内部的太阳能集电板依靠阳光所产生的电力,经过控制系统来驱动鼓风机,将车厢外的冷空气导入车内,驱除车内热气,达到降温的目的。当驾驶者及乘员再打开车门及坐在座位上,不会感觉热浪袭人、闷热难耐,汽车的空调系统可以在最短时间内将车内温度降至舒适的程度。同时可以改善车内的空气状况,冬天也可以减少车内前挡风玻璃的结霜。根据资料显示,与没有通风降温的车型相比,安装了太阳能天窗的汽车驾驶室内的温度最高降低 20℃。利用太阳能供电,节能降温,十分有效地减少了汽车内由热所产生的"孤岛"效应。目前国内销售的车型当中,奔驰 E 级,奥迪 A8、A6L、A4、途锐等部分车型都已配备了太阳能天窗。

任务六 生物燃料汽车

生物燃料又称生态燃料,泛指由有机物组成或者制成的燃料,比如玉米制成的乙醇汽车燃料,或者回收食用油制成的生物柴油等。生物燃料可供提取的物质种类很多,比如玉米、黄豆、亚麻籽、油菜籽、甘蔗、椰子油、厨余食用油等,它不同于石油等传统燃料,属于可以再生的燃料。虽然生物燃料属于可再生能源,但是生产生物燃料的农作物也存在污染、粮食安全等诸多问题,目前尚未得到全球性的广泛应用。

活动一 生物柴油汽车

一、生物柴油产业迅速发展

近年来,生物柴油产业正在迅速发展,美国、加拿大、巴西、日本、韩国、澳大利亚、印度等国,都在积极发展这项产业。但与常规柴油相比,生物柴油的成本要贵一倍以上,欧盟国家和美国政府纷纷提供高额财政补贴支持种植油料作物,对生产生物柴油给予税收优惠,使生物柴油价格与石化柴油相当。生物柴油发展最快的是欧洲,份额已占到成品油市场的6%。欧盟2005年生效的法规,要求成员国2010年生物柴油消费量从占交通运输油料总消费量的2%提高到5.75%(约950万t/a),2020年进一步提高到占20%。为了满足不断增长的生物柴油需求,欧盟一方面需要不断增加油菜籽的种植面积,另一方面还要大量进口棕榈油和菜子油。

巴西将在2013年以前使其所有的柴油燃料含有5%的生物柴油。美国2005年可再生燃料标准要求该国2012年前将用于运输的生物燃料的使用量达到284亿L。哥伦比亚要求其超过50万人口的城市所销售的汽油都含10%的乙醇;委内瑞拉政府要求逐步采用含10%乙醇的汽油;玻利维亚正在考虑批准有关汽油含25%乙醇的规定。哥斯达黎加和危地马拉正在尝试扩大甘蔗乙醇燃料生产;阿根廷、墨西哥、巴拉圭和秘鲁都在考虑生物燃料计划。日本已经批准使用含有少量乙醇的混合汽油,为实施将来用生物燃料替代20%的石油需求的长期目标做准备;加拿大在2010年以前将使45%的全国所消费的汽油含有10%的乙醇燃料;泰国打算使其汽油中乙醇的含量达到10%;菲律宾要求汽油中生物柴油的含量达到2%、乙醇5%;马来西亚和印度尼西亚的棕榈油行业正在根据政府要求制订提供更多棕榈油的计划;印度一个有关蔗糖乙醇计划要求该国大多数地区所使用的汽油含5%乙醇;非洲的许多国家正在努力增加生物燃料的生产和使用量。

目前在德国的奔驰、宝马、大众和奥迪等汽车生产厂家生产的汽车均允许使用净生物柴油,而无需对发动机加以改装。但是生物柴油及其汽车也有一些不足。例如在供应方面,目前只有少数生产的企业才能批量提供这种燃料;在净生物柴油燃料和高浓度混合生物柴油中需要添加高弹性体;在寒冷季节和低温地区,实际应用时需要加装燃料箱和滤清器的加热器。另外,所有的该类汽车的顾客都要求具备相应程度的专业知识,以最大限度地减少汽车运用过程中的困难;为了确保该类汽车运用过程的安全,所有驾驶者和维护人员都要接受足够的专业知识培训。

它的原型是IsuzuNPR厢式货车。Planters公司声称NutMobile(图6-15)从构造到燃油都非常环保。NutMobile的动力来自一个5.2L排量的柴油涡轮发动机,可以燃烧取自花生油的生物柴油(不过由于发动机没有改动,所以燃油中20%为生物柴油,每加仑可帮助行驶10~15英里),同时采用风力发电机和太阳能电池板,用LED进行室内照明。它的门框、车灯和玻璃都取自旧车。另外,其再生部件和木地板均来自19世纪在宾夕法尼亚州的一间仓房。

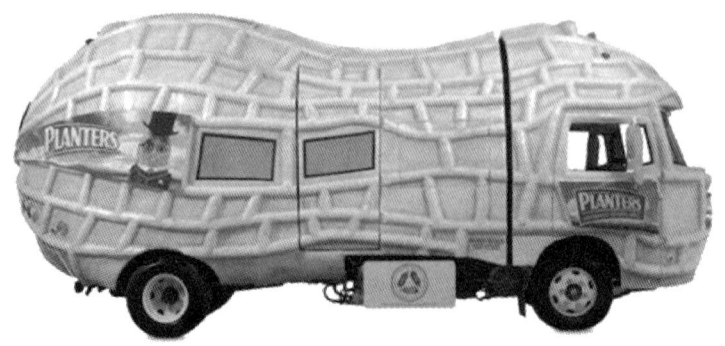

图6-15 美国的Planters公司最近改装了一款外形像花生一样的汽车NutMobile

二、生物柴油的特点

生物柴油(Biodiesel)是指以油料作物、野生油料植物和工程微藻等水生植物油脂以及动物油脂、餐饮垃圾油等为原料油通过酯交换工艺制成的可代替石化柴油的再生性柴油燃料。生物柴油是生物质能的一种,它是生物质利用热裂解等技术得到的一种长链脂肪酸的单烷基酯。生物柴油是含氧量极高的复杂有机成分的混合物,这些混合物主要是一些分子量大的有机物,几乎包括所有种类的含氧有机物,如:醚、酯、醛、酮、酚、有机酸、醇等。生物柴油是一种优质清洁柴油,可从各种生物质提炼,因此可以说是取之不尽,用之不竭的能源,在资源日益枯竭的今天,有望取代石油成为替代燃料。

生物燃料汽车以可再生的动物及植物脂肪酸单酯为原料,可减少对石化燃料石油的需求和进口量;环境又好,采用生物柴油尾气中有毒有机物排放量仅为十分之一,颗粒物为普通柴油的20%,一氧化碳和二氧化碳排放量仅为石油柴油的10%,硫化物和铅及有毒物的排放;混合生物柴油可将排放含硫物浓度从500PPM(PPM:百万分之一)降低到5PPM。同时,不用更换发动机,而且对发动机有保护作用。

活动二 乙醇汽车

一、乙醇汽车各国概况

美国近年因石油价格的飞涨,燃料乙醇需求剧增。美国国会2005年8月通过的能源法案,要求2012年燃料乙醇用量达到2271万t。截至2009年,美国已经再新建71个加工厂,新增产能为2114万t/a,另外68个加工厂也进行了扩建,新增产能1709万t/a,2009年美国乙醇总产能已经达到8585万t/a。美国生物乙醇产量2006年为1538万t,超过了巴西,居世界首位,预计2012年将增至2725.5万t。为达到联邦政府标准,美国加大汽车用油中乙醇的含量,新的可再生燃料标准制定为汽车用油中的乙醇含量达4.7%。根据美国环保署数据显示,2012年汽车用油中的乙醇含量会达到2385万t。美国能源部2007年5月提出了更高的要求,即要求乙醇替代率2030年达到30%。

巴西盛产甘蔗,油价上涨使巴西最早开始利用丰富的甘蔗原料生产燃料乙醇。乙醇关联业务员工200万人,年外汇收入约10亿美元。甘蔗产量约3.87亿t/a,预计2011年达到6亿t/a,巴西2011年生产乙醇将增长至2561万t。目前,巴西的乙醇汽油标准有两个:E22(含乙醇22%的汽油)和E100(含乙醇93%、水7%的乙醇)。巴西大量汽油车被改装为乙醇车,E100用量约占巴西乙醇总产量的38%,E22约占57%,其他应用领域只占5%。

日本2010年车用汽油的20%用植物原料的乙醇(3%)和乙基叔丁基醚。按日本现行法规,汽车无须大幅改造,就可使用混入3%乙醇的乙醇汽油。乙基叔丁基醚比乙醇更易于混入汽油,按油品质量保证法,乙基叔丁基醚混入汽油可达7%,法国、德国等欧洲国家最大达到5.65%。目前,日本不得不从海外大量进口乙醇。日本环境省决定,至2030年国内车用汽油全部采用与生物燃料混合的燃料,2010年大部分采用乙醇混合率10%的乙醇汽油。如图6-16所示,为2011年赞比亚国际汽车拉力赛乙醇汽车胜出。

图 6-16　赞比亚国际汽车拉力赛乙醇汽车胜出（2011 年）

二、燃料乙醇的特点

燃料乙醇是一种很好的代用清洁燃料。它可以增加汽油的含氧量，使其燃烧更充分，降低排放；提高汽油的辛烷值，有效提高汽油的抗爆指数；而且它还是可持续的绿色能源之一。

燃料乙醇可从大麦、小麦、甘蔗和甜菜等农作物发酵获得，而且具有清洁环保、价格低、可再生等特点。用这种可再生能源部分替代成品油，不仅有助于缓解日益增长的成品油需求，还可以使汽车尾气中一氧化碳排放量下降 30% 以上，碳氢化合物排放量下降 10% 以上。随着它的推广，可以大量节省大中城市治理空气污染的费用。

活动三　天然气汽车

一、天然气汽车各国概况

以天然气作为汽车燃料，在世界上已经有 80 多年的历史。早在 20 世纪 30 年代，意大利和俄罗斯就曾较大规模地推广天然气汽车（图 6-17），但直到 20 世纪 70 年代全球能源危机的爆发和 80 年代欧美国家对于城市空气质量的逐渐重视，天然气汽车才开始在全球范围内广泛使用。在很多国家，天然气汽车已成为一个与工业、民用、商业、发电并列的重要的天然气细分市场。天然气汽车同其他清洁汽车相比，具有资源丰富、燃烧清洁、技术成熟、安全可靠、经济实用等优点。天然气汽车和加气站拥有量最多的前 10 个国家是：阿根廷、巴西、巴基斯坦、意大利、印度、美国、中国、埃及、乌克兰、委内瑞拉。

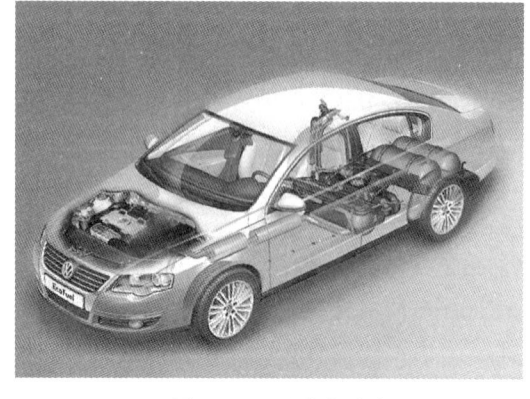

图 6-17　天然气汽车

在拉丁美洲,使用天然气作为汽车燃料已取得良好的经济效益,依靠市场的拉动,拉美国家成为了世界上发展速度最快的天然气汽车市场。相比之下,北美和西欧等发达国家的天然气汽车发展主要依靠政府环保政策的推动,近年来这些国家的天然气汽车数量并没有取得原先预料的飞速增长,但天然气汽车在巴士、出租车、机场通勤车等得到了满意的发展。欧美国家对天然气汽车提出了很高的技术要求,要求天然气汽车在动力性能、可操作性、舒适性(包括行李舱空间)等各方面达到与汽柴油车相当的水平,同时在尾气排放性能、燃料经济性方面应好于汽柴油车。在这样的要求下,欧美国家(特别是美国)加强了对高性能天然气发动机、复合材料气瓶、根据天然气燃料特点进行综合优化的原装天然气汽车等技术的开发,推动着世界天然气汽车技术的不断进步。重型汽车发动机一直是柴油机的天下,各国在发展天然气汽车的过程中几乎都碰到了柴油车改装这一难题。多年来,全球的天然气汽车行业一直在寻求理想的柴油车改装技术,但直到现在还没有取得非常成功的经验。近年来,欧美国家将开发重点转向原装重型天然气发动机技术。而一些发展中国家(例如印度、阿根廷等)仍在探索对在用柴油机的改装途径。这是一个值得注意的技术路线上的分歧。

二、车用天然气特点

车用天然气的主要成分是甲烷,其余为乙烷、丙烷、丁烷及少量其他物质有压缩天然气(CNG)和液化天然气(LNG)两种。

压缩天然气是天然气经 20MPa 的压力压缩形成的,是车用天然气燃料的主要储存方式。CNG 的特点是化学性质较稳定,辛烷值高,抗爆性能好;自燃温度为 680~750℃,远高于汽油的自燃温度(260~370℃),因此其安全性较好。使用天然气燃料的汽车排气污染显著降低,尾气中 HC 下降可达 90% 左右,CO 下降可达 80% 左右,NO_x 下降约为 40%。由于 CNG 的理化特性同汽油较为接近,因而在使用时不需要对原发动机做很大变动就可以改成 CNG 汽油双燃料汽车,但由于系统压力较高,对储气罐及管路阀门等的要求都很高。CNG 在汽车上使用的主要缺点是储气瓶较重、占用体积大并且与液体燃料相比,天然气体积能量密度低,20MPa 压力下的 CNG 燃料仅相当于汽油能量密度的 30%,因此其充气频繁、续驶里程短。

吸附天然气(ANG)作为未来替代 CNG 的一项新技术将有广阔的发展前景,它是用多孔吸附剂填充在储存容器中,在中高压(315MPa 左右)条件下,利用吸附剂增加天然气的储存密度。但由于技术上的不少难点还有待解决,是目前尚处研究阶段的一种天然气储存方式。

选择天然气作为汽车燃料,适合于石油资源少而气源比较充足的国家和地区。总的来说,天然气燃料目前处于发展、推广阶段。

任务七 中国式发展的机遇

从 2009 年国家公布《汽车产业调整和振兴规划》以来,新能源汽车已然成为中国汽车发展的"国策",其地位不断被夯实。2012 年 4 月 18 日,国务院常务会议讨论通过《节能与新能源汽车产业发展规划(2012~2020)》。按照规划,到 2015 年,纯电动汽车和插电式混合动力汽车累计产销量要达到 50 万辆,2020 年超过 500 万辆。规划中的新能源汽车主要是指纯电动汽车、插电式混合动力汽车、燃料电池汽车,而新能源补贴仅限于纯电动和插电式混合动力。

截至 2011 年 6 月,新能源汽车国内保有量仅 1 万余辆,私人购买仅百余辆,与推广目标相去甚远,到 2012 年底大约只能完成原定计划的 1/5 之弱。数据显示,财政部原来预留的 50 亿元新能源车补贴预算,至今用于私人购买补贴资金不到 1 亿元,用了计划的 2% 左右。而在新能源发展的重镇——上海,到 2011 年底全市新能源汽车私家车保有量仅 10 多辆,原定目标为 2012 年之前达到 1 万辆。新能源车发展的这种萧条景象真可以用"理想很丰满,现实很骨感"来形容。

之所以我国大力发展电动车以及插电式混合动力,首先是为了应对日益紧迫的能源危机。2011 年,我国石油的对外依存度超过 56%,超过了国际公认的警戒线。与此同时,中国的汽车保有量仍然在迅猛增长,目前的保有量不到 1 亿辆,预计到 2030 年,汽车总保有量将达到 4.5 亿辆。石油资源相对缺乏,而煤炭资源非常丰富,在汽车普及的背景下,国家出于战略考虑选择电动车无疑是理性的选择。

活动一　非插电式混合动力汽车

此外,借助电动汽车实现汽车产业的跨越式发展、缩小我国与国外汽车技术水平的差距也是发展电动车的深层动因。另外,减少碳排放和环境污染也是该项政策的理由。

现在市场上有不少人质疑上述政策,认为非插电式的混合动力也应该给予政策补贴,进行大力扶持。对于这个问题,出于两方面的原因,国家更有理由向纯电动车政策倾斜。

首先看能效和排放。非插电式混动车型主要还是依靠汽油机运作,电力只是辅助动力,因此其能效和排放无法与纯电动车相比。总体估算,汽油机汽车的总效率是 15%,电动车的总效率是 28%,从降低碳排放和提高能源利用率来说,电动车有很大的优势。在这方面,非插电式的混合动力没有优势。

其次是国家汽车战略的考虑。目前,丰田等企业在混动技术方面非常成熟,而国内的车企才刚刚起步,电池和电驱系统的配套产业也不是很完善。在这种情况下,对于非插电式的混合动力给予战略扶持和财政补贴很容易让外资形成规模优势和垄断地位,对培养中国自身的电动车研发和制造能力有害无益。一位不愿具名的官员对此表示:"如果对混合动力进行补贴,极有可能是直接补贴外资品牌。他们的技术很成熟了,我试开过外资的那几辆车,只要开始对混合动力补贴,短期内普锐斯会到处都是。"

因此,作为中国汽车工业"弯道超车"的最好机会,电动汽车的发展备受关注。在全国政协教科文卫体委员会举行的推进新能源汽车产业发展座谈会上,杨裕生、陈清泉、陈立泉、郑绵评等四位中国工程院院士曾不约而同提出,在燃料电池电动汽车、油—电混合动力汽车和纯电动汽车等三类电动汽车中,纯电动汽车节油率最高、污染最少、与国外技术水平差距最小,因此更符合我国缺少石油而内燃机技术水平不高的国情。

活动二　纯电动汽车

在燃料电池电动汽车、油—电混合动力汽车和纯电动汽车等三类电动汽车中,有专家提出,我国应借鉴美、日发展模式,首先发展燃料电池电动汽车或油—电混合动力汽车,最后才发展纯电动汽车的循序渐进发展路线。但记者采访发现，依据现有技术条件，我国完全有可能在美、日发展模式之外另辟蹊径，直接从传统燃油汽车过渡到纯电动汽车，由此实现我国新能源汽车产业在全球的率先发展，实现"弯道超车"。

陈清泉、陈立泉、杨裕生、郑绵平等四位中国工程院院士日前表示，燃料电池电动汽车以氢气作为燃料，但是由于氢气的生产、储存和运输等问题尚未解决，加之氢燃料电池本身系统的复杂性，使之在电动汽车上应用还需要漫长的研发过程，因此燃料电池只是解决能源问题的中长期办法。

在四位院士看来，油—电混合动力汽车省油不多，结构复杂，在现有的内燃机技术和在内燃机基础上发展起来的混合动力汽车竞争中，我国几乎没有赶上世界先进汽车厂商的可能。"实际上在'十五'期间，我国已经有研究混合动力汽车的专项了，但是由于我国传统汽车工业落后，光引进，没消化，过几年就技术落后了，还要再引进，从而进入了一个恶性怪圈。一些传统汽车厂商生产混合电动汽车未尝不可，国家政策也可以根据其节油率的大小给予合理的补贴，但这只能是一种过渡性的安排。"陈立泉说。

四位院士认为，纯电动汽车最适合我国缺少石油而内燃机技术水平不高的国情，最能减少城市空气污染和二氧化碳排放，结构简单，使用、维修方便。

长期关注中国纯电动汽车产业发展的南开大学经济研究所教授刘刚分析，混合动力汽车大多依赖于传统汽车企业，而这些企业为了保持自身在燃油汽车方面的传统竞争优势，加之国内传统汽车"产销两旺"，发展混合动力汽车往往动力不足。在此背景下，直接发展纯电动汽车产业，可以鼓励历史包袱小的新企业进入，通过创新推动国内纯电动汽车产业发展。

活动三　发展纯电动汽车存在的误区

当前社会上和国家有关部门对纯电动汽车的认识存在三大误区，这导致各部门制定的电动汽车发展政策不能有机协调，阻碍了我国电动汽车产业的发展。

误区之一：认为非传统内燃机汽车就是新能源汽车。陈立泉告诉记者，新能源汽车的叫法是不科学的，新能源是指煤、石油、天然气等传统能源以外的能源，比如核能、风能、太阳能，油—电混合动力汽车实际上只能算节能汽车，它的工作原理是里面安装了一个能量回收系统，电池的电来自于车上的内燃机发电和制动回收的电能。

"我们的电动汽车是发改委负责政策，科技部负责技术支撑，工业和信息化部实际执行，但是现在只有发改委将新能源汽车的内涵作了清晰的界定，即只有纯电动汽车才是新能源汽车，其他都是节能和替代能源汽车。如果新能源汽车的内涵界定不清楚，在国家政策的支持上就不能突出重点。"中国工程院院士陈立泉说。

误区之二：认为能够节能的汽车就是好车。陈立泉说，如果这样说的话混合动力汽车就成了一个筐，什么都可以往里面装，从微混合动力汽车节能率5%，到丰田开发的混合动力汽车可以节能50%，都叫作混合动力汽车，从而获得相关政策支持。

"问题是大型汽车企业都希望发展油—电混合动力汽车，因为这项技术建立在传统汽车工业之上，汽车厂商们只需和外资合作，甚至从国外进口部件在国内组装就可以赚钱，根本就没有做纯电动汽车的动力。只有一些实力不强、无法进入回报丰厚的传统汽车行业的企业才去做纯电动车，结果造成技术和国外差距越来越大，最后的结果很可能是我们的混合动力汽车没有做强,人家的纯电动汽车又大举进入中国市场,最后彻底丧失中国汽车工业跨越式发展的机遇。"陈立泉说。

误区之三:以燃油车的指标要求纯电动汽车。中国工程院院士杨裕生认为,燃油汽车已经风行几十年,其尽善尽美的境地已经深入人心。尤其是汽车行家们很自然地按照燃油车的指标,比如续驶历程 500km 以上、加速到每小时 100km 只需 10s 等,全面要求城市内使用的纯电动汽车。但这种观点实际上代表了燃油车公司的利益,客观上对电动汽车的发展起了"卡"、"压"的作用。因此,应该更新观念,以宽厚的心态对待汽车领域的新事物,创造宽松的环境,促进纯电动汽车产业发展。

当前部分汽车行业的骨干企业对纯电动汽车紧迫感不强、投入不足,传统汽车技术依赖性思维较强,特别是当前传统汽车产销两旺,一些企业更倾向于扩大现有产能,获取短期效益。

科技部发展战略研究院研究员赵刚博士指出,现在对于纯电动汽车发展战略的争论,在学术界和企业中还在持续,并没有形成一个明确的目标和方向。因此,对于纯电动汽车的投资还比较分散,没有能够形成具有规模的产业化生产。

活动四　发展纯电动汽车挑战

尽管纯电动汽车被公认为"朝阳产业",新近出台的一系列补贴新能源汽车的政策也使得纯电动汽车由于成本高难以市场化的"死结"有望打开。但是,即便如此,一些专家学者依然对其发展前景持谨慎乐观态度。他们指出,纯电动汽车还面临着管理体制落后、充电困难、造价过高等三大发展难题,尚须将纯电动汽车发展上升为国家战略,通过政策支持助力中国纯电动汽车产业化。

首先,改革汽车生产企业管理体制,创造有利于新企业进入的管理环境。专家们认为,事实上,纯电动汽车产业与传统汽车产业相比,在技术标准、生产流程等多方面都有不同,因此,两者可以说是一个完全不同的产业。但是目前,国家还是以汽车生产企业的资质来要求纯电动生产企业,无形中提高了准入门槛,使得许多原本有心进入这一产业的有创造力的企业望而却步。专家们建议,国家应对纯电动汽车与传统汽车发放不同的牌照,放松纯电动汽车生产的行业准入限制,允许更多企业参与纯电动汽车企业的生产,以竞争实现创新发展。

其次,将发展纯电动汽车上升为国家战略,从而推动充电站等配套设施建设。电是推行纯电动车的先决条件之一,可以由中石化、中石油、中海油、电池厂、电力部门等利益攸关方联合组成几个电动汽车运营公司,车主买车不买电池,而向公司租赁或者换用电池,用户只需支付电费和适当的服务费,消除电动汽车用户初期投资带来的负担。目前,国家电网等企业已开始试水充电站的建设,一旦纯电动汽车上升为国家战略,将极大地调动相关企业建设充电站的积极性,从而以配套设施的建设拉动纯电动汽车的发展。

在具体措施上,专家建议,实施对纯电动汽车生产、动力电池生产、租换电池服务等企业的配套优惠政策,普及电费的分时计价,拉开峰—谷电价的差距,按照节油水平发放补贴,直接鼓励购用纯电动汽车。

在电池领域,日本的技术优势更加明显,无论是镍镉电池、镍氢电池还是锂电池,在全球市场的占有率都超过 50%。这其中自有原因。1976 年日本以大型国家项目的形式开展电动汽车以及车用动力电池的研究开发,1992 年起又开始了为期 10 年的锂电池开发项目,这两次技术攻关都以重要企业牵头,再配合通产省的工业技术院和电力中央研究院等政府机构展开。

在技术创新方面,日本形成了独具一格的技术创新联盟制度。由丰田牵头,组织日本车企成立了电动车联盟,联合了整车、电池、能源几大环节上的重要厂家,总共160家公司,构造了"集团作战"的模式。

中国汽车工程学会常务副理事长兼秘书长付于武也认为:"政府主导下跨行业跨学科,产学研合作联合比什么都重要。电动汽车是跨界的技术,需要跨界的行动,这个时候跨行业、跨学科,上下游相关产学研组合起来的合作,比什么都重要。"

项目七　汽车未来与科技

项目目标：
(1) 掌握汽车发展未来的发动机新技术。
(2) 掌握车联网技术与未来发展。
(3) 掌握智能汽车系统组成与未来发展。
(4) 畅想未来汽车发展与汽车未来文明。

任务一　发动机新技术

活动一　缸内直喷分层燃烧

配备按需控制的燃油供给系统,通过活塞泵提供所需压力,喷油嘴将燃料在最恰当的时间直接注入燃烧室。通过对燃烧室内部形状的设计,使火花塞周围会有较浓的混合气,而其他区域则是较稀的混合气,保证在顺利点火的情况下尽可能实现稀薄燃烧(即分层燃烧)。

在对能源和环保要求日趋严格的今天,即使是多点燃油喷射这样的技术也不能满足人们的要求了,于是更为精确的燃油喷射技术诞生,那就是缸内直喷技术。

缸内直喷(图7-1)就是将燃油喷嘴安装于气缸内,直接将燃油喷入气缸内与进气混合。喷射压力也进一步提高,使燃油雾化更加细致,真正实现了精准地按比例控制喷油并与进气混合,并且消除了缸外喷射的缺点。同时,喷嘴位置、喷雾形状、进气气流控制,以及活塞顶形状等特别的设计,使油气能够在整个气缸内充分、均匀的混合,从而使燃油充分燃烧,能量转化效率更高。

但是缸内直喷科技也并非无敌,因为从经济层面来看,采用缸内直喷的供油系统除了在研发过程必须花费更大成本,在部品构成复杂且精密的情况下,零组件的价格也比起传统供油系统来得昂贵,因此这些也都是

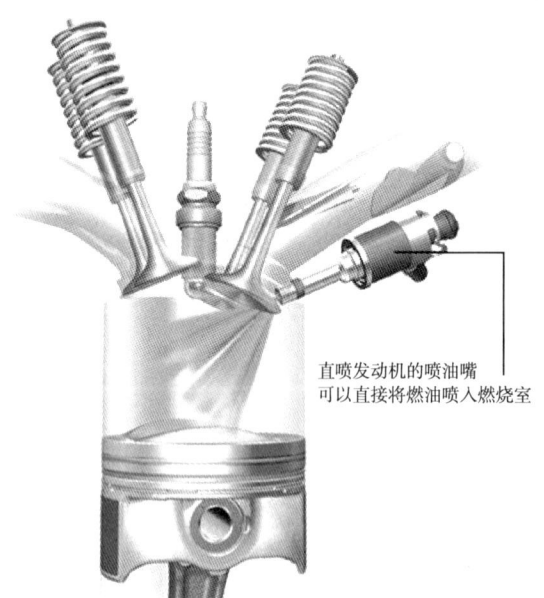

图7-1　燃油直喷

未来缸内直喷发动机尚待克服的要素。

一、大众汽车

FSI(Fuel Stratified Injection)是大众/奥迪的汽油缸内直喷技术,FSI 可将燃油直接喷入燃烧室,降低了发动机的热损失,从而增大了输出功率并降低了燃油消耗,对于燃油经济性和动力性都有帮助。

TFSI(Turbo Fuel Stratified Injection)就是带涡轮增压(T)的 FSI 发动机,简称 TFSI,一般奥迪系列车型会这么称呼,大众系列直喷且带增压的发动机简称为 TSI。

二、福特汽车

EcoBoost(图 7-2)是福特对于未来使用涡轮增压和缸内直喷两项核心技术发动机的总称。

在传统汽油发动机的基础上,EcoBoost 发动机进一步添加了燃油缸内直喷、涡轮增压和双独立可变气门正时系统这三大关键技术优势,不仅保证了澎湃的动力输出,而且优化了燃油经济性高达 20%,并降低 15% 的二氧化碳排放。

图 7-2 EcoBoost

福特 EcoBoost 发动机融合了三大关键技术的协同优势:燃油高压直喷、先进涡轮增压器和双独立可变气门正时系统。

每项技术各有所长,三大技术的整合体现了 EcoBoost 发动机设计理念,包括:

优化的发动机效率——有效提升燃油经济性 20%,同时降低二氧化碳排放 15%。

更丰富的驾驶乐趣——低转速下的强大扭矩和宽转速范围内的优异响应。

小排量带来的优势——享受传统高排量发动机的输出动力,却拥有小排量发动机体积小、重量轻和油耗低的好处。

三、通用汽车

通用将燃油直喷技术的代号为 SIDI(图 7-3),SIDI 是 Spark Ignition Direct Injection 的缩写,直译为火花点燃直接喷射技术。

其实现的原理和一般的直喷发动机并无二致:凸轮轴驱动的燃油泵为供油系统提供高压燃油,共轨喷油嘴将高压燃油直接注入汽缸,点火时间就可以得到精确的控制,而且高压喷射

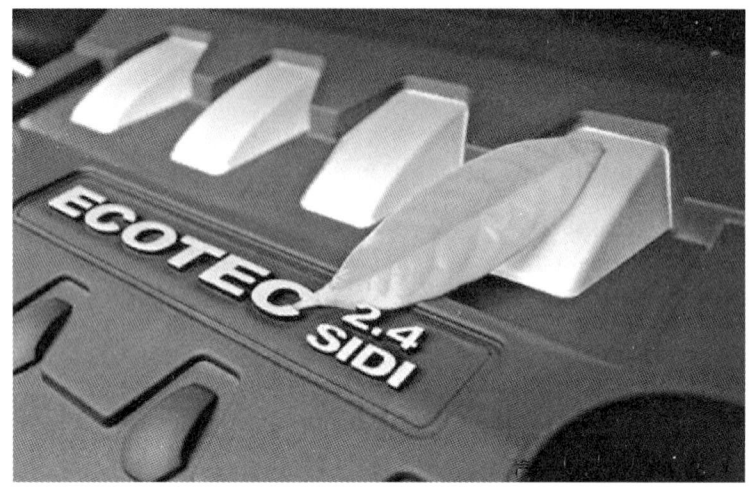

图 7-3 通用 SIDI

和极细的喷嘴设计则保证了喷油量的精确计算。缸内直喷技术代替了传统 MPFI（多点电喷）技术之后，发动机在低转速下燃烧效率被进一步提升。

另外，通用的 SIDI 技术依靠的是缸内均质燃烧来提升效率，并没有使用稀薄分层燃烧技术。由于国内油品的限制，引入国内的直喷发动机均不使用分层燃烧，通用的 SIDI 也没有例外。不过没有使用分层燃烧也是 SIDI 发动机拥有不挑食的优势，官方产品手册上也并没有对 SIDI 发动机做出任何特殊的养护要求，这也是它相比大众系直喷发动机最大的优势所在。

活动二 可变配气正时

可变配气正时（全称 Variable Valve Timing，简称 VVT）技术（图 7-4）是根据发动机的状态控制进气凸轮轴，通过调整凸轮轴转角对配器时机进行优化，以获得最佳的配气正时，从而在所有速度范围内提高扭矩，并能改善燃油经济性，从而有效提高汽车性能。

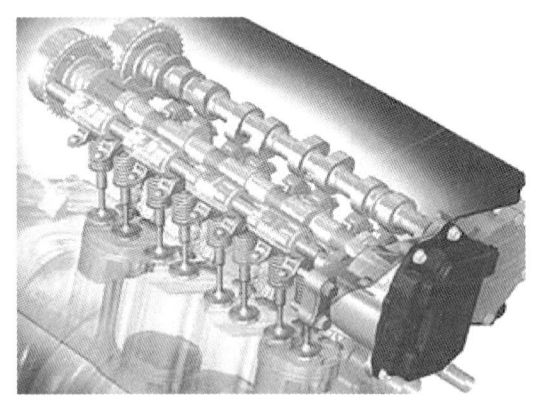 

图 7-4 丰田 VVT 技术

VVT 系统是丰田公司的智能可变气门正时系统的英文缩写，最新款的丰田轿车的发动机已普遍安装了 VVT 系统。丰田的 VVT 系统可连续调节气门正时，但不能调节气门升程。它的工作原理是：当发动机由低速向高速转换时，电子计算机就自动地将机油压向进气凸轮轴驱动齿轮内的小涡轮,这样,在压力的作用下,小涡轮就相对于齿轮壳旋转一定的角度,从而使凸轮轴在 60°的范围内向前或向后旋转,从而改变进气门开启的时刻,达到连续调节气门正时的目的。

可变气门正时系统。当今高性能发动机普遍配备该系统。该系统通过配备的控制及执行系统,对发动机凸轮的相位或者气门生程进行调节,从而达到优化发动机配气过程的目的。

活动三 可变气门配气相位和气门升程

可变气门配气相位和气门升程(全称 Variable Valve Timing and Valve Lift Electronic Control System,简称 VTEC,图 7-5),发动机中低转速和高转速用两组不同的气门驱动凸轮,通过电子系统自动转换。此外,发动机还可以根据行驶工况自动改变气门的开启时间和提升速度,即改变进气量和排气量,从而达到增大功率、降低油耗的目的。

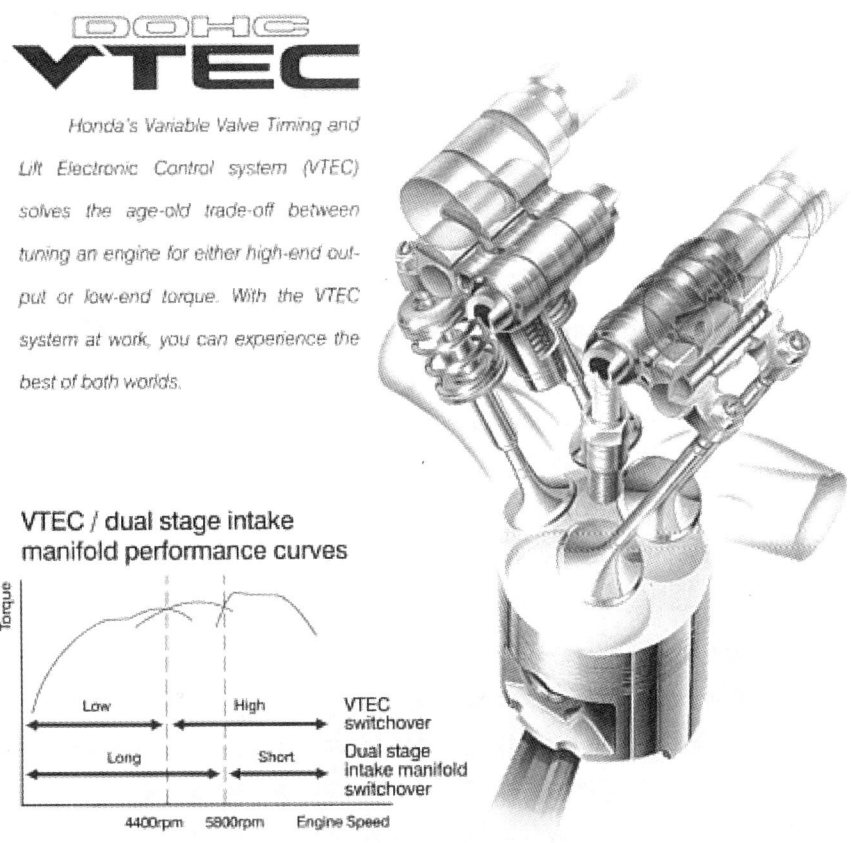

图 7-5 VTEC

VTEC 是世界上第一个能同时控制气门开闭时间及升程等两种不同情况的气门控制系统。本田的 VTEC 发动机一直是享有"可变气门发动机的代名词"之称,它不只是输出马力超强,它还具有低转速时尾气排放环保、低油耗的特点,而这样完全不同的特点在同一个发动机上面出现,就因为它在一支凸轮轴上有多种不同角度的凸轮。

与很多普通发动机一样,VTEC 发动机每缸有 4 气门(2 进 2 排)、凸轮轴和摇臂等,但与普通发动机不同的是凸轮与摇臂的数目及控制方法。中、低转速用小角度凸轮,在中低转速下两气门的配气相位和升程不同,此时一个气门升程很小,几乎不参与进气过程,进气通道基本上相当于两气门发动机,但是由于进气的流动方向不通过气缸中心,故能产生较强的进气涡流,对于低速,尤其是冷车条件下有利于提高混合气均匀度、增大燃烧速率、减少壁面激冷效应和余隙的影响,使燃烧更加充分,从而提高了经济性,并大幅降低了 HC 化物、CO 的排放;而在高转速时,通过 VTEC 电磁阀控制液压油的走向,使得两进气摇臂连成一体并由开启时间最长、升程最大的进气凸轮来驱动气门,此时两进气门按照大凸轮的轮廓同步进行。与低速运行相比,大大增加了进气流通面积和开启持续时间,从而提高了发动机高速时的动力性。这两种完全不同性能表现的输出曲线,本田的工程师使它们在同一个发动机上实现了,并且形象地称之为"平时的柔和驾驶"与"战时的激烈驾驶"。

但是 VTEC 系统对于配气相位的改变仍然是阶段性的,也就是说其改变配气相位只是在某一转速下的跳跃,而不是在一段转速范围内连续可变。为了改善 VTEC 系统的性能,本田不断进行创新,推出了 i—VTEC 系统。

简单地说,i—VTEC 系统是在 VTEC 系统的基础上,增加了一个称为 VTC(Variable timing control"可变正时控制")的装置——一组进气门凸轮轴正时可变控制机构,即 i—VTEC=VTEC+VTC。此时,排气阀门的正时与开启的重叠时间是可变的,由 VTC 控制,VTC 机构的导入使发动机在大范围转速内都能有合适的配气相位,这在很大程度上提高了发动机的性能。

典型的 VTC 系统由 VTC 作动器、VTC 油压控制阀、各种传感器以及 ECU 组成。VTC 作动器、VTC 油压控制阀可根据 ECU 的信号产生动作,使进气凸轮轴的相位连续变化。VTC 令气门重叠时间更加精确,保证进、排气门最佳重叠时间,可将发动机功率提高 20%。

VTC 机构的导入,使得气门的配气相位能够"智能化地"适应发动机负荷的改变。VTC 在发动机运转过程中配合 VTEC 系统的作用主要运用在三个方面。

一、最佳怠速/稀薄燃烧区域

在此区域内,VTC 系统停止作用,此时气门重叠角最小,由于 VTEC 的作用,产生强大的涡流,从而使发动机怠速工作稳定。

二、最佳油耗、排气控制区域

在此区域内,VTEC 发挥作用,产生强大的涡流,从而使可燃混合气混合更加均匀,同时 VTC 的作用使气门重叠角加大,将部分废气重新吸入气缸,起到了 EGR 的作用,以此达到最佳油耗和排气控制。

三、最佳扭矩控制区域

在此区域内,通过 VTC 的控制,以最适当的气门重叠角,同时配合 VTEC 系统的作用,使得发动机的输出扭矩最大限度地提高。

另外,i—VTEC 发动机采用进气歧管在前,排气歧管在后的布置。排气歧管缩短了长度,也就是缩短了与三元催化器之间的距离，使三元催化器更快进入适当的工作温度，能有效控制废气排放。由于发动机启动后 i-VTEC 系统就进入状态，不论低转速或者高转速 VTC 都在工作，也就消除了原来 VTEC 系统存在的缺陷。

综上所述，由于 i-VTEC 系统中 VTC 机构的导入，使得发动机的配气相位能够柔性地与发动机的负荷相匹配，在发动机的任何工况下，都能找到最佳的配气相位，以最佳的气门重叠角，实现中、低速时低油耗、低排放，高速时高功率、大扭矩，这就像按照人类大脑的要求那样进行控制，因此被形象地称之为"智能化"VTEC。

活动四　连续可变气门正时

连续可变气门正时（全称 Continue Variable Valve Timing，简称 CVVT），它是近些年来被逐渐应用于现代轿车上的众多可变气门正时技术中的一种。例如：宝马公司叫做 Vanos，丰田叫做 VVTI，本田叫做 VTEC，但不管叫做什么，他们的目的都是给不同的发动机工作状况下匹配最佳的气门重叠角（气门正时），只不过所实现的方法是不同的。

韩国现代轿车所开发的 CVVT（图 7-6），是一种通过电子液压控制系统改变凸轮轴打开进气门的时间早晚，从而控制所需的气门重叠角的技术。这项技术着重于第一个字母 C（Continue 连续），强调根据发动机的工作状况连续变化，时时控制气门重叠角的大小，从而改变气缸进气量。当发动机低速小负荷运转时（怠速状态），这时应延迟进气门打开时间，减小气门重叠角，以稳定燃烧状态；当发动机低速大负荷运转时（起步、加速、爬坡），应使进气门打开时间提前，增大气门重叠角，以获得更大的扭矩；当发动机高速大负荷运转时（高速行驶），也

图 7-6　起亚的 CVVT 发动机

应延迟进气门打开时间，减小气门重叠角，从而提高发动机工作效率；当发动机处于中等工况时（中速匀速行驶），CVVT 也会相对延迟进气门打开时间，减小气门重叠角，此时的目的是减少燃油消耗，降低污染排放。

CVVT 系统包含以下零件：油压控制阀、进气凸轮齿盘、曲轴为止感应器、凸轮位置感应器、油泵、引擎电子控制单元（ECU）。

进气凸轮齿盘包含：由时规皮带所带动的外齿轮、连接进气凸轮的内齿轮与一个能在内外齿轮间移动的控制活塞。当活塞移动时在活塞上的螺旋齿轮会改变外齿轮的位置，进而改变正时的效果。而活塞的移动量由油压控制阀所决定的，油压控制阀是一电子控制阀其机油压力由油泵所控制。当电子控制单元（ECU）接受到输入信号时，例如引擎转速、进气空气量、节气门位置、引擎温度等以决定油压控制阀的操作。电脑也会利用凸轮位置感应器及曲轴位置感应器，来决定实际的进气凸轮的气门正时。

当发动机启动或关闭时油压控制阀位置受到改变，而使得进气凸轮正时出于延后状态。当引擎怠速或低速负荷时，正时也是处于延后的位置，比增进引擎稳定的工作状态。当在中符

合时则进气凸轮在提前的位置,当中低速高负荷时则处于提前角位置增加扭矩输出。而在高速符合时则处于延迟位置以利于高转速操作。当引擎温度较低时凸轮位置则处于延迟位置,稳定怠速降低油耗。

根据发动机的实际工况随时控制气门的开闭,使燃料燃烧更加充分,从而提升动力,降低油耗。连续可变气门正时只是改变了吸、排气的时间,而不会控制气门的升程。

任务二 车联网

图7-7 车联网

网络智能化的发展正在改变汽车的DNA,让它成为个人的智能信息服务终端。车联网(图7-7)正是这种信息技术的载体,它的产生能实现城市与交通信息网络、智能电网以及社区信息网络全部连接,使汽车将成为移动的生活空间,从而改变人类的时空观,人们将从驾驶座解放出来,获得前所未有的自由。

自2005年国际电信联盟ITU发表了《The Internet of Things(物联网)》的年度报告,向世界宣告物联网时代即将到来。随着物联网的快速发展,另一个新型概念——车联网应运而生。在上海世博会通用汽车的"车联网——网联城市智能交通"专题论坛上,各界专家深入分析并论证了车联网相关技术的发展及其对未来城市交通模式的全新改变,广泛看好车联网的发展前景,认为车联网是汽车未来的发展方向。

活动一 认识车联网

车联网是装载在车辆上的电子标签通过无线射频等识别技术,实现在信息网络平台上对所有车辆的属性信息和动、静态信息,进行提取和有效利用,并根据不同的功能需求对所有车辆的运行状态进行有效的监管和提供综合服务。车联网将继互联网物联网之后,成为未来智能城市的另一个标志。

"车联网"时代的智能汽车有以下几个特点:第一,车与车之间能够保持相对固定的距离,可以实现零碰撞;第二,车与车之间的组队是随机进行的,根据车主的目的地,通过GPS定位和车辆之间的自动沟通,车与车之间可以临时组队或离队,提高交通效率。

活动二 车联网实现的条件

车联网是基于汽车标准信息源技术(图7-8),而此项技术又是基于无线射频识别技术(RFID)开发的涉车信息资源的应用技术。RFID是一种非接触式的自动识别技术,通过射频信号自动识别目标对象并获取相关数据,识别工作无须人工干预,可识别高速运动物体并可同时识别多个标签,可工作于各种恶劣环境。在实际应用中,就是通过车辆收集处理,并共享大量信息,让车与车、车与道路的行人和自行车,以及车与城市网络互相联结,从而实现更智能更安全的驾驶。目前,我国已经实施了车辆射频电子标签自动识别系统。上海世博会上汽集团——通用汽车馆展示了城市概念车 EN－V 车型,这款车的自动驾驶电气化,车联网概念将把人类带入零排放、零交通事故的未来汽车时代。

当前,我国的资源消耗、环境污染等问题日益突出,国家也对新能源领域非常重视,积极推进新能源技术的使用与发展。在新能源汽车方面,国家对于汽车研发企业和消费者双方面都给予了很大的政策优惠。未来城市交通面临的挑战主要来自三个方面:能源消耗、尾气排放、安全及拥堵。针对上述挑战,未来汽车的供应能源也将发生大的变化,将会从传统的以石油为能源转变为风能、太阳能、二氧化碳的吸收转化后的电能等。车联网的发展则能够有效缓解资源、环境的压力。智能交通能够帮助人类对资源进行有效控制,有利于实现低碳经济。

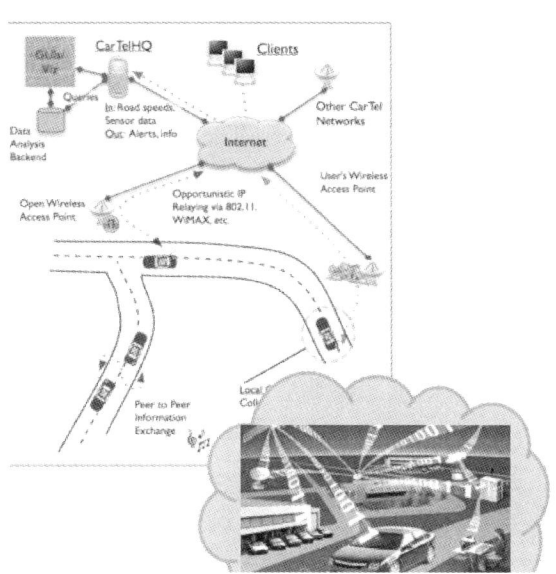

图 7-8 汽车标准信息源技术

车联网将可以实现任何人都可以开车,而且在"车联网"的保护下实现了零交通事故率,堪称绝对安全。通过"车联网",汽车具备了高度智能的车载信息系统,并且可以与城市交通信息网络、智能电网以及社区信息网络全部连接,从而可以随时随地获得即时资讯,并且作出与交通出行有关的明智决定。上海世博会上汽集团——通用汽车馆展示了城市概念车 EN－V 车型,外形小巧时尚,将可以实现智能停泊,通过建筑外墙的轨道直接停在自家阳台上,或者进入高速火车的车厢中。由于每辆车都采用了自动驾驶技术,老人、孩子、盲人也可以开车穿行于城市中。智能的"车联网",甚至可以帮助司机订票、寻找停车场,以及自己找到充电站完成充电。

活动三 车联网发展存在的问题

一、信息安全难以保证

车联网和物联网有相似的应用技术,在应用过程中,每个人详细信息都将随时随地连接在这个网络上,随时随地被感知。这种暴露在公开场所之中的信号很容易被窃取,也更容易被干扰,这将直接影响到车联网体系的安全。在车联网环境中如何确保信息的安全性和隐私性,避免受到病毒攻击和恶意破坏,防止个人信息、业务信息和财产丢失或被他人盗用,都将是车联网发展过程中需要突破的重大难题。这一方面要求技术层面的不断改进,另一方面则要求加快车联网相关法律法规体系的制定与完善,为车联网的推广和应用提供坚实的法律保障。

二、标准和结构没有统一

要促进车联网的健康发展,就必须充分利用现在互联网的标准和它的生态系统。互联网的巨大成功很大程度上得益于开放的标准和开放的体系结构,因此,未来的车联网应该和互联网一起打造一个共同的用户体验,将来的解决方案应该既可以利用在互联网上,也可以利用在车联网上,这样也有利于使车联网技术能够跟上手机以及计算机快速更新的发展速度。所以,通信行业和汽车行业需要加强交流与合作,两个行业之间应该有更多的交流和互动。汽车行业应当更主动地让电信行业了解汽车行业对通信网络的需求,而通信行业在制定网络技术标准和网络建设规划的时候,如果不了解汽车行业或者说车联网发展的需求,也就很难为其未来发展提供有力的支撑。

三、成本比较昂贵

据调查,上海世博会上汽集团——通用汽车馆的EN－V车型,目前每辆造价300万美元左右,这对于普通的消费者而言是过于昂贵。同样,与车联网相关的设施建设也是花费巨大,比如要建立一个巨大的无线网络,将需要耗费巨资,这无疑也是车联网发展过程中的一个瓶颈。

车联网在应用过程中还会出现不少新的问题。例如,车联网在推广中还面临技术不完善、存在利用技术壁垒进行恶性竞争的情况、知识产权保护、法律法规跟进等方面的问题。

活动四　车联网未来的发展

针对车联网发展过程中存在的问题,应该从以下几方面加以努力。

一、建立健全车联网相关法律法规体系

建立健全与车联网信息服务相关的法律法规体系,对于我国而言同样是一项十分重要和紧迫的任务。目前,我国对个人信息的管理制度尚不十分健全,泄露公民个人信息的现象还时有发生,大多都得不到有效的处理。在这种社会环境下,车联网要想健康蓬勃发展,显然是不现实的,谁都不愿意把自己的信息,包括位置和出行等信息暴露在没有严格管理的车联网上。所以,从国家管理层面为车联网的发展建立健全法律法规体系,可以为车联网的顺利发展提供保障。

二、加强与外界的合作与交流

从"互联网"到"物联网"再到"车联网",世界正以不同的方式相互连接。"车联网"将会成为未来智能城市的另一个标志。2009年11月3日,温家宝总理在北京人民大会堂向北京科技界发表了题为《让科技引领中国可持续发展》的讲话,讲话中提到当计算机和互联网产业大规模发展时,我们因为没有掌握核心技术而走过一些弯路。同时提出要着力突破传感网物联网关键技术。由此可见,借鉴计算机和互联网的发展经验教训以及发展物联网的基础,对车联网未来的健康发展有相当重要的意义。我国必须坚持开放和合作的原则,在做好车联网的规划、明确总体发展思路的前提下,确保车联网的互联互通,并推进产业链合作,整合研发力量重点攻克技术难题,争取在核心技术上尽快实现突破。

三、加大车联网的研究投入

在物联网方面,我国已经与德国、美国、韩国一起,成为物联网国际标准制定的主导国之

一,在标准制定方面在国际上具有一定的话语权,多项标准成为国际标准化组织的草案。2009年,中国已成全球最大的汽车市场,但是车联网目前只有汽车制造企业和几家信息化服务企业在势单力薄地推进。其实,我国拥有数量庞大的互联网和移动网络用户,具备强大的技术研发实力和蓬勃发展的汽车工业,很有潜力成为车联网最大的市场。所以,我国应当在财政、信贷等多方面对车联网进行扶持,大力推进车联网的发展。

按照通用汽车的预估,未来汽车会实现电气化、智能化与无人驾驶,车与车、车与道路之间会具有交流动能,交通堵塞、空气污染、交通事故也将成为历史。目前,随着通用、荣威、丰田等厂商的智能网络行车系统纷纷试水,车联网已经渐渐为消费者所了解和熟悉。

目前最成熟的车载系统,通用汽车的OnStar已具有远程控制的功能,同济大学智能交通运输系统研究中心主任杨晓光指出:下一代交通运输系统和智能社会交通的基本构成已经呼之欲出,而车联网技术将彻底改变未来出行模式。未来汽车所具备的3D智能导航系统就像一个智能机器人。正如上海世博会上汽集团——通用汽车所构建的2030年的车联网的愿景:汽车实现"零排放、零油耗、零堵塞、零事故、且驾乘充满时尚和乐趣",实现汽车之间的"对话"。

车联网这个新兴产业的发展前景固然令人向往,但是需要更多力量的帮助,包括跨产业的通力合作;需要政府的重视,在政策上给予支持和引导;需要城市规划者和基础设施专家的努力;需要汽车制造企业的长远眼光和开放心态,做好产品的研发和市场策划;需要信息技术服务企业的共同参与,建立更加扎实的信息基础设施,为信息的采集、传递、处理做好准备。我们有理由相信,在不久的将来我们的生活也因车联网而改变。

任务三 智能汽车

不仅是物联网与汽车的结合,更多的智能化技术应该被应用到汽车上。电影《2012》中,汽车随着俄罗斯富翁喊出的"Start"而应声启动,福特公司已将这种声控技术带到中国,2010北京车展上展出了MyFord TouchTM车载多媒体互动系统,其中包含支持普通话的声控技术。事先将手机连接到仪表盘上的端口,需要时说出存在手机里的联系人名字,汽车便自动拨通该联系人,再通过车内免提系统进行通话,整个过程无需拿起手机,未来驾驶者还将可以用更短的语音指令完成更多操控。

此外,比亚迪S6则配备有车门上无钥匙进入的触控按钮、电子防盗系统、语音电子导航系统、尾部隐藏着的倒车摄像头等高档智能系统。通用公司的EN-V电动联网概念车,创新地融合了电气化和车联网两大技术。通过整合全球定位系统导航技术、车对车交流技术、无线通信及远程感应技术,实现手动驾驶和自动驾驶的兼容。

东风汽车公司的一款东风风神ECS概念车,则加大了电子、信息化和智能化的配置,提供智能化E服务、智能化驾乘体验以及更高的安全性。该车将以3G通讯为技术平台,为车主提供基于3G的网络接入服务,可在车上进行上网冲浪及股票交易等;中华AO概念车应用了一键式操作系统、智能汽车信息管理系统等全数字系统。

已成熟应用于丰田和雷克萨斯的G-Book智能副驾技术,才是揭开3G时代汽车信息化大幕的先锋。目前,日本民众对G-Book的依赖程度已经很高,除丰田外,马自达、大发、三菱等品牌的产品也都有使用G-Book智能副驾。一位日本海归称,"G-Book就像一台可以移动的信息载体,实现了我各种生活与工作之间的无缝连接。"G—Book 已被丰田引入中国,只需按下功能键,信息中心就会告诉车主想知道的一切新闻资讯和各种信息,随着应用的深入,G—Book 将植入更多国内消费者所需功能。

在智能汽车兴起的背景下,除了汽车制造商各有妙招,软件服务商、电信运营商等都已开始布局,期待从中受益,将来智能汽车或将丰富原有汽车产业链,乃至催生出一个独立的产业链。

活动一　汽车系统软件

软件作为汽车系统中最重要的要素已取得蓬勃发展,并将成为下一阶段汽车竞争的关键优势。有分析显示,单在发动机控制器中,软件内容每年翻一番。因此汽车制造商和具有优质架构和集成软件开发工具链的供应商将获得竞争优势。能做好软件开发的可以用更少的工程师把新颖和改善功能的产品推向市场,并保持保修成本低。

看到汽车在新兴国家市场的高速成长以及在发达国家市场的不断变革,未来汽车信息和电子技术肯定和过去有很大不同,比如说它跟互联网的无线连接性、辅助驾驶、更智能和绿色的趋势,以及汽车之间互相的通讯等,所有这些都给我们带来了一个很大的空间。

活动二　无线 3G 技术

电信运营商也已纷纷在汽车信息化过程中未雨绸缪,试图将初露锋芒的无线 3G 业务拓展到汽车产业中。

中国联通已经与中国一汽展开合作。双方正式签署了汽车 3G 信息化战略合作协议,开发远程诊断和救援、位置服务、资讯服务、娱乐服务、通信服务、呼叫中心等相关汽车信息化产品。中国联通董事长常小兵表示,中国联通与中国一汽拥有多年的友好合作历史,长期以来双方合作领域不断拓宽,合作层面不断提升,做到了电信运营商与汽车行业优势互补。双方将共同推进汽车 3G 信息化建设及其他应用领域的探索与合作,实现高度融合、无所不在的汽车行业信息化服务,为个人、家庭、企业及行业消费者创造更好的信息生活体验服务。

业内人士分析,中国联通拥有覆盖全国、通达世界的现代化通信网络,其在 3G 业务领域运营的 WCDMA 制式,凭借技术先进、覆盖广泛、产业链成熟等特点已受到业内人士和广大用户的认可。中国一汽作为中国汽车工业的长子,也集成了很多优势资源,通过与中国联通将进一步提升竞争能力。双方的合作将发挥信息化带动工业化的应有作用。

此外,中国移动携手长安汽车联手研发基于 3G 无线通信网络和 M2M(机器到机器通信)技术的新一代"3G 汽车"。据长安汽车股份有限公司总裁张宝林介绍,长安 3G 汽车一旦实现,车载互联网、车辆远程控制、远程启动、远程跟踪等在科幻电影里才见的场景都将走进都市人的车生活。届时,长安生产的汽车将既是一间移动的办公室,又是一部好玩好用的巨型 3G 手机。

中国电信则与上海安吉星信息服务有限公司(通用汽车全资子公司 OnStar 携上汽集团旗下上海汽车工业销售有限公司和上海通用汽车公司合资成立)展开合作,为中国消费者提供广泛的汽车安防及信息服务。OnStar 公司总裁 Chet Huber 表示,"随着双方合作伙伴关系的不断深化及中国消费者需求的不断增长,我们也计划相应提供越来越多的服务。"中国成为北美地区以外第一个引入 OnStar 服务的国家。

活动三 智能车辆技术

自20世纪60年代起,电子技术的进步就已成为汽车工业发展的最大动力,20世纪90年代,国外提出智能公交系统概念,智能车辆则是智能交通系统的重要组成部分。智能车辆技术包含了计算机、移动通信、自动控制等使车辆更具舒适性、娱乐性、安全性、方便性的多项技术,而基于PC平台的汽车信息化是实现智能车辆技术的基础和必要条件。

有分析指出,2000年的北京国际车展上,上海通用汽车展示的一款带网络功能的新车型成为信息化汽车时代的前奏,而微软和博世、福特和标致雪铁龙相继签约合作开发汽车多媒体和通信系统,则昭示着汽车信息技术的兴起。行业机构预测,电子信息处理与网络通信将成为21世纪汽车的基本配置。

目前,信息化汽车的系统由两部分组成,一部分是车辆本身的内部网络系统,它由车载网络计算机控制;另一部分是车辆外部的联系网络系统,包括GPS监测中心、互联网及区域网服务商、车辆服务中心、单位或家庭电脑等。由此,也出现新的汽车后市场服务方式。比如推出不久的汽车远程服务,以移动通讯和互联网为依托,整合汽车后市场资源,服务涵盖汽车救援、道路气象、卫星导航、多媒体娱乐、车载电话、移动电视等各方面。

然而,智能汽车也绝离不开智能交通管理的大环境。这就要建立在政府坚实的交通信息化技术基础设施之上。据了解,德国城市交通和高速公路的信息化管理中,运用了许多先进技术手段。如智能交通诱导系统、应急通信系统、隧道安全监控系统、GPS全球定位系统、GIS地理信息系统、交通网络控制系统、交通信息发布查询系统等,这些先进的交通通信信息技术手段,为道路使用者提供优质的服务,同时也为交通管理提供了有效可靠的技术保证。

而这复杂系统的运行背后自然有着先进技术和产品的支持,如西门子公司提供的大量先进可靠的交通通信信息技术产品在德国的高速公路、市政公路和公路隧道中得到了广泛应用。反过来,智能交通对智能汽车则提出了新的要求,从而促使像宝马、欧宝等汽车厂商投入巨大人力、物力和财力来开发汽车信息化。

活动四 智能化的未来

如果把发动机的发明作为汽车创世纪时代,把福特引入标准化作为汽车普及时代,把丰田的柔性制造作为汽车个性化时代,那么如今中国该如何凭借全球最大市场来推动下一个汽车时代的到来?积极探求未来主流消费者对汽车生活的切实需求才是王道,而这其中,智能汽车必不可少。

上至每个汽车制造商、下至每款汽车都有自己的竞争优势,也就是用来打动消费者的商品卖点,以往自主品牌多靠价格,德系凭技术,日系是实用。目前,对于信息化汽车,汽车发达国家同我国一样都处于起步摸索阶段,关于怎样发展汽车信息化技术,没有任何可供参考的统一标准或样式。

因此,我们有理由相信各种关于智能汽车的创意想法,"起床洗漱,卫生间的镜子自动切换成荧幕报道即时新闻;打开冰箱,欲做早餐,冰箱屏幕上会显示出牛奶或是鸡蛋等食物存量不足,这时按几个键便可实现定购,配送公司会主动将所需食物送到家;最炫酷的莫过于让偷车者无从下手的指纹发动汽车,坐上它,同样无需劳神伤时地翻找地图或看路标,只需按上几个钮,再告知目的地,其他全由行车电脑搞定,接下来就是和朋友谈天说地的时间,绝不必担心迷路或是交通信号……"没错,这就是施瓦辛格主演的经典影片《第六日》中所折射的"无缝隙"生活场景,也是未来智能车生活的缩影,此时,生活水平和高端技术已经融为一体。

值得注意的是,真正的智能汽车,还应该是"体变",而不是简单形式上的"用变",如果真正将飞速发展的电子信息技术完全落实到汽车产业当中,其产生的效应一定完全颠覆我们以往所有的想象。那时汽车将不再是汽车,而是人们全天候生活中的绝佳伙伴,一个拥有全方位智能大脑的"机器人",汽车检测到油箱不足,在主人开会的间隙,自动行驶到加油站加油;主人出差回来刚下飞机,汽车早按事先接收的信号从小区车库开到机场停车场等候……兴许哪一天就真实来到了人们的车生活中。

任务四 畅想未来汽车世界

活动一 未来汽车发展(A—Z)

2012年汽车工业似乎步入了有史以来最关键的时刻。这种感觉就像站在十字路口(可笑的是,大部分十字路口已经变成小环岛)。如果不考虑测速摄像头和堵车给我们带来的烦恼的话,现在的状态相当不错。

现在,马路上的车一辆比一辆好,不过未来的10年、甚至20年里,等待我们的将会是什么呢?我们的超级跑车会烧什么燃料?谁又会是未来汽车业的世界冠军?在纽博格林赛道我们还能跑出什么样的成绩?我们已经把所有的可能性都按字母表顺序排好,将带你一起翻开塔罗牌,揭示水晶球的秘密,来到"未来的汽车世界"。

A:ACCELERATION 加速

0～100km/h加速的成绩近些年一直在不断提高,不过你真的相信布加迪威航就是这个项目的纪录保持者了吗?反正我们不这样想。真正的直线加速赛车其实只需不到1秒的时间就可以完成百公里加速,这就是说应该还有变得更快的潜力。更何况,电动车能随时提供超大的扭矩。这里有极富科学性的预测图显示:2030年,混合动力车就可能在1秒内从静止加速到100km/h。

Automated Driving Systems 自动驾驶系统(图7-9)。

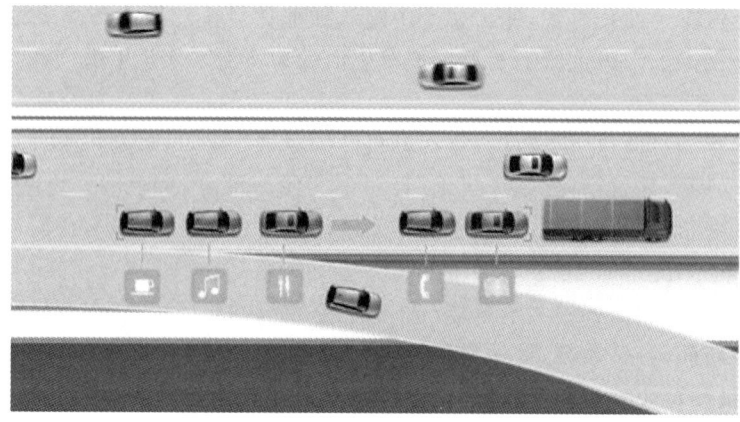

图7-9 自动驾驶系统

只要你敢让车自己在"行车列队"里行驶,你就可以干点其他有意思的事儿了。"享受别人为你开车只要你敢让车自己在'行车列队'里行驶,你就可以干点其他有意思的事儿了的快感"也许能成为我们在2020年的口号。欧盟目前正在投资一个叫做SARTRE(Safe Road Trains for the Environment)的项目。简而言之,就是一种以环保为目的的安全道路列队行车方案:将6~8辆汽车分为一组,并以"道路列队行车"的形式出现。每个列队都会有一辆头车领航,而负责驾驶头车的会是一位具有丰富驾驶经验的司机。后面的车辆只要用类似现在的雷达巡航控制系统和自动停车系统跟随就行了,驾驶员不需要进行任何实质性的操作。这样一来,后车司机就可以睡觉、处理邮件或者紧绷着神经随时准备刹车以防系统出现故障。不过,系统出现故障的可能性看似不大。毕竟这套系统的开发者是在英国素有"工程巫师"之称的里卡多公司。别忘了,他们制造的DSG变速箱可是能承受布加迪威航发动机输出的高达1000马力的功率!

B:Batteries 电池(图7-10)

当今的运动型电动车大多都在高性能方面表现出色。电池技术的发展速度在近几年来说更是空前绝后——大家应该还没忘记这20年来手机电池的发展吧。去年,有人发现了一种能够将锂电池容量提高10倍的方法,这项技术给电动汽车带来了黎明前的曙光。我们相信,电池对高性能车的支持力最终会超越燃油。

图7-10 电池技术

C:Clean Machines 清洁机

厌水性风挡涂层已经不是什么新鲜东西了。你听说过永远不会脏的车身吗?对,就是纳米涂层。制造厂商称:这种涂层不会脏是因为涂层表面的颗粒极其微小,能把油、尘土、水或者冰之类的东西微微托起。水雾会在结成水珠并流过车体之前把这些东西带走。不过,虽然有研究显示保洁效果能提高60%以上,但它却承受不了传统的"水桶+抹布"的洗车黄金组合。

C:CO_2 二氧化碳

布鲁塞尔会议又给汽车制造商们下达了新任务——将CO_2平均排放量降低到每公里130克。"启动停止"系统和高效7挡甚至8挡变速箱技术倒是有可能让这个目标得以实现。不过恐怕好景不会太长,一旦标准再次提高,比如要在2020年实现每公里100克的CO_2平均排放量、甚至城市内特定区域零排放的话,厂家只有采用混合动力或者全电动汽车才可能完成这个"看似不可能完成的任务"。

D:Dynamics 动态

由于车载系统在综合性以及控制性方面得到了增强,将来没准能出现具有梦幻般驾驶体验的高性能汽车。目前系统综合性方面的巅峰之作是法拉利458 Italia,它的中央处理器预存了大量车辆动态设置。

进一步的改进将会整合扭矩矢量差速器,宝马曾率先在X6上搭载了这套系统。这并不单单是一套四轮驱动系统,扭力矢量差速器能为每个驱动轮单独调整、输出恰当的扭力,这为控制车辆动态特性打开了全新的局面。你也可以把它当作电子稳定控制系统的另一种表现形式,然而相对传统的借助刹车系统调整车辆动态来说,这套系统则是通过发动机的扭力以及过载扭力运作的。

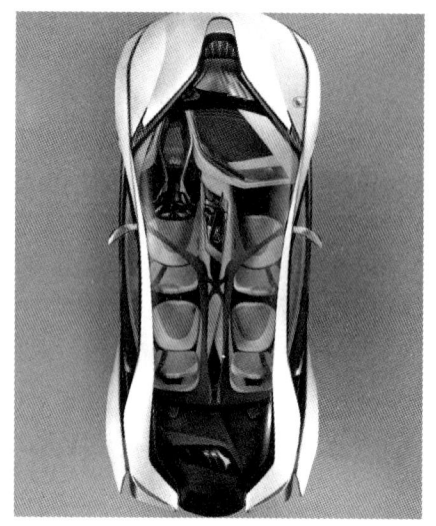

图 7-11 未来高性能宝马车

在这之后会是什么技术呢？制造商大概能生产一台比你还熟悉路况的车。一旦欧版 Galileo 导航仪投入运作，车辆对位置和路线的认知就会变得非常精确。如果再辅以能读取路面信息、识别障碍物的系统，或者使用定位设备与声纳联合工作，你的车就会拥有超强的认知能力。

打个比方，假设车辆能够意识到你的入弯速度对于前方右弯角来说有点快的话，系统就会提前预收制动卡钳并加强减振器硬度，为入弯做好准备。这就是说，在未来世界里很可能出现一款不会发生事故的汽车。同理，制造具有学习能力的汽车也不是没有可能。比如，在你喜欢的路线上它能记住应该在什么位置放松减振，从而应对转弯中的颠簸；或者，它也可以通过学习你的驾驶方式来调整自己，使硬件的调校风格更符合你的口味，带来更舒适的驾驶体验。

如图 7-11 所示，这部未来高性能宝马车，搭载了柴油混合动力发动机，最大功率 351 马力，扭矩峰值可达 800N·m，兼具了性能和经注。

E：E－TRON（超级电动车）

E：displays & dashboards 显示器和仪表盘。

显示器：3D 屏幕和平视显示器将取代传统的刻度表，此外也可通过语音指令得到所需信息。

材质：座椅及内饰的表面将加入对水、尘土和污物有排斥性的纳米材料。

核心控制器：用于设置基础的动态参数并创建可提供个性化设置的语音指令程序，你能听到的就只有轮胎的噪音和呼呼的风声。

方向盘：当车辆太过靠近路肩或者偏离中线的时候发出震动，向驾驶员发出警示。

扬声器：平板扬声器将比传统的锥型扬声器更省地儿，同时提供更大的传播范围。

座椅：能够根据驾乘者的身材自动调节，挑选最佳的位置和支撑角度。

恐怕是和大导演罗兰·艾默里奇意见不合，奥迪显然不认为 2012 年是世界末日；恰恰相反，他们认为 2012 年是让超级电动车梦想成真的日子——E－Tron 的时代即将到来。

奥迪计划制造 1000 台 E－Tron 样车（图 7-12、图 7-13），每台价格约 100 万元。要知道，这可不仅仅是装了"金霸王"的奥迪 R8。虽然 E－Tron 确实采用了增强型的 R8 铝材质空间构架底盘，不过它缩短了轴距；悬架方面，E－Tron 仅仅缩短了行程，仍保持与 R8 共享很多部件。你大可不必被官方数据上的"4514N·m 扭矩"雷到。这并不奇怪，高得离奇的扭矩主要来自传动系对动力的叠加，而非电机本身。真正独立驱动 E－Tron 各个车轮的电机输出的 313 马力的动力和 683N·m 的扭矩。不过，这并不是说 E－Tron 就不够强大。奥迪宣称，E－Tron 能在 4.8 秒内完成 0～100km/h 加速，只比搭载 V8 发动机的奥迪 R8 慢了 0.2 秒。

图 7-12　奥迪 E-Tron 样车内饰（引自易车网）

图 7-13　奥迪 E-Tron 样车

每个车轮都采用独立电机驱动，这样做的优势是可以通过扭矩矢量分配提高灵活性，在很大程度上抵消位于后轴前那块电池高达 478kg 的重量所造成的不良影响。据奥迪称，充满电后 E-Tron 最多可以行驶 240km，而充电时间的长短根据充电接口功率的不同，通常会介于 6～8 小时不等。

F：Fly-by-wire 电传操控系统

电传操控系统已经在航天领域效力多年，何不让汽车也用上同样的装备呢？其实近些年来的新车几乎全部安装了电控油门，而且那些"只有两个踏板的车（自动挡）"也都搭载了电控变速箱。我们甚至在奔驰和一些混合动力车上还看到了电控刹车。现在也就可以在转向系统做做文章了。

虽说法律已经明令要求车上要有备用机械控制部件以防不测，但如果你想留个机械转向系统备用，那电控转向就毫无意义了。然而，制造商还是觉得有胜算能把那些搞立法的"勒德分子"说服。毕竟，取消转向轴和连杆会创造出无穷的可能性，就像 Pininfarina 公司在 2004 年 Nido 概念车上所展示的那样，左右舵的转换也会变得轻而易举。

宾利的首席工程师乌利希·埃希霍恩博士在为大众集团效力的时候对此进行过研究。他发现，如果能采用适当的传感器，就可以获得高精度的加权和回馈。现在我们只有等着硬件设备足以值得依靠的时代到来了。

F：Flying

摩勒公司的飞车到底能不能飞起来呢？2003 年它确实飞过一次。但保险公司坚持要拉根绳子把它捆住，免得飞得太高。摩勒公司已经计划于 2012 年开始获取资格认证程序，至于飞车的实际投产不知要到何时。从司机转型为飞行员依然是个梦，但实现这个梦应该只是时间问题。可惜就现在的状况来看，在未来十年梦想成真的可能性都不是很大。

F：Ferrari

未来还是红色的？2025 年，法拉利无奈放弃了制造超跑的事业，也许他们能靠卖"法拉利"牌棒球帽日进斗金。

2015 赛季已经进入尾声，被战无不胜的梅赛德斯·舒马赫 GP 队连续击败 6 次之后，法拉利决意退出 F1 冠军赛，转投 24 小时勒芒耐力赛。他们将派出革命性的超级跑车——油电混合动力 Luca 参赛。

到 2025 年,法拉利迫于环境压力停产全部超跑,将位于马拉内罗的工厂改成了棒球帽和其他法拉利产品的制造点。

F:Films

好莱坞出品——未来汽车排行榜前五名:

No.5《银翼杀手》(1982 年)。

车型:Police Spinner。

优雅到难以用语言形容的垂直起飞。

No.4《回到未来》(1985 年)。

车型:DeLorean DMC—12。

鸥翼门很抢眼,还有穿越时空的能力。

No.3《黑衣人 II》(2002 年)。

车型:梅赛德斯 E 级。

从方向盘连接器里弹出来的人型自动驾驶器。

No.2《少数派报告》(2002 年)。

车型:雷克萨斯(图 7-14)。

能攀升公寓楼,还可以像阳台一样泊在窗口旁。车门划开后就和两扇客厅的窗户一样,太帅了。

No.1《我,机器人》(2004 年)。

车型:奥迪 RSQ(图 7-15)。

图 7-14 雷克萨斯

图 7-15 奥迪 RSQ

图 7-16 戈登·莫里

展现了导演亚历克斯·普洛亚和奥迪公司对于 2035 年个人交通的设想。现在能买到跟电影里几乎一样的东西——性能超强的奥迪 R8。

G:Gordon Murray 戈登·莫里(图 7-16)

戈登·莫里,他的 T25 和 T27 都市车也许会在不久的将来上市。

要是戈登·莫里运气好的话,2030 年,我们中的大部分人应该就能开上 T25(汽油驱动)或者 T27(电力驱动)了。这意味着 4 车道的高速公路到时能容纳 8 辆车并驾齐驱。我们还可以把这辆帅气的小车停在人行道边上,这样一来,同样大的地方到时就能停下相当于现在 3 倍数量的车了。

根据戈登·莫里的想法,这款车将用 iStream 工艺进行制造。也就是说,底盘和车体的装配工作将分别进行。显然,这将大大提高设计或者改造的灵活性,连制造工厂的面积都能比现在缩小约 80%。如果这一切都能实现,粉丝们也会盼着他能设计一款稍微运动点的 T 系车型。

G:Gaming 游戏

等到山内一典工作室,也就是 Polyphony Digital 公司推出《GT 赛车 7》(图 7 - 17)游戏的时候(那要等到 2025 年了吧),我们可能已经沦落到要靠这些游戏来寻找驾驶快感了。不过如果《GT 赛车 7》能保持自 1999 年问世以来的进步速度,估计你不会在乎游戏场景是不是在熟悉的 21 世纪。

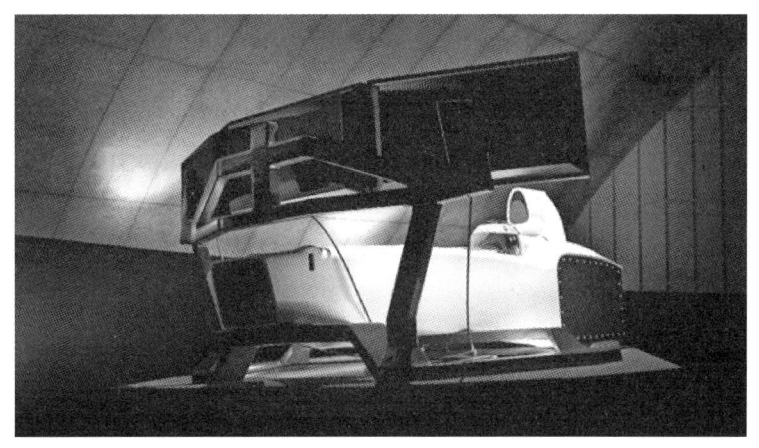

图 7 - 17　GT 赛车 7

不用为油价飙升发愁了,游戏的逼真程度让你"宅"在家里也能感受非凡的驾乘体验。

想象一下,你可以选择史上所有最强车手拥有的座驾,细部都做得极其逼真。游戏的音效和物理反应经过效果引擎处理后完美得连当前 F1 车队的模拟器都望尘莫及。再借助最新一代谷歌街景系统,无论是拿破仑之路还是箱根天际线,你可以在虚拟世界里探索全世界所有著名的道路,与在线的其他车手赛车,还不必担心因为超速而被逮捕。体验这一切的价格也只不过每月约 500 元。所以,谁还愿意生活在现实世界?

H:Honda 本田公司

本田不是一家单纯的汽车公司。快艇、除草机,只有你想不到的,没有本田公司不涉足的。现在他们也在往环保方面努力,生产制造 FCX Clarity 以及对提升能效的研究就很好地说明了这一点。本田公司在承诺要让汽车和发动机为人们带来乐趣的同时,也在其他个人交通工具上花了不少心思。比如,他们已经在开发电动独轮车 U3－X(图 7 - 18)并准备使用 Asimo 机器人上的平衡技术和独特的车轮布

图 7 - 18　Honda 电动独轮车 U3－X

局,从而使之能向任意方向移动。我们也期待看到这个领域的新消息。

H:Hybrid 混合动力

虽说氢动力汽车离我们还很遥远,不过混合动力车在 5 年之内应该就会普及。我们预计,包括法拉利在内,市面上的所有车型都会至少推出一款混合动力版。现在,各个品牌的工程师都已开始在混合动力上大做文章,否则有些资源也许就要被永久性地消耗殆尽。市场部门也已经意识到,消费者是愿意为这些技术买单的。

为了实现在市中心零排放的目标,厂商们已经开始对插入式混合动力车型进行探索。如果再配上能够通过主电源充电的高容量电池,就能再进一步拓展它们单纯依靠电能行驶的距离了。

这部氢能源超跑概念车(图 7-19)的设计者是英国年仅 22 岁的丹尼尔·贝利。该车的亮点在于,如果你找不到足够的空间停车时,它可以折叠成原体积一半的大小。

(a)正常状态

(b)折叠后

图 7-19 氢能源概念跑车

H:Horsepower 马力

第一辆 1000 马力的赛车 1926 年就生产出来了,现如今的超跑搭载 1000 甚至 2000 马力的发动机也没什么障碍。30 年前的老 F1 采用的涡轮机每 1L 的排量就能产生 1000 马力。想象一下,如果把相同的技术用在当前的 5L V12 发动机上会有什么效果?显而易见,1000 马力在未来世界中会变得更加平民化。所以,只要我们还在不断地追求,大马力的时代总会来到。

I:Internal Combustion Engine 内燃机

把燃料点燃、爆炸,产程力量推动活塞上下运动,再把这种运动转化为旋转。这个理念已经为我们服务了长达一个多世纪。平心而论,这确实是一个比较粗糙的原理。不过迄今为止,我们也没发现什么更好的办法来取代现有技术。利用燃料氧化过程中产生的热能来提高速度和负载是目前我们所掌握的最佳方案。

通过其他发动机取代活塞的地位并没取得什么巨大的成功——转子发动机的效率太低,而燃气涡轮机则饱受涡轮迟滞之苦,何况 15000r/min 的怠速也远不止是"不太经济"了。看来,只要世界上的烃类燃料还没烧尽,老式活塞发动机的地位就不可撼动。而且,如果食品制造业不反对的话,使用生物燃料也没什么不可以。然而,活塞发动机可能会在转向氢燃料的革命中阵亡。固然,我们可以用氢燃料来驱动活塞发动机,但把它应用在燃料电池上效率明显要更高。

活塞发动机在未来发展的关键在于尽量降低燃料消耗,并尽可能坚持"可持续发展"的道路。我们现在已经看到了希望——今天所使用的发动机仅仅依靠 20 世纪 70 年代生产的发动机排出的废气就能保持怠速。这就是立法的力量。

可惜的是，这是个收益递减的游戏。等到你的烃燃料消耗量已经小到可以忽略不计的时候，进一步降低消耗也不会有太大意义。所以说更重要的是努力降低 CO_2 排放量。

怎么才能实现？主要依靠混合动力。我们还是喜欢发动机与车轮直接相连的感觉，而电动机可以作为第二动力源在急加速、堵车时来降低排放量并为再生制动系统服务。这应该是与我们现有汽车最接近的形式了。其他的车型可能会采用插入式混合动力，也就是说用电动机作为主要动力源，而活塞式发动机只会低速运转，在车载电池电量不足时充当发电机的角色。

活塞发动机将采用高增压比涡轮和燃油直喷技术，如果是汽油机，还要最大限度地优化可变配气正时从而加强排气增压（因为柴油燃烧时间比较长，所以这种方法在柴油机上效果不会很显著）。通过凸轮轴控制气门的方法会由液压或者电控设备取代，这些高精度的设备可以保证每一个操作步骤都能完美执行。第一个涉足该领域的产品是菲亚特的 MultiAir 系统。

发动机的排量会被迅速压缩。这样可以同时减轻重量和内部摩擦，而经过增强的高空气流通性则会弥补降低排量造成的动力损失。与此同时，还要缩小所有靠发动机驱动的设备的体积和重量。这些设备不会像现在一样一直运转，而是只在需要的时候启动。

I：iTouch

采用巨大的触摸屏，显示的信息并不局限于车速、转速，还包括所有 iPhone 的功能，如电邮、互联网和卫星导航等。

I：iColour

可以根据心情改变 iCar 的颜色，也可用于在车上显示图片或者文字等，不过内容当然得是和谐的。

I：iTraffic

显示最新的路况、摄像头和天气等信息，此外还会通过长期连接的无线网对 iTunes 进行实时同步。

I：iTune

iTune 下载的软件将提供修改 iCar 的功能，也就是说你可以对发动机和车辆的操控性进行修改。不过照苹果的作风看，这种功能必然是要收费的。

J：J & Handbrake Turns 手刹转弯和掉头

新 Megane 250 Cup（图 7-20）依然能做出经典的手刹转弯动作，不过越来越多的厂商已经开始使用电子开关替代我们传统的驻车制动系统了。建议趁现在多在下满雪的停车场上爽爽吧。

街头飙车的前途估计会很黯淡。电子开关已经开始取代传统的手动驻车制动系统了。车辆的控制系统会直接制止这种行为，也就是说手刹转弯的小快感将不复存在。而且，有种情况可能会让你不寒而栗——要是你"聪明"的汽车探测到了违法驾驶行为而自动向警察报告可怎么办？想想都让人害怕。

K：KERS 动能回收系统（Kinetic Energy Recovery Systems）

免费的能量？干吗不要！除非你和 F1 赛手一样对 25kg 的负载和重心微乎其微的升高都那么在意，否则动能回收系统堪称完美。这其实是个比较基础的技术，只不过是通过制动系统回收动能，用于驱动车辆或者其他系统。宝马率先在全部主流车型上通过高效动力程序实现了这个系统。我们认为,在未来的 10 年间还会有更多厂家紧跟宝马的步伐。

图 7 - 20　新 Megane 250 Cup

K：Kepler Hybrid 混合动力

Kepler Motion(图 7 - 21),美国制造的碳纤维混合动力超跑。前任沙林工程师的加入使这个项目更具可靠性。

图 7 - 21　Kepler Motion

Kepler 公司带来了让人热血沸腾的混合动力超跑 Motion。这款车采用了中置福特 3.5L 双涡轮增压 Ecoboost V6 发动机和前置电动机,分别可以输出 550 马力和 250 马力。凭借峰值高达 800 的总马力,Motion 高达 2.5s 的 0~100km/h 加速成绩足以让布加迪威航感到压力。

L：Lightweight 轻量化

"梦幻般"这个词已被用滥了,不过些秘密实验室里开发出来的新材料可是实实在在的。

碳纳米管是一种细小纤维,采用石墨原子层制成,厚度仅与一个原子相同。这种材料强度很高,比同重量钢材的强度高 300 倍,比钻石还坚硬,每 1mm 粗的碳纳米管能承受 3 辆路虎揽胜的重量。所以,未来的汽车可能会比一袋糖还轻,但却像坦克一样结实。

纳米管和积木在某些方面很像,也可以用来拼出各种东西。如果把它作为高效导体用,可以为当代汽车抛掉 100kg 的铜线。它也可以用来制作轴承,这样的话,就能造出超小型的电机以驱动电动座椅和门窗。它独特的电学特性还可以用来充当晶体管、收缩电动控制箱的原材料。此外,它甚至可以用于太阳能电池的制造,如果应用在车身上,可直接为电池充电。在电池上采用这种材料,还会比现有电池的效率高上几百万倍。

简而言之,一旦能够克服阻碍其量产的那些问题,它不仅会给汽车业带来革命性的变化,还将彻底改变我们的生活。

L:Land Speed Record 地面速度纪录

未来的速度纪录可能由无人驾驶汽车创造,可能也不会在沙滩上进行。

根据以往的经验,我们猜这辆堪称"速度之王"的 BloodHound SSC 火箭车应该会陪伴安迪·格林实现冲击 1600km/h 的宣言。不过现在看来一切还都遥遥无期,项目主管查德·诺博的心中好像尚存顾虑。"我们有这个能力,但确实没有人涉足过。我们真的不知道会怎样。我们将来很有可能会采取无人驾驶。这并非是受重力加速度所限,毕竟我们在加速的时候只要承受 3 倍的重力加速度而制动的时候也不过 5 倍。其实,只要在 9 倍之下我们都可以坐在里边继续操作。不过世界变了,一切似乎都在围绕着安全转。不过就我个人而言,地面速度纪录的极限其实是人类努力的极限,所以始终都应该由人亲手驾驶。别人可能想看,不过我没什么兴趣看一个机器人能把车开得多快。再说南非 Hakskeen Pan 毫无疑问有足够的地方来供我们使用。除非能按这个思路去做,我们的纪录才能称得上是真实的纪录。"

L:Lap Record 单圈纪录

10 年前,纽博格林赛道上量产车单圈纪录是 7 分 56 秒,今天的纪录是 6 分 48 秒。那么史蒂芬·贝洛夫 6 分 11 秒的全车系单圈纪录也许 10 年内就被打破。不过,最终突破全车系单圈纪录的"量产车"除了使用街道轮胎和号牌,其他可能与史蒂芬·贝洛夫的 C 组保时捷 956 高度相似。

M:Mini E

锂电池组已经占据了 Mini E(图 7 - 22)原先后座的位置,只要 4.5h 就可以完成充电工作,不过满电巡航范围也不过 160km

就因为"纯天然 无污染",电动汽车成了全球环保趋势下的新宠。电动版 Mini 后座的位置上有 48 个锂离子电池组成的电池组。用充电站给它们充电没什么不好,不过估计直接用核能驱动也不会有什么问题。

迄今为止,Mini E 还只是一个研究项目。英国将有 40 个人有机会参与为期 6 个月的测试并提交体验报告。试驾者的住所内会配备三

图 7 - 22　Mini E

段式充电接口,这种接口可以在 4.5h 内完成充电;而 13 安培的普通插口则需要 10h 才行。

人无完人,金无足赤。牺牲了后座和行李厢的空间,还有高达 1465kg 的自重不能不说是个遗憾。不过,它所提供的驾驶体验并不差。据说它的马力高达 200,从静止到 100km/h 加速的时间只要 8.5s。此外,其最高时速可达 152km/h,你非要跑得更快的话,电机就会因过载而损坏。

Mini E 的制动性能和加速性能一样出色,只要抬起加速踏板,强力的再生制动就会介入,

这时不用你踩刹车,刹车尾灯就已经被点亮。不过,要想适度松开加速踏板需要一些练习。

不过,你可能已经想到了它的弱点——宝马认为电池满电量(充一夜电的成本可能要1.5英镑)的情况下可以行驶约160km,开得温柔点没准能到240km。根据经验来看,你应该有机会轻松开出官方数据一半的成绩。至于Mini E的未来,恐怕要等电池技术得到突飞猛进的发展的时代了。

概念车,宝马 Lovo(图 7 - 23)

图 7 - 23　宝马 Lovo

Lovo 的设计者是24岁的安妮·弗辛尔。车身由260片完全一致的光电板构成,从而吸收光能产生电能;它们可以像鳞片一样活动,所以也可以起到协助减速和增强流体力学的作用。

N: Nissian GT－R,日产 GT－R

所有参加2009年日内瓦车展的人都看到了未来的日产GT－R——配备油电混合动力系统的英菲尼迪 Essence。

承蒙 R35 上440马力3.8L双涡轮V6发动机和160马力电动机的贡献,坊间传言称全新的 R36 GT－R 可能会具备600马力的动力系统。虽然新增的电池可能导致 R36 比1740kg的 R35 GT－R 还要重,不过轻量化结构应该弥补了这部分损失。抛开这个不谈,至少 R36 在降低 CO_2 排量的同时获得了百公里9.4L的油耗成绩。而且对性能方面的预测也比较乐观。一直有传言称更具野性的"Spec－Yu"版本会搭载更强的电机、更大的电池,过载时还能放出数道闪电,不过这迄今还未得到证实。

N:Navigaton 导航

想体验高精度吗? 2014年起,欧洲航天局使用30颗卫星组成的伽利略网络就会正式完工并投入运行。通过这套系统普通百姓也可以将 GPS 系统上以前最多7m的误差缩短为1m。

还有一个好消息:使用这套网络,你可能只需要一部移动电话而不是高精度的卫星导航仪。像 Tomtom 一类的大厂商已经开始开发他们在苹果 iPhone 之类设备上的导航软件,其中就有让我们倍感兴奋的"增强现实技术"。比起通过简单的图形和颜色来标识路线,这项技术则会为你在手机上显示前方道路的实时画面(由摄像头提供),转弯的地方会通过分层显示技术加载在实时画面上。到那时,箭头看起来就会像是画在路上一样。

车载导航器则会把增强现实技术发挥得淋漓尽致。美国 Making Virtual Solid 公司正在研发中的三维导向技术可以使用激光将图像投射到风挡上。从驾驶员的角度看就好像有三维线条漂浮在道路上一样;只要简单地跟着这条线走就能到达目的地。

O:Oil 油

我们在短期内还不可能完全依靠风能和水能来生存。所以石油产品在很长一段时间内应该还是重头戏。多亏我们有了新技术,现在又能从每口油井里多榨取一些石油了。到目前为止,油井里最多还有2/3的石油储备,不过到2029年恐怕就不到1/3了。到那时,使用化学制品来释放石油、泵入气体稀释石油结块或者加压开采等技术都会得到广泛应用。

与此同时,我们还要感谢新技术带给我们挑战海底近乎冰点温度的能力。储藏在深海的石油、天然气资源总算没能逃出我们的手心。再加上对不少限制的解除和对北极这类地方的探索,陆地上也会不断开掘出更多的新井。

然而,最有价值的资源也许是位于加拿大阿萨巴斯卡沙漠和委内瑞拉奥里诺科沙漠的油砂。我们可以从油砂当中提取沥青,精炼之后就能得到汽油和柴油产品。美国应该也会开始采集在其境内分布广泛的油页岩储备(一种有细密纹理的沉积石)。

鉴于全球对能源巨大的需求量,天然气也会成为这场战斗中的主角。虽然天然气在成为交通燃料前需经过燃气液化的加工,不过由此生产出的合成汽油、合成柴油还有煤油比起传统石油产物在燃烧时都要更加清洁。

P:Police 警察

虽然新技术能够让飙车组、无保险、无路税还有无年检的车辆无处遁形,可它实在对付不了当今各种违法驾驶行为。现在美国警察正在对 Starchase 卫星定位器发射装置进行测试。它能够发射出 GPS 跟踪器,粘在高速行驶的车辆上。这样就不必驾车进行高速追逐,只要跟踪 GPS 信号就可以了。

Q:Qualifications 资格

虚拟环境中通过测试将成为真实世界上路学车前必经的一步。只要不能通过全部课程,车载黑匣子的指纹扫描器是不会让你这种"不合格"的司机启动车子的。

Q:Q－Braanch Q 分支

在2002年《007择日而亡》中首度亮相20年后,阿斯顿·马丁推出了量产版"环境自适应伪装系统"(能让车透明的东西)并应用在全新 Two－77 上。不幸的是,根据健康法规还有安全法规,只有在周围至少有140根荧光安全警示柱的时候,才能开启 Two－77 的这个功能。

R:roads 道路

喜马拉雅山脉上可能会出现未来最好的道路。下一条最"牛"的道路会在哪儿?随着中国政府为道路网络建设注入了9.1亿元资金,我们猜想在未来的数年内应该会在我国境内看到史诗级的道路。现在,就连喜马拉雅山脉上也开始铺上了一些柏油。这种令人叹为观止的道路增长速度多亏了活跃在这一带的旅游团。不过,关于开辟新道路所使用的炸药是否会造成地理学层面的问题已经开始逐步受到关注。听起来够吓人的。

S:Safety 安全

预计梅赛德斯—奔驰会在这方面一马当先。2020年,车对车交流系统会让汽车具有互相交换信息的能力,车辆可以根据彼此的实际情况做好准备,协助避免发生车祸。

车祸发生了也不用担心,制动袋会救你一命。车辆确定事故即将发生时,大量位于车底的气囊就会弹出,把车底托盘压在地上协助减速,提供的力量要比单纯使用制动器大得多。如果没能成功避开车祸,奔驰也会通过其他部位的气囊保护你。比如安全带、地板,同时任何你能想得出来的地方都会弹出气囊。随后你车上的通讯系统就会自动拨打电话,帮你把撞你的司机告上法庭。我们觉得可能会是这样。

图 7-24　概念车 Genome X 2.0

由英国皇家艺术学院毕业的塔比瑟·普拉瑟设计的 Genome(图 7-24)采用带电聚合物作为车体材料。为车体通电时,聚合物硬度会大幅增强,从而保护驾驶员。

S:Sonics 声波

采用机械方式调校发动机的传统方法看起来已经过时,未来的驾驶室都将采用主动噪音管理方式控制声音环境。莲花的技术为我们打开了新的窗口,它可以精确控制驾驶室里的总体噪音,而真正的亮点在于对发动机声音的调整。控制系统可以根据发动机转速和节气门位置配合车载音响增强音效,甚至可以用来让发动机的声音变得激烈或者更富运动气息。这样,普通 4 缸发动机的声音听起来像 V8 或者 V10 发动机的咆哮声一样了。借由强劲的放大器和防水音响,这套系统也可以放在几乎无声的混合动力车外或者全电动车外。想想看,普锐斯发出像 Murcielago 一样的声音是不是很帅?

T:Tesla Sport

就在其他制造商都忙着对"未来"纸上谈兵的时候,Tesla 公司则一直忙于用零排放运动型电动车来改写关于"今天"的定义。

这是第一辆配备了 10 级可调节悬挂和锻造合金轮圈的运动版 Tesla Roadster(图 7-25、图 7-26)。由于采用了手工缠绕铜线定子,这辆车比普通版多出 40 马力的动力输出和 30N·m 的扭矩。也就是说,这辆车在 4400～6000r/min 时提高到了 288 马力,而扭矩在 0～5100r/min 之间可以都达到 401N·m。

这个级别的瞬间爆发力可不是开玩笑的,放在一辆重量只有 1200kg 的车上显得尤为突出。Tesla 公司称这部车能在 3.9s 内完成零到百公里加速,并且能达到 208km/h 的极限速度。这两点任取其一就足以让它脱销了。这种从零转速开始就能爆发出来的巨大扭矩在加速时带来的推背感简直有些另类。不管是 911 Turbo、GT-R 还是 599,必须要在转速和挡位间进行平衡,要不就是忙着调整启动控制,而你惟一要做的不过就是全力踏下节气门然后挥挥手拜拜就是了。这种差距在变灯、起步的时候简直可以秒杀一切。

当然它也并非一款只会在直道上狂飙的车。恰恰相反,在那些弯道还有直线混合的路段,

图 7-25 运动版 Tesla Roadster

图 7-26 操控稳定而又不乏驾驶乐趣

Tesla 的速度也足以让人瞠目。当速度处于 32～112km/h 的时候,若非亲眼得见,你绝不敢相信 Tesla 的性能表现。不论颠簸激烈还是平缓的路面,你都能感到底盘正努力控制着你屁股后边重达 450kg 的电池组。就算这时候,Tesla 依然保持着极高的稳定性和超强的驾驶乐趣。抬起加速踏板时的再生制动很有效,传统的 Brembo 制动器也是强劲而响应迅捷。速度超过 128km/h,再加速所带来的感觉仿佛不那么明显了。不过即便这样,你还是可以轻易把速度推至 160km/h 以上。可惜的是这样做会减少你的巡航范围。

如果你打算每天都开很远的话就要动动脑子了。不过,在对这部车进行测试的 4 天中,它的巡航能力始终都能轻松达到 272km。如果驾驶太过激烈的话,你可能要在不到 160km 左右的地方就开始找插座;相反,如果你的右脚能柔和些,Tesla 标称的 338km 的行驶距离还是非常值得信赖的。充电时,70A 的专用连接器可以在 3h 内完成任务,家用插座上普通的 16A 充电器大概需要 12h。无论哪种充电方法,成本都不足 4 英镑。看看 Tesla 的 "Well－to－Wheel"排放图吧,车辆本身,甚至包括提供电源的充电站在最糟糕时的 CO_2 排放量也不过 80g/km。

T:TYRES 轮胎

推动轮胎技术发展的动力是即将于 2012 年发布的新法。新法要求所有轮胎都要标示效率等级和湿滑路况得分,同时还会引入这些分数的最低标准。结果就是所有赛道胎都会被列入违法物品的范畴。轮胎上还将配备无线电标签用于数据校对,由此进行监控并将数据用于改进研发新轮胎。该技术已经在邓禄普于英国的房车赛上得到应用,除了科研目的,还能确保

图 7-27　免充气"弹簧轮胎"(引自易车网)

参赛队谨遵规则。把这个技术用在公路轮胎上也无需进行大改动。另外,美国航天宇航局联合固特异为月球车开发的免充气"弹簧轮胎"(图 7-27)应该能吸引你的注意。这种轮胎包含了 800 根弹簧,比起普通的充气轮胎更加坚固。至于如何在我们的星球上应用这项技术正在研究之中。

U:Upside down in an F1 car 四脚朝天的 F1 赛车

F1 赛车真的能四脚朝天驾驶吗?特拉维斯·帕斯切拉将会为我们揭晓谜底。

在 2013 年成功驾驶红牛竞速飞行器穿过宾馆大堂,又在 2017 年驾驶 Moto-X 摩托车驶过了德里高塔间高达 1002m 的钢丝绳后,特拉维斯·帕斯切拉在 2020 年将表演更加惊人的特技——他将把自己绑在大众红牛 F1 赛车里,从一个特制的坡道发射出去之后在新次撒哈拉通道里沿天花板行驶约 8km。这可是够酷的!

U:Unmanned 无人驾驶

无论《霹雳游侠》、《少数派报告》还是《我,机器人》,都能看到汽车自行驾驶的镜头。不过,把这个梦想真正付诸现实的是美国军方。大量欧洲国家也都曾经对这个课题进行过投资。不过,美国国防部高等计划研究局组织了他们自己的"大挑战"节目,无人驾驶汽车必须能够迅速行驶过一系列路线。大众集团和斯坦福大学的联袂之作曾夺得了头奖。这次,他们提高了要求:以无人驾驶的奥迪 TTS 冲击派克斯峰。这可不是什么温柔的攀山测试,恰恰相反,无人驾驶的汽车要全力以赴来证明它能像人类驾驶的一样快。

V:Velocity 速度

又一幅精确的图表显示,如果过去 40 年间的大趋势能够延续到 2030 年的话,我们最快的量产车的极速将达到 520km/h,这意味着每分钟几乎能行驶 8.7km。很难想象在如此之高的速度下,减速的时候 KERS 系统能回收的能量有多可观?

V:Virtual bodywork 虚拟车身(图 7-28)

在法律的约束下,老 Nova 在玻璃液喷头上配备 LED 灯的现象会逐步消亡。而虚拟车身技术也许就是未来时代的改装。

想不想安装"一键换装"系统?汽车制造商正在积极研究这项技术。三维全息投影会笼罩你的汽车,你可以按照喜好给车穿上从网上下载的外套。如果结合前边那个能随心所欲调整发动机声音的技术,你就可以开上一辆看起来、听起来都跟玛莎拉蒂如出一辙的 Mini 了。

毕业于皇家艺术学院的卡尔·桑德斯预言:混合搭配部件如底盘、车身、发动机等的出现,可以让驾驶员随心所欲地创造自己心中理想的汽车。

W:water 水

先别忙着去关注那套大轮圈和鸥翼门,这个 Marangoni Tyres 公司开发的项目可能是未

图 7-28 虚拟车身技术

来很多年内掌控内燃机命脉的关键。它的秘密是什么？水，更准确地说是把水变成氢氧化物的技术。

它还有个名字叫做 HHO 或者"Brown's Gas"（图 7-29）。氢氧化气是一种通过电解产生的气体，所谓电解也就是给装有蒸馏水的特制电池通电。人们对这个"分解"过程熟知了上百年，在早期焊接工艺上就得到过应用。不过，该技术也一直受到人们的误解，这不仅破坏了 HHO 的名声也妨碍了它的普及。

图 7-29 Brown's Gas

TRC Italia 公司在很长一段时间里都负责为 Marangoni 制造项目车。他们与意大利公司 HydroMoving、Mariani Engineering 还有工程师洛伦佐·埃里克合作，共同开发了应用于日产 370Z 的"Hydro"系统。这个系统一直被昵称为"Z-Hydro"（图 7-30）。

这套系统位于前包围后方的空间内，水泵会把蒸馏水从一个小储存罐里抽出并穿过四节"干电池"。通过汽车电力系统提供的能量，水会在电池内电解为 HHO，并精确地喷射到进气歧管里与空气、汽油相混合后进入燃烧室。

这种方式能够大幅降低燃油消耗量和不充分燃烧的碳氢化合物的数量。根据初始的测试，TRC Italia 称 370Z（图 7-31）的 CO_2 排放量能够从 249g/km 降低到仅仅 140g/km。这个成绩在某种程度上已经接近了菲亚特 Panda 的数据。而且，水的消耗量是非常微小的，每 0.5L 的水就足以支持约 480km 的旅行。

图 7-30 "Z-Hydro"系统

图 7-31 370Z

请把眼睛从展示车的光环上移开吧。真正的亮点在引擎盖下边,Hydro 系统会生成氢氧化气,并喷到进气歧管里。CO_2 排量会因此而骤降

至于缺点,在当前的测试中,这个系统会导致发动机的输出功率减低 10 马力。如果在熟悉的道路上行驶,这种损失已经小到难以察觉。而且你都不一定能察觉到它的运转;即使你已经没有水了,"聪明"的 ECU 也会让发动机像没有 Hydro 系统以前一样,愉快地依靠汽油和空气来运转。

TRC 只有区区 60 天的时间来入手一台 370Z 并打造成 Marangoni 公司 2010 年的展示车,所以他们的测试与开发工作非常艰巨。而这套系统的设计者埃里克感觉整套 Hydro 系统几乎已经打磨得堪称完美了。他们现在计划把这辆车从佛罗伦萨开到日内瓦车展以及位于法国和希腊的其他展览上争取更多的测试里程。看来,他们还有很长一段旅途要走。

真正宏伟的目标是只用 HHO 来驱动这辆车,再用制动产生的能量来进行电解。不过比较现实的问题是要先找回损失的 10 马力,或者是进一步提高发动机的输出功率。

W:Wheels 轮圈(图 7-32)

图 7-32 轮毂

你知道最原始的高尔夫 GTI 轮圈的尺寸是多少吗?答案是 13 英寸,看起来非常漂亮。对于今天的 GTI 来说,最小的轮圈尺寸是 17 英寸。要是你真的想填满那些轮眉的话,可能还需要全尺寸的 19 英寸轮圈。所以我们打赌这些轮圈还会变得更大,当然应该不

会大太多。原因何在？

就是因为超低扁平比的轮胎成了一种时尚。近20年，因为不会改变总体尺寸，这种超低扁平比的轮胎为轮圈尺寸提供了充足的增长空间。在整体匹配和工程学方面也有充足的理由来支持大轮圈的使用。不过，即使X6M只用了20寸的轮圈，而劳斯莱斯幻影也仅有21英寸。所以2020年的GTI估计也就保持在20寸左右，增幅应该不会太大。就算这样，我们还是要对这点恩赐表示感激。

W：Wind Tunnels & Active Aerodynamics 风洞与主动空气动力学

随着速度的不断攀升，突破车体周围空气阻力所需要的动力已经开始高得不成比例。想想看，要让一个立方体提速会是多么吃力。

以160km的时速行驶所需的力量比112km的时速提高了1倍，而以320km的时速行驶比以160km的时速行驶要多7倍的力量。所以，如果想让车跑得快且油耗低，关键要使车型更加流畅。不过如果车型太过流线型的话，高速行驶时就会比较飘，使用尾翼来弥补这一点又会造成不必要的曳力。最理想的状态是让车在高速巡航时能够保证空气流畅地运动，反复变道时又能产生足够的下压力。这就需要主动空气动力学的帮助了。我们已经见过尾翼可以根据速度上下移动的车，在未来，我们将能看到可以根据驾驶员需求改变车体的汽车。目前，对使用电子控制来弯曲或卷起车体面板的方式已有过相关的探索，而生产可变形发动机盖、顶棚、车尾和底板部分的技术也变得更具实现性。我们估计，等到这一切变成现实的那一天，风洞可能会很忙。

X：X-OVERS 跨界车

跨界车将进一步模糊车型间的界线，引导轿车、MPV和SUV向"非主流"方向发展。市场专家认为能够兼备多种专业设计理念的跨界车将受到欢迎。虽然这些车的外观看起来有些不"和谐"，不过可以看出兼具特定主题并能满足独特需求的组合车型越来越多。所以如果你觉得宝马5系GT的样子有点怪，你最好学着适应。雷诺Ondelious概念车多年前就预示了跨界车的可能：豪华车的舒适与精致，小型公共汽车的承载空间，超跑风格的鸥翼门，绿色环保的柴油混合动力系统，喷气机式的驾驶舱。还有，看起来像鱼一样的外观。

X：Xenon 氙气

如果你认为氙气灯就是灯光技术的代表作，那你真的是井底之蛙。

氙气头灯在未来的10年内将会得到普及继而被淘汰。因为高输出LED凭借着高度的可靠性和低能耗即将成为未来发的趋势。而且，它也会同时改变车辆的造型。条形、圆环形、波浪形乃至零星分布的LED灯都可能在未来汽车的头部闪烁着光芒并照亮前程。不过，亮度最高的照明系统应该会采用Luxim公司的等离子灯泡。这种体积不过口香糖粒大小的灯泡每瓦特能释放出强于LED两倍流明的光通量。

等到2030年，"量子点"半导体很可能会取代LED的地位。一旦能够配合适当的发光涂料，这项技术就能使车上的任何部分变成光源。

Y：Y Chromosome：Y染色体

传统的豪华车有点老态龙钟？雷诺Ondelious（图7-33）会告诉你未来几年间高端跨界车将是什么样的风格。

男性自从汽车发明就占尽了优势。不过女性司机的比例也在上升。男司机和女司机造成交通事故的几率基本上一样，不过有数据显示，车祸中男司机的致死率远比女司机要高(4:1)。

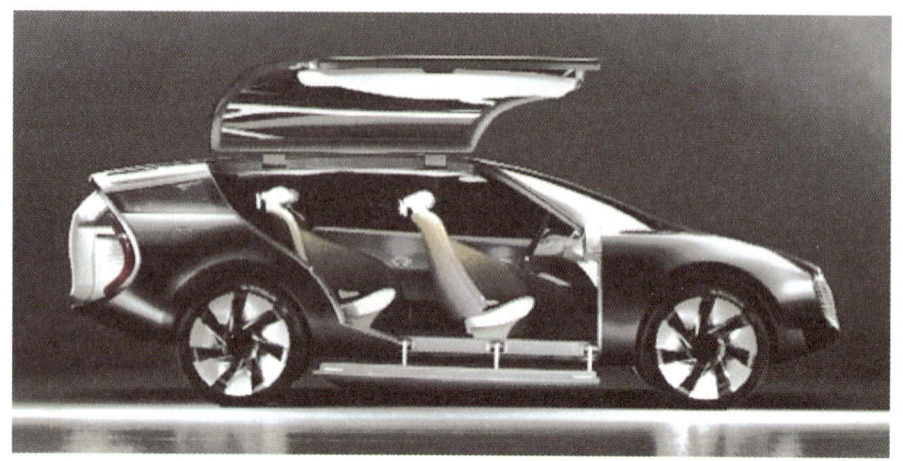

图 7-33　雷诺 Ondelious

所以，未来街道上会出现更多女司机，严重的交通事故也会更少。可现实真会这样么？

Z：Zeroshift

英国 Zeroshift 有限公司的科研人员已经开发出一种能取代传统手动变速箱同步机构的系统。这个系统可以在齿轮间进行切换的同时保证不间断的动力输出。这里说的"不间断"是完全不间断。

这个系统使用一对扣锁来改变齿轮间的扭矩。当你在齿轮间进行切换的时候，一套扣锁将准确无误地与下一级齿轮啮合，而另一套则会同时从原先的齿轮上分离。起步时还是需要离合器的介入，不过这里将会采用拨片换挡系统自动完成。一旦进入工作状态，齿轮间的切换就再也无需离合器参与，你可以任意选择手动或者自动方式进行换挡。

现在它所需要的就是一点点主流制造商的关注。Zeroshift 比传统手动变速箱产生的排放量更低，只要经过简单的改装就可以安装在普通变速箱上。如果再搭配自动离合器就可以轻易取代传统自动变速箱的地位。

活动二　未来汽车概念设计

我们所生活的年代节奏越来越快了，未来的事情我们完全难以预测和想象。也许未来的不可预知的场景需要不可预知的交通工具吧。2012 年的到来，让我们开始对未来开始充满了无尽的遐想，不光是我们，汽车设计者、科学家们也一样，他们也正在不断地将汽车进行创新，让未来的汽车生活变得更加完美。

T—Rover（图 7-34）是一辆三轮摩托车，其拥有 1000cc 的大排量，这相当于 120km/h 的速度，对于一辆摩托车来说，这个速度已经让人惊讶了。同时，这么大的排量，一定能够给你带来不同凡响的强劲轰鸣声。油电混合完美配备，环保低碳，让能源完全被利用。在拥挤不堪的城市街头寻找车位，这车绝对是你今后的理想交通工具。

大家看到的这个设计（图 7-35）来自巴西的设计师 Thiago Vieira。他展望了 2050 年将出现的车，并将自己的作品命名为 2F2。这车由一个 90 马力的电动机驱动，铝质车身更加适合城市路况。

图7-34 T—Rover

图7-35 2F2

这样的概念车,经过40年的研究会变成量产车。到时候,我们将会看到满大街的筒子车。

一位来自塞尔维亚的设计师马克—鲁科维奇(Marko Lukovic)展示了一种三轮电动汽车设计概念,融入了大量的最新科技,在2011年米其林设计挑战赛上,从1000多种设计方案中脱颖而出,赢得赞赏。

图7-36 超音速汽车

鲁科维奇将自己的这一设计称为"超音速汽车"(图7-36),尽管它的行驶速度可能根本超不过音速,但至少看上去它确实可以。而事实上它的设计中确实参照了超音速飞机。这种小汽车的两个后轮都拥有独立驱动的电动马达,车身狭窄,可以乘坐两人,一位司机和一位乘客,两人一前一后的坐,这和飞机也非常相似,活像一枚在高速公路上飞驰的火箭。

驾驶仪表盘设计采用了一种独特的拉长状结构,在自动驾驶模式下可以缩进车前身以便节约车内空间(图7-37)。

卢科维奇认为,在不久的将来,高效的锂离子电池体积将变得非常小,可以让你为自己的汽车充电,当你上班或在家时,就顺便给自己爱车的电池充电,就像现在你在办公室给自己的手机充电那样。并且他还认为汽车上采用的覆盖车顶和两侧的传统玻璃结构也将被取代,这种转而采用独特技术的光敏玻璃材料,可以自由调节透光度。

图 7-37 超音速汽车内部

图 7-38 奔驰 Biome 概念车

不过卢科维奇最为期待的远景是被他称作"自动驾驶模式"的技术,他认为 10 年内,汽车在高速公路上自动行驶将变得习以为常。因此,驾驶员的座位将被设计成可以转动,以便和坐在后面的乘客面对面,他们或许可以一起喝咖啡,或享受一段惬意的交谈,或者在上班的途中悠闲的阅读平板电脑上的资讯。如图 7-38 所示,为奔驰 Bione 概念车。

活动三 未来汽车文明

当汽车已经完全融入我们的生活,成为每天生活的一部分,成为出行的代步工具,在享受汽车文明带给我们无比美妙和快乐的同时,我们也感受到了与之相伴的烦恼和危机。石油资源日趋枯竭,油价上涨带来的养车成本不堪重负;交通道路越发拥堵,出行处处受阻,消耗了我们大量的宝贵时光;车位稀缺,价格不断攀升,停车难难停车,成为我们挥之不去的梦魇;本土品牌汽车渐趋边缘化,使我们为民族汽车工业的生存发展忧心忡忡……难道汽车社会的前景竟如此暗淡?难道汽车文明就不能完美延续?难道汽车发展的难题就不能破解?

我们热爱拥有汽车的生活,尽管买车换车对我来说已经不再是梦想,但我们希望越来越多的朋友成为"有车一族",我们希望汽车文明的甘霖洒满中国的城市乡村,我们希望普通百姓都能把汽车当作常用的代步工具。我们还希望,当汽车大量进入普通家庭时,我们不再受能源短缺、交通拥堵、车位紧张等难题的烦扰。我们也相信,随着国家经济实力不断发展,人民群众收入不断提高,科学技术的飞速发展,希望终会成为现实!为了让我们共同拥有一个和谐文明的汽车社会,我们恣意放飞我们心中的汽车梦想。

我们的汽车不再依赖日益枯竭的不可再生的石油资源,我们不再受制于金融大鳄在石油期货市场上的投机炒作,我们不再乞求欧佩克增加石油产量以缓解石油供需矛盾。新能源的开发利用能完全惠泽整个人类世界,氢燃料的提取制作成本大大低于石油勘探开采,我们的加油站能随时随地加满效能更高,价格更便宜的氢燃料。我梦想,我们在电影《机械公敌》看过的那个超酷奥迪概念车,以及我们自己国产的高智能化汽车能走进我们的生活,像那家伙一样,在"石油耗尽"的 2035 年,居然有着如此强大的动力!我们相信,在那个梦幻般的未来中,氢燃料价格不再高昂,我们可以潇洒地直接用氢燃料驱动我们的汽车。如图 7-39、图 7-40 所示,为未来汽车畅想。

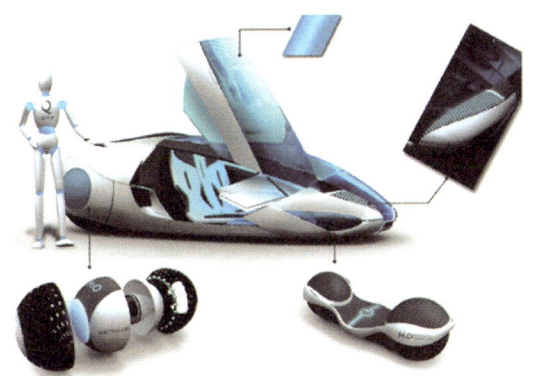
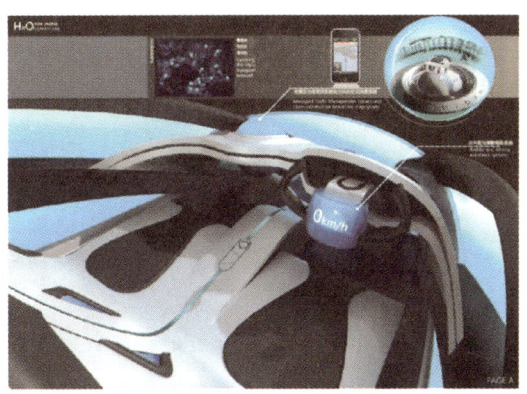

图 7-39　未来的汽车　　　　　　　　图 7-40　未来的导航技术

未来的高速公路完全立体化、智能化。地下、地面、空中有四通八达的高速公路网,全自动化管理,汽车高智能化,只要我们一启动汽车,设置好目的地,通过信息发送和终端接收,爱车就会把我们一路畅通无阻地载向我们想去的地方。我们梦想,公路上,再也没有令人讨厌的、唯利是图的、密集的收费站,只需要凭一张预付款信用卡,就可以核算出你的汽车消耗的燃料和行驶的路程,扣缴平均每公里只有 0.2 元人民币的费用。我们梦想,汽车世界是一个平等和谐的社会,没有特权车,没有乱违章现象,人车相互礼让,个个绅士风度,交通秩序有条不紊。

停车难、难停车的烦恼不再困扰我们。停车位的供应大于需求,完全的买方市场,让物业管理公司吹起来的天价停车位泡沫彻底破裂,不论我们购买任何商业楼盘,在买进一套住房的同时,可免费获赠一个停车位。我们梦想,立体化、高智能化的停车场合理分布在城市的各个角落,停车取车就像存取行李箱一样方便快捷。

附　录

附录一　汽车发展年鉴

1766年,英国发明家瓦特(1736～1819年)改进了蒸汽机,拉开了第一次工业革命的序幕。

1769年,法国陆军工程师古诺(1725～1804年)制造出第一辆蒸汽机驱动的汽车。由于试车时转向系统失灵,撞到般圣奴兵工厂的墙壁上粉身碎骨,这是世界上第一起机动车事故。

1771年,古诺改进了蒸汽汽车,时速可达9.5km/h,牵引4～5t的货物。

1794年,英国人斯垂特首次提出把燃料和空气混合制成混合气体以供燃烧的构想。

1796年,意大利科学家沃尔兹发明了世界上第一台蓄电池,这项发明为汽车的诞生和发展带来了历史性的转折。

1801年,法国人勒本提出煤气机原理。

1803年,法国工程师特利维柯(1771～1833年)采用新型高压蒸汽机,可乘坐8人,在行驶中平均时速13km/h,从此,用蒸汽机驱动的汽车开始在实际中应用。

1827年,英国嘉内公爵(1793～1873年)制造的蒸汽汽车成为世界上第一辆正式运营的蒸汽公共汽车。可载客18人,平均时速19km/h。

1838年,英国发明家亨纳特发明了世界第一台内燃机点火装置,该项发明被世人称之为"世界汽车发展史上的一场革命"。

1842年,美国人古德发明了硬橡胶轮胎,该轮胎是实心的,行驶中颠簸很厉害。

1858年,法国工程师洛纳因发明了世界上第一只用陶瓷绝缘制成的电点火火花塞。

1859年,法国著名物理学家发明了铅酸蓄电池,为汽车的用电创造了条件,被称之为"意义深远的发明"。

1860年,法国电器工程师莱诺制成了第一部用电火花点燃煤气的煤气机。

1862年,法国电器工程师莱诺研制出二冲程内燃机。其他人开始研究四冲程发动机。

1867年,德国工程师奥托(1832～1891年)研制成功世界上第一台往复活塞式四冲程煤气发动机。

1876年,奥托制成了单缸卧式、压缩比为2.5的3kw煤气机。

1886年卡尔·奔驰制造出世界上首辆三轮汽车,戈特利布·戴姆勒制成四冲程汽油机驱动的四轮汽车。

1888年,奔驰生产出世界上第一辆供出售的汽车。

1889年,法国标致汽车公司成立。

1890年,陆虎(Rover)开始生产汽车。

1891年,法国潘哈德与勒伐索首创发动机前置车型,研制成功汽车专用车架。

1893年,世界上第一个汽车牌照和驾驶证在法国颁发。杜里埃设计出美国第一辆汽油机汽车。

1894年,戴迪安获首届汽车公路赛冠军,平均时速12英里。P·狄塞尔展示第一台实用柴油机。

1895年,世界上首次官方举办的公路汽车赛在巴黎—波尔多之间举行。杜里埃获首届美国汽车赛冠军,平均时速5.05英里。美国第一家汽车公司杜里埃汽车公司成立。米其林兄弟在标致汽车上使用充气轮胎。法国汽车俱乐部成立。贝斯电动车问世。

1896年,亨利·福特生产出第一辆汽车。为了庆祝英国法律将机动车限速提高到19km/h,举行了首届伦敦—布莱顿汽车赛。

1897年,奥兹汽车公司成立,并出产第一辆奥兹汽车。

1898年,波士顿举办美国首届汽车展览会。美国的哥伦比亚号汽车首先使用电灯照明,用于前灯和尾灯。查斯洛普·劳博特伯爵创造出63km/h的车速纪录。梅茨格设立第一家汽车专卖店。

1899年,菲亚特汽车公司和雷诺汽车公司成立。第一辆欧宝汽车出厂。纽约市成立美国第一家汽车修理厂。卡米尔·金纳特驾驶一辆电动车创造了106km/h的车速纪录。

1900年,美国《星期六晚邮报》登出全球第一份汽车广告。纽约市政当局颁发美国第一份汽车驾驶执照,称"工程师证书"。

1901年,奥兹汽车公司首先给汽车安装车速表。美国帕克特汽车上出现第一个手控点火提前装置。戴姆勒用"梅赛德斯"为自己的汽车命名。一辆罗克莫比克蒸汽车征服了美国科罗拉多海拔4312m派克斯峰。

1902年,卡迪拉克汽车公司成立。

1903年,福特汽车公司成立。别克汽车公司成立。一辆温顿汽车用65天时间横穿美国。在发生多起死亡事故后,巴黎—巴德里汽车拉力赛停办。纳皮尔制成6缸发动机。欧洲出现V型8缸发动机。

1904年,劳斯莱斯汽车公司成立。美国的汽车产量超过法国。哥博恩·博里的赛车速度达到167km/h。

1905年,美国汽车工程师协会(SAE)成立。

1906年,汽车"大奖赛"首次在法国出现。路边加油站出现。兰西亚汽车公司成立。

1907年,日本生产出第一辆汽车。旁蒂克公司前身—奥克兰公司成立。

1908年,福特推出T型车。杜兰特组建通用汽车公司。

1909年,布加迪汽车公司成立。阿罗·金斯顿推出4轮制动装置。

1910年,布加迪推出首辆顶置式凸轮轴发动机。阿尔法汽车公司成立。费迪南德·保时捷为戴姆勒公司设计的亨利王子实验车获得成功。

1911年,蒙迪卡罗开始举办汽车拉力赛。雪佛莱汽车公司成立。

1912年,卡迪拉克汽车采用电启动发动机。

1913年,哈德逊研制第一辆现代四门轿车。福特工厂安装了一条汽车流水装配线。

1914年,道奇兄弟开始生产全钢车身的道奇牌汽车。玛莎拉蒂汽车公司成立。英国出现双层客车。美国俄亥俄州克利夫兰市首先使用交通信号灯。美国的斯蒂培克公司首先在汽车上安装油量表。

1915年,福特T型车产量占美国总产量的70%,售价从850美元降至265美元。帕克德推出使用V12型发动机的汽车。雪铁龙公司成立。

1916年,发明挡风玻璃刮水器。

1917年,林肯汽车公司成立。三菱轿车出厂。

1918年,雪佛莱成为通用公司的一个分部。

1919年,本特利汽车公司成立。保罗·加利利用风洞检测汽车的流线性能。

1920年,马自达的前身东洋汽车公司成立。杜森博格A型车首次采用液压制动器。通用公司首先采用了车顶内灯。

1921年,托马斯·米杰里与同事共同研究发现了四乙基铅在汽油中的抗爆作用。巴洛特2LS汽车采用双顶置凸轮轴(DOHC)。福特T型车占当时美国全部汽车产量的55.4%。柏林出现世界上第一条高速公路。

1922年,美国的克莱尔发明了倒车灯。

1923年,福特汽车创造年产汽车超过200万辆的新纪录。美国出现可选装的汽车收音机。奔驰公司制造出第一辆用于大奖赛的中置发动机汽车。杜兰特重组通用汽车公司。含铅汽油开始出售。

1924年,麦克斯威尔公司更名为克莱斯勒公司。美国平均7人拥有一部汽车。德国博世公司发明电动刮水器。

1925年,斯柯达公司开始生产汽车。

1926年,第一辆旁蒂克汽车在纽约车展上展出。富豪汽车公司成立。奔驰公司与戴姆勒公司合并。

1927年,福特T型车在生产1500万辆后停产。空气滤清器、汽油滤清器、曲轴箱换气装置和后视镜开始出现。亨利·赛格瑞的"阳光"赛车速度达到328km/h。

1928年,福特A型车代替T型车。

1929年,世界汽车产量达到533万辆。亨利·福特博物馆对公众开放。凯迪拉克使用带同步器的齿轮变速器。法拉利汽车公司成立。

1930年,布加迪制造了"皇家"号汽车。凯迪拉克第一次使用V6型发动机。

1931年,劳斯莱斯公司接管本特利汽车公司。保时捷设计公司成立。

1932年,阿尔法汽车公司推出第一辆单座位大奖赛汽车。

1933年,世界上第一家汽车电影院在美国开张。丰田自动织布机厂设立汽车部。

1934年,日产汽车公司成立。克莱斯勒率先推出流线型车身轿车。雪铁龙推出前轮驱动汽车。

1935年,菲亚特推出500型微型轿车。

1936年,奔驰公司首先推出柴油轿车。保时捷博士设计的甲壳虫原型车面世。三菱公司销售首批柴油汽车。第一辆摩根汽车问世。

1937年,丰田汽车公司成立。五十铃汽车公司成立。大众汽车公司成立。伊斯顿的"霹雳"汽车速度超过500km/h。

1938年,美国别克汽车装上了转向闪光灯。

1939年,帕克德推出空调汽车。

1940年,美国汽车内开始安装安全带。美国军队开始使用吉普车。哥廷根大学开始研究汽车阻力、升力和侧风的影响。

奥兹率先推出全自动变速器。一种流线型的宝马汽车赢得了意大利1000英里公路汽车赛胜利,这对战后汽车设计产生重要影响。

1941年,大众汽车公司首先生产水陆两用汽车。

1944年,韩国起亚汽车公司成立。

1945年,大众公司在英军控制下恢复生产。美国各大汽车厂研制新车型。

1946年,本田汽车公司成立。

1947年,日产生产达特桑牌汽车。当年全球汽车产量585万辆。第一辆法拉利跑车参加比赛。

1948年,陆虎越野车问世。捷豹XK120跑车在伦敦车展引起轰动。保时捷车型365跑车问世。林肯和卡迪拉克汽车开始安装电动车窗。

1949年,克莱斯勒使用盘式制动器。福特V8型轿车推出。雪铁龙2CV投产。

1950年,陆虎公司推出世界第一台废气涡轮增压发动机。当年全球汽车产量突破1000万辆。达到1057万辆。一级方程式大奖赛举行。

1951年,福特公司提倡汽车碰撞试验。克莱斯勒推出助力方向盘。国际比赛中使用防撞头盔。

1952年,铃木公司开始制造摩托车。

1953年,克尔维特跑车推出,富士重工业公司成立。米其林发明子午线轮胎。

1954年,奔驰300SL跑车采用燃油电子喷射发动机。汪克尔设计出转子发动机。

1955年,福特推出雷鸟牌双座汽车。福特创造一天生产10877辆汽车的纪录。莲花汽车公司成立。丰田推出皇冠汽车。本年度全球汽车产量达到1363万辆。在法国勒芒大赛中,发生了一起最为悲惨的意外事故,84人丧生。

1956年,中国第一辆自行设计制造的汽车"解放"载货车问世。

1957年,所有的瑞典富豪汽车均安装安全带。在2名车手和2名观众丧生后,意大利政府停止了1000英里公路赛。

1958年,中国"东风"轿车问世,这是中国第一辆轿车。

1959年,"迷你"(Mini)车投产。本田在美建摩托车厂。全球汽车保有量超过1亿辆,当年产量达到1392万辆。

1960年,装有前置发动机的法拉利跑车在汽车大赛中获胜。兰博基尼汽车公司成立。

1963年,全球汽车产量超过2000万辆。

1964年,保时捷911跑车问世。唐纳德·坎贝尔用"蓝鸟"汽车创造了648km/h的车速记录。

1965年,两辆水陆两用汽车横渡英吉利海峡。韩国亚细亚汽车公司成立。克雷格·博瑞德拉夫驾驶"美国精神"号喷气式汽车创造了967km/h的车速纪录。美国颁布"机动车安全法"。

1966年,查帕瑞2F赛车首次采用导流板。

1967年,韩国现代汽车公司成立。

1968年,丰田汽车产量突破100万辆。福特公司推出防抱死刹车装置(ABS)。美国第2亿5千万辆汽车出厂。

1969年,丰田累计出口汽车100万辆。年度全球汽车总产量2980万辆。奥迪汽车公司成立。

1971年,本年度全球汽车产量突破3000万辆,达到3343万辆。耗资500万美元的月球车在月球上行驶。无花纹的赛车轮胎问世。

1972年,韩国大宇汽车公司成立。

1973年,克莱斯勒汽车装上电子点火器。通用汽车首先采用安全气囊。油价猛涨,小型车更加流行。本年度全球汽车产量为3992万辆。

1974年,最后一辆德国产"甲壳虫"在德国本土下线。高尔夫牌汽车投产。

1975年,保时捷推出涡轮增压式赛车,成为提速最快的公路跑车。

1976年,奔驰建成气流速度达270km/h的汽车风洞,为世界之最。

1977年,中国第二汽车厂建成投产。雷诺在F1赛车上采用涡轮增压器。第一届国际电动汽车会议在芝加哥召开。年度产量4095万辆。

1978年,英国一辆太阳能汽车时速达到13km/h。马自达推出双转子发动机双座运动车RX-7。日本研制出混合动力汽车。

1979年,巴西研制成功酒精汽车,并成为酒精汽车大国。

1980年,日本汽车年产量达到1140万辆,首次超过美国,成为世界最大的汽车生产国。

1981年,福特在其轿车两侧装上机翼,改装了3辆"会飞的汽车"。日本研制出原地转向汽车。莲花独特的双底盘赛车被禁赛。德罗林汽车是第一辆,也是唯一一辆不锈钢车身的汽车。

1982年,奥迪100车的风阻系数为0.30,为当时最低。"甲壳虫"产量超过福特T型车。

1983年,理查德·诺布尔的喷气式"推力2号"车创下1019km/h车速记录。宝马的4缸F1赛车最大功率达到1000马力。涡轮增压器普及。

1984年,前苏联研制出双燃料汽车。

1985年,第一届太阳能汽车赛在瑞士举行。通用成立土星分部。

1985年,中德合资在上海生产大众轿车。

1986年,瑞克·梅柯创造了376km/h的环形赛道平均车速纪录。宝马展出Z1型赛车,车身采用塑料车身,升降车门。

1987年,五十铃在东京展上展出陶瓷柴油发动机。韩国汽车年产量达到97.6万辆。

1988年,丰田美国工厂投产。法拉利F40推出。

1989年,大众开发电力、柴油混合动力汽车。

1990年,世界汽车总年产量超过5000万辆。

通用开发出一次充电可以88km/h速度行驶190km的电动车。

1992年,法拉利跑车第500次参加F1赛车。

1993年,麦克拉仑碳纤维车身F1赛车推出。

1994年,中国政府公布"汽车行业产业政策",确定汽车工业为支柱产业。赛纳在F1意大利分站比赛中身亡。

1997年,安迪·格林驾驶"推力SSC"号喷气式汽车,创下超音速的1221km/h陆地最高车速世界纪录。

1998年,大众和宝马公司分别购得本特利及劳斯莱斯汽车公司。

1999年,中美合资在上海生产别克汽车。奔驰汽车公司与克莱斯勒汽车公司联合组成戴姆勒－克莱斯勒汽车集团。

2000年,通用、菲亚特结成战略同盟。雷诺收购三星。3L路波轿车首创百公里油耗2.4L。

附录二 2012 F1 赛程表

分站	赛道	日期(年.月.日)		时间(时:分)	赛次
澳大利亚	Melbourne	周五	2012.3.16	09:30～11:00	练习赛
				13:30～15:00	
		周六	2012.3.17	11:00～12:00	
				14:00	排位赛
		周日	2012.3.18	14:00	正赛
马来西亚	Kuala Lumpur	周五	2012.3.23	10:00～11:30	练习赛
				14:00～15:30	
		周六	2012.3.24	13:00～14:00	
				16:00	排位赛
		周日	2012.3.25	16:00	正赛
中国	Shanghai	周五	2012.4.13	10:00～11:30	练习赛
				14:00～15:30	
		周六	2012.4.14	11:00～12:00	
				14:00	排位赛
		周日	2012.4.15	15:00	正赛
巴林	Sakhir	周五	2012.4.20	15:00～16:30	练习赛
				19:00～20:30	
		周六	2012.4.21	16:00～17:00	
				19:00	排位赛
		周日	2012.4.22	20:00	正赛
西班牙	Catalunya	周五	2012.5.11	16:00～17:30	练习赛
				20:00～21:30	
		周六	2012.5.12	17:00～18:00	
				20:00	排位赛
		周日	2012.5.13	20:00	正赛

续表

分站	赛道	日期(年.月.日)		时间(时:分)	赛次
摩纳哥	Monte Carlo	周四	2012.5.24	16:00~17:30	练习赛
				20:00~21:30	
		周六	2012.5.26	17:00~18:00	
				20:00	排位赛
		周日	2012.5.27	20:00	正赛
加拿大	Montreal	周五	2012.6.8	22:00~23:30	练习赛
				02:00~03:30	
		周六	2012.6.9	22:00—23:00	
				1:00	排位赛
		周日	2012.6.10	2:00	正赛
欧洲	Valencia	周五	2012.6.22	16:00~17:30	练习赛
				20:00~21:30	
		周六	2012.6.23	17:00~18:00	
				20:00	排位赛
		周日	2012.6.24	20:00	正赛
英国	Silverstone	周五	2012.7.6	17:00~18:30	练习赛
				21:00~22:30	
		周六	2012.7.7	17:00~18:00	
				20:00	排位赛
		周日	2012.7.8	20:00	正赛
德国	Hockenheim	周五	2012.7.20	16:00~17:30	练习赛
				20:00~21:30	
		周六	2012.7.21	17:00~18:00	
				20:00	排位赛
		周日	2012.7.22	20:00	正赛
匈牙利	Budapest	周五	2012.7.27	16:00~17:30	练习赛
				20:00~21:30	
		周六	2012.7.28	17:00~18:00	
				20:00	排位赛
		周日	2012.7.29	20:00	正赛

续表

分站	赛道	日期(年.月.日)		时间(时:分)	赛次
比利时	Spa	周五	2012.8.31	16:00～17:30	练习赛
				20:00～21:30	
		周六	2012.9.1	17:00～18:00	
				20:00	排位赛
		周日	2012.9.2	20:00	正赛
意大利	Monza	周五	2012.9.7	16:00～17:30	练习赛
				20:00～21:30	
		周六	2012.9.8	17:00～18:00	
				20:00	排位赛
		周日	2012.9.9	20:00	正赛
新加坡	Singapore	周五	2012.9.21	18:00～19:30	练习赛
				21:30～23:00	
		周六	2012.9.22	17:00～18:00	
				20:00	排位赛
		周日	2012.9.23	20:00	正赛
日本	Suzuka	周五	2012.10.5	09:00～10:30	练习赛
				13:00～14:30	
		周六	2012.10.6	10:00～11:00	
		周日	2012.10.7	13:00	排位赛
				14:00	正赛
韩国	Yeongam	周五	2012.10.12	09:00～10:30	练习赛
				13:00～14:30	
		周六	2012.10.13	10:00～11:00	
				13:00	排位赛
		周日	2012.10.14	14:00	正赛
印度	New Delhi	周五	2012.10.26	12:30～14:00	练习赛
				16:30～18:00	
		周六	2012.10.27	13:30～14:30	
				16:30	排位赛
		周日	2012.10.28	17:30	正赛

续表

分站	赛道	日期(年.月.日)		时间(时:分)	赛次
阿布扎比	Yas Marina	周五	2012.11.2	17:00～18:30	练习赛
				21:00～22:30	
		周六	2012.11.3	18:00～19:00	
				21:00	排位赛
		周日	2012.11.4	21:00	正赛
美国	Austin	周五	2012.11.16	00:00～01:30	练习赛
				04:00～05:30	
		周六	2012.11.17	00:00～01:00	
				3:00	排位赛
		周日	2012.11.18	3:00	正赛
巴西	Sao Paulo	周五	2012.11.23	20:00～21:30	练习赛
				00:00～01:30	
		周六	2012.11.24	21:00～22:00	
				0:00	排位赛
		周日	2012.11.25	0:00	正赛

附录三　F1车队冠军榜

年份	车手总冠军及效力车队	车队总冠军
2011	维特尔(红牛)	红牛
2010	维特尔(红牛)	红牛
2009	巴顿(布朗GP)	布朗GP
2008	汉密尔顿(迈凯轮)	法拉利
2007	莱科宁(法拉利)	法拉利
2006	阿隆索(雷诺)	雷诺
2005	阿隆索(雷诺)	雷诺
2004	舒马赫(法拉利)	法拉利
2003	舒马赫(法拉利)	法拉利
2002	舒马赫(法拉利)	法拉利
2001	舒马赫(法拉利)	法拉利
2000	舒马赫(法拉利)	法拉利
1999	哈基宁(迈凯轮)	法拉利
1998	哈基宁(迈凯轮)	迈凯轮
1997	维伦纽夫(威廉姆斯)	威廉姆斯
1996	希尔(威廉姆斯)	威廉姆斯
1995	舒马赫(贝纳通)	贝纳通
1994	舒马赫(贝纳通)	威廉姆斯
1993	普罗斯特(威廉姆斯)	威廉姆斯
1992	曼塞尔(威廉姆斯)	威廉姆斯
1991	塞纳(迈凯轮)	迈凯轮
1990	塞纳(迈凯轮)	迈凯轮
1989	普罗斯特(迈凯轮)	迈凯轮
1988	塞纳(迈凯轮)	迈凯轮
1987	皮奎特(威廉姆斯)	威廉姆斯
1986	普罗斯特(迈凯轮)	威廉姆斯
1985	普罗斯特(迈凯轮)	迈凯轮
1984	劳达(迈凯轮)	迈凯轮
1983	皮奎特(布拉汉姆)	法拉利
1982	罗斯伯格(威廉姆斯)	法拉利
1981	皮奎特(布拉汉姆)	威廉姆斯

续表

年份	车手总冠军及效力车队	车队总冠军
1980	琼斯(威廉姆斯)	威廉姆斯
1979	施科特(法拉利)	法拉利
1978	安德里蒂(莲花)	莲花
1977	劳达(法拉利)	法拉利
1976	亨特(迈凯轮)	法拉利
1975	劳达(法拉利)	法拉利
1974	费迪帕尔蒂(迈凯轮)	迈凯轮
1973	斯图尔特(特里尔)	莲花
1972	费迪帕尔蒂(莲花)	莲花
1971	斯图尔特(特里尔)	特里尔
1970	林特(莲花)	莲花
1969	斯图尔特(马特拉)	马特拉
1968	G—希尔(莲花)	莲花
1967	胡蒙(布拉汉姆)	布拉汉姆
1966	格拉汉姆(布拉汉姆)	布拉汉姆
1965	克拉克(莲花)	莲花
1964	苏提斯(法拉利)	法拉利
1963	克拉克(莲花)	莲花
1962	G—希尔(BRM)	BRM
1961	P—希尔(法拉利)	法拉利
1960	格拉汉姆(库柏)	库柏
1959	格拉汉姆(库柏)	库柏
1958	豪索恩(法拉利)	范沃尔
1957	方吉奥(玛莎拉蒂)	—
1956	方吉奥(法拉利)	—
1955	方吉奥(梅赛德斯)	—
1954	方吉奥(玛莎拉蒂)	—
1953	阿斯卡里(法拉利)	—
1952	阿斯卡里(法拉利)	—
1951	方吉奥(阿尔法罗密欧)	—
1950	法里纳(阿尔法罗密欧)	—

附录四 汽车设计软件 Alias Automotive

Autodesk 系列产品(附图 4-1)包含 Alias Design，Alias Surface 和 Alias Automotive，为工业设计师和创意专业人士提供了一套完整的工具。借助一流的草图绘制、建模和可视化工具所提供的曲面建模功能，用户可以优化自己的创新流程，以快于竞争对手的速度进行创新设计。Autodesk Automotive 软件作为 Autodesk 数字样机解决方案的组成部分，是一款行业领先的汽车设计与造型软件。Alias Design、Alias Surface、Automotive 软件是一款行业领先的汽车设计和造型应用软件，全球范围内的领先汽车设计公司都竞相采用该软件。软件为整个造型定义流程(从概念草图到 A 级曲面)提供了一整套完备的可视化和分析工具。

（a）

（b）

附图 4-1 Autodesk 系列产品

一、设计建模

快速进行设计概念的迭代、优化和评估。Autodesk Alias Automotive 提供了曲面建模、动态形状建模、快速样机制造以及更多工具，可以帮助您自如地完成消费品设计。如附图 4-2、4-3 所示，为一个汽车建模界面。

二、精确曲面建模

创建高质量的曲面模型，包括 A 级曲面。使用单跨距贝塞尔曲线(Bezier)几何图形或多跨距非均匀理性 B 样条曲线(Nurbs)几何图形。实现日常任务的半自动化并简化复杂任务，同时保持对曲面的全面控制。

三、逆向工程

将对物理模型的修改反映回数字样机中。导入并配置来自三维扫描仪的数据，更快速地处理大量扫描数据。

四、可视化与交流

评估设计方案，交流设计意图。Alias Automotive 中包含用于创建逼真图像、环境和渲染图的工具。

五、流程整合

导入工程数据并利用其绘制草图。与 Autodesk Inventor 或第三方 CAD 软件交换数字化设计数据。

六、高效的工作环境

Alias Automotive 采用了专为工业设计师量身打造的用户友好的自定义界面。

附图 4-2 汽车建模(一)

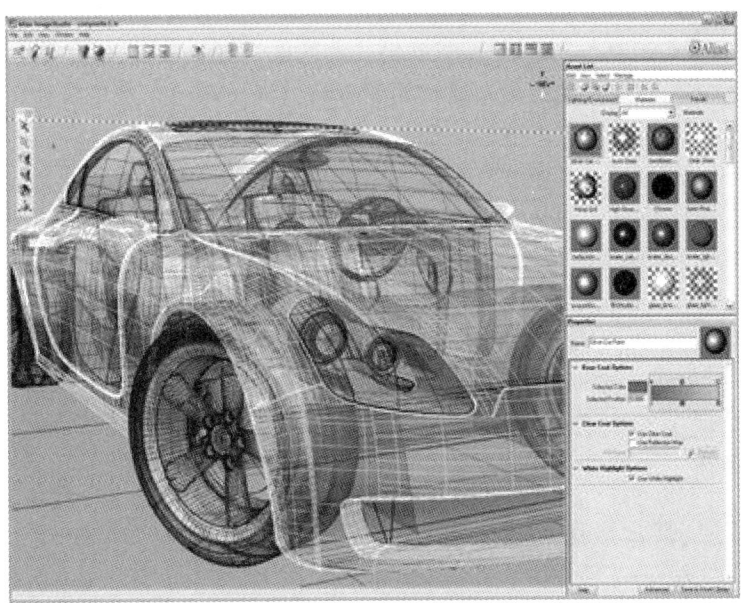

附图 4-3 汽车建模(二)

附录五　节能与新能源汽车产业发展规划

(2012～2020年)

汽车产业是国民经济的重要支柱产业,在国民经济和社会发展中发挥着重要作用。随着国民经济持续快速发展和城镇化进程加速推进,今后较长一段时期汽车需求量仍将保持增长势头,由此带来的能源紧张和环境污染问题将更加突出。加快培育和发展节能与新能源汽车产业,既是有效缓解能源和环境压力,推动汽车产业可持续发展的紧迫任务,也是加快汽车产业转型升级、培育新的增长点和国际竞争优势的战略举措。为全面落实国务院关于发展战略性新兴产业和加强节能减排工作的决策部署,加快培育和发展节能与新能源汽车产业,特制定本规划。规划期为2012—2020年。

一、发展现状及面临的形势

节能汽车是指以内燃机为主要动力系统,综合工况燃料消耗量提前达到下一阶段目标值标准的汽车。新能源汽车是指采用新型动力系统,完全或主要依靠新型能源驱动的汽车。本规划所指新能源汽车主要包括纯电动汽车、插电式混合动力汽车及燃料电池汽车。发展节能与新能源汽车是减少汽车燃料消耗量,缓解燃油供求矛盾,促进汽车产业技术进步和优化升级的重要举措。

近年来,我国汽车节能技术推广应用取得积极进展,通过实施乘用车燃料消耗量限值标准和鼓励购买小排量汽车的财税政策等措施,先进内燃机、高效变速器、轻量化材料、整车优化设计以及普通混合动力等节能技术和产品得到大力推广,汽车平均燃料消耗量明显降低;天然气等替代燃料汽车技术基本成熟并初步实现产业化,形成了一定市场规模。新能源汽车经过近10年的研究开发和示范运行,初步具备产业化发展基础,电池、电机、电子控制和系统集成等关键技术取得明显进步,纯电动汽车和插电式混合动力汽车开始小规模投放市场。但与先进水平相比,我国尚未完全掌握汽车节能关键核心技术,燃料经济性水平还有一定差距,节能型小排量汽车市场占有率偏低;新能源汽车整车和核心零部件技术尚未突破,产品成本高,社会配套体系不完善,产业化和市场化发展受到制约。

为应对日益突出的燃油供求矛盾和环境污染问题,世界主要汽车生产国纷纷加快部署,大力发展和推广应用汽车节能技术,将发展新能源汽车作为国家战略,加快推进技术研发和产业化。节能与新能源汽车已成为国际汽车产业的发展方向,未来10年将迎来全球汽车产业转型升级的重要战略机遇期。目前我国汽车产销规模已居世界首位,预计在未来一段时期仍将保持较快增长,必须抓住机遇、抓紧部署,加快培育和发展节能与新能源汽车产业,促进汽车产业优化升级,实现由汽车工业大国向汽车工业强国转变。

二、指导思想、基本原则和发展目标

1. 指导思想

以邓小平理论和"三个代表"重要思想为指导,深入贯彻落实科学发展观,把培育和发展节能与新能源汽车产业放在加快转变经济发展方式的一项重要任务,立足国情,依托产业基础,按照市场引导、创新驱动、重点突破、协调发展的要求,发挥企业主体作用,加大政策扶持力度,营造良好发展环境,提高节能与新能源汽车创新能力和产业化水平,推动汽车产业优化升级,增强汽车工业的整体竞争能力。

2. 基本原则

坚持产业转型与技术进步相结合。以纯电驱动为我国汽车工业转型的主要战略取向,加快培育和发展新能源汽车产业,重点推进纯电动汽车、插电式混合动力汽车产业化。以快速降低汽车燃料消耗量为目标,大力推广普及节能汽车,提升汽车产业整体技术水平。

坚持自主创新与开放合作相结合。加强创新发展,把技术创新作为推动我国节能与新能源汽车产业发展的主要驱动力,加快形成具有自主知识产权的技术、标准和品牌。充分利用全球创新资源,深层次开展国际科技合作与交流,探索合作新模式。

坚持政府引导与市场驱动相结合。在产业培育期,积极发挥规划引导和政策激励作用,聚集科技和产业资源,鼓励节能与新能源汽车的开发生产,引导市场消费。进入产业成熟期后,充分发挥市场需求对产业发展的驱动作用和配置资源的基础作用,营造良好的市场环境,促进节能与新能源汽车大规模商业化应用。

坚持培育产业与加强配套相结合。以整车为龙头,培育并带动动力电池、电机、汽车电子、先进内燃机、高效变速器等产业链加快发展。以加快充电设施建设为重点,同时做好市场营销、售后服务以及电池回收利用,形成完备的产业配套体系。

3. 发展目标

(1)产业化取得重大进展。节能与新能源汽车的生产和消费稳定增长,产业规模位居世界前列。到2015年,纯电动汽车和插电式混合动力汽车累计产销量超过50万辆;到2020年,纯电动汽车和插电式混合动力汽车生产能力达200万辆、累计产销量超过500万辆,燃料电池汽车、车用氢能源产业发展水平与国际同步。

(2)燃料经济性显著改善。到2015年,节能型乘用车新车平均燃料消耗量降至6.9升/百公里以下。到2020年,节能型乘用车新车平均燃料消耗量降至5.0升/百公里以下,达到国际先进水平;商用车新车平均燃料消耗量接近国际先进水平。

(3)技术水平大幅提高。掌握先进内燃机、高效变速器、汽车电子、轻量化材料和普通混合动力等汽车节能关键核心技术,新能源汽车、动力电池及关键零部件技术整体上达到国际先进水平,形成一批具有较强国际竞争力的节能与新能源汽车企业。

(4)配套能力明显增强。关键零部件技术水平和生产规模基本满足国内市场需求。充电设施建设与新能源汽车产销规模相适应,满足重点区域内或城际间新能源汽车运行需要。市场营销、售后服务及动力电池回收利用体系基本完善。

(5)管理制度较为完善。建立起有效的节能与新能源汽车管理制度和扶持政策体系,形成比较完备的技术标准和管理规范体系。

三、主要任务

1. 实施节能与新能源汽车技术创新工程

增强技术创新能力是培育和发展节能与新能源汽车产业的中心环节,要强化企业在技术创新中的主体地位,引导创新要素向优势企业集聚,完善以企业为主体、市场为导向、产学研用相结合的技术创新体系，突破关键核心技术，提升产业核心竞争力。

（1）加大汽车节能技术研发和应用力度。以大幅提高汽车燃油经济性水平为目标，积极推进节能汽车集成创新和引进消化吸收再创新。重点开展柴油机高压共轨、汽油机缸内直喷、均质燃烧以及涡轮增压等高效内燃机技术和先进汽车电子控制技术的研发应用；支持有条件的企业研制六挡及以上机械变速器、双离合器式自动变速器、商用车自动控制机械变速器以及普通混合动力专用发动机和机电耦合装置；突破低阻零部件、轻量化材料与激光拼焊成型技术，大幅提高小排量发动机的技术水平。支持企业开展普通混合动力汽车技术研发。开展高效控制氮氧化物等污染排放技术研究。

（2）加强新能源汽车关键核心技术研究。大力推进动力电池原始创新和集成创新，重点开展动力电池系统安全性、可靠性研究和轻量化设计，开发新型超级电容器及其与电池组合系统，推进动力电池及相关零配件、组合件的标准化和系列化，加快研制动力电池正负极、隔膜、电解质等关键材料及其生产、控制与检测等装备；在动力电池重大基础和前沿技术领域超前部署，重点开展高比能先进动力电池新材料、新体系以及新结构、新工艺等研究，集中力量突破一批支撑长远发展的关键共性技术。加强新能源汽车关键零部件研发，重点支持驱动电机系统及核心材料，电动空调、电动转向、电动制动器等电动化附件的研发。开展燃料电池电堆、电池发动机及其关键材料核心技术研究。把握世界新能源汽车发展动向，对其他类型的新能源汽车技术加大研究力度。

到 2015 年，纯电动乘用车、插电式混合动力乘用车在纯电驱动模式下行驶的最高车速不低于 100km/h，综合工况续驶里程分别不低于 150km 和 50km；动力电池模块比能量达到 150W·h/kg 以上，成本降低至 2 元/W·h，循环寿命稳定达到 2000 次或 10 年以上；电驱动系统功率密度达到 2.5kW/kg 以上，成本降至 200 元/kW 以下。到 2020 年，动力电池模块比能量达到 300W·h/kg 以上，成本降至 1.5 元/W·h 以下。

（3）加快建立节能与新能源汽车研发体系。引导企业加大节能与新能源汽车研发投入，鼓励建立跨行业的节能与新能源汽车产业联盟，加快建设共性技术平台。重点开展纯电动乘用车、插电式混合动力乘用车、混合动力商用车、燃料电池汽车等关键核心技术研发；建立相关行业共享的测试平台、产品开发数据库和专利数据库，实现资源共享；整合现有科技资源，建设若干国家级整车及零部件研究试验基地，构建完善的技术创新基础平台；建设若干具有世界先进水平的工程化平台，发展一批企业主导、科研机构和高等院校积极参与的产业技术创新联盟。推动企业实施商标品牌战略，加强知识产权的创造、运用、保护和管理，构建全产业链的专利体系，提升产业竞争能力。

2. 科学规划产业布局

我国已建设形成完整的汽车产业体系，发展节能与新能源汽车应立足现有汽车产业基础进行布局，加强规划引导，以提高发展效率。

（1）加快发展新能源汽车整车生产能力。主要依托现有汽车产业基础加快培育和发展新能源汽车整车生产能力，现有汽车企业实施改扩建时要统筹考虑建设新能源汽车产能。在产业发展过程中，要注意防止低水平盲目投资和重复建设。

（2）重点建设动力电池产业聚集区域。积极推进动力电池规模化生产，加快培育和发展一批具有持续创新能力的动力电池生产企业，力争形成 2~3 家产销规模超过百亿瓦时、具有关键材料研发生产能力的龙头企业,并在正负极、隔膜、电解质等关键材料领域分别形成2~3家骨干生产企业。

(3)增强关键零部件研发生产能力。鼓励有关社会主体积极参与、加大投入力度,发展一批符合产业链聚集要求、具有较强技术创新能力的关键零部件企业,在驱动电机、高效变速器等领域分别培育2~3家骨干企业,支持发展整车企业参股、具有较强国际竞争力的专业化汽车电子企业。

3. 加快推广应用和试点示范

节能汽车已具备产业化基础,需要综合采取标准约束、财税支持等措施加以推广普及。新能源汽车尚处于产业化初期,需要加大政策支持力度,积极开展推广试点示范,加快培育市场,推动技术进步和产业发展。

(1)大力推广普及节能汽车。2011年底前出台汽车燃料消耗量管理办法,2012年开始实施分阶段燃料消耗量目标值标准,切实开展相关测试和评价考核工作,并提出2016到2020年汽车产品节能技术指标和年度要求。建立基于车型燃料消耗量和企业平均燃料消耗量的奖罚机制。实施重型商用车燃料消耗量标示制度和氮氧化物等污染物排放公示制度。

(2)扎实推进新能源汽车试点示范。在有关城市扩大公共服务领域新能源汽车示范推广范围,开展私人购买新能源汽车补贴试点,在试点示范工作中重点开展产品性能验证及生产使用、售后服务、电池回收利用的综合评价。探索具有商业可行性的市场推广模式,协调发展充电设施,形成试点带动技术进步和产业发展的有效机制。

探索新能源汽车及电池租赁、充换电服务等多种商业模式,形成一批优质的新能源汽车服务企业。继续开展燃料电池汽车运行示范,提高燃料电池系统的可靠性和耐久性,带动氢的制备、储运和加注技术发展。

(3)因地制宜发展替代燃料汽车。发展替代燃料汽车是减少车用燃油消耗的必要补充。积极开展车用替代燃料制造技术的研发和应用,鼓励天然气(包括液化石油气)、生物燃料等资源丰富的地区发展替代燃料汽车。探索其他替代燃料汽车技术应用途径,促进车用能源多元化发展。

4. 积极推进充电设施建设

完善的充电设施是发展新能源汽车产业的重要保障。要科学规划,加强技术开发,探索有效的商业运营模式,积极推进充电设施建设,适应新能源汽车产业化发展的需要。

(1)制定总体发展规划。研究制定新能源汽车充电设施总体发展规划,支持各类技术发展,根据新能源汽车产业化进程积极推进充电设施建设。在产业发展初期,重点在试点城市建设充电设施。试点城市应按集约化利用土地、标准化施工建设、满足消费者需求的原则,将充电设施纳入城市综合交通体系规划和城市建设相关行业规划,科学确定建设规模和选址分布,适度超前建设,积极试行个人和公共停车位分散慢充等充电技术模式。通过总结试点经验,确定符合区域实际和新能源汽车特点的充电设施发展方向。

(2)开展充电设施关键技术研究。加快制定充电设施设计、建设、运行管理规范及相关技术标准,研究开发充电设施接网、监控、计量、计费设备和技术,开展车网融合技术研究和应用,探索新能源汽车作为移动式储能单元与电网能量和信息实现双向互动的机制。

(3)探索商业运营模式。试点城市应加大政府投资力度,积极吸引社会资金参与,根据当地电力供应和土地资源状况,因地制宜建设慢速充电桩、公共快速充换电等设施。鼓励成立独立运营的充换电企业,建立分时段充电定价机制,逐步实现充电设施建设和管理市场化、社会化。

5. 加强动力电池梯级利用和回收管理

制定动力电池回收利用管理办法,建立动力电池梯级利用和回收管理体系,明确各相关方的责任、权利和义务。引导动力电池生产企业加强对废旧电池的回收利用,鼓励发展专业化的电池回收利用企业。严格设定动力电池回收利用企业的准入条件,明确动力电池收集、存储、运输、处理、再生利用及最终处置等各环节的技术标准和管理要求。加强监管,督促相关企业提高技术水平,严格落实各项环保规定,严防重金属污染。

四、保障措施

1. 完善标准体系和准入管理制度

制定并实施分阶段的乘用车、轻型商用车和重型商用车燃料消耗量目标值标准。进一步完善新能源汽车准入管理制度和汽车产品公告制度,严格执行准入条件和认证要求。根据新能源汽车应用示范和规模化发展需要,加快研究制定新能源汽车以及充电、加注技术和设施的相关标准。积极参与制定国际标准,提升在汽车国际标准化领域的话语权。2012年前,基本建立与产业发展和能源规划相适应的节能与新能源汽车标准体系。

2. 加大财政政策支持力度

中央财政加大投入力度,积极支持节能与新能源汽车产业发展。实施节能与新能源汽车技术创新工程,统筹技术开发、工程化、标准制定、市场应用等环节,构建产学研用相结合的技术创新体系;继续实施鼓励消费者购买使用节能汽车的政策,对公共服务领域节能与新能源汽车示范、私人购买新能源汽车试点给予补贴;实行基于汽车燃料消耗水平的奖惩政策,对提前达到下一阶段燃料消耗量目标值的车型予以奖励,对未达到企业平均燃料消耗量目标值的企业实施惩罚性收费。新能源汽车示范城市应安排专项配套资金,重点用于建设充电设施、建立电池梯级利用和回收体系等。发挥政府采购的导向作用,将符合条件的节能与新能源汽车产品列入有关政府采购清单,享受政府优先和强制采购政策,逐步扩大公共机构采购节能与新能源汽车的规模。

3. 实施税收优惠政策

加快研究建立基于燃料消耗量的汽车税收政策体系。经认定取得高新技术企业资格的节能与新能源汽车及其关键零部件企业,依法享受企业所得税优惠政策。对节能与新能源汽车及其关键零部件企业从事技术开发、转让及相关咨询、服务业务所取得的收入,依法免征营业税。

4. 强化金融服务支撑

引导金融机构建立鼓励节能与新能源汽车产业发展的信贷管理和贷款评审制度,积极推进知识产权质押融资、产业链融资等金融产品创新,加快建立包括财政出资和社会资金投入在内的多层次担保体系,综合运用风险补偿等政策,促进加大金融机构支持力度。支持符合条件的节能与新能源汽车及关键零部件企业在境内外上市、发行债务融资工具;支持符合条件的上市公司进行再融资。按照政府引导、市场运作、管理规范、支持创新的原则,支持地方设立节能与新能源汽车产业创业投资基金,符合条件的可按照规定申请中央财政参股,引导社会资金以多种方式投资节能与新能源汽车产业。

5. 营造有利于产业发展的良好环境

大力发展有利于扩大节能与新能源汽车市场规模的专业服务、增值服务等新业态,建立新能源汽车金融信贷、保险、租赁、物流、二手车交易以及动力电池回收利用等市场营销和售后服务体系,发展新能源汽车及关键零部件质量安全检测服务平台,实施区别于整车的动力电池和电机驱动系统售后服务政策。研究实行新能源汽车停车费减免、充电费优惠等扶持政策。有关地方实施限号行驶、牌照额度拍卖、购车配额指标等措施时,应对新能源汽车区别对待。

6. 加强人才队伍保障

以国家有关专项工程为依托,培育一批国际知名的节能与新能源汽车产业领军人才。加强电化学、新材料、汽车电子、车辆工程、机电一体化等相关学科建设,培育技术研究、产品开发、经营管理、知识产权和技术应用等人才。实施高端人才引进工程,鼓励企业、高校和科研机构从国外引进优秀人才。广泛开展技术培训,提高从业人员职业技能。

7. 积极发挥国际合作的作用

支持高校和科研机构在节能与新能源汽车基础和前沿技术领域开展国际合作研究,进行全球研发服务外包,在境外设立研发机构、开展联合研发和向国外提交专利申请。完善出口信贷、保险灯政策,支持新能源汽车产品、技术和服务出口。支持企业通过在境外注册商标、境外收购等方式培育国际化品牌。充分发挥各种多双边合作机制的作用,加强技术标准、政策法规等方面国际交流与协调,合作探索推广新能源汽车的新型商业化模式。

五、规划实施

成立由工业和信息化部牵头、发改委、科技部、财政部等部门参加的节能与新能源汽车产业发展部际协调机制,加强组织领导和统筹协调,综合采取多种措施,形成合力,加快推进节能与新能源汽车产业发展。各有关部门要高度重视,根据职能分工制定本部门工作计划和配套政策措施,做好对《规划》实施的指导和支持,确保实现《规划》目标。

有关地区要按照《规划》确定的目标、任务和政策措施,结合当地实际制订具体落实方案,切实抓好组织实施,确保取得实效。具体工作方案和实施过程中出现的新情况、新问题要及时报送有关部门。

附录六 法国汽车工业

汽车产业是法国的经济支柱之一,在历史上曾经为法国带来过一个个辉煌,也曾经把法兰西的浪漫文化撒播到全世界。2006年法国汽车总产量为317万辆,位居世界第六位,比2005年减少了10.7%。

法国汽车工业产值达920亿欧元,占国民经济总产值的15%;雇员总数约15万人;出口额占汽车产值的70%。法国拥有13家汽车制造厂商,其中包括两大本土企业:标致—雪铁龙集团和雷诺集团,以及大众、福特、菲亚特、戴姆勒—克莱斯勒、丰田、宝马和尼桑等国外厂商。法国本土汽车厂商在汽车市场占主导地位。如附图6-1所示,为标志—雪铁龙集团生产的标致307;如附图6-2所示,为雷诺集团生产的雷诺风景休闲车。

附图6-1 标致307

附图6-2 雷诺风景休闲车

一、法兰西特色的造车历史与文化

早在1769年,法国陆军技术军官居尼奥就在政府的支持下试制成功了世界上第一辆具有实用价值的蒸汽汽车,从而引发了世界性的研究和制造汽车的热潮。但随后到来的法国大革命却让法国的汽车研究中断了几十年,直到1828年,巴黎技工学校校长配夸尔制造了一辆蒸汽牵引汽车,其独创的差速器及独立悬挂技术至今仍在汽车上广泛应用着。

法国出现第一辆汽油汽车是在1890年,由阿尔芒·标致创立的标致公司生产。一战前,标致的年产量达到1.2万辆,到1939年时年产量达4.8万辆。而1915年创办的雪铁龙汽车公司发展更快,20世纪20年代初年产量就突破10万辆,1928年日产达汽车400辆,占全法汽车产量1/3。另一创办于1898年的大型汽车厂雷诺汽车公司发展也很快,1914年便形成了大规模生产。

法国汽车的总体特点就是车体较小而设计新颖,符合大众化的方向,因此在西欧成为家庭轿车的热门,雷诺的"丽人行"微型车在欧洲曾多次获销量第一。但是在豪华车、跑车领域,法国汽车公司就不如美、德、日等国汽车公司出色,这成为法国汽车业的遗憾。

二、汽车销售市场上的恶战

近年来,法国汽车销售不容乐观,本土品牌的市场占有率虽然过半,可是市场份额却逐步在萎缩。2006年,法国两大汽车制造商销售业绩下滑,从2005年占有法国市场份额的56%下跌至2006年的54.3%。标志—雷诺汽车集团在法国本土下降了3%,新车注册上牌数为614729辆。其中标致356802辆,下降1.5%,占市场份额17.8%;雪铁龙257927辆,下降4.9%,占市场份额12.9%。雷诺汽车集团销售下降幅度达8.1%,新车注册上牌数为490847辆,如不包括旗下达契亚汽车,雷诺汽车新车注册上牌数为472105辆,下降10%,占市场份额23.6%。

其他外国品牌汽车在法国市场销售各有千秋,德国大众新车注册上牌数为236231辆,增长3.6%,占市场份额11.8%;日本各品牌(丰田、本田、马自达和铃木)新车注册上牌数为183824辆,增长3.3%,占市场份额9.2%;福特汽车新车注册上牌数为113917辆,下降8.0%,占市场份额5.7%;欧洲通用汽车新车注册上牌数为110070辆,下降6.9%,占市场份额5.5%;戴姆勒—克莱斯勒汽车新车注册上牌数为78530辆,增长3.5%,占市场份额3.9%;菲亚特集团新车注册上牌数为69674辆,增长7.5%,占市场份额3.5%;宝马汽车新车注册上牌数为50291辆,下降5.2%,占市场份额2.5%。其他品牌占法国市场份额3.6%。

三、二手汽车销售渐旺

2006年,据法国汽车制造商委员会最新发布的统计数据显示,2006年法国小轿车(新车)销售市场不佳,与2005年相比下降了3.3%。尽管法国汽车销售市场11月和12月表现一般,全年新车注册上牌数勉强超过200万辆(2000553辆),低于1999—2002年年销售220多万辆。与之形成鲜明对照的是,二手车销售渐旺。法国汽车行业组织公布的最新统计数据显示,法国二手车市场2007年第一季度法国二手车共成交140万辆,比上年同期增长0.5%,而同期新车销量下降了1.4%。两个数字的对比说明,二手车比新车更受欢迎。

法国二手车年成交量已经连续6年超过500万辆。在法国,每卖出一辆新车的同时就有两到三辆二手车易主,在路上跑的汽车有18%是易过主的二手车。

业内人士指出,法国家庭越来越注意缩减汽车方面的开支以满足其他需要。同时,由于安全、环保等因素使汽车制造成本日益增加,新车也变得越来越贵。许多家庭在选择第二辆或第三辆车时优先考虑二手车。

法国全国汽车职业委员会公布的数据显示,法国2006年二手车交易量达到了546.5万辆,比2005年上涨1.5%。法国家庭每辆车平均保有时间不超过4年。

四、环保型汽车越来越受欢迎

据法国环境与能源控制署公布的数字显示,污染较小的汽车在法国日得人心。随着法国人环境保护意识的增强,污染较小的轿车越来越受到法国人的青睐,2006年法国销售的低污染轿车占47%,占据了法国市场的半壁江山。

据统计,2006年,法国销售的汽车每公里平均二氧化碳排放量首次低于150g。在柴油轿车中,双座斯马特微型柴油车(SmartForTwo)每公里二氧化碳排放量连续3年保持在101g,紧随其后的是大众波罗、雪铁龙C1。在汽油轿车里,丰田普锐斯混合动力车则以104g的排放量独占鳌头,其销量一年中翻了一番;雪铁龙C1和标志107的排放量为109g。在全球35种最佳环保车中,产自法国的占14种。

目前,越环保的轿车在法国就越畅销。统计显示,排放量在161~250g之间的轿车仅占市场份额的1/4,5年内下降了7个百分点,4×4越野车自1995年以来首次出现了滞销。在法国,柴油车的市场份额已占71%,低于葡萄牙、西班牙和意大利,在欧盟国家中列第四位。

尽管汽车环保技术日新月异,但是,随着开车族的增加,法国汽车的温室气体排放量仍占全国温室气体排放总量的27%,与1990年相比高出了4%。

附录七 英国汽车工业

如果脱去汽车工业化的外壳，将其看做一件工艺品或者收藏品，最名副其实的一定是英国车，从汽车发明的100多年里，英国车一直被认为是代表着汽车工艺的极致以及品位、价值、豪华、典雅这几诸多词语在汽车上最完美的体现。英国的克鲁郡（Crewe）至今秉承着传统的造车艺术，经验丰富的工匠始终以手工进行装嵌。绝大部分的工匠都有超过30年以上的丰富经验，造车技术代代相传，工艺千锤百炼，品质完美无瑕，处处流露出英国传统造车艺术的精髓：幽雅、灵动、恒久精炼。同样，在长桥（Long Bridge），英国汽车工业的百年教父MGRover仍然在延续他们不变的英国气质。"买日本车，买的是工具；选择德国车，选得是机器；而拥有英国车，拥有的是艺术"，这句话从一个侧面反映出英国汽车品牌以一种超物质的精神存在于机械中。

然而在这个最知道如何恪守传统，如何在"凝止的文化中找出韵味"的贵族国家里，守旧一方面造就了英国车无人能及的王者地位，另一方面也终于成为英国汽车工业衰落的最直接原因。由于其一直固守着传统的手工制作、造型设计以及挑剔的选材等等，在汽车制造日益商业化、流水线化、电子化的今天，无论在生产成本、产量方面，还是在计划的革新上，英国车终于再难以跟上主流市场的步伐，走向了必然的衰落。

此外，除了极端的"手工＋奢华"保守路线外，对于英国汽车工业的衰败，人们归咎的另一个原因是英国政府"保姆式的"汽车工业政策。从20世纪40年代末期开始，英国政府对本国汽车工业实施高关税保护，远远独立在欧共体之外。1952年开始的"分期付款赊销政策"则让英国汽车工业大束手脚，产能和研发能力停滞不前。20世纪80年代开始实行的削减税收拉动消费政策恰恰让外来的日系和美系车商捞足了利润，却使其自有品牌陷入了亏损的泥潭。

从1904年，第一台英国轿车Edmund Lewis驶出当时世界最先进的考文垂汽车工厂，直到今天作为最后一家本土资本汽车企业罗孚的破产，100年间大英帝国竟然失去自己的所有汽车企业，这看上去更像是一则令人深省的寓言。

一、流浪的王冠明珠—劳斯莱斯与宾利

劳斯莱斯与其姐妹品牌宾利在人们的心目中一直是轿车家族中的极品，被誉为"英王皇冠的明珠"。劳斯莱斯汽车公司创始人是劳斯和莱斯两人。为了保持品牌的含金量，从成立那天起，劳斯莱斯公司一直坚持手工生产，只追求质量而不追求数量。直到今天，虽然采用了一条流水线，但其年产量仍然限定在2000辆左右，1907年，劳斯莱斯推出了噪音极低、行驶起来像幽灵一样的高级轿车，后来被人们称之为"银色幽灵"。英国女王宣布：今后不再乘马车，改坐"银灵"轿车。自推出"银灵"以来，劳斯莱斯成为各国元首、皇室、贵族必备的"坐骑"。不少影星、歌星及百万富翁来也想拥有劳斯莱斯轿车这种"世界上最好的轿车"，以此炫耀自己的阔气，但是，劳斯莱斯轿车并不面向所有想拥有它的人。生产厂家对劳斯莱斯轿车购买者的身份及背景条件有严格的审查和要求。可以说，正是其不惜成本打造豪华车、限量生产及其对购买者的"选择"，使劳斯莱斯身价倍增，最终成为全世界公认的贵族品牌。但从20世纪80年代开始，劳斯莱斯开始受其品牌定位所累，企业经营陷入了困境。公司从成立之日起，就抱定了为

上流社会少数人服务的宗旨,这种"官老爷"式的经营方式吓跑了不少购车人,即使是 1990 年劳斯莱斯汽车销售最好的年份,创下了历史最高纪录,也不过只有 3000 多台。但 1991 年和 1992 年英美的经济遇到困难,加上政府征收奢侈税,使劳斯莱斯汽车的销量锐减,公司亏损 1.1 亿英镑。此后,公司一直在困境中挣扎。1998 年 3 月,劳斯莱斯的母公司英国维克斯集团宣布以 7 亿美元的价格,将劳斯莱斯汽车公司和宾利汽车公司出售给德国大众公司。消息传来,德国人的喜悦之情溢于言表,英国人的反应更多的则是惋惜和无奈。但劳斯莱斯品牌的故事并没有到此终结,宝马公司是劳斯莱斯汽车发动机和其他配件的主要供应商,因此宝马公司扬言,如果大众公司赢得这笔交易,它将在 12 个月后中止供货协议。此外为了最终占有劳斯莱斯品牌,宝马公司与英国劳斯莱斯飞机发动机公司达成协议,以 4000 万英镑的代价将劳斯莱斯汽车的品牌和经营权买了过来,因此,劳斯莱斯经营权于 2002 年起,由大众移交给宝马。大众汽车在这场品牌争夺战中花费了几亿美元,换来的却是一个劳斯莱斯的短期"抚养权",到 2002 年 1 月 1 日还要把劳斯莱斯的品牌还给宝马公司。即将失去劳斯莱斯的大众不得不作好部署,务求尽快将宾利品牌的声誉尽快提升至劳斯莱斯的级数。2003 年,劳斯莱斯在正式被宝马接收后推出了新一代"幻影"。英国最顶级的姊妹豪华轿车品牌至此变成为两家德国车厂角逐的武器。

二、沉浮与传奇——捷豹汽车

捷豹的故事还要从 1922 年讲起,有一位名为威廉.里昂斯的摩托车发烧友遇上了一位 30 岁的机械师威廉.威斯利,他们一见如故在 1922 年 9 月 4 日,他们创立一间名叫燕子(Swallow)的汽车配件公司。

1934 年冬天,里昂斯请来了工程师哈利.威斯利克,他被认为是英国 30 年代最优秀的工程大师。1935 年,另外一个至关重要的人出现了,他就是威廉.哈尼斯。里昂斯让哈尼斯作公司的首席工程师。在这一年,里昂斯把汽车公司更名为捷豹(Jaguar),全力进行汽车制作。

捷豹最初的产品包括超豪华车(Limousine)、敞篷车和跑车。捷豹在战前最有名的一款车是 3.5L 排量 SS100。这款车的速度惊人,极限速度可以达到 160km/h。战后首次举行的伦敦率展中,首次露面的 MarkV 配置了捷豹新开发的前轮独立悬挂系统及改良的车身底盘。他是早期捷豹车系中最杰出的一款豪华房车。1954 年捷豹发展的 D-type,是当年赛车的经典之作。在接下来 3 年(1955~1957 年)的勒芒,D-type 完成三连冠的伟业。

然而,80 年代对捷豹来说是个充满着灾难的 10 年,始创人威廉.里昂斯爵士与世长辞后,捷豹公司也跟随着大不列颠的其他工业一样,在险要的高山斜坡上滑落,向万劫不复的田地进军。新开发的 AJ6 直列六缸发动机问世了,但是他并不像当年装备在 XK 系列上的六缸直列发动机同样成功。在赛车场上,XJ 的跑车系列,XJR-series 虽然如同当年一样威风八面,公司的境况却每况愈下。1989 年,捷豹被美国福特公司以 40.7 亿美元的价格购入,威廉姆斯.J.海顿爵士作为捷豹新的首席执行官在 1990 年 1 月 1 日正式上任。让当时濒临破产的捷豹获得了新生。在这场商业谈判中捷豹公司成功地保证了自己的利益,他将作为一个完全独立的子公司存在,这对捷豹的车迷乃至全世界的高档轿车及跑车制造业来说,同样是个好消息。

20 世纪 90 年代,在福特公司的帮助下,捷豹走出了困境,并且在赛车方面不断传来好消息。XJS 在经过改进之后,重新焕发出生命力,在 1988 年以概念车的身份出现的 XJ220,也在

1991 年成为了量产车,到了 90 年代后期,新款的 XK、XJ 系列、R 系列,S-type 依次登场了。新的技术、新的款式、新的理念被体现得淋漓尽致,在新千年,F1 的成功参赛以及多款跑车的成功推出,使得公司逐渐恢复了 50 年代的声誉。

三、失落的超级跑车——阿斯顿·马丁

一提到阿斯顿·马丁就会想到 007 詹姆斯·邦德的传奇故事。英国的阿斯顿·马丁一直是传奇的车厂,它几乎从来没有赚钱,而且几经转手,不断靠大财团支持。原因之一就是他从不生产大众化的廉价汽车、而且产量不高。虽然英国车总是带有保守和固执的绅士风格,但阿斯顿·马丁的每一种款式却总是久负盛名,毫无过时之感。自 1971 年与 007 联系在一起的 DB6 停产以后,公司于 1993 年推出了全新的 DB7,它的独特魅力吸引了众多的车迷。

阿斯顿·马丁原是英国豪华轿车、跑车生产厂。建于 1913 年,创始人是莱昂内尔·马丁和罗伯特·班福德。公司设在英国新港市。马丁是个有钱的赛车手,班福德是名工程师。1913 年两人合作开始制造高档赛车,公司当时的名称是马丁·班福德公司,1914 年他们生产出自己的第一辆汽车。马丁曾驾驶自己制造的赛车在阿斯顿·克林顿山举行的山地汽车赛中获胜,为了纪念胜利,1923 年马丁把公司和它的产品都改名为阿斯顿·马丁。

胜利带来荣誉却没能带来利润,公司业绩不佳被反复转卖。1947 年公司卖给拖拉机制造商戴维·布朗,他成为阿斯顿·马丁历史上影响最大的主人。同年他买下另一家超级跑车厂拉贡达公司,公司改名为阿斯顿·马丁·拉贡达公司。到 60 年代阿斯顿·马丁曾有过一个辉煌时期,但好景不常,公司很快又陷入困境,负债累累。

1972 年戴维·布朗不得不把占有了 25 年的公司出售。在这之后公司又开始频繁更换主人,1987 年公司终于被美国福特公司相中,收购了 75% 的股份,1994 年 7 月又收购了其余的股份,从此阿斯顿·马丁成为福特汽车的品牌之一。在英国汽车排行榜上,阿斯顿·马丁历来都紧随劳斯莱斯和宾利之后,即使是最便宜的阿斯顿·马丁 DB7,国际市场价格也不低于 13 万美元。

四、最后的骑士——罗孚

罗孚是英国的第一家汽车企业,也曾经是最畅销的英国汽车品牌,据说就是在 20 世纪 80 年代末期罗孚轿车在整个欧洲的销量也是奔驰当年的一倍。然而今天,当人们谈论起罗孚时,更多的是对其作为最后一家纯粹英国汽车企业最终仍然难逃破产命运的感慨。不久前,苦苦支撑多年,亏损数亿英镑的罗孚终于宣布破产,英国汽车工业最后的"堡垒"终于陷落。

英国 MG 罗孚汽车公司生产基地位于英国工业革命的摇篮英格兰中部的伯明翰地区,已有 101 年历史。罗孚的第一辆汽车的诞生时间比最早的四轮汽车晚了 18 年,但它的起点的是非常高,属于汽车的许多重要元素都已经包含在这辆汽车上,并且这辆车使用了最早的带中央骨架的底盘,应该说它是一个比较成熟的产品,销售达到了 2200 辆。但是,进入 20 世纪 90 年代以来,一直经营欠佳,命途多舛,虽几经易主,但谁也拿不出任何灵丹妙药彻底扭转其艰难的命运。此次破产之前,从英国政府、到公司管理层直至工会都无不把挽救该公司的希望寄托于与上汽的合资成功上面。与上汽谈判中断后,英国政府取消了原先答应给予该公司 1 亿英镑的贷款承诺,致使公司财务枯竭而彻底断炊,不得不由普华永道会计事务所担负起对它的破产

管理。

罗孚公司的命运也是英国汽车工业多年痼疾所致。从第二次世界大战结束后英国政府对汽车工业实行关税保护影响其加入欧共体，从1952、1973年政府采取的分期付款赊销政策影响厂家提高产量和创新能力，到20世纪80年代开始的减税促进消费政策让外来者大受其益，始终使英国汽车工业在别别扭扭中跌跌撞撞。

市场经济中平等竞争、适者生存的铁律不容违抗。从海外媒体透露的大量信息看，罗孚公司汽车价格竞争力差，销路不好，开发新车型又缺乏资金，面对日本等国价廉物美汽车的大举进攻，败下阵来早在预料之中。英国诺丁汉商学院的库克教授甚至指出，罗孚具有"身份危机"。它想成为一个大批量的汽车生产商，但它却根本没有大规模运营的财力和能够博得消费者欢心的创新力。

五、逃跑的精灵——Mini

1956年苏伊士运河爆发战争，石油危机笼罩英国，英国汽车公司（BMC）聘请了著名汽车设计师伊西戈尼斯（Issigonis）。当时英国流行大型轿车，但是他很清楚更需要一种经济型轿车，要求公司完全按照他的思路设计，否则就不干，他的要求很快得到批准。1959年秋天Mini终于面世了。人们看到只有3.9m长的车身里，容纳了4张合适的座椅，1988年，伊西戈尼斯莫逝世了。但他的Mini创造了一个奇迹。这种车车轮才25.4cm，技术落后的铁质发动机的功率又比别的汽车小得多，它怎么可能在比赛中把保时捷、富豪、福特等汽车甩在后面呢？Mini的秘密来自于技术优势：巧妙的重心分布及适当的轴距和轮距。由于它的外型呆头呆脑，许多人曾试图使这种小车换成一种"现代化式样"，改进原来的设计，结果没有成功。也因为它呆头呆脑的可爱模样和卓越性能，获得了许多人的青睐，成为不分等级的私人用车。首先迷上Mini车的人士，是伦敦及欧洲一些潮流派的中产阶层，许多名流把它当做玩具在市区里开来开去，同时，这种价格比较低廉，经济实惠的小车也成为不少普通百姓的私家车。

Mini曾属于罗孚公司，然而虽然畅销，一方面，由于总公司巨大的亏损漏洞以及较高制造成本造成的低利润率，2000年罗孚将Mini的经营权交给宝马汽车公司。经过重新设计和调整的宝马Mini只保留1.3L和Cooper两款型号，并且保持了英国版Mini造型和风格，在40年的生涯中，已经累积生产了540多万辆，成为英国最佳单一品牌轿车的销售记录。

附录八 印度汽车工业

和世界上其他很多国家一样,印度汽车工业是印度经济的支柱,对印度经济的发展起着至关重要的作用。发展良好的印度汽车工业目前生产各种细分车型。目前,印度汽车工业提供 20 万就业岗位,汽车零部件工业提供 25 万就业岗位,与汽车相关产业共计提供 100 万就业岗位。随着外资对印度汽车工业投资的增长以及印度汽车自身的快速发展,在今后 10 年,印度汽车及相关产业将会再增加 25 万就业岗位。印度政府也将提高对汽车工业的投资,以支持其快速发展,并对新技术的研发提供资金支持,以研发世界先进的汽车技术。印度政府的目标是在 2016 年,印度汽车技术将能与世界其他汽车工业发达国家媲美。

一、印度汽车工业的发展史

印度最大的汽车制造商——塔塔汽车公司是印度最主要的汽车制造商之一,成立于 1945 年,目前已经成为世界 10 大商用车制造商之一。年营业额高达 20 亿美元,从 20 世纪 60 年代起已出口汽车到欧洲、非洲和亚洲等一些国家和地区。公司于 1998 年推出了拥有自主知识产权的印迪卡轿车,当时售价约合人民币 5 万余元。这款经济型轿车的上市直接导致了印度耐用消费品领域有史以来的第一场价格战。今年,塔塔集团推出"世界上最便宜的汽车"——Nano 汽车,该车还未正式上市就接到大量订单,现在更是风靡印度,取得骄人成绩。

80 年代以后,当印度国内产生了经济自由化的潮流之后,它的汽车产业才开始呈现出增长的势头。随着许可制度的弹性运用以及各种限制政策的放宽,印度与日本等国外企业之间的资本、技术合作也开始重新活跃起来。

1984 年,印度乘用车(含吉普车)的产量开始超过商用车,因此,80 年代以后,印度汽车业的增长实际上是乘用车生产主导型的增长。其中,日系企业对印度汽车产业的发展起到了相当大的推动作用。目前,无论是在乘用车还是摩托车领域,日系企业的产量都超过印度总产量的一半以上。

印度政府从 1991 年开始,陆续颁布了新的工业、贸易、投资和外汇政策,希望通过更为自由的经济政策和市场机制,提高工业企业效益,扩大出口,保持经济的稳定增长。

1991 年以后,随着印度经济自由化的进一步深入,国际巨头对印度国内市场的巨大潜力都抱有相当大的期望,由此掀起了新一轮的外资企业投资热潮。印度汽车产业也终于被排除在产业许可制度之外,外资独资企业也终于获得了印度政府的认可,印度政府对产业的限制得到逐步的放宽。自 1994~1999 年间,进入印度的外资企业上升到含日本丰田、本田、美国通用、福特等在内的 9 家公司。世界主要汽车厂商围绕着印度乘用车市场展开了激烈的竞争。但是,在印度的产业政策当中,保护主义占了上风,对汽车产业必须特殊对待的这种观点深入人心。

1993 年,印度政府再次调整了产业政策,有条件地向国际汽车工业巨头打开国门。十数家大批汽车界巨头先后以合资合作、投资建厂等方式涌入印度市场。得益于外来雄厚的资金、先进的技术与管理以及品牌,印度自己的汽车工业和消费市场没有错过这个机会。该国轿车工业在 20 世纪 90 年代后期呈高速增长态势,形成年产 120 万辆的生产能力。

近些年来,一些发达国家陆续关闭了在本国的汽车制造厂,纷纷将制造基地转移到印度这样一些新近崛起的、成本低且市场容量大的国家。

进入21世纪,印度汽车产业迎来了新的增长局面。实际上,自2001年以后,印度汽车生产就实现了2位数的增长,2003年,汽车(乘用车与商用车)的总产量突破了百万辆大关,达126万辆。2004年,其增长势头依然迅猛,总产量超过了156万辆。

印度汽车工业近些年发展迅猛,在过去五年中,印度汽车工业以16%的增幅高速发展,出口也在大幅增加,2004财年印度汽车出口额为10亿美元,2006财年就已经达到22.8亿美元。2009~2012年,在全球汽车市场的平均增长率仅为1%~1.5%的前提下,中国汽车市场增长率将保持在15%,而同期印度市场增长率也接近10%,加上印度市场巨大的人口带来的潜在消费量,无论是在亚洲和全球制造定位以及内部消费潜力上,在外资汽车巨头的眼里,印度市场将是一个不可忽视的巨大市场。

二、印度汽车工业快速发展的原因

有专家认为,2010年印度汽车的年产量将有望突破200万辆,并在2015之前进一步扩大到350万辆的规模。印度汽车产业已经确立了其作为世界汽车生产、销售重要据点之一的地位,并将持续保持强劲的发展势头,有以下三个原因:

首先,随着印度经济的快速增长,国民收入增加,有购车需求的人越来越多,潜在汽车消费市场巨大。

其次,全球汽车巨头青睐印度市场,许多汽车生产厂商,都把印度纳入了各自的全球化战略当中,并积极地在当地开展着自己的业务。

第三,印度汽车零部件工业发达,为汽车产业的迅猛发展提供了强有力的支撑。预计在2012年之前,印度汽车零部件行业的收益将以18%的年增长率快速增长。至2015年,这一市场的潜在交易额将高达400亿~450亿美元,而其中出口所占的比重将达到50%。

三、汽车零部件工业是其强有力的支撑

订单暖流涌向次大陆由于印度的汽车零配件制造业起步较早,价格也相对低廉,世界各大汽车制造商对此也抱有浓厚的兴趣,大量订单纷至沓来。直接的结果是,印度当地的汽车零部件企业得到高速发展,规模得以扩大。

随着大量采购商的目光逐渐转向印度,其汽车零部件产业业务也发展的欣欣向荣。同时,利好的发展局面更是刺激了印度本土零部件企业的对外扩张。当地最大的汽车电池制造商Minda工业有限公司2006~2007财年的销售额增长了44.22%,净销售收入达到386.6亿卢比(约43.15亿元人民币)。而在2005~2006财年,该公司的净收益仅为268.05亿卢比。目前,该公司的下一步计划是在世界范围内参与竞争,并摩拳擦掌准备抢占东南亚市场。

印度有较好的零部件工业的支持,其60%的零配件出口到欧洲与美国。已形成了近30亿美元的汽车零部件出口业务。这主要得益于印度在质量、生产率、技术和沟通技能方面的确有不错的表现。

世界上最大的汽车发动机和汽车轴承及配件生产商是印度的巴拉特锻造公司,戴姆勒、丰田、福特等均是巴拉特锻造公司的客户。而且,塔塔集团本身也拥有钢铁公司,这些都可以帮

助其进一步降低成本,保持低成本优势。

四、制造成本低廉也是其巨大的优势

由于印度的原材料充足,特别是高质量的钢材,预计未来10年,印度而非中国将成为汽车企业关注的焦点。同时,随着中国劳动力成本的不断上升,印度更加具备竞争力(目前中国制造业月均人工成本为250～350美元,而印度制造业如汽车零部件工人月薪仅60～70美元)。

随着全球产业的不断升级和价值链的转移,廉价劳动力和低成本优势逐渐向南亚国家转移,中国汽车业的低成本优势正在逐渐丧失。比如,塔塔公司新上市的Nano汽车就以"世界上价格最低的汽车"吸引了无数人的目光,Nano的主要目标市场是印度国内的中低收入阶层,并且也考虑出口到东南亚、非洲和拉美地区。这与中国低成本小车的海外市场基本上是重合的。例如,奇瑞汽车的主要出口市场是东南亚、中东、北非和中南美等第三世界国家。这些国家对汽车的安全及排放要求较低,低价是这些市场最有力的竞争手段。因此,Nano很有可能在海外市场上不断侵蚀中国汽车的出口市场。

目前,越来越多的汽车巨头都将注意力转移向了印度,甚至有制造商称印度市场为"发展任何世界轿车都不能忽视的市场"。印度的地理位置优越,在印度建立汽车生产基地既可向东南亚出口汽车,又能开拓邻近的中东和非洲市场。

印度汽车工业已经成为了中国汽车强有力的竞争对手了。

附录九　俄罗斯汽车工业

俄罗斯的汽车工业历史要回溯到苏联或沙皇时代。

第一次世界大战前,俄国生产了400辆汽车,但是同时也进口了数万辆汽车。为了战争的需要,沙皇政府规划在全国建设6个汽车厂,设计年产量为7500辆。未等这些汽车厂建成,十月革命推倒了沙皇统治。

1924年,莫斯科的阿莫夫工厂(后改称斯大林汽车厂,再后改名李哈乔夫厂,简称吉尔厂)生产出了苏联的第一批10辆阿莫—Φ15型轻卡,揭开了苏联汽车工业发展史的第一页。

1925年建成雅罗斯拉夫厂(该厂1959年后改产柴油发动机)开始生产卡车。

1927年新建的莫斯科斯巴达克厂开始生产自行设计的微型轿车。

20世纪20年代末,苏联汽车年产量达到2000辆,但是远远满足不了市场需要,道路上行驶的汽车90%依靠进口。

20世纪30年代,苏联制定了社会主义工业化纲领,着重发展重工业生产,汽车工业被列为重点项目。

1932年在美国福特汽车公司的援助下,苏联建成了高尔基汽车厂(简称嘎斯厂),主要产品是嘎斯—A型轿车,规划年产10万辆。这期间还改造了阿莫夫厂,形成7万辆的生产能力,再加上红色普提洛夫人厂等,形成了苏联汽车工业的基础力量,汽车产量迅速增加。

1937年超过20万辆,居当时世界汽车生产的第四位,卡车产量为欧洲第一和世界第二。

在卫国战争期间,苏联汽车工业全部转入军品生产,汽车产量减少了60%以上,但是在乌里扬诺夫和乌拉尔仍然新建了两个汽车生产基地。战后经济恢复和发展时期,苏联继续新建、扩建和改造汽车厂,如明斯克厂、敖德萨厂、库塔依斯厂、利沃夫厂、巴甫洛夫厂、白俄罗斯厂、里加厂等。到60年代初,苏联汽车产量突破了50万辆。

20世纪60年代起,苏联大力改进汽车工业的管理和组织形式,建立全苏和各加盟共和国的汽车工业联合公司(中国也曾建立过,但是在文化革命中被"破"掉),这种类似托拉斯的经济组织将工厂、科研、设计、工艺及其他企事业单位联合在一起,加强了对汽车工业的集中统一领导,形成了大规模生产。

1970年,同意大利菲亚特公司和法国雷诺公司合作,建立了规模巨大的伏尔加汽车厂,使轿车产量从30多万辆增加到120万辆。还引进技术,建立了年产15万辆重型卡车和25万台柴油发动机的卡马河汽车厂。在当时,这两个厂分别是世界最大的轿车厂和卡车厂。

70年代组建的汽车生产联合企业主要有:

伏尔加汽车厂,有5个工厂,生产轿车,年产能力80万辆;

李哈乔夫汽车厂,有17个工厂,主要产品是重型卡车和轿车;

高尔基汽车厂,有工厂9个,主要产品是商用车和轿车;

雅罗斯拉夫发动机厂,有5个工厂,主要产品是柴油发动机;

扎夫日斯克发动机厂,有2个工厂,主要产品是汽油发动机;

莫斯科列宁共青团汽车厂,有4个厂,主要产品是轿车;

卡马汽车厂,有工厂4个,主要产品是商用车,年产能力15万辆重型车,25万台发动机;

乌里扬诺夫斯克汽车厂，有 4 个厂，主要产品是轻型车；

乌拉尔汽车厂，有 3 个厂，主要产品是 8 吨以下商用牵引车；

克拉明楚格汽车厂，有 9 个厂，主要产品是牵引车和半挂车；

明斯克汽车厂，有 12 工厂，主要产品是 8~14 吨商用车和牵引车。

此外，还有若干配套企业，如专用车和挂车联合公司、客车联合公司、汽车零部件联合公司、汽车电器仪表公司、摩托车自行车公司、汽车工业设备公司等。

1977 年，苏联汽车产量突破了 200 万辆，80 年代初达到 230 万辆，居世界第五位，轿车产量比重从 40 年代的 8% 上升到 64%。

到 80 年代，苏联汽车工业达到了发展历史的高峰。但是整个 80 年代没有建立新的汽车厂，产量也徘徊不前。

1991 年，苏联解体，独联体成立，汽车工业也陷入转折的困境之中。原有企业仍然存在，但是产权有变化，如卡马河厂 1990 年就私有化了，1991 年又与康明斯公司合资（股本各占 50%）。

目前俄罗斯人使用的轿车主要是拉达、伏尔加、莫斯科人、日古利等，其中拉达车最多，其次是伏尔加轿车。

到了 21 世纪，俄罗斯汽车工业仍然没有大的起色。

附录十 巴西汽车工业

一、发展背景

巴西联邦共和国位于南美洲东部,幅员辽阔,总面积 854.74 万 km²,是世界第五大国,拉美第一大国,属于发展中国家。1999 年全国人口 1.71 亿,国内生产总值 10101 亿雷亚尔(本币),人均国内生产总值 5 900 美元。巴西盛产大豆、咖啡、可可、柑橘等经济作物,原是一个以农业为主的国家。巴西北部为圭亚那高原,东部为巴西高原。两高原之间为亚马逊平原,交通运输极不方便。1956 年全国有公路 7.2 万 km,还不及中国 1955 年公路长度的 1/2。铁路和水路都不发达。城市之间的交通运输不得不采用空运,既不合理,也不经济。许多经济专家分析,在巴西许多地区,汽车运输最合适,按货运性质和数量,不适合发展铁路和水运。同时,在 20 世纪 50 年代资本主义竞争机制的刺激和影响下,巴西政府提出了经济开发计划,准备发展基础工业,对汽车使用有着迫切的要求。这便迫使巴西政府不得不考虑和发展本国汽车工业,把发展汽车工业列为国家开发计划中的重要项目之一。汽车工业在巴西国民经济中一直占有重要地位,在巴西全国工业总产值中,汽车工业产值占 12%。

众所周知,汽车工业是在钢铁工业和公路系统已具有一定规模的基础上产生的,而汽车工业的发展又大大推动了钢铁工业和公路建设的发展。几十年来,巴西的钢铁工业以惊人的速度不断发展,以 1996 年为例,钢产量达到 2523.6 万 t,每万吨钢的汽车产量已达 721 辆,接近于发达国家水平。在 20 世纪 50~60 年代期间,巴西大力建设公路。1970 年全国公路总长度已达 113 万 km,是 1956 年的 15.6 倍。到 90 年代,巴西公路全长已达 200 多万 km,主要大城市之间都建有现代化高速公路。目前,在巴西全国客运和货运中,汽车运输占 80% 以上,铁路运输占 10%,水运不足 8%。

战后,随着国民经济的发展,巴西经济出现了举世瞩目的所谓"巴西经济奇迹"。从 20 世纪 60 年代末到 70 年代中期,巴西国内生产总值年平均增长 10% 以上,工业产值年平均增长 12%,成为世界公认的第三世界工业发展之首。经济结构发生了重大变化,已逐步由农业国变成了工业农业国。1997 年巴西政府提出了一项新的发展计划——"巴西行动计划"。这项计划投资 543 亿雷亚尔,围绕基础构造和社会发展制定了 42 项具体计划,在交通运输方面,提出模式综合化、联邦公路网地方化、国土一体化和港口经营私人化等措施。同时,1997 年巴西私有化进程加快,政府和私人投资持续增加,外国资本流入有增无减,这些都对进一步发展巴西汽车工业提供了良好机遇。

二、基本情况

巴西汽车工业起步于 1907 年,在第二次世界大战后逐步得到发展。1956 年开始起飞。巴西一直是各国特别是美国和德国汽车厂商的重要市场。早在 1919 年,美国福特汽车公司就在巴西建立汽车装配厂,1925 年和 1926 年,美国通用汽车和万国收割机公司先后在巴西建立了汽车装配厂。1928 年意大利菲亚特公司分别在巴西设立汽车 CKD 散件组装线。1953 年前联邦德国大众汽车公司也在巴西建立了汽车装配厂。但在 1956 年以前,所有在巴西的汽车生产都是依赖外国汽车公司发展,只从事装配,而且绝大部分零件是进口的。

从1956年起,巴西借助外国资本和技术,开始生产汽车。汽车工业是巴西所有制造业中受外资控制最严重的工业部门,外资在巴西汽车工业的投资平均约占全部外资投资的13%。40多年来,汽车生产发展相当快,1960年,巴西生产了13.3万辆汽车(世界第七位),到1997年,汽车总产量已高达210万辆,创历史最高纪录,之后由于受亚洲金融危机的影响,汽车产量开始下降,1998年汽车总产量下降到157.3万辆(其中轿车124.4万辆),尽管如此,仍名列世界第十一位,仅次于中国。1999年汽车产量再度下降到134.4万辆。汽车销售同样在1997年达到190万辆的创纪录水平,之后开始下降,1999年下降到122万辆,2000年市场需求有所回升。

随着汽车产量的增加,汽车工业保有量也有很大增长。1960年巴西汽车保有量超过100万辆,比1950年增长了两倍,1970年接近300万辆,1980年超过1000万辆。其中轿车909万辆,占总保有量的89.5%。1998年汽车保有量达到1872.5万辆(其中轿车1535.3万辆),超过西班牙,占世界第十位,占拉美地区第一位。汽车和轿车的千人拥有量分别达到115辆和95辆。

巴西汽车工业创造了大量的就业机会,据统计汽车工业从业人员为43万多人,汽车相关行业从业人员为350万多人。巴西发展汽车工业具有不少有利因素,如资源丰富、原材料和劳动力相对便宜等,但也有一些制约因素,如石油资源贫乏等。

巴西汽车产品已成功地进入了国外市场。在汽车出口方面取得了一定的成绩。世界上已有80多个国家进口巴西汽车。1999年巴西汽车出口量为26.8万辆(其中轿车20万辆),约占国内总产量的1/5。

参 考 文 献

[1] 陈开考.汽车文化[M].杭州:浙江大学出版社,2007.
[2] 张子波.汽车文化[M].北京:高等教育出版社2005.
[3] 王志俊.汽车文化[M].北京:北京理工大学.2005.
[4] 虞咏天.名车鉴赏宝典[M].上海:上海科学技术出版社,2006.
[5] 刘世恺.刘宏.汽车百年史话[M].2版.北京:人民交通出版社,2005.
[6] 林平.汽车史话——汽车发展史[M].北京:电子工业出版社,2005.
[7] 林平.汽车佳话——著名汽车公司传奇[M].北京:电子工业出版社,2006.
[8] 林平.汽车童话——著名汽车品牌与商标[M].北京:电子工业出版社,2006.
[9] 王洪浩.吉普传奇[M].北京:中国宇航出版社,2005.
[10] 林宏迪.伟大的柴油机发明家——狄塞尔[M].北京:科学出版社,2005.
[11] 蔡兴旺.汽车概论[M].北京:机械工业出版社,2005.
[12] [英]彭尼·斯帕克.郭志锋译.世界百年[M]——20世纪汽车设计的先驱[M].北京:中国建筑工业出版社,2005.
[13] [美]亨利·福特.汝敏译.亨利·福特自传[M].北京:中国城市出版社,2005.
[14] 王国荣,吕悦英.王建干.汽车结构新知识[M].广州:广东科技出版社,2006.
[15] 李卓森.现代汽车造型[M].北京:人民交通出版社,2005.
[16] 冯崇毅,鲁植雄,何丹娅.汽车电子控制技术[M].北京:人民交通出版社,2005.
[17] 同济大学德意志联邦共和国研究所翻译.德国概况(中文版)[M],德国 Societäts-Verlag(Frankfurt am Main)出版社,2006.
[18] Tatsachen über Deutschland. ISBN 3-7973-0972-4.
[19] Facts about Germany. ISBN 3-7973-0973-2.
[20] 陈惠邦.德国教育[M],台北:师大书苑,2001.
[21] 丰田汽车 www.toyota.com.
[22] 汽车工程师之家 www.cartech8.com.
[23] 天然气汽车 www.trqqc168.com.